新世纪

新世纪普通高等教育财经类课程规划教材

个人理财

Personal Finance

主　编　徐慧华　潘晓佳

副主编　华红梅　陈怀涛　黄　辉

大连理工大学出版社

图书在版编目(CIP)数据

个人理财 / 徐慧华，潘晓佳主编. — 大连 ：大连理工大学出版社，2022.2(2023.3 重印)
新世纪普通高等教育财经类课程规划教材
ISBN 978-7-5685-3760-5

Ⅰ. ①个… Ⅱ. ①徐… ②潘… Ⅲ. ①私人投资－高等学校－教材 Ⅳ. ①F830.59

中国版本图书馆 CIP 数据核字(2022)第 026800 号

大连理工大学出版社出版

地址：大连市软件园路 80 号　邮政编码：116023
发行：0411-84708842　邮购：0411-84708943　传真：0411-84701466
E-mail：dutp@dutp.cn　URL：https://www.dutp.cn

大连永盛印业有限公司印刷　　大连理工大学出版社发行

幅面尺寸：185mm×260mm　印张：18.25　字数：444 千字
2022 年 2 月第 1 版　　2023 年 3 月第 2 次印刷

责任编辑：齐　欣　　责任校对：孙兴乐
封面设计：张　莹

ISBN 978-7-5685-3760-5　　定　价：49.80 元

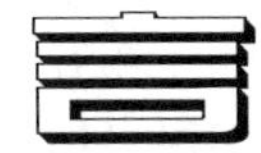

家庭是一个小社会，家庭理财在社会发展中、在提高居民的生活质量的进程中起着非常重要的作用。每个家庭都希望过幸福美满的生活，但是首先我们应考虑有没有这样的能力。房屋、车辆、存款、基金、股票、珠宝等，是现代社会财富的象征，是生活质量的保证，是大多数人努力追求的目标。虽然改革开放以来，我国居民的生活水平、生活质量已经有了较大幅度的提高，但是与实现美好生活的需要相比还相差很远。

人类的需求是有层次之分的。在安全无忧的前提下，追求温饱；当基本生活条件获得满足之后，则要求得到社会尊重，并进一步追求人的自我实现。而要依层次满足这些需求，就必须建立一定的财务基础。因此，我们必须认识家庭理财的重要性，力求满足预期的最大需求，而且要使消费决策带来的悔恨和懊恼减小到最低限度，制订一套适合自己家庭的科学的理财计划，来达成自己的生活目标。

个人理财业务最早出现在美国，20 世纪 30 年代，保险营销人员最早提供该服务。最初他们只是对客户进行一些简单的个人生活规划和综合资产运用咨询。第二次世界大战后，经济的复苏和社会财富的积累使美国个人理财业进入了快速发展的阶段。1969 年美国成立了世界上时间最早、规模最大的理财团体——国际理财协会。随着理财行业的发展，同时为了巩固在理财行业的社会地位，1972 年，国际理财协会成立了注册理财师协会，通过各种形式的活动来规范会员的职业道德，提高实践技能，美国个人投资理财业务进入了成熟稳定的发展期。

波士顿咨询公司发布了“2021 年全球财富报告”。全球金融财富在 2020 年达到了 250 万亿美元的历史新高。从 2022 到 2025 年，北美、亚洲（不包括日本）和西欧将成为全球金融财富的主要来源，占全球新金融财富增长的 87%。

随着改革开放打开国门，人们的腰包也渐渐鼓起来了，出现了很多“万元户”，那时在维持基本的吃穿需求之外，大家都尽力存钱。20 世纪 90 年代后期，储蓄理财开始向投资理财转变。中国经济的蓬勃发展给广大人民带来了可观的收益，私人财富的累积在迅速增长。自 2000 年到 2019 年，中国家庭财富总值从 3.7 万亿美元增长至 63.8 万亿美元，规模是原来的 17 倍，增速超过多数国家的 3 倍。家庭资产中非金融财

产比例从2015年的43%提高到2019年的53%。如果中国的可投资财富继续以目前的年增长率增长，到2029年，中国的资产将超过世界上任何其他国家。

1997年，"理财"这一专业名词的概念在中国有了雏形，中信实业银行广州分行也率先在国内银行界成立了私人银行部并开展个人理财业务。随着个人收入的增加和财富的累积，中国居民理财热潮日益高涨，市场潜力巨大。互联网时代，理财选择和方式日益多元化，需求促进专业建设，市场驱动人才培养，社会急需个人理财专业人才。

在章节安排上，本教材首先介绍了个人理财的产生和发展，然后介绍如何分析个人财务状况，以及个人财务报表的编制。从理财业务的实际需要出发，首先介绍收入、消费和储蓄的知识，然后介绍实物资产投资、金融投资、保险、子女教育、退休养老和遗产、信托投资、个人税收等方面的内容。

本教材响应二十大精神，推进教育数字化，建设全民终身学习的学习型社会、学习型大国，丰富了数字化微课资源，以二维码形式融合纸质教材，使得教材更具及时性、丰富性和可交互性等特征，使读者学习时更轻松、更有趣味，促进了碎片化学习，提高了学习效果和效率。

本教材由福建师范大学协和学院徐慧华、潘晓佳任主编，厦门大学嘉庚学院会计与金融学院华红梅，福建师范大学协和学院陈怀涛、黄辉任副主编。具体编写分工为：徐慧华编写第三章、第六章，潘晓佳编写第七章、第八章和第十章，华红梅编写第四章，陈怀涛编写第一章、第二章和第九章，黄辉编写第五章。

本教材为2020年福建省本科高校教育教学改革研究重大项目"基于学科交叉的金融大数据复合型人才培养模式研究——以福建师范大学协和学院为例"（项目编号：FBJG20200329）和福建师范大学协和学院区域特色产业与普惠金融协同创新中心研究成果。

在编写本教材的过程中，编者参考、引用和改编了国内外出版物中的相关资料以及网络资源，在此表示深深的谢意！相关著作权人看到本教材后，请与出版社联系，出版社将按照相关法律的规定支付稿酬。

限于水平，书中仍有疏漏和不妥之处，敬请专家和读者批评指正，以使教材日臻完善。

编　者

2023年2月

所有意见和建议请发往：dutpbk@163.com
欢迎访问高教数字化服务平台：https://www.dutp.cn/hep/
联系电话：0411-84708462　84708445

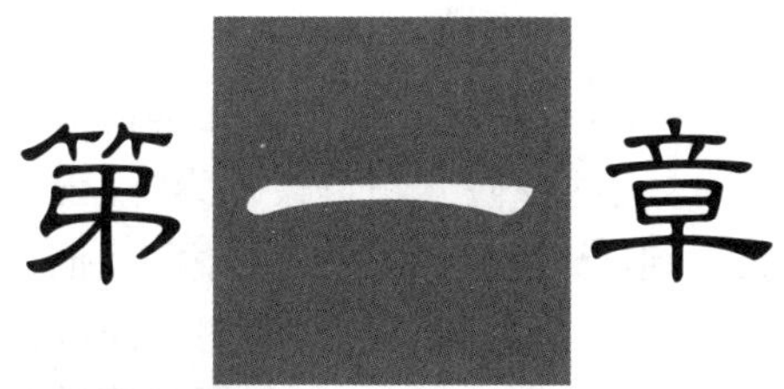

第一章 个人理财概述

个人理财的
基本内容介绍

本章学习要点 >>>

通过本章的学习，我们将了解个人理财的内容，获知个人理财在日常经济中表现出来的巨大作用；了解利率、复利及其计算方法，获知个人理财中的货币时间价值这个重要理念；了解个人理财所面临的风险类型及相应的风险控制工具，以便在个人理财过程中获得财富增值的同时有效地控制风险，树立风险防范意识，培养正确的理财观念和学习态度。

第一节　个人理财的产生和发展

一、个人理财在西方发达国家的产生和发展

人们常说现代意义上的个人理财业务诞生于20世纪30年代美国的保险市场，其实不然，个人财富管理的思想在欧洲早已成形。由于欧洲金融业发展较早，其商业银行很早发展了私人理财业务，他们将那些拥有很高资产的高净值客户招揽旗下，银行为其提供高规格的保密服务，并帮助制订全方位的理财计划和资产管理服务，但一直尚未形成规模化的理财业务。直至20世纪70年代，个人理财业务才在各大商业银行大举进军零售业的背景下得到了广泛意义的发展①。

（一）国外的个人理财业务发展阶段

一般而言，国外的个人理财业务主要经历了四个发展阶段：

1. 个人理财服务的萌芽期(20世纪30—60年代)

这一时期的个人理财业务还相对简单，主要依赖对保险、基金等产品的销售而提供服务，也就是为客户提供购买保险和基金建议。其中发展较好的是美国的保险业，20世纪30年代美国的保险业，理财规划是当时保险推销员推销产品的一种非常重要的手段，特别是1929年10月股票暴跌，跌幅高达40%，投资者损失惨重，随后股票继续下跌，保险的“社

① 江珂. 个人理财[M]. 北京：经济管理出版社，2014：4-11.

会稳定器”功能促使保险公司的地位得到了空前的提高，同时大危机使人们萌生了对个人生活的综合管理及其资产运作管理方面的需求。在这种背景下，一些保险推销员在推销保险商品的同时，也提供一些生活规划和资产运作的咨询服务，这些保险营销员被称为“经济理财员”，也就是FP(Financial Planner)的萌芽，尽管不成熟，但已显现出很强的生命力。他们通过销售保险产品，根据不同年龄、不同收入状况的客户，依据客户所处生命周期不同阶段的特征，向客户提供一些诸如简单的生活规划等的理财服务，其理财业务主要局限于简单的委托-代理活动。同一时期，商业银行则主要是提供咨询顾问服务，其主要是代理客户进行投资收益分析、筹划资金安排和代办有关手续。总体而言，这一时期的个人理财市场，供给方没有形成专业化的流程来提供理财服务，而需求方也缺乏理财意识，没有形成需要雇用专业人才管理自身财富的观念，理财业务还处于起步的初级阶段。

2. 个人理财服务的形成与发展时期(20世纪60—80年代)

该时期的个人理财服务仍以销售产品和服务为主，但与萌芽期存在的本质区别是，这一时期理财市场的供求双方均对个人理财业务有了新的更加广泛的认识。从供给方而言，发达国家中拥有个人理财业务的金融机构对客户的理财需求的考察开始从局部走向整体，并且开始为长期客户制订个性化的财务投资方案。反过来，这个业务也帮助金融机构与客户建立更加持久、稳固和共赢的合作关系，也帮助培养了一代又一代成熟而理性的投资者；而理财需求方，在供给方对理财业务的宣传下不断发展，数量日益庞大，理财意识越来越清晰，更加清楚理财不仅仅是简单的购买金融产品的行为，还有更多使自己财富增加的方式。这一阶段的个人理财市场开始向“产品化”的方向发展，融合了传统存贷款业务、投资业务和咨询顾问业务，组合式理财得到迅速发展。

3. 个人理财业务的成熟时期(20世纪90年代)

20世纪90年代是个人理财业务日趋成熟的时期，许多人涌入个人理财行业。个人理财业务在这一时期的繁荣可以归因于良好的经济态势以及不断高涨的证券价格。伴随着金融市场的国际化、金融产品的不断丰富和发展，这一时期的个人理财业务不仅开始广泛使用衍生金融产品，而且将信托业务、保险业务以及基金业务等相互结合，从而满足不同客户的个性化需求。各国的金融市场发展较快，企业的资金筹措逐渐从过多依赖银行借入的间接融资型转向通过发行股票、债券等直接从金融市场筹集的直接性融资，银行不再仅仅是从前单纯的存贷款中介，而是提供范围广泛的各类服务的金融服务企业。在此背景下，个人理财业务的需求和供给实现了较为平衡的发展，人们多样化、个性化的理财需求得以实现，提供个人理财服务的金融机构则更加侧重于为客户提供理财规划的建议与方案，以便更好地满足客户的需求。个人理财业务范围从个人储蓄扩展到消费信贷、证券与基金投资，以及外汇、融资租赁与保险等领域。

4. 个人理财业务的高速发展时期(20世纪90年代以后)

随着电子信息技术的高速发展，个人理财行业的竞争日趋激烈化：一方面，信息化给理财双方都带来了时间和空间上的便利；另一方面，高速发展的信息技术也使金融机构研发出更加个性化的理财产品成为可能。

到了20世纪90年代末，体系完整、制度完善的理财行业在美国已经形成并在其他发达国家和地区得到了迅速推广与发展。此后在理财规划师认证制度的推动下，个人理财业务逐渐发展成为一个独立的金融服务行业。

(二)国外提供个人理财服务的机构类型

国外提供个人理财服务的机构可以分为以下几类:

1. 私人银行

私人银行的目标定位一般在净资产在100万美元及以上的高净值客户。私人银行所提供的理财服务的最大特点就是极度的私人定制化,为客户提供财富保管及增值的服务,在具体服务中,充分尊重客户隐私,并且承担无限责任,该类服务类似于私人财富管家。

2. 独立的理财咨询机构

这种机构的最大特点是其作为独立的第三方机构,不代表任何金融产品方,以公正、中立的视角为客户提供理财咨询服务,机构不销售产品或者至少不以销售产品为目的,而是通过为客户提供财富管理建议、量身制订财富管理计划等理财服务,收取理财服务费用。

3. 投资银行和资产管理公司

投资银行和资产管理公司的主要客户原本以公司客户为主,但随着经济的发展,为了获得更多的利润,他们也逐渐降低门槛,选择一部分高净值客户作为服务对象,为其提供理财服务。

4. 理财网站

随着信息技术的发展,理财市场已经突破了实体经济的界限,走向虚拟的网络世界,出现了在线理财等网络理财服务,这些理财服务主要针对具有一定理财专业知识的客户,可以快捷地通过网络进行理财产品购买等方式,实现理财目标。

5. 商业银行

商业银行是个人理财市场中一个举足轻重的角色,其提供的服务之广、内容之多是其他金融机构无法相比的,商业银行的个人理财业务针对的服务对象包括了普通市民、企业以及高净值客户,几乎涵盖了所有理财需求人群。

(三)国外个人理财市场的特点

1. 多样化的理财产品

理财产品提供机构众多,比较常见的有商业银行、资产管理公司、私人银行、理财网站等,各个机构均推出具有自身特色的理财产品,有基金、股票、外汇、黄金、期货、保险、信托等不同种类。另外,传统的理财产品已经越来越难以适应日趋激烈的个人理财市场,于是一些金融机构针对客户的业余生活(如旅游、退休生活的安排、日常生活开支等)提供更细致的服务,这些个人理财产品已超越了传统的内涵,向着更广阔的外延发展,从而也相应地衍生出种类繁多的理财产品。

2. 个性化的个人理财服务

尤其是个人理财业务较为成熟的发达国家的理财机构,在考虑提供何种具体的金融产品和投资方案之前,一般都要先细致分析资金委托人的收入、年龄、职业等实际情况,将各类理财产品的风险系数、收益率、流动性等参数与资金委托人的理财目标进行匹配,最终制订出适合该资金委托人的具体理财方案。在这种服务模式下，理财经理必须充分把握资金委托人在人生的各个阶段的不同理财需求，为其量身定做，也正因为如此，理财产品的好坏评判只能与客户的实际情况相结合才能得出结论。

3. 专业化的理财服务队伍

理财规划师并不是行业早期的简单的产品推销人员，而是精通金融行业各种知识技能，能熟练运用理财规划的原理、技术和方法，为个人、家庭或者机构提供综合性、长期性的理财咨询服务的专家。在个人理财发展相对成熟的国外，已形成初具规模的理财规划师队伍，具有较高的理财专业素养和经验。

4. 信息技术在个人理财业务中的运用日趋突出

信息技术和网络技术的迅猛发展使得商业银行开发新产品的周期大大缩短，银行可以快速向市场投放刚开发的新产品，而投资者通过网络也节约了交易成本。

二、个人理财在我国的产生和发展

个人理财市场的存在是市场经济发展到一定阶段的产物，它以居民财富的积累、金融产品的增多、金融创新的深入、金融理论的发展为基础。

（一）我国个人理财业务发展阶段

与发达国家个人理财业务的发展相比，我国个人理财业务发展历程非常短暂。

1. 萌芽阶段(20 世纪 90 年代中期到 21 世纪初)

20 世纪 90 年代，当时商业银行作为个人理财业务的发展先锋，初步规划了个人理财业务的雏形，但在个人理财业务的提供方面还处于咨询建议阶段，没有真正的理财产品推出。此阶段我国居民还是以银行储蓄作为主要的投资理财工具，我国居民的个人理财需求还没有被激发，没有形成真正的理财需求。

2. 初步阶段(21 世纪初期到 2005 年)

这个时期是我国个人理财业务制度规范阶段，中国人民银行和中国银行业监督管理委员会相继发布关于我国个人理财业务的文件和相应的法律法规，2005 年 9 月中国银行业监督管理委员会先后颁布《商业银行个人理财业务管理暂行办法》和《商业银行个人理财业务风险管理指引》。有较强理财意识的客户逐渐尝试介入商业银行推出的外汇理财产品，我国的个人理财业务已经开始真正地跨入理财业务的门槛，是初步的发展阶段。这一时期，理财产品、理财环境、理财理念和意识，以及理财规划师这些专业队伍的建设均取得了显著的进步。

3. 扩展阶段(2006 年以后)

这个时期是个人理财业务蓬勃发展阶段。我国个人理财业务的供给主体由之前的银行为主向证券、保险等金融机构逐步扩展。在我国居民不断增加的理财服务需求下，在市场主体不断涌现的竞争趋势下，金融产品市场的不断扩大，个人理财市场无论从我国居民需求来说还是从金融机构供给产品和服务来说都在不断扩张，呈现爆炸式增长。

虽然在 2008 年受美国华尔街危机影响，我国金融市场也大幅回调，基金、券商集合理财产品遭遇重创，商业银行理财业务在 2008 年 4 月经历了较为严厉的“监管风暴”，但凭借其稳健、多样化等优势，仍然受到投资者的追捧，成为资本市场弱势下的资金避风港。仅在2008年上半年就有53家商业银行发行了2 165款理财产品，其中40家中资银行发行了1 780款产品，10家外资银行发行了385款产品。

2012年以后，作为非金融机构的第三方理财机构也大量兴起，个人理财产品也不断推陈出新，各金融机构纷纷推出自己的理财产品，目前国内基本上已经形成了以银行为中心，联合证券公司、基金公司、信托公司、保险公司等其他专业金融机构的个人理财服务网。

2019年被称为理财子公司成立元年，随着“资管新规”相关配套监管政策相继出台，资管行业金融监管协同框架不断完善，银行理财转型发展取得积极成效。银行业理财登记托管中心与中国银行业协会联合发布的《中国银行业理财市场报告(2019年)》(以下简称《年报》)显示，2019年我国理财产品存续余额稳健增长，净值型理财产品发行力度加大。截至2019年年末，非保本理财产品达4.73万只，存续余额23.40万亿元，同比增长6.15%。2019年，净值型产品累计募集资金50.96万亿元，同比增长67.49%。2019年年末，净值型产品存续余额10.13万亿元，同比增加4.12万亿元，增长68.61%。数据显示，2019年年末，共有17家理财子公司或理财公司获批筹建，其中10家开业；5家国有大型银行下设的理财子公司发行了理财产品，余额合计0.8万亿元，均为净值型产品。

2020年，为引导银行及理财公司稳健开展理财业务，促进资管机构公平竞争，监管部门先后出台了《标准化票据管理办法》《标准化债权类资产认定规则》《金融消费者权益保护实施办法》《商业银行理财子公司净资本管理办法(试行)》《商业银行理财子公司理财产品销售管理暂行办法》等。同时，考虑到疫情影响，监管部门将“资管新规”过渡期延长至2021年年底。在业务转型发展过程中，银行理财产品规模稳定增长，产品丰富性程度进一步提高，产品结构持续优化，总体呈现稳中向好的发展态势。截至2020年年底，全国共有331家银行、19家理财公司有存续的理财产品，存续余额为25.86万亿元，同比增长6.90%。其中，理财公司存续余额为6.67万亿元。目前，22家银行理财公司和2家外资控股理财公司已获批筹建，20家已正式开业。从新发产品情况来看，开放式产品募集资金占比较高，封闭式理财产品的平均期限进一步增加。从资金运用情况来看，债券仍是理财产品重点配置的资产之一，在非保本理财资金投资各类资产中占比最高，达到64.26%。从净值化转型成果来看，净值型产品的存续规模及占比实现了快速增长，2020年年末净值型理财产品存续规模17.4万亿元，同比增长59.07%。

截至2020年年底，中国个人金融资产已达205万亿元人民币，创下历史新高。麦肯锡发布的《未来十年全球财富管理和私人银行的趋势及制胜战略——准备迎接加速变化的未来》指出，以个人金融资产计算，中国已成为全球第二大财富管理市场、第二大在岸私人银行市场。未来5年，预计中国财富管理市场年复合增长率仍将维持在10%左右，2025年有望突破330万亿元人民币，其中非储蓄/现金配置占比将从2020年的51%进一步提升至54%。此外，对标世界发达经济体，中国居民的金融资产占比明显偏低，预示着未来财富管理市场仍存在较大发展空间。

(二)我国个人理财服务的运作模式

从服务对象上看，我国个人理财业务主要针对中等收入及以上的较富裕人群，尽管新推出的余额宝等的目标客户基本无准入门槛，但其毕竟还不是我国理财市场的主流，大部分商业银行及第三方理财机构所推出的理财产品的准入门槛为个人金融资产必须超过 20 万元。由于我国金融业还处于分业经营的局面，各商业银行还没有形成与证券、基金、保险的深入合作，加之金融业发展还不够深入，因此，个人理财市场中的理财产品数量有限，金融机构所能提供的理财服务也十分有限，只能为客户提供简单的理财服务，并没有达到为客户量身打造理财产品的程度，也就是说，我国个人理财市场还基本处于销售理财产品的阶段，理财市场中“私人定制”特点还不明显。目前我国个人理财经营模式主要有以下两种：

1. 金融机构理财

我国的金融机构主要包括银行、保险、证券、信托、基金等，而且由于我国金融业发展不均衡，银行业在金融业中占有的比重远远超过保险业与证券业①。

根据中国银行业协会在北京发布的《2014 年度中国银行业服务改进情况报告》报告，2014 年各银行业金融机构共发行理财产品 19.13 万款，总募集金额 92.53 万亿元，较上年增加 24.44 万亿元，同比增长 35.89％；期末理财产品余额达 15 万亿元，较年初增加 4.82 万亿元，同比增长 47.16％。2020 年共有 380 家金融机构发行了理财产品，累计发行产品 6.9 万只，全年累计募集资金 124.56 万亿元，同比增长 10.59％。截至 2020 年 12 月末，全国共有 350 家金融机构有存续的理财产品，共存续产品 3.9 万只，存续余额 25.86 万亿元，同比增长 6.90％。数据显示，在金融机构理财中，商业银行的个人理财业务占有特别重要的地位。从我国金融机构理财业务发展情况来看，其主要优势在于：

第一，信誉高，安全性强。相比独立理财体系，金融机构理财在信誉上具有明显优势，特别是商业银行在居民心目中的信誉较高，这一点从居民将储蓄存款作为理财工具的首选便可以得到验证。1999 年以来，在我国征收利息所得税，并且储蓄存款利率很低甚至出现实际利率为负的情况下，储蓄存款仍然高速增长。中国人民银行公布统计数据显示，从 2006 年年末的 16.16 万亿元增长到 2020 年年末的 218.37 万亿元。其中一个重要原因，就是银行在金融机构中的信誉很高，居民选择银行储蓄很放心。而银行信誉高的原因，一定程度上是有国家信用的支撑，同时随着国内银行规模的扩张，加之经营效益的改善，也强化了居民对银行经营稳定的预期，反过来影响着居民的理财行为。当然，习惯性因素对我国居民理财方式和工具选择特别是储蓄行为也有显著的影响。

第二，财富管理有先天优势。个人理财业务的最高层次是财富管理，类似于欧洲部分国家的私人银行业务，主要是为较富有的人提供财富管理服务。在财富管理方面，金融机构同样具有优势。这其中的原因，首先是与其信誉高直接相关，其次是金融机构特别是商业银行依靠众多的经营服务网点和对居民生活的渗透率，集中了大部分的居民金融资产，因此在财富管理方面，金融机构特别是商业银行具有先天优势，短期内是独立理财机构难以相比的。

当然，金融机构理财也具有一些劣势：

第一，开展理财业务主要是为了推销自身产品。金融机构理财在实践中往往表现为在开展自身业务的同时，附带为客户提供理财咨询或制作理财方案等服务，理财业务本身并不完全独立，在一定程度上金融机构开展理财业务还是基于改进服务吸引顾客的考虑，而且理财咨询等服务的最终目的通常是为了推销自身的金融产品。因此，其理财服务的客观公正

---

① 美国金融资产是美国 GDP 的 11 倍，中国是 2 倍。中国银行业所持有的资产占全部社会金融资产的 70％，而在美国，银行所持有的资产只占全部社会金融资产的 8％，数据来自“2015 清华五道口全球金融论坛”。

性难以保证,客户利益至上的原则难以真正体现。甚至不少金融机构成立的个人理财中心事实上只是金融产品或业务的宣传介绍平台,仍然是金融产品销售渠道的延伸,理财咨询服务的功能未能得到很好体现,高水平、专业化、个性化的理财方案制作几乎未在个人理财中心得以实现。另外,前几年国内保险业出现的理财规划师,主要是保险代理人在业务拓展的基础上,依靠保险公司开发的软件给客户先制作一份理财规划书,然后再销售保险产品。保险代理人仍然是依靠销售保险产品获得佣金,而并非通过开展理财业务获得服务收入。同时,其销售的保险产品必定是所代理的保险公司的产品,因此,理财业务仅是为了成功实现产品销售的手段,保险代理人在理财规划书的制作中所搭配的保险产品往往是针对所代理的保险公司,其公正性同样受到质疑。

第二,分业经营给理财业务带来影响。个人理财主要涉及投资、保险、税务、遗产安排等方面,目前,国内的金融业实行分业经营,要实现跨行业经营金融业务还存在制度障碍,同时,金融业从业人员的知识结构也直接受分业经营的影响,如银行从业人员对证券和保险知识的了解比较有限。因此,分业经营的金融体制是金融机构大力发展理财业务面临的最大制约因素,这将使一站式理财服务在金融机构理财体系中遇到很大障碍,而一站式的理财服务又是个人理财业务发展的内在需求。而且,随着我国金融业的全面开放,分业经营还将使国内金融机构与外资金融机构在个人理财业务的竞争中处于劣势。

2. 独立理财

独立理财是通过理财公司或理财事务所来开展理财业务。相比金融机构理财,独立理财具有以下优势:

第一,公正客观。独立理财通常没有自身产品销售,理财规划师基于对客户资产的财务分析,合理配置理财产品来实现客户的理财目标。正因为没有自身产品销售,因此,独立理财相对来说可以客观地比较以及组合营销不同金融机构的理财产品,真正做到客户利益至上。

当然,独立理财在实际经营中也会有不同方式,第一种是纯粹依靠制作理财方案收取服务费获得业务收入;第二种是给客户制作理财方案的同时,向客户推荐理财产品提供商,并从该提供商处获得销售佣金;第三种是给客户提供资产管理服务,收取管理费,当然,这种管理费水平要受到资产管理业绩的直接影响;第四种是给客户提供资产管理服务,收取管理费,同时向客户推荐理财产品提供商,并从该提供商处获得销售佣金;第五种是给客户提供免费理财咨询服务,同时向客户推荐理财产品提供商,并从该提供商处获得销售佣金等。相比而言,第一、三种的公正性要高于其他几种。但第一种方式很难维持经营,即使在美国等发达国家也很少应用。第三种方式面临来自金融机构如证券、保险业的激烈竞争。

第二,能够实现综合理财。相比金融机构理财,在金融业分业经营的制度条件下,独立理财可以跨越分业经营的障碍,在给客户制作理财方案时,可以不受分业经营的限制,从而能起到一站式理财服务的效果,能更好地满足客户的理财需求。

独立理财也具有一些劣势:

第一,信誉问题。与金融机构理财相比,目前在我国以独立理财方式经营理财业务,首先必须面临信誉的挑战。独立理财是全新的经营方式,其信誉的树立是一个长期的过程,而且,个人理财方面的立法滞后,更加大了独立理财业务的风险。因此,独立理财如果要开展资产管理业务,难度显然要比证券公司高得多,而如果仅依靠给客户制作理财方案来获得业务收入,过低的业务收入可能难以维持其经营,进退两难。

第二,理财规划师的素质挑战。从个人理财职业本身来看,其对理财规划师的要求是比较高的。首先,理财规划师要有广博的知识面。个人理财是一项需要广博知识的综合业务,其知识涉及面非常广,主要包括:投资、保险、退休与员工福利、税务、遗产安排、子女教育、个人信用与债务管理等,除此以外,扎实、系统的经济学、金融学、财务会计学理论知识必不可少,因此,理财规划师必须具有多学科、复合型的现代知识结构。其次,个人理财又是一个实务性很强的专业,一名出色的理财规划师还应熟悉理财营销和客户关系管理等实务知识,熟练掌握营销技巧,才能更好地为客户提供高品质、全方位的理财服务。

三、理财规划师及其资格认证

(一)国外理财规划师及其资格认证

1. 注册金融策划师 CFP(Certified Financial Planner)及其资格认证

CFP 是目前国际上金融领域最权威和最流行的个人理财从业资格认证,CFP 资格认证被《华尔街日报》誉为国际金融理财业界最高荣耀。

需要说明的是:根据国务院于 2014 年 11 月 24 日发布的《国务院关于取消和调整一批行政审批项目等事项的决定》[国发〔2014〕5 号](以下简称《决定》),取消金融理财师和国际金融理财师的资格许可和认定。在其发布之后受到广大金融理财从业人员的关注和热议。那么 CFP 资格认证等高含金量的证书是不是将不复存在了呢?

首先,CFP 资格认证是国际认证。如同 CFA(特许金融分析师)、FRM(金融风险管理师)、ACCA(国际注册会计师)一样,为国际认证。AFP(Associate Financial Planner)证书和 CFP 证书均由国际组织 FPSB(Financial Planning Standards Board)统一签发。目前,国际 FPSB 成员包括加拿大、英国、法国、德国、日本、中国、中国台北和中国香港等 25 个国家和地区,并且有多个准会员方待审加入。

其次,CFP 资格认证是市场选择。不管是在国际上还是国内,CFP 资格认证的产生并不是由政府发起的,其发展也不是借助于行政力量,而完全是行业自身的需要和选择决定的。CFP 资格认证自 2004 年正式引入中国后,得到各银行广泛认可,截至 2020 年 12 月底,中国 CFP 系列有效持证人总人数为 157 350 人。因此,CFP 资格认证的存在和发展完全符合国发〔2014〕20 号文《国务院关于促进市场公平竞争维护市场正常秩序的若干意见》的精神。国发〔2014〕20 号文明确提出“凡是市场主体基于自愿的投资经营和民商事行为,只要不属于法律法规禁止进入的领域,不损害第三方利益、社会公共利益和国家安全,政府不得限制进入”。所以,CFP 资格认证从来不存在政府部门不认可之说。

因此,市场仍有需求,CFP 资格认证将继续存在。国发〔2014〕50 号文取消的 67 项职业资格许可和认定事项多是由中国证券监督管理委员会、中国人民银行、国家外汇管理局、国家税务总局等国家机构主导的证书,可以理解为“去行政化”的表现或“非行政化”的声明,即职业资格不是从事某个职业的硬性条件,而仅作为从业参照。《决定》的目的在于体现市场的自由竞争,让市场来选择高标准、高水平的证书,减轻从业人员的负担。就金融理财领域而言,从业人员需要专业培训提升服务能力并获得认可,机构和客户需要一个客观指标来衡量理财人员的专业水平,也就是说市场仍然需要 CFP 资格认证,资格认证将继续在国际组织 FPSB 的领导下，以公众利益为核心，为金融服务专业人员和金融机构服务。

2. 特许注册金融分析师 CFA(Chartered Financial Analyst)及其资格认证

CFA 是全球投资业里最为严格与含金量最高的资格认证，被称为“全球金融第一考”的考试，为全球投资业在道德操守、专业标准及知识体系等方面设立了规范与标准。自 1963 年设立 CFA 课程以来，对投资知识、准则及道德设立了全球性的标准，被广泛认知与认可。《金融时报》杂志于 2006 年将 CFA 专业资格比喻成投资专才的“黄金标准”。

CFA 协会定期对全球的特许注册金融分析师进行职业分析，以确定课程中的投资知识体系和技能在特许注册金融分析师的工作实践中是否重要。考生的 Body of KnowledgeTM(知识体系)主要由四部分内容组成：伦理和职业道德标准、投资工具(含数量分析方法、经济学、财务报表分析及公司金融)、资产估值(包括权益类证券产品、固定收益产品、金融衍生产品及其他类投资产品)、投资组合管理及投资业绩报告。

3. 特许财富管理师 CWM(Chartered Wealth Manager Certification)及其资格认证

特许财富管理师是由国际金融管理学会 IAFM(International Academy of Financial Management)推出的专业认证。IAFM(前称美国金融管理学会)成立于 1995 年，是一个专业从事投资规划、资产管理、财务管理及理财规划方面培训和认证的非营利机构。从 1995 年发展至今，全球拥有 CWM 资格的会员已经有 6 万余名，分布在美国、欧洲、亚洲和中东地区。CWM 会员来自：美洲银行、汇丰银行、渣打银行、花旗银行、AIG、荷兰银行、安泰人寿、法国巴黎银行、美商康健人寿、美林证券、摩根士丹利证券、国际纽约人寿、印度阿布达比商业银行、科威特商业银行、阿拉伯联合大公国中央银行等。从会员来自的行业统计来看，来自银行业的占 25%，来自专业顾问公司的占 20%，来自保险行业的占 13%，来自会计行业的占 8%。以上的数字表明，CWM 证书的持有者在银行领域的比例是最大的。

不少人常将 CWM 及 CFP 进行比较。CWM 认证专门针对开拓高端客户的零售银行、理财中心及私人银行部门。CWM 培训注重实战及实务，在高端客户需求探索、高端客户业务开拓、顾问式理财营销、客户长远关系管理、财富管理规划、资产组合配置管理及投资风险管理方面都有独特的设计。

CFP 则包括基础理财、风险管理与保险、员工福利与退休金、投资、租税与财产移转规划，定位偏向于财务上的家庭医师，其目标客户较偏向于大众市场。此外，CWM 注重本土化，IAFM 会给予各地环境调整课程内容，并结合本土案例进行培训。

(二)我国理财规划师及其资格认证

随着中国市场经济及经济全球化的迅猛发展，国民财富的不断增加，社会对理财规划人员的需求日趋旺盛，众多国外的理财师认证开始进入中国，21 世纪初国外的理财师认证进入国内多达三十多种，其中绝大多数认证存在乱收费、滥发证，甚至假冒权威机关名义组织所谓职业资格考试并颁发证书等现象，同时，国外的认证体系与中国国情不符的情况也日益显现。

为了规范理财师职业发展，2003 年，国家人力资源和社会保障部将理财规划师纳入《国家职业大典》，并制定理财规划师职业技能标准和任职资格条件，2005 年进行了首次理财规划师国家职业资格认证考试。2018 年之前，理财规划师由人社部发证，2018 年之后，人社部简政放权，把发证资格下放给人社部隶属机构国培网；现在CHFP理财规划师是双认证，国家证书与协会证书并行，国家背书、行业认可、证书含金量更高，人社部隶属官网＋中国职业技能培训协会查询。

我国理财规划师资格分为三级，一级为高级理财规划师，二级为中级理财规划师，三级为助理理财规划师。

三级理财规划师鉴定方式分为理论知识考试和专业能力考核，理论知识考试和专业能力考核采用闭卷方式，均实行百分制，成绩达到60分及以上者为合格，可获得理财规划师国家职业资格三级的证书。

二级理财规划师还需进行综合评审。理论知识考试、专业能力考核、综合评审三门成绩皆达60分及以上者为合格，可获得理财规划师国家职业资格二级的证书。

高级理财规划师(国家职业资格一级)认证试点工作于2009年11月正式开展，且日趋成熟，于2014年5月过渡为全国统考，每年5月、11月全国统一鉴定，分为理论知识考试、专业能力考核和综合评审，均采用百分制笔试方式，60分及以上合格。高级理财规划师的认证完善了理财规划师认证体系，顺应了目前我国高级国家理财规划师人才紧缺的趋势。

我国理财规划师证书采用全国统一编号，可登录人力资源和社会保障部官方网站下的国家职业资格和国家理财规划师考试网查询真伪。该证书是相关人员求职、任职、晋升包括出国等的法律上的有效证件，记入档案，全国通用。国家理财规划师职业资格证书在世界贸易组织(WTO)一百五十多个成员中互认。

如今，理财规划师主要有三大就业趋势：一是开设专业理财公司，二是成为专业理财规划师培训人员，三是在金融机构中从事理财服务。目前理财规划师大部分出现在各大银行、保险公司等金融机构，当发展到一定阶段后，理财规划部门将独立于各个金融公司，像律师事务所、会计师事务所一样成为专门机构。

第二节　个人理财的基本知识

一、货币的时间价值

货币具有时间价值是个人理财一个非常重要的概念，是指货币经历一定时间的投资和再投资所增加的价值，也称为资金的时间价值。它反映的是由于时间因素的作用而使现在的一笔资金高于将来某个时期的同等数量的资金的差额或者资金随时间推延所具有的增值能力。资金的循环和周转需要或多或少的时间，每完成一次循环，货币就增加一定数额，周转的次数越多，增值额也越大。因此，随着时间的延续，货币总量在循环和周转中按几何级数增大，使得货币具有时间价值。

(一)货币的时间价值原理

如果将资金锁在柜子里，这无论如何也不会增值。在资金使用权和所有权分离的今天，资金的时间价值仍是剩余价值的转化形式。一方面，它是资金所有者让渡资金使用权而获得的一部分报酬；另一方面，它是资金使用者因获得使用权而支付给资金所有者的成本。资金的时间价值是客观存在的经济范畴，在个人或者家庭长期理财决策中，如提前消费、按揭买房、退休规划、提前储蓄等，这些收支在不同的时点上发生，且时间较长，如果不考虑资金的时间价值，就无法对决策的收支和盈亏做出正确的分析评价。

（二）货币具有时间价值的原因

西方学者的观点认为：投资者进行投资就必须推迟消费，所以货币在这一时间所增值的部分就是对投资者推迟消费所给予的补偿。我国学者的观点认为：货币的时间价值在于其周转使用所产生的价值。

在理解货币时间价值时要注意两点：第一，货币时间价值是在没有风险和没有通货膨胀条件下的社会平均资金利润率，如果社会上存在风险和通货膨胀，还需将它们考虑进去。第二，不同时间单位货币的价值不等，不同时间的货币收支需换算到相同的时点上，才能进行比较和有关计算。因此，不能简单地将不同时点的资金进行直接比较，而应将它们换算到同一时点后再进行比较①。

二、利率与复利

（一）利息与利率

1. 利息

利息，从其形态上看，是货币所有者因为出借货币资金而从借款者手中获得的报酬；实质上是利润的一部分，是利润的特殊转化形式，是借贷者使用货币资金必须支付的代价。

利息计算公式是

$$利息=本金\times利率\times时间$$

其中，本金是指开始时间点的货币价值，时间是指计息的期限。

2. 利率

利率表示一定时期内利息量与本金的比率，通常用百分比表示，按年计算则称为年利率。其计算公式是

$$利率=利息量\div本金\times时间\times100\%$$

利率通常由国家的中央银行控制，在美国由联邦储备委员会管理，在中国由中国人民银行管理。至今，所有国家都把利率作为宏观经济调控的重要工具之一。

当经济过热、通货膨胀上升时，便提高利率、收紧信贷；当过热的经济和通货膨胀得到控制时，便会把利率适当地调低。因此，利率是重要的基本经济因素之一。利率是经济学中一个重要的金融变量，几乎所有的金融现象、金融资产都与利率有着或多或少的联系。

（二）单利与复利

1. 单利

单利（Simple Interest）是指按照固定的本金计算的利息，是计算利息的一种方法。单利的计算取决于所借款项或贷款的金额（本金）、资金借用时间的长短及市场一般利率水平

---

① 黄凌灵. 个人理财与创业[M]. 上海：立信会计出版社，2013：19.

等因素。

在单利与复利的计算中，经常使用以下符号：

P —本金，又称期初金额或现值；

i —利率，通常指每年利息与本金之比；

I —利息；

F —本金与利息之和，又称本利和或终值；

n —计息期数，通常以年为单位。

单利利息的计算公式为

$$单利利息(I)=本金(P)\times 利率(i)\times 计息期数(n)$$

(1)单利终值的计算

单利终值即现在的一定资金在将来某一时点按照单利方式下计算的本利和。单利终值的计算公式为

$$F=P+P\times i\times n=P\times(1+i\times n)$$

例如：某人持有一张带息期票，面额为 100 000 元，票面利率为 4%，出票日期 6 月 15 日，12 月 14 日到期，如票据到期，出票人应付的本利即票据终值为：

$$F=100\ 000\times[1+4\%\times(180\div 360)]=102\ 000(元)$$

(2)单利现值的计算

在现实经济生活中，有时需要根据终值来确定其现在的价值，即现值。例如，在使用未到期的票据向银行申请贴现时，银行按一定利率从票据的到期值中扣除自借款日至票据到期日的应计利息，将余额付给持票人，该票据则转归银行所有。贴现时使用的利率称贴现率，计算出来的利息称贴现息，扣除贴现息后的余额称为现值。

单利现值的计算公式为

$$P=F-I=F-F\times i\times \mathrm{n}=F\times(1-i\times n)$$

2. 复利

复利是指在每经过一个计息期后，都要将所生利息加入本金，以计算下期的利息。这样，在每一个计息期，上一个计息期的利息都将成为生息的本金，即以利生利，也就是俗称的“利滚利”。

复利计算的特点是：把上期末的本利和作为下一期的本金，在计算时每一期本金的数额是不同的。复利的本息计算公式是

$$F=P\times(1+i)^n$$

复利计算有间断复利和连续复利之分。按期(如按年、半年、季、月或日等)计算复利的方法为间断复利；按瞬时计算复利的方法为连续复利。在实际应用中一般采用间断复利的计算方法。

(1)复利现值的计算

复利现值是复利终值的对称概念，指未来一定时间的特定资金按复利计算的现在价值，或者说是为取得将来一定本利和现在所需要的本金。也可以认为是将来这些面值的实际支付能力(不考虑通货膨胀因素)。复利现值计算公式是

$$P=F\times 1/(1+i)^n$$

其中的 $1/(1+i)^n$ 就是复利现值系数。记作 $(P/F,i,n)$，其中 i 是利率(折现率)，n 是年数。根据这两个条件就可以查到具体对应的复利现值系数了。

(2)复利终值的计算

复利终值是指本金在约定的期限内获得利息后，将利息加入本金再计利息，逐期滚算到约定期末的本金之和。因此，复利终值就是指一笔收支经过若干期后再到期时的金额，这个金额和最初的收支额事实上具有相同的支付能力。复利终值计算公式是

$$F=P\times(1+i)^n$$

其中的 $(1+i)^n$ 称为复利终值系数，用符号 $(F/P,i,n)$ 表示。这样，上式就可以写为：$F=P(F/P,i,n)$。

由于通货膨胀率和利率密切关联，在投资理财时，很多时候应以复利盘算才不会与实际情况产生差距。

了解复利终值的运作和计算是相当重要的，人们常喜欢用“利上滚利”来形容某项投资，获得快速、惊人的报酬，比方说 2015 年 3 月“妖股”暴风科技(300431)(现已退市)上市，连续 29 个交易日，每个交易日约涨 10%，股价从 2015 年 3 月 24 的 7.14 元/股至 5 月 5 日高达 148.27 元/股的收盘价，买入持有报酬率高达 2 000%。

虽然复利公式并不难懂，但若是期数很多，算起来还是相当麻烦，有一个简单的“七十二法则”可以取巧。

所谓的“七十二法则”就是，“以 1%的复利来计息，经过 72 年以后，你的本金就会变成原来的一倍”。这个公式好用的地方在于它能以一推十。

例如：利用 5%年报酬率的投资工具，经过约 14.4(72/5)年本金就变成一倍；利用 12%的投资工具，要 6(72/12)年左右，才能让一块钱变成两块钱。

因此，今天如果你手中有 100 万元，运用了报酬 15%的投资工具，便很快就知道，经过约 4.8 年，你的 100 万元就会变成 200 万元。

同样的道理，若是你希望在十年内将 50 万元变成 100 万元，就该找到至少报酬率 7.2%以上的投资工具来帮助你达成目标；若想在七年后加倍本金，投资率就应至少为 10.3%才行。

虽然利用七十二法则不像查表计算那么精确，但也已经十分接近了，因此当你手中少了一份复利表时，记住简单的七十二法则，或许能够帮你不少的忙。

从复利角度看理财，可以说理财致富是“马拉松竞赛”而非“百米冲刺”，比的是耐力而不是爆发力。投资理财绝不是像有些人认为的是富人、高收入家庭的专利。因为复利的特点是，影响未来财富的关键因素是投资报酬率的高低与时间的长短，而不是资金的多寡。

(三)名义利率与实际利率

1. 名义利率

所谓名义利率，是中央银行或其他提供资金借贷的机构所公布的未调整通货膨胀因素的利率，即利息(报酬)的货币额与本金的货币额的比率，亦即指包括补偿通货膨胀(包括通货紧缩)风险的利率。

例如，张某在银行存入 1 万元的一年期存款，一年到期时获得 500 元利息，利率则为

5%,这个利率就是名义利率。

名义利率虽然是资金提供者或使用者现金收取或支付的利率,但人们应当将通货膨胀因素考虑进去。

2. 实际利率

实际利率是指剔除通货膨胀率后储户或投资者得到利息回报的真实利率,是假定物价水平不变,从而货币购买力不变条件下的利息率。简单地说,实际利率是从名义利率减去通货膨胀率(可用居民消费价格指数,即 CPI 增长率来代替)的数字,名义利率并不是投资者能够获得的真实收益,还与货币的购买力有关。如果发生通货膨胀,投资者所得的货币购买力会贬值,因此投资者所获得的真实收益必须剔除通货膨胀的影响,即公式为

$$实际利率=名义利率-通货膨胀率$$

(1)当计息周期为一年时,名义利率和实际利率相等,计息周期短于一年时,实际利率大于名义利率。

(2)名义利率不能完全反映资金的时间价值,实际利率才真实地反映了资金的时间价值。

(3)以 i 表示实际利率,r 表示名义利率,n 表示年计息次数,那么名义利率与实际利率之间的关系为:1+名义利率=(1+实际利率)×(1+通货膨胀率),一般简化为名义利率=实际利率+通货膨胀率。即

$$r=i+p$$

其中,p 为借贷期内物价水平的变动率,它可以为正,也可以为负。较为精确的计算公式可以写成

$$r=(1+i)\times(1+p)-1$$

$$i=(1+r)/(1+p)-1$$

这是目前国际上通用的计算实际利率的公式。

例如,假设一年期存款的名义利率为 3%,而 CPI 通货膨胀率为 2%,则储户实际拿到的利息回报率只有 1%。

由于中国经济处于高速增长阶段,很容易引发较高的通货膨胀,而名义利率的提升在多数时间都慢于通货膨胀率的增长,因此时常处于实际利率为负的状态。也就是说,如果考虑通货膨胀因素,储户将钱存入银行最终得到的负回报——亏损,即负利率。

既然把钱放在银行里并不保险,钱还会白白地蒸发掉,那么把钱拿出来就是最好的办法。然而,有相当一部分银行的存款是取不出来的,那就是中低收入者的"强制性储蓄",他们不能也不敢消费,更不能也不敢转化为投资,当然,他们的钱也根本不够去投资。尤其是广大农民,因为这些钱是为养老、保命所攒,或是随时应急所需,不到万不得已不能动用。所以,从某种意义上讲,负利率可视为一种财富再分配工具,它会进一步掠夺社会弱势群体原本可怜的一点财富。

(四)年金

年金(Annuity,简写 A)是指一定时期内,每隔相同的时间,收入或支出相同金额的系列款项。其中,时间间隔相同显示了年金的第一个特点——连续性,金额相同显示了第二个特

点——等额性。我们常见的零存整取、分期付款、整存零取和直线法折旧等都是年金的典型例子。在日常的经济活动中，常见的年金很多，如定期发放工资、定期支付住房按揭贷款以及在保险领域中的养老金给付等。

年金按收付时点不同可分为普通年金、即付年金、递延年金和永续年金四类。

1. 普通年金

普通年金又叫后付年金，是指收或支发生在每期期末的年金，即一定时期内每期期末等额收付款项的复利终值之和，这种年金在日常生活中最为常见。

(1)普通年金终值。普通年金终值指一定时期内，每期期末等额收入或支出的本利和，也就是将每一期的金额，按复利换算到最后一期期末的终值，然后加总，就是该年金终值。

如果年金的期数很多，用上述方法计算终值显然相当烦琐。由于每年支付额相等，折算终值的系数又是有规律的，所以，可找出简便的计算方法。

设每年的支付金额为 A，利率为 i，期数为 n，则按复利计算的普通年金终值 F 为

$$F=A\times[(1+i)^n-1]/i$$

其中，$[(1+i)^n-1]/i$ 是普通年金终值系数，利率为 i，经过 n 期的年金终值，记作$(F/A,i,n)$，可查普通年金终值系数表。

(2)普通年金现值。普通年金现值是指将在一定时期内按相同时间间隔在每期期末收入或支付的相等金额折算到第一期期初的现值之和，即各期期末的现金流相当于现在的价值。

普通年金现值的计算公式为(已知年金 A，求现值 P)

$$P=A\times[1-(1+i)^{-n}]/i=A\times(P/A,i,n)$$

其中，P 为现值，A 为年金，年金现值系数$[1-(1+i)^{-n}]/i$，是普通年金 1 元、利率为 i、n 期的年金现值，记作$(P/A,i,n)$。可查普通年金现值系数表。

例如，王先生现在从银行取得借款 20 万元，贷款利率为 3%，请问要想在 5 年内还清，每年年末应该等额归还多少元?

$A=20/(P/A,3\%,5)=20/4.5797=4.367$(万元)

(3)偿债基金。偿债基金是指为了使年金终值达到清偿到期债务或满足个人或家庭到期特定的财务需要，而于每年年末等额存入银行或支付给相应机构的存款准备金。

普通年金终值系数的倒数即偿债基金系数。也就是说，偿债基金系数和年金终值系数互为倒数，记作$(A/F,i,n)$，偿债基金系数可以制成表格备查，亦可根据年金终值系数求倒数确定。

$$年金终值系数\times偿债基金系数=1$$

年偿债基金的计算公式为(已知终值 F，求年金 A)

$$A=F\times i/[(1+i)^n-1]=F/(F/A,i,n)=F\times(A/F,i,n)$$

其中，$i/[(1+i)^n-1]$为偿债基金系数，记作$(A/F,i,n)$。

(4)年资本回收额。年资本回收额是指在约定年限内等额回收初始投入资本或清偿所欠债务的金额。每次等额回收或清偿的数额相当于年金，初始投入的资本或所欠的债务就是年金现值。

$A=P\times(A/P,i,n)=P/(P/A,i,n)$

其中，普通年金现值 P，年金 A，资本回收系数，记作$(A/P,i,n)$。

2. 即付年金

即付年金又叫预付年金、先付年金，是指收入或支付发生在每期期初的年金。由于没有预付年金的终值和现值系数表，因此，预付年金的终值和现值的计算需要转化为普通年金。

(1)即付年金终值。即付年金终值是其最后一期期末的本利和。其计算就是把即付年金每个等额 A 都换算成第 n 期期末的数值，再来求和。

$$F=A\times\{[(1+i)^n-1]/i\}\times(1+i)=A\times(F/A,i,n)\times(1+i)$$

或

$$F=A\times[(F/A,i,n+1)-1]$$

(2)即付年金现值。即付年金现值是其第一期期初的现值，就是把即付年金每个等额 A 都换算成第一期期初的数值，即第 0 期期末的数值，再求和，也就是已知每期期初等额收付的年金 A，求现值 P。

$$P=A\times\{[1-(1+i)^{-n}]/i\}\times(1+i)=A\times(P/A,i,n)\times(1+i)$$

或

$$P=A\times[(P/A,i,n-1)+1]$$

3. 递延年金

递延年金也称延期年金，是指第一次收付款项发生时间不在第一期期末，而是隔若干期后才开始发生的系列等额收付款项。

递延年金的现值计算方法有三种，设递延期数为 m，连续收支期数为 n，方法如下：

计算方法一：

先将递延年金视为 n 期普通年金，求出在 m 期普通年金现值，然后再折算到第一期期初。

$$P=A\times(P/A,i,n)\times(P/F,i,m)\text{（}m\text{ 为递延期，}n\text{ 为连续收支期数）}$$

计算方法二：

先计算 $m+n$ 期年金现值，再减去 m 期年金现值。

$$P=A\times[(P/A,i,m+n)-(P/A,i,m)]$$

计算方法三：

先求递延年金终值再折现为现值。

$$P=A\times(F/A,i,n)\times(P/F,i,m+n)$$

例如：李某计划购买一处新房用于结婚，总房价 100 万元，开发商提出三种付款方案：

(1)分 10 年付清，每年年初付款 15 万元；

(2)首付 30 万元，剩余款项分 10 年付清，每年年末付款 12 万元；

(3)首付 50 万元，1～6 年每年年末付款 10 万元，7～10 年每年年末付款 3 万元。

假定利率为 8%，分别计算三个方案的现值并确定最优付款方案。

依据上述公式：

第一方案的现值$=15+15\times(P/A,8\%,9)=15+15\times6.2469=108.70$(万元)；

第二方案的现值$=30+12\times(P/A,8\%,10)=30+12\times6.7101=110.52$(万元)；

第三方案的现值$=50+10\times(P/A,8\%,6)+3\times(P/A,8\%,4)\times(P/F,8\%,6)=50+10\times4.6229+3\times3.3121\times0.6302=102.49$(万元)。

经过计算，第三个方案的现值最小，应该选择第三个方案。

4. 永续年金

永续年金也称永久年金或无限期年金，是指无限期等额收付的年金，可视为普通年金的特殊形式。由于永续年金持续期无限，没有终止时间，因此没有终值，只有现值，例如，存本取息的利息，无限期附息债券的利息。

永续年金的现值 P 计算公式为：

(1)如果每个期间的期末支付，$P=A/i$

(2)如果每个期间的期初支付，$P=(1+i)\times A/i$

三、风险的计量与分散

(一)个人投资理财主要风险分析[①]

理财是有风险的，即便你不做其他投资，只是将资金全部以存款形式保留，也会面临通货膨胀的风险。另外，一般的投资项目较之银行的储蓄有较高的收益率，但是相应也有风险，风险往往与收益成正比。理性的投资者在追求高利润的同时，往往充分考虑投资的风险。

在进行多种资产投资时，人们常常想知道一笔资金该向哪一种资产投资，投资比例是多少，才能使得收益达到最大，并且不用承担太大的风险。为了做到这一点，我们在投资之前必须对各种资产进行分析、估价，并且始终坚持多样化的原则以减小风险。这是一个优化问题，要决策的是向每种资产的投资额，即所谓投资组合，要达到的目标有二：一是净收益最大，二是整体风险最小。一般来说这两个目标是矛盾的，收益大，风险必然也大；反之亦然。所以不可能给出这两个目标同时达到最优的所谓的完美决策，我们追求的只能是满足投资者本身要求的投资组合，即在一定风险下收益最大的决策，或在一定收益下风险最小的决策，或收益和风险按一定比例组合最优的决策。不管如何抉择，投资者都面临以下风险。

1. 投资手段风险

个人或者家庭在投资手段上面临的风险主要体现为以下三点：

第一，选择的投资手段追求“短平快”，过于单一集中，不利于风险分散。

第二，对于投资手段的选择缺乏专业的金融知识，对很多金融产品缺乏基础了解。

第三，缺乏对自身风险承受能力判断，在选择投资手段中并没有构建一个健全的风险承受意识。而投资手段风险主要体现在投资期限短，过于追求高风险带来的高收益回报，投资结构不合理。投资者一方面对不同的投资手段不了解，另一面对不同投资方式带来的风险也不了解。信息的不对称造成了投资手段的单一，而非理性的趋利投资观也使得投资的手段集中于高风险高收益的投资领域。

2. 投资产品风险

(1)投资收益衡量

投资收益的基本衡量指标是投资收益率。投资者的投资期望用收益率期望值来表示。

---

① 雷冰. 家庭投资理财规划一本通[M]. 北京：中国宇航出版社，2014 年：58-70.

①投资收益率

投资收益率就是投资收益占投资成本的比率。

$$投资收益率=\{[(期末价值-期初价值)+资本收入]/期初投资\}\times 100\%$$
$$=投资收益/投资成本\times 100\%$$

例如，某人以每股 10 元的价格购买某股票，一年后股价上涨到 12 元，并且获得每股 0.1 元的分红。那么该投资者投资该股的投资收益率为

$$投资收益率=\{[(12-10)+0.1]/10\}\times 100\%=21\%$$

即投资该股的投资收益率为 21%。

②投资收益率评价的优缺点

投资收益率的优点是指标的经济意义明确、直观，计算简便，在一定程度上反映了投资效果的优劣，可适用于投资者各种投资规模进行投资效益评价，当该比率明显低于其必要报酬率时，说明其对外投资是失败的，应改善对外投资结构和投资项目。

投资收益率的缺点是：

一是没有考虑资金时间价值因素，忽视了资金具有时间价值的重要性；

二是指标计算的主观随意性太强，换句话说，就是正常年份的选择比较困难，如何确定存在不确定性和认知因素；

三是不能正确反映投资周期长短及投资方式不同和回收额的有无对投资项目的影响，分子、分母计算口径的可比性较差，无法直接利用净现金流量信息。只有投资收益率指标大于或等于无风险投资收益率的投资项目才具有财务可行性。因此，以投资收益率指标作为主要的决策依据不太可靠。

(2)收益率期望值

收益率期望值是投资者根据历史和经验等因素判断，对未来一段时间的投资做出估计，并确定期望达到的收益率。

收益率期望值的计算公式为

$$E(r)=\sum_{s}p(s)r(s)$$

其中，$E(r)$ 为收益率期望值；$p(s)$ 为第 s 种情景出现的概率；$r(s)$ 为第 s 种情景下的持有收益率。

(二)风险量化

风险量化是指通过风险及风险相互作用的估算，来评价投资可能出现结果的范围。风险量化用于衡量风险概率和风险对投资目标影响的程度，投资者可以通过对不同投资品种风险量化后的结果进行比较分析，然后得出投资结论。

风险量化分析的依据来源于引起风险的各种因素，这些风险包括利率风险、汇率风险、政策性风险、操作风险、道德风险、信用风险、流动性风险和法律风险等。对这些风险因素进行管理、计算评估，利用投资风险分析工具，从不同角度对风险的未来变化情况给予评价，最终得出风险量化结论，提供投资决策。

由于投资风险的客观存在性及其对投资收益的不利性，投资者在进行投资决策时必须

而且也应该对投资风险进行分析，尽可能地测定和量化风险的大小。

1. 标准差风险量化

对于单个项目的风险量化，可以用标准差来衡量。标准差也称均方差，是各数据偏离真实值的距离平方的平均数，它是离均差平方和平均后的方根，一般用 δ 表示。标准差能反映一个数据集的离散程度，平均数相同的，标准差未必相同。

标准差的计算公式为

$$\delta_t = \sqrt{\sum_{i=1}^{n}[X_{it} - E(NPV_t)]^2 P_{it}}$$

其中 δ_t 为第 t 期的收益标准差，X_{it} 为第 i 种概率下第 t 期的收益率，$E(NPV_t)$ 为第 t 期的期望收益率，P_{it} 为第 t 期可能性事件发生的概率。标准差值越小，说明投资风险越小。

投资用标准差衡量有局限性，当不同项目的期望回报率相同时，用标准差衡量风险程度是合适的，否则就不能再用标准差而必须用一个相对的风险指标。此相对指标指的是标准离差率，它表示某资产每单位预期收益中所包含的风险的大小。其计算公式为

标准离差率=标准离差/期望值

期望值不同的情况下，标准离差率越大，反映项目的风险越大。

2. 风险偏好的量化

由于个人性格、财富、教育程度、年龄、性别、出生顺序、就业状况和家庭状况等因素的影响，不同的投资者对风险偏好有差异。风险就是一种不确定性，投资者对这种不确定性所表现出的态度、倾向便是其风险偏好的具体体现。风险态度可分为风险厌恶、风险中立和风险追求。

需要注意的是投资者应明了风险偏好并不等同于风险承受能力，风险承受能力才是个人理财规划当中一个重要的依据。投资者愿意承受更多的风险只能说明他的风险偏好，但这绝不等同于他实际上具有较高的风险承受能力。如果一个投资者在高收益的诱惑之下，根本不考虑自己的风险承受能力，投资一些完全不符合自身收益风险特征的理财产品，一旦出现风险损失，那将会带来不良后果。

3. 期望值法

期望值法是通过计算项目净现值的期望值和净现值大于或等于零时的累计概率，来比较方案优劣，确定项目可行性和风险程度的方法。

采用期望值法进行概率分析，一般需要遵循以下步骤：

一是选用净现值作为分析对象，并分析选定与之有关的主要不确定性因素。

二是按照穷举互斥原则，确定各不确定性因素可能发生的状态或变化范围。

三是分别估算各不确定性因素在每种情况下发生的概率。各不确定性因素在每种情况下发生的概率，必须小于等于1，大于等于0，且所有可能发生情况的概率之和必须等于1。这里的概率为主观概率，是在充分掌握有关资料的基础之上，由专家学者依据其自己的知识和经验判断做出的。

四是分别计算可能发生的各种情况下的净现值（NPV）。各年净现值期望值的计算公式为

$$E(NPV_t)=\sum_{i=1}^{n}X_{it}P_{it}$$

式中，$E(NPV_t)$为第 t 年净现值的期望值；X_{it} 为第 t 年第 i 种情况下的净现值；P_{it} 为第 t 年第 i 种情况发生的概率，n 为发生的状态或变化范围数。

整个项目寿命周期净现值的期望值的计算公式为

$$E(NPV)=\sum_{i=1}^{m}\frac{E(NPV_t)}{(1+i)^t}$$

式中，$E(NPV)$为整个项目寿命周期净现值的期望值；i 为折旧率；m 为项目寿命周期长度，$E(NPV_t)$为第 t 年净现值的期望值。

项目净现值的期望值大于零，则项目可行，否则，不可行。

五是计算各年净现值标准差、整个项目寿命周期净现值的标准差或标准差系数，各年净现值标准差的计算公式为

$$\delta_t=\sqrt{\sum_{i=1}^{n}[X_{it}-E(NPV_t)]^2P_{it}}$$

式中，δ_t 为第 t 年净现值的标准差，其他符号意义同前。

整个项目寿命周期净现值的标准差计算公式为

$$\delta=\sqrt{\sum_{i=1}^{m}\frac{\delta_t^2}{(1+i)^t}}$$

式中，δ 为整个项目寿命周期净现值的标准差。

净现值标准差反映每年各种情况下净现值的离散程度和整个项目寿命周期各年净现值的离散程度，在一定的程度上能够说明项目风险的大小。但由于净现值标准差的大小受净现值期望值影响甚大，两者基本上呈同方向变动。因此，单纯以净现值标准差大小衡量项目风险性高低，有时会得出不正确的结论。为此需要消除净现值的期望值大小的影响，利用下式计算整个项目寿命周期的标准差系数

$$V=\frac{\delta}{E(NPV)}\times100\%$$

式中，V 为标准差系数。一般地，V 越小，项目的相对风险就越小，反之，项目的相对风险就越大。依据净现值期望值、净现值标准差和标准差系数，可以用来选择投资方案。判断投资方案优劣的标准是：期望值相同、标准差小的方案为优；标准差相同、期望值大的方案为优；标准差系数小的方案为优。

六是计算净现值大于或等于零时的累计概率。累计概率值越大，项目所承担的风险就越小。

最后对以上分析结果做综合评价，说明项目是否可行及承担风险性大小。

（三）分散投资

分散投资，可以用一个通俗的比喻来定义："不要把所有的鸡蛋放在一个篮子里！"这句话简要而精确地捕捉住了分散投资的特性。分散投资也称为组合投资，是指同时投资在不同的资产类型或不同的证券上。

分散投资引入了对风险和收益对等原则的一个重要的改变，实行分散投资的意义就在于降低投资风险，保证投资者收益的稳定性。例如一种证券不景气时另一种证券的收益可能会上升，这样各种证券的收益和风险在相互抵消后，仍然能获得较好的投资收益。投资组合追求的是在给定期望风险水平下，对期望收益进行最大化，或者在给定期望收益水平下对期望风险进行最小化。

1. 投资组合

投资组合可以解决投资过程中的非系统性风险问题，因为各种投资品种之间齐涨齐跌的概率极小，所以，当关联性不强的投资品种组合在一起时，组合的风险随之降低，有效的投资组合能够做到在风险一定的前提下实现收益最大化。投资者根据自身承受风险的能力及投资目的的不同，在不同的投资品种间实行合理组合。在做投资组合管理时，要注意：

第一，选择相关性较小的投资品种。

对两个系列数据间联系程度进行描述的一个常用指标是相关系数 r，$-1\leqslant r\leqslant 1$。投资者在投资时，通常要寻求相互之间具有稳定的低相关性或相关系数为负的资产进行组合投资。相关系数为正，表明这些资产在同一时间向同一方向移动，相关系数为负说明在同一时间这些资产向相反方向移动，相关系数为零说明两个数据系列没有线性关系。投资时，投资者选择相关性小的投资品种，可以有效地降低非系统性风险。

第二，选择合理的投资时间安排。

投资时间安排分为两种情况：

一是选择投资时机。这与投资的成败关系紧密，特别是我国证券类投资，“过山车”行情频现，没踏准节奏，一次满仓满盘皆输。投资者最好将资金分成若干份额，分不同的时机分阶段投入，不要一次性投入全部资产，可以降低投资时机选错的风险。

二是合理组合投资的期限。投资理财中，不但投资工具要合理组合，投资期限也要科学组合。首先，投资理财不光只注重收益率，同时还要有一定的流动资金以应付突发情况，比如 2015 年 6 月到 2015 年 8 月底我国股市暴跌近 45%，市场出现流动性危机，一旦急着套现，将损失惨重。其次，投资收益在不同期限也不一定相同。另外，一旦全部一次性将资金投入，如果出现了更好的投资理财机会，就会因没有了资金错过取得高收益率的时机。因此最佳的选择就是要短期、中期、长期有效组合。

第三，选择适度的投资品种数目。

在投资组合管理中，非系统性风险会随着投资品种数目的增多而随之下降，但是并非投资数目越多越好。比如证券类投资，一般情况下，组合中达到 30 种股票就可以了。因为证券投资的总风险包括非系统性风险和系统性风险两部分，当投资品种增加到一定程度时，非系统性风险下降的幅度已达到了一个极限后，系统性风险依然存在。此时不管如何增加投资品种的数目，风险也无法再降低，相反还会增加相应的投资成本，包括交易成本与研究成本等。因此，在同一个投资组合里拥有过多不同的投资方式会导致每一个投资都不能高效发展，以至收益无法达到预期程度，另外，过分多样化的投资组合最后往往会表现为指数化投资：风险高度分散，收益平稳但较低。

当然，不分散投资也有极其成功的案例，世界首富巴菲特，以其一生获得辉煌的投资业绩告诉我们：只有当投资者对所投资的公司一无所知的时候，才需要分散投资。实际上，当对所投资的公司一无所知的时候，根本就不应该投资，也就是说，任何时候都不应该分散投资。他认为，“不要把所有鸡蛋放在同一个篮子里”的谬论是错误的，投资应该“把所有鸡蛋放在同一个篮子里，然后小心地看好它”。

第四，确定科学的投资比例。

确定科学的投资比例是指根据所选的不同投资理财工具，合理分配工具间的比例关系。资产组合的建立不应该只是机械地把资金在所有投资工具上平摊，应按照科学比例进行资产配置，比例影响的主要因素有理财工具的风险程度、流动性、收益水平、对风险的偏好和投资者对收益的期望值等方面。比如，投资者属于风险保守型的就应当把资产投向基金、保险、储蓄、债券等收益相对平稳、风险相对较小的投资理财产品。投资者属于风险偏好型的，为追逐较高的投资收益能够承担一定的投资风险，该类型投资者可以把资产多投进高收益、高风险的投资产品，例如股票、期货、期权等。

当前我国家庭投资理财中，很多人以单纯追求高收益率高回报率为目标。恰恰，高收益高回报常常会伴随着更高风险。常见的一个家庭投资理财的误区是：将家庭的全部资金投入到一种理财产品上。例如，目前我国股民中，其中相当大的一部分人只买卖一两只股票和债券，这样操作所承受的风险会非常大。因此个人或者家庭理财要根据自身的资产情况和投资理财目标，进行分散投资，把理财产品合理组合，科学合理地分配好资产配置比例。

2. 4321 理财法则

4321 理财法则即资产配置方面采取 40%投资创富、30%生活开销、20%储蓄备用、10%保险，并且采取恒定混合型策略，即某种资产价格上涨后，减少这类资产总额，将其平均分配在余下的资产中，使之恒定保持一个 4321 的比例。

数字化的理财概念简单、易懂，这种梯形的理财方案体现出的是一种非常稳定的结构，很适合将“准中产”白领的生活打造得从容优雅。

具体分配方法为：

40%投资创富：比如投资股票、外汇、基金等有较高收益率的资产，也可以选择开放式基金定期定额投资，每个月自动扣款，投资省时省力，达到强迫储蓄的效果。

30%生活开销：至少保持一定的生活质量，每月不可缺少的基本生活费用，吃饭穿衣费、手机费等。当然有车的还有汽油费，有房子按揭的还要交按揭费。

20%储蓄备用：通常存为活期存款，在需要的时候可以方便地提出来，用于改善生活质量。比如，某日心情不错，约亲朋好友喝两杯吃顿饭；收到请柬或生日邀约；家庭应急，此时备用金就派上用场了。

10%保险：投保是一种长远的安排，是对日后生活的保障，尤其是预防家庭收入的主要创造者可能遇到的意外情况，以免对家庭经济造成重创。以保额（出险后保险公司的赔付额）一般不低于年收入的 10 倍为合适。

在此法则的基础上，再根据自己的实际情况，如风险承受能力、理财目标或投资方案等做细致调整，才可达到最理想的效果。

第三节 个人理财的基本内容

一、个人理财概念的界定

在牛津大学出版社出版的《财务和银行词典》中，个人理财的定义为：以当前的财务状况为依据，通过预测短期和长期的财务需求，而后制定一套理财策略，包括财务管理、储蓄计划、投资计划、住屋计划、子女教育计划、人寿保险计划、遗产计划和税务计划等。

2003年3月，清华大学出版社出版了林功实编著的《个人投资理财》一书，该书认为，理财就是"省钱、赚钱、花钱之道"，而且有狭义和广义之分。狭义的是指管理自己的财富，进而提高财富效能的活动。广义的则包含了负债管理，即运用他人的资金，建立财务杠杆进行投资。

目前，世界各国普遍认同的定义是美国CFP委员会对个人理财的定义。它认为个人理财是一种个性化、分层次、全方位的服务，也就是专业的理财人员通过对客户的生活情况、财务现状、目标预期、风险偏好等信息的分析，帮助客户制订出适合自己的、可行的理财方案，它提供的不是某种单一的金融产品，而是一系列金融产品、服务的组合与创新。

笔者认为个人理财是一门实用科学，主要解决个人或家庭日常生活中的经济问题，是通过对财务的适当管理以达到个人或家庭经济上的满足的一个过程。它不是针对人生的某个阶段，而是对个人一生的规划，涉及储蓄、教育、保险、税务规划、住房、信托、退休、遗产等方方面面，对各个阶段深入分析，形成合理的资产组合，进而实现人生各阶段的既定目标，一个综合性的理财规划可以提高个人的生活质量，并且可以通过减少个人未来需求和资源的不确定性增减个人的满意度，最终的目的是为自己及家人建立一个健康、富足、安心的生活体系。

二、个人理财的理论基础

（一）马斯洛的需求理论

马斯洛需求理论的核心内容是：人的需求由低到高分为五个层次，即生理、安全、社会、尊重和自我实现。在人生的不同阶段其需求组合的形式也是多样的，其中肯定有一个处于主导地位，它的满足是推动人们行动的强大动力。马斯洛认为人的需求是从外部得来的满足逐渐向内在得到的满足的转化，在高层次的需求充分出现之前，低层次的需求必须得到适当的满足。

在生理需求层次，个人理财无疑应该从满足人的最基本需求出发，首先安排好日常开支，进而考虑居住规划、保险规划、退休安排等。

在安全需求方面，个人理财注重风险的管理，如日常备用金的安排等。

在社会需求方面，教育的配套、居住条件的改善、汽车的购买等在个人理财中也有体现。

在尊重需求方面，财富也是一种权利，可以通过个人理财的投资规划、税务规划等方面增加自己的财富。

在自我实现方面，毫无疑问，成功的理财规划也是一种自我实现需求的满足。

（二）米尔顿·弗里德曼的持久收入理论

1956年，美国的经济学家米尔顿·弗里德曼提出了持久收入理论，该理论的主要内容为：消费者的消费支出不是由他的现期收入决定的，而是由他的持久收入，即未来可预期的、长期收入决定的。因此只有当居民预期他的收入将来会提高，且持续期较长时，他的消费支出才会随收入的提高而相应提高。这一点从我国居民的消费习惯和储蓄现状可以证明。自1979年改革开放以来，我国国民生产总值在增加的同时，居民的收入水平也在逐步提高，但居民仍然将钱存入银行，不去消费，究其原因主要是由于人们的收入增长时常跑不过CPI，社会保障制度不健全、不完善使得居民对未来的持久收入预期不乐观导致的。随着我国社会保障制度改革的不断深入，居民的后顾之忧消除了，对持久收入的预期也充满信心，居民的储蓄习惯也悄然发生了变化，进行理财时，投资工具的品种增多了，除了储蓄还包括股票、债券、基金、外汇、保险、信托等。

（三）马克维兹的投资组合理论及夏普等人的CAPM模型

1952年，马克维兹提出了投资组合理论，该理论认为市场参与者在投资过程中会面临两种风险，即系统性风险和非系统性风险。系统性风险来源于宏观方面的变化，不能通过证券投资组合加以分散，而非系统性风险可通过投资组合弱化甚至完全消除。此后在1965年美国学者夏普、林特尔等人在投资组合理论的基础上又提出了CAPM模型，这一模型为通过资产配置实现收益最大化奠定了量化分析的理论基础，即投资者要想实现相同收益下的风险最小或是风险既定条件下的收益最大，就必须进行不同的证券组合配置。

（四）行为金融学理论

行为金融学理论强调了市场参与者的心理变化在市场定价以及投资决策中的重要作用，为开办个人理财业务的金融机构提供了实践指导。

1. 把握从众心理，采用反向操作策略

投资者在投资某种金融工具时，会受到市场上其他大多数投资者的影响，盲目追随而购买了与其他投资者相同的产品，致使该产品由于需求大幅增加，价格急剧上涨，出现投机过度的表现，这时理财从业人员观测到这一现象，就可以抓住时机做反向的操作而从中获益。即该产品价格上升时，大多数人都在买时你来卖，等该产品没有量上的支撑时价格自然下跌，这时你再买，实际上是高卖低买，赚取价差收益。

2. 及时发现错误定价，实施纠错投资策略

通常人们某些非理性行为会导致对市场行情的判断失误，投资后会引发相关产品定价错误。这时个人理财业务的从业人员可以利用金融市场上相关产品定价错误的时机，采取纠错即相反的投资策略，进而获取相关产品被再次正确定价时的投资收益。

三、个人理财的原则

由于市场行情变化莫测，投资理财工具的价格受到许多不可控的、外在因素的影响，时时发生变化，有时高有时低，因此个人在理财过程中难免会面临一定的风险，如何做到在降低所面临的风险的同时保证收益的最大化，就必须遵循下列几点原则：

（一）经济效益原则

居民的经济生活目标首先要满足生活上的最佳需求，这是最基本也是最重要的，然后在此基础上才会追求资产的保值、增值。为了能累积财富，居民必须管好、用活资金，通过各种途径增加收入并节省开支，使资金的利用效率提高。

（二）科学管理原则

居民理财方法要讲究科学，理财手段也要现代化，可在理财软件的帮助下，结合自身的实际情况制定适合自己的理财方法，并合理安排资金、时间和精力，以提高理财的质量和效率。

（三）多元化投资原则

平时常讲的“不要把所有的鸡蛋都放在同一个篮子里”的理论，在投资理财中也同样适用，因为如果投资者将所有的资金都投资于一种证券，一旦该证券的价格下跌，他将会面临巨大的损失（如中国石油从 2007 年上市 48.6 元/股，到 2021 年 10 月只有不到 6 元/股）。所以在选择理财工具时我们要进行多样化的投资组合以降低风险，这样当市场行情变化时，某些资产收益率下降的同时另外一些资产的收益率却上升，两者相互抵消，整个投资组合的收益率就能保持相对的稳定。

（四）风险报酬原则

投资某一金融工具或产品，它带来收益的同时也会带来一定的风险。风险和收益之间成正比关系，即投资者面临的风险越大，他所要求的报酬率也越高。

四、个人理财的步骤

个人理财是综合性的、专业化的服务，涉及面很广，在具体实施时应遵循严格的操作程序和步骤。通常情况下是由专业的理财规划师来提供的，但是在我国由于种种原因理财业务还没有完全普及，再加上各理财机构设定的最低资金准入要求，使不少居民无法享受到理财规划师所提供的专业化服务，由此便产生了居民个人的自助理财。

（一）个人自助理财的步骤

1.设定一个合理的、适合自己的目标，此目标不能泛泛而不具体，应进行量化，使其具有可操作性。具体包括什么时间实施、怎样实施、最终达到多大的金额目标等。

2.对自己所拥有的资产进行盘点，做到心中有数，知道自己有多少资金可用于理财，通常可借助资产负债表、损益表等记录和整理日常收支，此外还要根据收支的变化及时进行更新。

3.每个人对风险的承受能力即风险偏好是不一样的，因此要从多方面进行衡量，了解自己的风险偏好。具体包括个人的实际情况(例如收入水平、婚姻状况、有没有供养的人等)、投资心态和个人性格取向等。

4. 对自己的实际情况如财产规模、风险偏好了如指掌后，要进行最优的、战略性的资产分配，将资金合理分配到银行存款、股票和保险等金融资产上，能在风险最低的情况下获得最大的收益，此外还要相信复利的力量，投资要持续、长久。

5. 投资者要时刻关注自己账户金额的变化，对投资绩效进行管理，因为市场行情一旦发生变化，金融工具的价格就会有涨有跌，投资者也可能会遭受损失，所以策略调整要及时。

(二)专业理财规划师理财的步骤①

1. 客户关系的建立

首先，理财规划师要寻找客户源、确定目标市场，其次，通过电话、互联网等方式与之交流理财服务方面的话题，从而判定哪些客户对理财服务兴趣较大，可将其确定为潜在客户，然后与潜在客户面对面地进行深入交流，就其关心的问题，如：资质水平、从业经验、服务费用和内容等做出详细解答，最后与客户签订书面合同。

2. 客户信息的收集

与客户签订合同建立密切关系后，理财规划师便开始着手收集客户的相关资料，包括家庭状况、财产情况、价值取向、风险承受力、预期目标及时限要求等，然后根据所掌握的信息与客户共同协商理财目标以及实现的先后顺序等。

3. 财务的分析和评价

在确定具体的理财方案前，理财规划师应将收集来的客户信息进行汇总，编制资产负债表和现金流量表，并通过设定相关的参数对其进行分析，最后对客户的财务目标能否顺利达成进行评估。

4. 理财方案的制订

对客户的财务状况进行分析和评估后，理财规划师应利用自己的专业知识和技能，按照客户的需求为其量身定制多套理财备选方案，并从中选择一份最优方案，帮助客户实现财务目标。

5. 理财方案的实施

在方案执行过程中，一旦出现与客户利益冲突的情况，理财规划师应及时向客户汇报。同时还要对所提供的理财产品和服务进行深入的调查，形成专业判断，并做出准确的评估，帮助客户挑选适合自己的理财产品。

6. 理财方案执行情况的监控

在方案实施过程中，理财师规划要对方案的时效性、适用性进行监控，并依据市场行情及时进行调整修正，只有这样才能保证客户目标的顺利实现。

---

① 刘宇红. 个人投资理财[M]. 北京：经济管理出版社，2014 年：13-16.

第四节 个人理财的重要性

个人理财不仅能使我们的财富获得保值增值，还能够防范威胁人们生命健康和财产安全的风险，最重要的是个人理财是实现个人财务自由的重要手段。仅仅靠工作收入难以满足我们提高生活品质的要求。世界上许多最终实现财务自由的成功人士都是将自己的收入不断地投入到事业及各种理财工具来实现的，因此，每一个渴望富裕的人都必须要对个人理财予以高度重视。

经济飞速发展，通货膨胀和通货紧缩的频率日益加快，金融危机后资本市场跌宕起伏，使我们对个人资产配置、投资工具、风险管理等理财问题进行审视和思考。

获取财富有两种途径，一是工作收入，二是个人理财收入。工作收入是最初收入的来源，是个人理财的基础和前提。但即使有工作收入也不能保证一生富有。如果不能将工作收入合理规划，而是挥霍殆尽，则很难过上富裕的生活，更谈不上实现财务自由。

人生的财富积累应是由挣钱向赚钱的转变，即由依靠工资收入转变为投资理财收入，特别是随着年龄的增长，我们应该越来越重视投资理财收入。

一、个人理财的迫切性

以前，普通百姓生活不富裕，居民收入主要用于家庭日常生活开支和应急储蓄，甚至很多人的温饱还成问题，“脱贫致富奔小康”一度是我国政府的工作重点，也是广大人民企盼的美好未来。改革开放三十余年，我国的经济长足发展，国民生活发生了翻天覆地的变化，居民生活蒸蒸日上，生活水平也明显提高。很多个人(家庭)收入有相当可观的结余，如何使这些钱有效保值和增值是普通百姓关心的问题。

而理财也是一门较难的学问，在银行存款利率相对较低，多种投资方式并存的环境下，如何选择合适的投资方向和计划，需要一定的投资理财知识支撑，这需要花费很多时间与精力来收集信息、研究、判断、分析和决策。所以个人理财服务是时代之需，民众所求。

二、个人理财是实现财务安全和财务自由的重要手段

个人理财的价值在于能帮助个人或家庭最大可能地实现财务安全和财务自由。

财务安全是指个人或家庭对自己的财务现状有充分的信心，认为现有的财富足以应对未来的财务支出和其他生活目标的实现，不会出现大的财务危机。

衡量个人或家庭的财务安全，主要有以下内容：

1. 是否有稳定、充足的收入；
2. 个人是否有发展的潜力；
3. 是否有充足的现金准备；
4. 是否有适当的住房；
5. 是否购买了适当的财产和人身保险：
6. 是否有收益稳定的投资；
7. 是否享受社会保障；
8. 是否有额外的养老保险计划。

财务自由是指投资收入可以完全覆盖个人或家庭所发生的各项支出，个人能够从被迫工作的压力中解放出来，已有财富成为创造更多财富的工具，个人或家庭的生活目标可以通

过合理的财务规划全部达成。

财务安全和财务自由与我们的日常生活息息相关，对每个人或家庭都具有极为重要的意义。它们不仅体现在个人生活中的现金规划、消费规划和教育规划中，也包含在风险管理与保险规划、税务规划、投资规划、养老规划、财产分配与代际传承中，可以毫不夸张地说，通过有效的理财规划实现财物安全和财务自由是个人或家庭未来过上幸福生活的基石。

三、个人理财也是为社会做贡献

社会资金以工资等收入形式由企业部门流向居民部门，而居民部门通过购买产品与消费的行为，消费了产品，同时又使资金回流到企业部门用于再生产。当居民部门的收入大于消费时，必然产生居民部门剩余资金如何回流到企业部门的问题，个人的投资行为则成为保证社会资金循环，实现社会再生产的关键环节。因而在市场经济中，每个人既是消费者，又可能成为投资者，每个人都有一个投资理财问题。

追求个人利益的个人投资理财活动，不仅使自己得到物质与精神上的满足，而且使社会财富结构不断优化，效率不断提高，从而推动社会不断进步。显然，个人投资理财活动也是对社会的一种贡献。

案例 >>>

普通人一生需要多少钱?

以前说，人生五十岁；现在提，都是人生八十岁，或者人生百岁。人的一生，都有生老病死，也都离不开衣食住行。从古到今，人想要活出自由，活出尊严，必须要有一定的经济保障。那么，人的一生究竟需要多少钱呢？你的薪水到底能不能支付你的开销?

假设我们找个主人公，他是福州人，就叫他 M。

现在我们来算算 M 一生要花多少钱？中国人口的平均寿命是 77.3 岁，男性会短些，为了方便计算，就算是 75 岁。

假设 M 在 25 岁开始工作，30 岁的时候结婚，那么他的人生可以分成 25 岁到 30 岁的单身生活期，30 岁到 60 岁的婚姻事业并存期，60 岁到 75 岁的退休生活。通过表 1-1 进行分析。

表 1-1　钱都去哪儿了?

编号	项目	具体用途
1	结婚	婚纱照、酒席、蜜月旅行、婚庆公司，30 万元不算多，M 负担 30 万元
2	交通	从 25 岁到 30 岁，以及 60 岁到 70 岁，这段时间里，M 没有车，所以要计算交通费用，每个月交通费 200 多元，交通费一共是 5 万多元
3	买车	假设 M 一生中拥有 3 辆车，每辆车开 10 年，60 岁以后不用开车了。开始的时候买 10 万元左右的，之后换成 20 万元的，再后来换成 40 万元的，总共的车价是 70 万元，跟妻子一起负担，M 负担 35 万元
4	车辆维护费用	开车要加油，要维修和保养，要买车险，平均每个月最少 2 000 元。30 年间车辆总维护费用要花 60 万元，M 负担 40 万元
5	吃饭	每月吃饭的支出大约 1 200 元(不包括朋友聚餐)，从 25 岁到 75 岁，吃饭总支出 74 万元
6	朋友聚餐	外出吃饭费用较高，假设每月平均外出一到两次，共 800 元，从 25 岁到 75 岁，聚餐费用近 49 万元

（续表）

编号	项目	具体用途
7	房租	25 岁到 30 岁一直租房住，假设每月房租为 2 000 元，租房费用是 12 万元
8	买房	假设 M 一生只买一次房，少算一点，但为了下一代，总得买个学区房吧，地段好一点的房子大概 200 多万元，贷款 30 年的话，实际要用掉 400 万元，算上装修、家具家电，少说也得 450 万元。假设女方愿意共同承担，M 大约要负担 250 万元
9	衣服鞋子	平均下来每月花 600 元不算太多，这样的话，从 25 岁到 75 岁，差不多 37 万元
10	育儿	如果 M 在 31 岁的时候有了一个宝宝，从宝宝出生到大学毕业，服装、食物、教育等，少说都得 100 万元，如果抚养更多孩子，花销会更大
11	赡养	M 和太太的父母都老了，从 30 岁开始，每个月给双方父母共 2 000 多元的生活费，到 50 岁，这笔支出是 50.4 万元
12	医疗	就算 M 一辈子没有生太重的病，不过年纪大了，一些病痛不可避免，加上孩子、父母也会生病，平均一年 5 000 元，总支出 35 万元
14	其他	你还想要什么？世界那么大我想去看看！
15	梦想	你不是在做梦吧？！
合计	668.4 万元	

算到现在，大概花了 668 万元。其实还有很多没有算，比如人情往来、父母养老送终、周末时看个电影、话剧等。所以真要认真算起来，需要的钱更多。

本章小结>>>

当前中国处于一个经济持续高速发展的态势，居民掌握的可支配财富也一直处于一个高速增长的状况。而对于真正拥有伴随人生规划而存在的理财规划，虽然很多人有这个愿景，但并没有真正拥有。因为接触不是很多，大部分人还停留在储蓄的阶段，顶多也就是去银行买买理财产品，并未对自己的人生做出合理的安排，理财规划不仅仅包含投资，还包括养老、税收、消费和置业等方面。但很多人对于理财规划缺乏正确的认识，对很多投资产品的风险估计不足，而对消费和养老等方面的准备和规划也不充分。如何树立正确的理财观念，并愿意为自己将来的人生做规划将会是理财规划未来的艰巨任务。理财规划所起的作用不应该是没有目标地攫取最大利益的行为，而应该是一种基于人生中种种现实目标而做的符合经济规律的一种财富增长的方法，同时我们也力求在收益和风险之间找到一个平衡的关键点，这样的平衡既能保证满足需求又得到收益，同时又能防范在投资过程出现的风险不可控的危险局面。

思考与练习>>>

1. 简述我国个人理财的发展历程。
2. 当前我国个人理财存在哪些问题？
3. 如何获取我国个人理财高级证书？
4. 简述货币的时间价值原理。
5. 试给出个人理财规划的定义。
6. 个人理财规划的组成部分是哪些？
7. 分散投资要注意哪些事项？
8. 个人理财规划的理论基础有哪些？

第二章 个人财务分析

个人财务分析

本章学习要点>>>

通过本章的学习，我们将了解个人财务分析的概念、个人财务分析的程序、个人财务分析的基本方法和个人资产与负债的估值方法；掌握个人资产负债表和个人现金流量表的编制和分析方法，找出个人财务上存在的不足，了解过去、评价现在、预测未来，帮助个人理财方面改善决策，树立严谨、客观、认真分析问题的态度。

不管是机构提供的财务规划服务，还是个人自我理财策划，都需要从制作个人财务报表开始。美国南加州大学教授 Water B. Neigs 认为，财务分析的本质是收集与决策有关的各种财务信息，并加以分析和解释的一种技术。制作个人财务报表是为了更加清晰地记录个人复杂的资产情况，理财人员参照公司财务管理的方式设计了个人财务报表。财务报表是对主体财务状况、经营成果和现金流量的结构性表述，目的是向财务报表使用者了解主体的有关状况，并做出相应决策。利用财务报表可以更加全面、清晰、严谨地反映个人的各类资产、负债和资金流动状况。有利于进行各类分析和规划。

对于以家庭为单位编制报表的客户，个人财务报表也可以成为家庭财务报表。因为夫妻财产的共有和生活中很多资产、支出的不可分割性，整个家庭的收入、支出和理财目标共有，很多家庭更加倾向于以家庭为单位编制个人财务报表。其实个人财务报表和家庭财务报表并没有本质的区别，家庭财务报表可以看作家庭成员个人财务报表的合并。报表的科目不会发生太大的变化，只是个别科目上的金额会有较为明显的不同①。

第一节 个人财务分析概述

一、个人财务分析概念

（一）个人财务分析定义

所谓个人财务分析，是以财务报告资料及其他相关资料为依据，采用一系列专门的分析

① 桂泳评，胡邦亚.个人理财[M].上海：上海人民出版社，2014 年：8-12

技术和方法，对个人（或者家庭）的过去和现在有关筹资活动、投资活动、日常生活等的盈利能力、支付能力、偿债能力状况等进行分析与评价的经济管理活动。它为财务规划师了解分析对象的过去、评价对象的现状、预测其未来，做出正确决策提供准确的信息或依据，有助于量身定制出合理可行的理财规划方案。

（二）个人财务报表要素

与企业财务报表相似，目前使用的个人财务报表，主要包括个人资产负债表和个人现金流量表。六大类会计要素全部在个人财务报表中有所体现，分别为：资产、负债、所有者权益（资产净值）、收入、费用（支出）、利润（储蓄）。但在个人财务报表中，上述六大要素所代表的对象与企业财务有所不同：

资产一般指主体过去的活动形成的由主体拥有或者控制的会给主体带来效用或者将来利益的资产或资源。个人财务中的资产一般指为个人带来效用的如住房、汽车等自用资产，以及为个人带来利益的金融资产，如现金、存款等带来货币价值，投资资产带来投资收益。

负债指主体过去的活动形成的主体在将来的付款义务，个人财务中的负债一般指个人的房贷、车贷、信用卡及消费贷款。

所有者权益是资产扣除负债后，由所有者拥有的权益。个人财务中的所有者权益一般称为资产净值，也是个人资产扣除个人负债后的剩余。

收入指主体在期间获得的经济利益流入，个人的收入主要来自工资、劳务报酬等，也包括投资收入、受赠等各类其他所得。

费用指主体在期间发生的经济利益流出，在企业财务中一般是企业为生产经营所需产生的花费。个人财务中此项一般称为支出，多为个人（或者家庭）维持生计以及满足各类个人需求的花销。

利润指主体在期间的经济利益成果。个人财务中的利润一般称为储蓄，即个人收入与支出的差额。

（三）个人财务分析与企业财务分析的差异性分析

1. 财务报告的目的不同

不同于企业财务会计，个人财务报表主要目的是为了个人或家庭财务管理，而非一般企业以股东价值最大化或企业价值最大化为目标，因此利润（储蓄）在个人财务中主要用于后期的支出或理财目标的实现，不是像企业持续进行“扩大再生产”。

2. 财务报告的使用对象不同

个人财务报告的使用者主要包括被分析的个人（或者家庭）、被分析对象的财务分析师。因此，个人财务报告具有一定的私密性，一般不对外公开，往往只有面对专业理财机构或信贷审批机构才会向其公开。企业财务报告的使用者主要有：经营者、投资者、债权人、政府有关部门。企业财务报告根据企业的性质不同，其公开的对象会有所区别，如上市公司要定期向社会公开其财务报告。

3. 在会计报告上的差异

首先，个人财务报表中，一般对折旧、摊销的处理较为简单，甚至忽略。虽然个人拥有的自住或商用的住房、投资住宅和汽车都会存在折旧的问题，甚至某些资产(如汽车)会在几年内更换或报废，其折旧速度超过很多企业的固定资产。但一般情况下，由于个人财务规划、税务规划的特殊性，往往不会将其列入个人资产负债表。

其次，企业财务报表一般会受到相关会计准则或国家的法律法规、财务制度的严格约束，个人财务报表可以由使用者自己设计适合的报表，创造性地利用其他财务指标进行分析。因此，个人财务报表具有更好的灵活性，同时也更容易受到客户主观因素的影响。

再次，在企业资产负债表和利润表中必须有相关的对应关系，在个人财务报表中并没有严格要求。例如，企业资产的价值增加，增加值将记为利润。但如果个人自用的如住宅、收藏品等资产价值增加，一般只需要在资产负债表中计入已经增加的价值额。考虑到个人一般不会为获得当期收益，而立即将增值的资产转卖，故不会列为收入记入净值。

另外，在个人财务报表中，一般不进行收入或费用的资本化。如个人进行培训学习、掌握技能所产生的费用，在企业会计中可记为人力费用进行分摊，而对于个人，一般将其视为一项生活支出，而非投资性支出。

4. 财务分析的作用不同

首先，个人财务分析有助于个人和财务规划师正确评估个人的理财情况，发现其财务结构中存在的问题和所具有的优势，是提高个人理财业绩的重要依据；企业财务分析有助于经营者正确评估企业的财务状况和经营成果，把握企业现金流量情况，是企业改善管理，提高公司理财水平的重要依据。

其次，个人理财分析有助于个人和财务规划师诊断财务状况，除可对资产结构、收入结构、负债结构和支出结构进行总体分析外，也可对资产的流动性、风险性，负债的财务负担率，收入的稳定性和各项支出的调整弹性进行更加细致的分析。而企业财务分析有助于企业经营者、债权人等掌握企业偿债能力、运营能力等情况，从而做出正确的信贷决策。

另外，企业财务报告有助于政府及有关部门及时了解企业财务状况和经营成果等动向，为适时调整政策和宏观调控服务；而个人财务报告则没有这样的功能。

二、个人财务分析程序

建立规范而合理的分析程序，是个人财务分析能够有序、顺利进行的重要保证。而且，也只有这样，才能在财务分析过程中对于个人(或者家庭)的财务状况做出正确判断和恰当的评价，保证分析质量。个人财务分析工作，一般应当按照以下程序进行。

(一)确定分析目标，制订分析方案

财务分析目标，依分析目的不同而有不同的分析方案。从分析者来说，分析目标可分为财务状况分析、信用分析、投资分析、税务分析等。其中，财务状况分析，主要分析个人的资产、负债等结构是否合理，期限结构是否合理等。信用分析，主要是分析个人的偿债能力和支付能力，是否存在信用风险等。投资分析，主要是分析投资资金的安全性和获利性。税务分析的目标主要在于分析个人的收入与支出情况，尤其是能否通过税收筹划，来合理合法避免或者减轻税收负担等。

从分析性质来说，财务分析有定期总结分析和预测分析。一般而言，企业有专门的财会人员，所以企业可以进行日常经营的财务分析。个人财务分析，通常不需要考虑日常的财务

分析，可以进行定期总结分析。定期总结分析，是对个人（或者家庭）当期的投资业绩、财务状况进行的全面分析。预测分析，则是对个人（或者家庭）投资的未来前景做出评估。

分析目标明确之后，要根据分析量的大小、分析问题的难易程度，制订分析方案，以确定财务分析的重点。

（二）收集、整理、核实资料

收集、整理、核实相关资料，是开展财务分析工作的基础。一般来说，在分析工作开始之前就应收集大量资料，切忌资料不全就着手分析。通常，个人（或者家庭）的相关资料并不复杂，但是也需要注意日常的积累和收集，具体包括日常开支、重大收支、各类税收支出、工资薪金收入、投资收益、其他收入等数据资料。

（三）选用适宜的分析方法进行分析工作

一般应根据分析的目的、内容选用适宜的分析方法。分析方法恰当与否，对分析的结果和质量有重要影响。应根据财务分析目标和内容，评价所收集的资料，寻找财务数据间的因果关系；联系客观环境，解释形成现状的原因，揭示个人理财的成绩和失误，暴露存在的问题；提出分析意见，探讨改进办法与途径。

（四）编写分析报告

编写个人财务分析报告，是财务分析的最后步骤。它将财务分析的基本问题、财务分析结论，以及针对问题的措施建议以书面的形式表示出来，是为个人（或者家庭）、财务规划师提供财务策划的依据。财务分析报告作为对财务分析工作的总结，还可作为历史信息，以供后来的财务分析人员参考，保证财务分析的连续性。

财务分析报告要明确分析目的，评价要客观、全面、准确。财务分析报告，首先要说明分析评价的依据，然后要进行必要的分析，对分析的主要内容、选用的分析方法、采用的分析步骤也要做简明扼要的叙述，以备运用分析报告的相关人员了解整个分析过程。

三、个人财务分析的基本方法

个人财务分析的基本方法很多，根据个人财务策划的需要，简单介绍三类分析方法，包括比较分析法、比率分析法和趋势分析法。相对来说，比较分析法简单直观，比率分析法则是最重要的分析方法。

（一）比较分析法

个人财务分析中的比较分析法，是指将实际达到的财务数据同特定的各种标准相比较，从数量上确定其差异额，分析和判断个人（或者家庭）当前财务状况和投资理财业绩的一种分析方法。通过比较分析，揭示财务活动中的数量关系和存在的差距，从中发现问题，为进一步分析原因、挖掘潜力指明方向。比较分析法是最基本的分析方法，不仅在个人财务中被广泛应用，而且其他分析方法也是建立在比较分析法的基础上的。比较分析法包括水平比较分析法和纵向比较分析法。

1. 水平比较分析法

水平比较分析法又称横向比较分析，是指将报告期的财务数据与市场上同类数据或个人(或者家庭)历史某一时期的同项数据进行差异比较，找出原因的一种分析方法。水平比较分析法又有绝对数比较分析法、绝对数增减变动比较分析法、百分比增减变动比较分析等。其中，绝对数比较分析法一般通过编制比较财务报表进行，包括比较资产负债表和比较利润表等，将各种有关会计报表项目的数据与比较参照对象进行比较。这里的参照对象，可以是市场上的同类数据，也可以是个人(或者家庭)自己的历史数据。绝对数增减变动比较分析法主要衡量财务数据的增减变动情况。百分比增减变动比较分析法是为消除总量因素的影响，将增减变动的绝对数，转化为百分比，即在计算增减变动额的同时计算出增减变动比较百分比。因此，百分比增减变动分析法使得不同的财务分析结果具有可比性。

2. 纵向比较分析法

纵向比较分析法又称垂直分析法或动态分析法，它与水平分析比较法不同。纵向比较分析法不是将财务报告期的分析数据直接与基期进行对比，以此来计算出增减变动量和增减变动率，而是通过计算报表中各项目占总体的比重或结构，反映报表中的项目与总体关系情况及其变动情况。也就是说，财务规划师以资产负债表、利润表等财务报表中的某一关键项目金额的百分比，这个百分比表示各项目的比重，通过这个比重对各项目做出判断和评价。这种仅有百分比，而不表示金额的财务报表被称为共同比财务报表，它是纵向分析的一种重要形式。资产负债表的共同比财务报表通常以资产总额为基数，利润表的共同比财务报表通常以个人的收入总额为基数。

(二)比率分析法

比率分析法是财务分析最重要的方法。比率分析法是将影响财务状况的两个相关的项目加以对比，计算两者的比率，以此来确定经济活动变动程度的分析方法。这些比率，可以反映资产、负债等的构成、效率等情况，是其他分析方法所无法获得的结果。比率指标主要有以下三类：

1. 构成比率

构成比率又称结构比率，主要用以计算某项经济指标的各个组成部分占总体的比重，反映部分与总体的关系。其计算公式为

构成比例＝某一组部分数额/总体数额×100%

利用构成比率，可以考察总体中某个部分的形成和安排是否合理，以便协调各项财务活动。

2. 效率比率

效率比率用以计算某个经济活动中所费与所得的比例，反映投资与回报的关系。利用效益比率指标，可以进行得失比较、考察经营成果、评价经济效益的水平。

3. 相关比率

相关比率是以某个项目与相互关联但性质不相同的项目加以对比所得的比率，反映有关经济活动的相互关系。如将流动资产与流动负债加以对比，计算出流动比率，据以判断短期偿债能力。

(三)趋势分析法

趋势分析法是根据个人(或者家庭)连续各时期的会计报表中的相同指标,运用指数或完成率的计算,确定分析各期有关项目的变动情况和趋势的一种财务分析方法。趋势分析法既可用于对会计报表的整体分析,即研究一定时期报表各项变动趋势;也可对某些主要指标的发展趋势进行分析。趋势分析法的一般步骤是:

1. 计算趋势比率或指数

指数的计算通常有两种方法:一是定基指数;二是环比指数。定基指数就是各个时期的指数都以某一固定时期为基期来计算。环比指数则是各个时期的指数以前一期为基期来计算。趋势分析法通常采用定基指数。但应当注意的是,对基年的选择要有代表性,如果基年选择不当,则以其为基数计算出的百分比趋势,会造成判断失误或做出不准确的评价。

2. 根据指数计算结果

评价与判断个人(或者家庭)财务状况的各项指标的变动趋势及其合理性。

3. 预测未来的发展趋势

根据个人(或者家庭)财务状况以前各期的变动情况,研究其变动趋势或规律,从而可预测出个人(或者家庭)或企业未来的发展变动情况。

这些财务分析方法,被广泛地用于企业财务分析中。通常情况下,个人(或者家庭)的财产规模没有企业的大,财产多样化程度也不及企业;而且企业有专门的部门进行财务管理工作,而个人是不具备这样的条件的。因此,个人的财务分析,需要根据实际情况,选择合适的分析方法进行。

第二节 个人资产负债表的编制与分析

一、个人资产负债表概述

个人资产负债表是反映个人在某一特定日期财务状况的报表。通过个人资产负债表,可以提供某一日期资产的总额及其结构,表明个人拥有或控制的资源及其分布情况;可以提供某一日期的负债总额及其结构,表明个人未来需要用多少资产或劳务清偿债务以及清偿时间等。个人资产负债表还可以提供进行财务分析的基本资料,通过分析可以了解与个人的变现能力、偿债能力和资金周转能力有关的情况,从而有助于会计报表使用者做出经济决策。

简而言之,个人资产负债表反映了报告日的财务状况:财务状况就是指个人的资产、负债、所有者权益。通俗地讲,就是反映个人有多少资产,是什么资产;有多少负债,是什么负债;有多少净资产,是怎样构成的。

(一)编制个人资产负债表的意义

通过个人资产负债表,可以反映个人(或者家庭)在某一特定日期所拥有的经济资源及其分布状况;反映个人(或者家庭)在某一个日期所要承担的经济义务及其分布状况;反映个人(或者家庭)总体财务结构状况及其变化态势。

(二)个人资产负债表的结构和内容

一般而言,会计要素是会计对象的基本内容,是对资金运动静态和动态两种表现的基本分类。会计要素有六项,即:资产、负债、所有者权益、收入、费用和利润。前三种要素,资产、负债和所有者权益属于静态三要素,它构成了个人资产负债表;此后的三种要素,收入、费用和利润则属于动态三要素,它构成了损益表;连接这两张报表的桥梁则是现金流量表。

从个人(或者家庭)资产负债表(见表 2-1)的编制来说,个人(或者家庭)的资产、负债和所有者权益的统计不可能像企业那样严密,难以完全按照企业财务报表的设置和做法来进行。因此,个人的会计报表可以根据实际情况做适当的简化。对日常生活开支,可以做一些估算记账;重点将一些大额的收支情况记载完整,便于财务分析做出准确、全面的评估。

表 2-1　　个人(或者家庭)资产负债表

资产	金额	负债	金额
1.现金与现金等价物		1.流动负债	
现金		信用卡贷款	
活期存款		应付账款	
定期存款		租金	
货币基金		应付税金(所得税、房产税等)	
保险现值		保险金	
现金与现金等价物小计		流动负债小计	
2.投资性资产		2.长期负债	
债券投资		各类消费贷款(包括汽车贷款、装修贷款、大额耐用消费品贷款等)	
股票投资		住房贷款	
基金投资		投资贷款	
金融信托		教育贷款	
外汇和金融衍生品投资		抵押品	
房地产投资		长期负债小计	
贵金属/宝石投资		3.其他负债	
收藏品投资			
艺术品投资			
其他投资(互联网金融投资等)			
投资性资产小计			
3.消费性资产			
家庭物品			
自用住宅			
自备汽车			
消费性资产小计			
4.债权及其他			
5.保险类资产			
资产总计		负债总计	
净资产或所有者权益=总资产－总负债			

从上述的个人资产负债表可以看出,该表主要包括两大类项目:资产类项目、负债类项

目；此外，还包括所有者权益项目。

1.资产类项目

资产按其流动性的大小进行排列，流动性大的在前，流动性小的在后，依次分别为：现金与现金等价物、投资性资产、消费性资产、债权及其他、保险类资产等。其中，现金与现金等价物属于流动资产，包括现金、活期存款、定期存款、货币基金和保险现值。所谓流动资产，是指可以在1年或者不超过1年的时期内变现或者耗用的资产。

投资性资产中的证券投资包括债券投资、股票投资、基金投资等。除证券投资外，还有金融信托、外汇和金融衍生品投资、房地产投资、贵金属/宝石投资、收藏品投资、艺术品投资和其他投资(互联网金融投资)。通常情况下，资本市场投资是个人财务策划的重要投资项目，包括债券、股票、基金和金融衍生品投资。但是，这些投资收益和风险都比较大。风险偏好不同的个人(或者家庭)在配置这些资产时的态度是完全不同的。

房地产投资，是个人(或者家庭)除了自用以外，专门用于投资获利的房地产买卖行为。目前，我国居民的房地产投资主要通过两种方式获利：买入房地产后出租，收取租金获利；或者通过房地产的价差获利。

互联网金融投资兴起于2007年，其中互联网金融理财、网络众筹、P2P是几大最具活力的亮点，在“互联网＋”、宽松的经济发展环境以及监管对创新的包容等红利因素叠加下，中国先后有1万多家P2P平台上线，高峰时同时有5 000多家运营，年交易规模约3万亿元。好景不长，2015年，泛亚事件、e租宝等P2P平台跑路以及爆雷事件对全社会影响极大，P2P行业在2018年迎来爆雷大潮，中国开启了对P2P的全面整治规范之路。近几年，监管、学者与行业专家开启了对P2P转型摸索的讨论，其间有过备案制、发放试点牌照、转型小微小贷等声音，部分机构不断申请资格希望监管予以备案合法展业，但等来的终究是一场空。

2019年后，全国各省地方金融监督管理局纷纷发布《网络借贷行业风险提示函》，对辖区内的P2P网贷业务全部予以取缔，截至2020年年底，中国实际运营的P2P网贷机构已经全部归零，历时13年的P2P最终湮灭。

2020年12月，证监会提出的2021年六大工作部署中，明确提到着力加强资本市场投资端建设，增强财富管理功能，促进居民储蓄向投资转化，助力扩大内需。推动加强多层次、多支柱养老保险体系与资本市场的衔接，继续大力发展权益公募基金，推动健全各类专业机构投资者长周期考核机制，进一步加强投资者保护，增强投资者信心。作为一个明确的大方向，互联网理财从代销“宝宝类”货币基金、互联网存款、非标产品等到全面、净值化产品以及综合服务平台的转型正在开启中。

还有一类投资性资产是贵金属/宝石、收藏品、艺术品等投资。通常，这类投资品种的投资需要具备专门的知识。

消费性资产，主要满足个人(或者家庭)的自我消费，包括各种家庭物品，例如家用电器、家具、摆设等；自用住宅；自备汽车。这些消费性资产，可能获得升值以后的账面收益，却常常无法兑现，实现盈利。

债权及其他，包括民间借贷的债权以及其他类型的资产。由于民间借贷的债权无法像金融机构那样进行抵押、担保，追偿较为困难，信用风险也相对较大。因此这部分资产应尽量减少，除非万不得已。

保险类资产，包括人身保险、财产保险和责任险等。可以根据不同的人生阶段配置相应的人寿险、健康险和责任险等，同时考虑是否需要一些财产险(在特定区域，配置这些保险是非常需要的)。

2. 负债类项目

个人资产负债表中的负债项目,包括流动负债、长期负债以及其他负债。流动性负债包括信用卡贷款、应付账款、租金、应付税金和保险金。流动性负债主要是日常生活引起的各类支付。

长期负债包括各类消费贷款、住房贷款、投资贷款、教育贷款以及抵押品。对于多数个人(或者家庭)来说,长期负债中,主要的负债是住房按揭贷款。该部分贷款,金额大、期限长、利率风险很大,一旦遇到利率上行,将会增加还款人的每月供款。因此,住房按揭贷款的负债对于一个家庭影响极大。教育贷款,通常产生于子女出国深造,而家庭尚未具备完全的支付能力的情况下。为了支持子女顺利出国,完成学业,家庭以自用住宅为抵押,向银行借款。

3. 所有者权益

如果从企业的资产负债表来看,所有者权益是指企业资产扣除负债后,所有者具有的剩余价值。公司的所有者权益又称为股东权益。所有者权益具有以下性质:

(1)在一般情况下(发生减资、清算除外),不需要偿还给所有者;

(2)在企业清算时,债权人拥有优先清偿权,只有在偿还所有负债后才返还给所有者;

(3)所有者凭借所有者权益能够参与利润的分配。

在讨论个人资产负债表的时候,所有者权益是个人实际的财富数额,是总资产扣除总负债后的剩余权益,也就是个人净资产。个人的所有者权益每天都在发生变化。资产负债表是在特定日期,对资产、负债和所有者权益进行结算而编制成的报表。通过对一段时间里不同日期的资产负债表进行比较,我们就可以评估个人财务目标的实现情况。

通常,在人的一生中,个人的所有者权益是不断增加的。例如,一个刚开始职业生涯的年轻人,他的财务状况通常非常简单,仅有适量的现金,如储蓄;此外,他还有一些自用的消费用品;他可能尚未买房,也就没有长期债务;流动性负债部分,信用卡贷款、应付账款等还是有的。总之,他的净资产是很少的。但对一个中年人(或者家庭)来说,经过多年积累,现金、定期存款、住房、证券等各种财产都很多。不仅如此,他还有不少的负债,包括流动负债、长期负债等。但总体而言,这样的中年人(或者这样的家庭)拥有的所有者权益较多。

二、资产与负债的估值

在介绍了个人资产负债表的结构和包含的内容以后,下面将要讨论如何将个人(或者家庭)的资产与负债记录到个人资产负债表中。当我们开始做这件事的时候,就会发现,实际情况并不如我们想象的那样简单。个人资产与负债的价值是动态的,随着利率、汇率以及市场价格的变动而变化。5年前买入的自用住宅,用什么价格记入资产负债表呢?这里,我们遇到了一个问题:记录到个人资产负债表中的资产与负债,应该以什么为标准?

按照一般的会计准则,通常有历史成本、重置成本、可变现净值、现值以及公允价值等标准。其中,历史成本,又称原始成本,是指以取得资产时实际发生的成本作为资产的入账价值。在历史成本计量下,资产按照购置时支付的现金或者现金等价物的金额,或者按照购置资产时所付出的对价的公允价值计量。负债按照因承担现时义务而实际收到的款项或者资产的金额,承担现时义务的合同金额,或者按照日常活动中为偿还负债预期需要支付的现金或者现金等价物的金额计量。

重置成本，就是现在重新购置同样资产或者重新制造同样产品所需的全部成本。因此，重置成本就一种现行成本，它和原始成本在资产取得当时是一致的。之后，由于物价的变动，同一资产或其等价物就可能需要用较多的或较少的交换价格才能获得。因此，重置成本表示当时取得同一资产或其等价物需要的交换价格。这种交换价格应该是从企业资产或劳务市场获得的成本价格，而不是从企业正常经营过程中通常出售其资产或劳务的市场中的销售价格。

公允价值，亦称公允市价、公允价格，是指熟悉市场情况的买卖双方在公平交易的条件下所确定的价格，或无关联的双方在公平交易的条件下一项资产可以被买卖的成交价格。在公允价值计量下，资产和负债依照在公平交易中，熟悉情况的交易双方自愿进行资产交换或者债务清偿的金额计量。购买企业对合并业务的记录需要运用公允价值的信息。在实务中，通常由资产评估机构对被合并企业的净资产进行评估。

上述方法，通常在企业会计中广泛使用，个人财务策划中则可以相对简化。即使这样，我们也应该按照会计准则，科学、合理地对个人的资产负债表做出估值，使得计入会计报告的各项数据都是真实的、可信的。

（一）资产价值的评估

按照上面介绍的资产分类，首先是现金、活期存款、货币基金和保险现值。其中，现金的价值是最容易计量的，直接统计家庭共用的及所有家庭成员手上的现金额总即可。活期存款的资产价值，通常就是统计其账户余额或存款额。因利息率比较低，可以不考虑其利息金额。定期存款包括整存整取存款、存本取息存款等。这部分资产的价值，主要计量其存单面值。是否将定期存款的利息作为估值范围，首先考虑其存单面值大小，以及定期存款在整个资产中所占比重；其次考虑利率的高低情况，如我国 1993 年存款利率达到 11%，2020 年存款利率才 1.5%；2014 年俄罗斯的基准利率高达 16%，2020 年存款利率也有 6.5%。在对这些情况综合考虑以后，再决定是否将利息作为资产估值考虑的范围。

投资性资产，其估值相对复杂，可以按照其不同的特性，采用不同的方法分别处理。

债券投资，如果不是为了谋取资本利得，而是为了获取到期收益的话，可以采用历史成本法确定其价值。虽然在持有期内债券价格会有上下波动，但是债券（尤其是国债）的到期收益是确定的。

股票、基金、房地产等，价格将会出现比较大的波动，所以，在对这部分资产进行估值的时候，可以采用公允价格。例如，股票、基金等可以采用市场价格。

至于贵金属/宝石、各类收藏品的估值比较困难，这类资产持有时间较短的情况下，可以采用历史成本来估值；持有时间比较长，则可以采用公允价格来估值，例如参考国家的文物古玩市场的相关价格作为估值的参考。

消费性资产，例如自用住宅，其价值可能有升值空间，因此需要注意其价值的变化。如果购入的时间比较短，可以采用历史成本来估值。如果购入的时间比较长，则采用公允价格来估值。对于自备汽车、家庭物品，可以采用重置成本方法进行估值，因为这些物品的折旧将会随着使用年限的增加而增加。

债权及其他，可以视情况来考虑是按照历史成本还是其他的方法估值。

保险类资产价值的评估比较独特，需分两种情况分别处理：一种是保费作为支出是消费性的，到期没有任何收益，例如财产险、责任险等险种的保险产品，以及人身险中的意外伤害险等保险产品。保险公司推出这些产品，主要是为了给客户提供避险的工具，没有投资功能。我们可将这些保险产品的价值确定为0。因为这些产品在保险事件出现以前，无法体现其价值。只有当保险事件出现，保险公司开始办理理赔的时候，这些产品才体现出具体的价值；保险类资产中，另一种是所缴保费可到期返还的，具有一定的储蓄、投资功能的产品，例如人身险中的人寿险等。对于这种保险产品，将以其已缴保费的现金价值，即寿险保单退保时能够领取的退保金价值，作为此保险的价值。

（二）负债价值的评估

流动负债，通常按照账单的数量来估值，包括应付账单、租金、保险金等。信用卡贷款部分，通常有50到60天的免息期限，如果在此期限内还款，将不用支付透支利息。应付税金部分，我国的个人所得税采用单位代缴的方法，所以当你拿到薪金工资、稿费、劳务所得等收入的时候，相关单位已经代为扣缴了。自由职业者、小业主、店铺经营者等人士则可能需自行纳税。这时就需以收入或利润计算出应纳税额，作为负债进行统计。

长期负债部分，通常不是采用市场价值来估值，而是计算到评估时间为止所欠金额的价值（包括贷款余额加上利息的现值）。因为如果市场利率发生变化，一笔贷款利息可能会比所欠余额要多。例如，按揭贷款期限较长，若贷款期限30年，利息所占比例就比较高。值得注意的是，当我们衡量负债的现值时，债务利息的因素已经包含在时间里面了。

三、个人资产负债表的财务分析

在介绍了个人（或者家庭）资产负债表的结构和内容，分析了个人（或者家庭）资产负债表的估值方法以后，就可以编制一份个人（或者家庭）资产负债表结构图了（图2-1），在完成了个人资产负债表的编制以后，就需要对个人资产负债表进行财务分析。个人资产负债表的财务分析，要根据不同个人的资产负债大小、种类等情况，选择相应的分析方法。对于资产负债规模大、种类多的个人来说，需要用多方面的财务分析方法；对于资产负债规模小、种类少的个人来说，则选择相对简单的财务分析方法进行分析。资产负债表的财务分析主要包括以下四个方面：净资产分析、财务结构分析、偿还债务安全性分析及偿债能力分析。

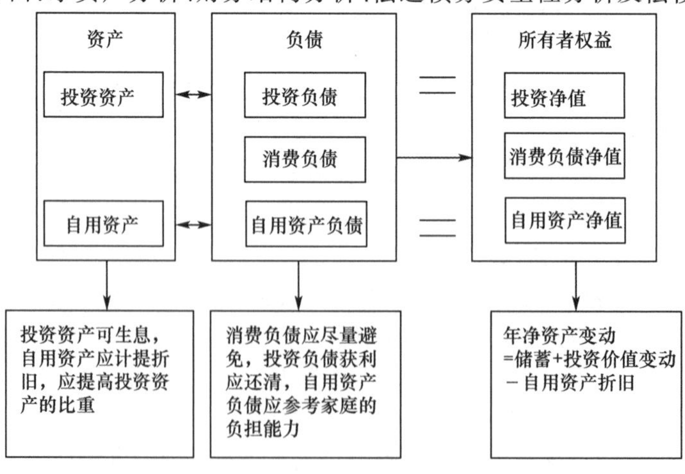

图2-1 个人（或者家庭）资产负债表结构图

（一）净资产分析

从企业会计来说，净资产又称股东权益，是指公司总资产中扣除负债后所余下的部分，是指股本、资本公积、盈余公积、未分配利润之和，代表了股东对企业的所有权，反映了股东在企业资产中享有的经济利益。在分析个人（或者家庭）资产负债表的时候，还是用净资产的概念比较合理。个人净资产值按照如下公式计算

净资产＝总资产－总负债

显然，按照上述公式，个人净资产值有三种结果：正的、负的、0。其中，个人净资产值为正，说明其总资产大于总负债。反之，则表明其总资产小于总负债。通常情况下，个人净资产为负，说明其债务规模过大，财务安全性降低。如果个人净资产长期为负，而且没有改善的情况，这种情况说明该客户将可能出现财务危机，甚至破产。在这种情况下，就需要马上采取措施，减少总负债，或者增加总资产。

如果个人净资产值为正，那么需要讨论其规模大小。从资产运用的角度看，并不是净资产规模越大越好。如果净资产规模比较大，常常是因为其部分资产没有得到充分的运用，也就很难获得快速的资本增值。这种现状，通常采用增加投资规模、提高资产的盈利能力、加快资产周转速度等方法来加以改变。

（二）财务结构分析

这里，主要针对个人资产负债表中各个单项金额占总体项目的比例变化，分析个人财务状况，揭示财务管理中所存在的问题和成因，主要由下列指标构成：

1. 净资产比率＝净资产/总资产

该指标主要用来反映个人的资金实力和偿债安全性，它的倒数即为负债比率。净资产比率的高低与个人资金实力成正比，但该比率过高，则说明其财务结构不尽合理。该指标一般应在50％左右，但对于一些净资产金额很多的个人而言，该指标的参照标准应有所降低。

2. 资本化比率＝长期负债/（长期负债＋净资产）

该指标主要用来反映个人需要偿还的有息长期负债占整个运作资金的比重，因而该指标不宜过高，一般应在20％以下。

第三节　个人现金流量表的编制与分析

个人现金流量表所表达的是在一个固定期间（通常是每季或每年）内，个人现金（包含银行存款）增减变动的情况。损益表可以显示这个家庭是怎样从去年的财务状况变成现在的财务状况的。由于个人（或者家庭）财务中使用的记账方法是现金收付制而不是权责发生制，因此个人（或者家庭）损益表实际上也就是现金流量表。

一、个人现金流量表概述

（一）个人现金流量表的概念

个人现金流量表（表2-2），是指反映个人在一定会计期间，现金和现金等价物流入和流出的报表。现金，是指个人持有现金以及可以随时用于支付的活期存款。现金等价物，是指

个人持有的期限短、流动性强、易于变现、价值变动风险很小的投资。为了简化，通常也就将现金等价物归于其他项目，而不单独列出。在个人财务分析中，编制个人现金流量表，主要是想反映出个人资产负债表中各个项目对现金流量的影响，并根据其用途划分为日常项目、投资及筹资三个活动分类。现金流量表可用于分析个人（或者家庭）在短期内有没有足够现金去应付开销。

表 2-2 个人现金流量表

项目	本期金额	上期金额
1. 日常项目		
工作所得		
其他收入		
日常现金流入小计：		
日常开支		
教育		
奢侈消费		
日常现金流出小计：		
日常现金流量净额		
2. 投资		
各种利息		
投资收益		
偶然所得		
投资现金流入小计：		
投资支出		
其他		
投资现金流出小计：		
投资活动的现金流量净额		
3. 筹资		
吸收投资		
取得借款		
其他		
筹资活动现金流入小计：		
偿还债务		
偿付利息		
其他		
筹资现金流出小计：		
筹资活动的现金流量净额		
4. 期末现金及现金等价物余额		
期末现金流入		
期末现金流出		
总余额		

(二)现金流量表的结构和内容

通常情况下,收入项目相对简单,但内容却非常丰富。多数家庭没有支出的详细记录,可能大部分家庭都不一定能完全了解自己的支出状况。为了简化项目,将整个报表分为三个部分,包括日常项目、投资和筹资。

1. 日常项目

工作所得:全家所有成员的工资、奖金、补助、福利、红利等。

其他收入:赡养费、租金收入、兼职收入等。

日常开支:每天、每周或每月生活中重复的必须开支,一般包括饮食、服饰、房租、水电、交通、通信、赡养、纳税、医疗、维修等。这些支出项目是家庭生活所必需的,一般为不可自行决定的开支。

教育:包括自我的培训费、子女学费、书本费、学习用品、参加学校组织活动所需费用等。

奢侈消费:休闲、保健、旅游等。这些是休闲享受型支出,并不是家庭生活所必需的,一般可自行决定。

另外,还可以将家庭的开支分为可控开支与不可控开支。不可控开支主要是指债务的偿还、维持日常生活水平的开支等,这些开支受家庭的收入影响较小;可控开支主要是指一些高档消费,如照相机、电脑、高档家具等,这些开支受收入的影响程度比较大。

2. 投资

各种利息:存款利息、放贷利息以及其他利息。

投资收益:租金、分红、资本收益、其他投资经营所得等。

偶然所得:中奖、礼金等。

投资支出:为了资产增值目的所投入的各种资金支出,如储蓄、保险、债券、股票、基金、外汇、房地产等各种投资项目的投入。

3. 筹资

吸收投资:来自其他方面的投资。

取得借款:从金融机构等获得的借入资金。

其他:收到其他与筹资活动有关的现金。

偿还债务:偿还各种贷款支出。

偿付利息:偿付各种贷款产生的利息。

其他:支付其他与筹资活动有关的现金。

二、个人现金流量表的财务分析

这里,主要是对客户现金收入与支出状况进行分析,以判断其收支水平和财务自由度水平。财务自由度是家庭理财中一项很重要的指标,其公式是:财务自由度=非工资收入/年支出×100%。财务自由度越大,说明客户对工资的依赖程度越小。假如你靠获得租金、红利、投资收益等非工资收入,正好应付日常的开销,工资可以基本不用,那么,你的财务自由度就等于1。这就意味着无论是退休还是失业,都不会对家庭生活带来太大的负面影响。然而,绝大部分人没有这么高的财务自由度,一般都在0与1之间,另外,财务自由度是会改变的,往往和投资报酬率成正比。个人的现金流量由日常项目产生的现金流量、投资活动产生的现金流量和筹资活动产生的现金流量三部分构成。分析现金流量及其结构，可以了解客户现金的来龙去脉和现金收支构成，评价客户日常收支状况、创现能力、筹资能力。

(一)日常项目

日常项目，反映个人(或者家庭)在日常生活中的收入和支出情况。在这个项目中，可以分析工作所得在日常现金流入的比重、日常开支在日常现金流出的比重，还可以分析教育或者奢侈消费在日常支出中的比重。

(二)投资

投资，是个人(或者家庭)资产保值增值的重要手段。通过个人现金流量表，可以分析各种利息、投资以及偶然所得的现金流入占投资现金流入的比率，投资支付、其他的现金流出占投资现金流出的比率。同时，还要比较同期金额和上期金额的情况。如果投资活动的现金流量金额为负，那么就需要考虑是否会出现财务风险。

(三)筹资

一般来说，筹资活动产生的现金净流量越大，个人面临的偿债压力也越大。在分析时，可将吸收投资性现金(例如购买房地产的借款)、短期借款等做出区别。房地产按揭贷款的金额虽然比较大，但是短期还款的压力可能并不大。相反，短期借款金额可能并不大，可是对客户带来的短期还款压力却是比较大的。

(四)现金流量构成分析

首先，分别计算日常现金流入、投资活动现金流入和筹资活动现金流入占现金总流入的比重，了解现金的主要来源。一般来说，日常现金流入占现金总流入比重大的个人，财务状况较好，财务风险较低，现金流入结构较为合理。其次，分别计算日常现金支出、投资活动现金支出和筹资活动现金支出占现金总流出的比重，它能具体反映个人的现金用于哪些方面。一般来说，日常现金支出占现金总流出比重大的个人，不存在寅吃卯粮、入不敷出的情况，其财务状况也算正常，现金支出结构较为合理。

第四节　重大事件对个人财务的影响

对于一般的中等收入家庭而言，除了居住规划、子女教育金计划和退休规划三大主要规划外，人生生涯中的一些重大事项也需要进行专门的理财规划。包括家庭结构的变化(如结婚、同居、分居、丧偶、离婚、离婚后抚养子女、对父母进行护理和赡养、照顾临终患者等)，居住环境发生变化(如迁居和移民等)以及事业状况发生变化(如失业、创业、转业等)，其中对个人财务影响比较大的有结婚、失业、创业，这些是理财规划中不可忽视的重要内容。

一、结婚

作为一种经济行为，婚姻也有其成本与收益，理性的人的婚姻行为总是有意无意地以收益最大化为目标。两个人结婚要付出成本，用于结婚和组成家庭的费用是直接成本，各自放弃单身时的自由(再爱别人的自由和行动自由)是机会成本。收益包括实际收益与心理收益。两个人组成家庭一起生活实现了规模经济，不仅生活费用减少了，而且共同努力可使收入增加，这是实际收益。家庭生活给人带来的种种享受则是心理收益。一般情况下，收益大于成本，所以才有婚姻。当然，也有人认为结婚的成本太大，尤其是机会成本太大，就宁可当一个快乐的单身汉或单身丽人。

2014 年我国内地居民登记结婚 1 302 万对，涉外及华侨、港澳台居民登记结婚 4.7 万对，结婚率为 9.6‰。2014 年依法办理离婚 363.7 万对，比上年增长 3.9%，离婚率为 2.7‰，比上年增加 0.1‰。其中，民政部门登记离婚 295.7 万对，法院办理离婚 67.9 万对。2020 年我国结婚登记数据在连续两年大幅下滑之后，又创下了 2003 年以来的新低，仅有 813.1 万对；离婚登记 373.3 万对，比上年下降 7.7%。

结婚是一般年轻人最早碰到并需要规划的特殊需求之一。从理财规划的观点来看，婚前沟通、婚礼的筹备与预算、夫妻之间财产制度的选择和婚后理财安排是需要认真计划的课题。

（一）婚前沟通与规划

1. 婚前的观察与沟通

两个成长背景差异甚大的男女若组成家庭，其生活方式必然与过去单身时代有明显的不同，有很多需要容忍体谅之处。在交往过程中应观察了解对方的消费与投资习性，比如说，在消费上，一个随性消费一个俭朴成性；在投资上，一个投机跟风一个谨慎保守。两个人在共组家庭前若未充分沟通，则家计或资产运用问题可能成为婚后家庭纷争的导火线。夫妻财产制是另一个沟通重点，是依循法定财产制，财产归夫妻双方共同所有，还是约定财产归各自所有，这些婚前一定要协商好。另外，婚后家计或房贷支出如何分担，以及子女出生后对单薪或双薪家庭的抉择，都应在婚前充分沟通，获得共识。

2. 婚前的家庭、居住与保险规划

要不要生小孩，何时生小孩，论及婚嫁时不妨就开始讨论，以提早准备育儿基金及子女教育基金。婚后是否与父母同住，以及是先租房几年再购房，还是等有能力买房子时才结婚等，都要考虑到双方婚前的积蓄与婚后的储蓄能力，以预先做规划。婚前保险规划以结婚当日为保单起始日，互以配偶为受益人，以预估婚后 5 年的家庭生活费用为保额，这是对另一半有责任心的具体表现。

（二）婚礼的筹备与预算

1. 拟定婚礼的预算

多数人一生中只结婚一次，因此当事人对结婚的筹备大多没有什么经验。结婚花费的弹性，决定于以下因素：

（1）准新人的看法：隆重或简单、自己筹备或由专业婚礼公司承办。

（2）父母的期望：父母的面子、亲戚的多寡、父母是否资助婚礼费用等。

（3）预算：从 2 万元以内到 20 万元以上，皆可有不同的配套方式。应先列出预算，而后尽量在预算范围内筹备。

随着居民生活水平的提高，结婚消费支出也水涨船高。另外，在整体结婚消费支出中，男女双方支出总额有较大差异。男方平均花费往往是较女方花费多。这种差异主要体现在

住房支出上，一般情况下由男方承担购买和装修结婚用房的费用。

2. 结婚资金的筹措

现实中高昂的婚恋成本使得大多数青年无力独自承担结婚费用。此时，他们一般都会得到父母的资助，比如很多新郎的父母会支付婚宴费用，而喝喜酒的亲朋好友送的礼金则归新人。按照目前的行情，这笔礼金总额一般会超过婚宴费用。因此，婚宴还是不亏本的。但在其他诸如买房、装修等方面，还是要精打细算，量力而行，这样才能为今后的家庭生活打下一个较好的物质基础。

准备结婚基金的投资标的，还是以包括股票六成、债券四成的平衡型基金做定期定额投资较为理想。若是期望有一个特殊的、更值得终生回味的婚礼，可以先计算所需的总花费后，提前开始准备。

（三）夫妻财产制的选择

《中华人民共和国民典法》（以下简称《民典法》）中有关夫妻财产的规定如下：

1. 夫妻在婚姻关系存续期间所得的下列财产，归夫妻共同所有：

（1）工资、奖金；

（2）生产、经营的收益；

（3）知识产权的收益；

（4）继承或赠与所得的财产，但《婚姻法》第十八条第三项规定的遗嘱或赠与合同中确定只归夫或妻一方的财产除外；

（5）其他应当归共同所有的财产。

夫妻对共同所有的财产，有平等的处理权。

2. 有下列情形之一的，为夫妻一方的财产。

（1）一方的婚前财产；

（2）一方因身体受到伤害获得的医疗费、残疾人获得的生活补助费等费用；

（3）遗嘱或赠与合同中确定只归夫或妻一方的财产；

（4）一方专用的生活用品；

（5）其他应当归一方的财产。

3. 夫妻可以约定婚姻关系存续期间所得的财产以及婚前财产归各自所有、共同所有，或部分各自所有、部分共同所有。约定应当采用书面形式。没有约定或约定不明确的，适用前两项的规定。

夫妻对婚姻关系存续期间所得的财产以及婚前财产的约定，对双方具有约束力。

4. 夫妻对婚姻关系存续期间所得的财产约定归各自所有的，夫或妻一方对外所负的债务，第三人知道该约定的，以夫或妻一方所有的财产清偿。

5. 婚前财产在婚后的孳息视为婚后财产，因此，结婚与离婚时点不同的经济金融状况也会影响可分配的婚后剩余财产。

（四）如何避开夫妻理财致命伤

一个平日健康的人，可能因为忽视皮肉伤，感染破伤风而致命。同样地，一对被周遭亲友公认为幸福家庭典范的夫妻，也可能会忽视一些防卫性的小动作，一旦发生变故，对弱势的一方形成理财的致命伤。不懂得保护自己，可能就会失去一切。举例如下：

(1)依赖另一半理财,自己完全不管

有些家庭主妇除了每月固定从丈夫那儿拿到家计维持费用以外,丈夫赚多少钱,剩余的钱都花到了哪儿或是否储蓄了起来,一概不知。也有丈夫把所赚的钱全部交给妻子管,自己只领取零用钱,妻子每月花多少钱,从不过问的情况。

(2)各自为政,互不妥协

家庭理财的另一个极端是,各自为政,谁赚的钱谁花,采取分别财产制。

(3)对婆家或娘家的家人过度依赖或接济

现实中令夫妻反目的主要原因之一是,夫妻所形成的家庭不是家庭的主体,反而是一方父母家庭的附庸或为其手足所拖累。

上述三项可以说是夫妻和谐理财的致命伤,应该尽量避免。可有以下方式:

(1)不管双方的理财专业差距或理财性格如何,可以由一人主导,但一定要将收支、保险、投资等情况,开诚布公地让配偶知道。记账与做预算是一个很好的沟通方式,借此也可使共同分摊费用更明确、更有依据。

(2)夫妻应彼此互相了解对方的优缺点,在投资理财上尽量互补。其中一方要帮另一方留意,在缴保费、定期定额投资、缴房贷上是否按照计划持续进行,避免因一时的疏忽而造成保单停效、投资中断达不到预期目标或房屋被法院拍卖的不良后果。双方应共同设立一个紧急备用金账户来应付不时之需。

(3)慎重选择夫妻财产制。双方都有自己的事业固然可以选择并登记分别财产制,但对于应共同分摊的子女教养费用,最好能另外成立一个以子女为受益人的信托,双方可以按收入比例或财产比例把钱从自己的账户拨入此信托中,以后即使夫妻分手此信托仍将独立运作至子女成人或高等教育完成为止。

(4)法律保障。懂得法律的人,在前述的夫妻理财疏失的情况下,如不告知配偶财产处理状况,则违背民法规定,弱势的一方可以据法力争。婚姻关系存续期间,累积财产的差额请求权也要由弱势的一方提出请求才有机会获得。

(5)一开始就说清楚,讲明白,甚至设立婚前协议书,写明万一有一方失业时,另一方应共体时艰,一起渡过家庭理财难关。虽然新婚的蜜月期如此做很不浪漫,但这是避免“可共欢乐不可共患难”的一剂良药。

(6)以自己可独立为前提来组建家庭。婚后当然可与父母同住,但不要当“寄生虫”,丧失自己的理财主权。手足之间任何投资、借贷、作保都应该先征得配偶同意,以免日后万一发生问题而成为争吵的导火线。

二、失业

失业对家庭理财的影响是极大的。失业后收入中断,不但现在的生活支出受到影响,为未来理财目标所规划的储蓄也可能因此中断。景气恶化时单位裁员,失业人口增加,失业群体在理财上应该如何因应而度过景气寒冬呢?

(一)失业后的社会救助

对于已经失业,而且本来没有多少积蓄的家计维持者而言,应一方面缩衣节食,另一方面向政府的社会福利及就业辅导机构请求协助。

（二）失业保险金的领取标准

按照低于当地最低工资标准、高于城市居民最低生活保障标准的水平，由省、自治区、直辖市人民政府确定失业保险金的领取标准，如 2020 年深圳失业保险金为 1 980 元/月，厦门则为 1 530 元/月。

（三）度过失业期的紧急预备金

想要通过理财来“防身”，首要招式就是避免因失业而导致收入中断。若你追求的是更有尊严的行业，则至少要有可维持 6 个月生活需求的高变现性资产，让你在求职的过程中有较充裕的时间考虑，选择符合自己兴趣与能力的工作职务。或者运用这段时间学习新技能，让自己在往后更能适应多变的环境，找到一个可投注余生精力的新事业。过去的积蓄都是让你有足够的时间度过收入中断危机的最佳保障。若无足够的积蓄，失业将会降低重大伤病发生时的紧急应变能力，因此平常就应有一笔高流动性的资产作为紧急预备金。

（四）再就业之路

要降低失业的风险，就需要让自己具有符合市场需求的专业能力或能屈能伸的转职弹性。避免失业有两个层次，第一层是选择成长性的产业，其倒闭或裁员的概率较低。只要你勤于学习，勇于接受业绩的挑战，就可以闯出自己的一片天空。第二层是凸显自己在公司的重要性，即使公司裁员也裁不到你。或许你当初所学的技能目前并非热门，但是学习第二专长可提高转职弹性。一生的事业不见得都是持续往上，总会有起起伏伏，在时运不济时也可以暂时摆地摊维生，让收入不中断，以维持家庭理财的源头活水。不管是把它当作失业的中继站还是当作一个事业在经营，都比待在家中感叹怀才不遇为佳。

三、创业

（一）创业的条件

人人都想当老板，有朝一日自创事业是多少上班族的梦想。创业有成虽是致富的快捷方式，然而根据统计，创业的失败概率超过六成。创业前应考虑哪些因素，来做出理性的决定并提高成功的概率呢？

以 CREATE（创造）这个字来说明。创业需要有资本（Capital），没有钱难办事，创业资本的筹措可当作中短期的理财目标并在有创业念头萌生时就按计划准备。规模较大的创业计划不但要找合伙人或股东入股，还要找借款筹资来源。

创业需要有良好的人际关系（Relationship），有充分的人脉资源，包括潜在客户、合作伙伴、专业顾问或融资渠道，只有这样，才能打通创业初期的产销管控与资金周转关节，才能有助于在环境逆转时化险为夷。

创业最好是基于过去丰富的经验（Experience），在最熟悉的领域或老本行中创业，这样才能运用原有专业技术与人脉资源，在面对该行业中类似的挫折或问题时，应付自如。

在考虑创业时一定要深入探寻自己创业的优势（Advantage）所在，是你的技术比别人好，利润率高，成本低；还是你的市场企划能力强，能够发掘有潜力而尚未受竞争者关注的市场;或者你的服务态度与热忱可以吸引原有客户跟着你走。只有扬长避短才能成功。

创业的时机(Timing)也极为重要,太早创业自身的经验与人脉还不够雄厚,而太晚创业又有可能丧失商机或是没了年轻时的冲劲。产业循环期较短或一时性的热门行业,更要掌握进出场时机。除了市场调查与自我实力评估以外,对外在环境变化趋势的判断力,是决定创业成败的关键因素。

最后一个 E 是指情绪控制(EQ),创业的过程能忍受挫折,控制情绪,才能对所处环境做理性分析,坚持到底,获得最后的成功。

(二)创业的资金来源规划

1. 以储蓄筹措创业资金

创业除了固定投资以外,还要有一笔营运资金,来平衡进货与销货间的资金需求。业务规模越大所需的资金越多。刚出校园的职场新人,若以每月可投资 1 000 元而报酬率可达 10%来算,10 年后可累积创业资金 20 万元。依此状况可开店或经营 5 人以下的小公司,营运顺畅的话,以盈利再投资来扩大规模。

2. 家人(父母)资助创业资金

若资产殷实的父母想为子女筹措创业资金,且每月投资 1 万元,则从子女出生就安排,即使平均报酬率只有 6%,也可以在子女 25 岁时累积 693 万元的创业资金。693 万元的资本足以开办员工上百人,月营业额上千万元的中型企业。此时子女还年轻,最好能聘请专业经理人来管理或当顾问扮演辅佐的角色。毕竟创业不是有钱就可成功,知识、经验与人脉都是必要条件。因此除了准备钱以外,父母要及早培养子女财务管理的观念及经营企业所需的眼界,选择最有潜力的行业开展,才能在激烈的市场竞争环境中脱颖而出。

3. 利用创业贷款

(1)经营工业、商业、服务、饮食、运输和娱乐的个体工商业户,必须持有当地工商行政管理部门发给的工商营业执照或经营许可证,并有固定的经营场地。

(2)贷款户必须有一定数量的自有资金和可靠的还款资金来源,所生产和经营的品种必须符合国家政策规定,产品符合社会需要,有产销或承包合同,经济效益好,遵守《贷款通则》,接受银行信贷部门的检查监督,贷款专款专用,讲信用。

(3)从事个体工商业、种养殖业、开发性项目等贷款户,还要找具备有一定经济实力的单位或个人担保,或者以其财产、有价证券等进行抵押,当上述条件都达到后,银行或信用社再进行贷款调查、论证、审查,对符合贷款条件者,发给贷款借据,签订借款合同或抵押担保合同,即可办理借款。

(三)开店老板族的经营理财术

很多人都有独立开店(特别是网店)的念头,然而自行创业开店存活两年以上的不到两成。开店除了要有前述 CREATE 的创业考虑因素外,事先做好周详的财务规划也是成功的关键因素。

首先要会计算损益平衡营业额，即要做多少生意才能收回本钱，其计算公式为

损益平衡营业额＝固定成本/毛利率

开店除了固定投资以外，还要有一笔营运资金，来平衡进货与销货间的资金需求。缩短存货与应收账款的周转期可降低营运资金需求，降低利息成本。实体店的地理条件是开店成功的主要因素，条件越好的地方店租越贵，要掌握住商圈内徒步范围居住的人口约数、消费习惯与生活形态，考量本店的商品价格、层级、项目能否针对目标，以确保营业额能达到缴纳店租后还有获利的一定水准。开店致富并不难，操之在己，把店办得有特色，并掌握流行趋势创造商机，外加良好的服务态度和持续的宣传促销，就能吸引顾客。

(四)个人工作室——SOHO族的理财规划

在失业率居高不下的情况下，转型为SOHO族成为不少人生涯规划中的另一种选择。SOHO全文为"Small Office，Home Office"，从字面上来看，是指小工作室、在家工作。SOHO族有别于传统的上班族。拥有软件设计、网页编写、翻译、企划、摄影、艺术创作等专业技能的人士，若不想受办公室的束缚，则可以接案的方式成立个人工作室或在家工作。

有一定水准的专业知识或技能是SOHO族的必备条件。工作形态自由，可追求自己的兴趣与理想是SOHO族的心愿。互联网的普及扩大了SOHO族的创业空间，现在很多企业也乐于将一些可外包的工作交付给没有退休金负担的SOHO族，因此，SOHO族可以说是未来就业市场的新趋势。

另外，收入不稳定，大小事都要一手包办，没有三险一金，也没有公司给的退休金，所有这些是成为SOHO族之前就必须认清的事实。了解市场需求，广泛运用人脉，抓对时机把自己的专业推销出去，只有维持一定的案源，才能当个快乐的SOHO族。要成为运用脑力资源为主的SOHO族，不需要很多的资金，但要有忍受一时挫折的决心，否则只好在"闯荡江湖"一阵子之后，再回归上班族的行列。

因此，在理财上收入较不稳定的SOHO族比上班族更需做现金流量规划。旺季时接案多，收入高，就应多储蓄；淡季时则应多学习，设法开创其他收入来源，万一月入不敷出，还有过去的结余能够维持生活。在资产配置上没有三险一金的SOHO族，若也未投保医疗险，就要多准备一点紧急预备金。除非收入已达稳定成长的阶段，否则在投资上不宜太躁进，尤其要避免借款投资股票。因为不稳定的现金流量表加上不稳定的资产负债表，是理财上的大忌，SOHO族最好还是把心思用在创意开发上。要准备未来的退休金，应该还是以高收入、高储蓄搭配稳健的投资。在案源不足时，想以高风险投资带来的理财收入来弥补工作收入的不足，在此心态下短线操作能赚钱者实不多见。那么此时认清事实，重回上班族生涯，以稳定的收入来源弥补亏损才是上策。

第五节 家庭生命周期与理财目标

一、生命周期假说理论

弗兰科·莫迪利安尼(Franco Mordigliani)是美国著名经济学家，他和理查德·布伦伯

格(Richand Brumberg)共同创立了"生命周期假说"的理论。该理论在消费者理性和目标效用最大化假设的基础上认为,一个理性消费者在做关于消费和储蓄的有效决策时,不能单单考虑当下的收入,而还应该考虑一生的收入,即要根据一生的收入来做当下的决策,使得一生的收入和消费两者对等。简而言之,一生的消费量取决于一生的收入量。现在的收入、未来的收入,还有可预期的支出、参加工作的所有时间、退休以后的生命晚年等都是个人在制定储蓄和消费两者决策时需综合考虑的重要因素。

生命周期假说理论主张:假如进入老年期的消费者没有了收入来源,那么他进入人生晚年的消费平滑期就不得不依赖其工作时期的积蓄实现目标。一个理性的消费者应追求的是他整个生命周期中一生的消费效用的最大化,然而他的预算计划中生命周期内的消费与收入支出应相平衡。也就是一个消费者将综合考虑其过去储蓄的资产财富、现在收入、将来收入、可预算的支出和工作时间及退休的时间等各种因素,综合起来决定一生中的储蓄和消费,最终达到一生中消费水平在基本保持相对平稳而不会出现大幅度的波动。消费者追求整个生命周期内的效用最大化,通过在工作期间进行正储蓄和退休后负储蓄来实现一生中各个时期的平均消费水平。

二、家庭生命周期

家庭生命周期的概念是在个人生命周期的基础上发展出来的。家庭是由个人组成的,个人生命周期被融入家庭生命周期中,特别是家庭主要收入者的个人生命周期很大程度上决定了家庭的财务状况。

产品的生命周期包括初创期、扩张期、成熟期和衰退期。就家庭而言,从一对夫妻结婚建立家庭生养子女(家庭形成期)、子女长大就学(家庭成长期)、子女独立和事业发展到巅峰(家庭成熟期)、夫妻退休到夫妻终老而使家庭消灭(家庭衰老期),是一个家庭的生命周期(Family Life Cycle)。

(一)家庭形成期

1. 定义:从结婚到子女出生。
2. 特征:家庭成员数随子女出生而增长(因而经常被形象地称为筑巢期)。
3. 夫妻年龄层范围:25 岁至 35 岁者居多。
4. 收入:以双薪家庭为主,需追求较高的收入成长率。
5. 支出:随着家庭成员增加而上升。
6. 储蓄:随着家庭成员增加而下降,家庭支出负担可能加大。
7. 居住:和父母同住(三代同堂)或自行租房购房(核心家庭)。
8. 资产:可累积的资产有限,年轻可承受较高的投资风险。
9. 负债:如果在此期间购房,通常要背负高额房贷。
10. 净资产:若全靠自力累积,则整个形成期净资产增加幅度不大。

(二)家庭成长期

1. 定义:从子女出生到完成学业为止。

2. 特征:家庭成员数固定(因而经常被形象地称为满巢期)。

3. 夫妻年龄层范围:30 岁至 55 岁者居多。

4. 收入:以双薪家庭为主,可能为养育子女成为单薪家庭,收入逐渐增加。

5. 支出:随着家庭成员数固定而趋于稳定,但子女上大学后学杂费用负担重。

6. 储蓄:收入增加而支出稳定,在子女上大学前储蓄逐渐增加。

7. 居住:和父母同住(三代同室)或自行租房购房(核心家庭)。

8. 资产:可累积的资产逐年增加,要开始控制投资风险。

9. 负债:此期间若已购房,则处于缴付房贷本息、降低负债余额的阶段。

10. 净资产:除了自用住宅的净资产外,也逐年累积投资净资产。

(三)家庭成熟期

1. 定义:从子女完成学业到夫妻均退休为止。

2. 特征:家庭成员数随子女独立而减少(因而经常被形象地称为离巢期)。

3. 夫妻年龄层范围:50 岁至 65 岁者居多。

4. 收入:以双薪家庭为主,事业发展和收入均达到巅峰。

5. 支出:随着家庭成员数减少而降低。

6. 储蓄:收入达到巅峰,支出可望降低,为储蓄准备退休金的黄金时期。

7. 居住:将老年父母接来同住,或夫妻两人居住。

8. 资产:可累积的资产达到巅峰,要逐步降低投资风险,准备退休。

9. 负债:应该在退休前把所有的负债还清。

10. 净资产:资产=净资产,因此净资产也达到巅峰。

(四)家庭衰老期

1. 定义:从夫妻均退休到夫妻一方过世为止。

2. 特征:家庭成员只有夫妻两人(因而经常被形象地称为空巢期)。

3. 夫妻年龄层范围:60 岁至 90 岁者居多。

4. 收入:以理财收入及移转性收入为主,或变现资产维持生计。

5. 支出:不再工作,支出形态发生变化,休闲医疗费用提高,其他费用降低。

6. 储蓄:大部分情况支出大于收入,为耗用退休准备金阶段。

7. 居住:夫妻居住或和子女同住。

8. 资产:逐年变现资产,来应付退休后生活费开销,投资应以固定收益工具为主。

9. 负债:应该无新增负债。

10. 净资产:资产=净资产,因此净资产也随资产变现而逐年降低。

以上四个生命周期,是以多数家庭的历程分类,不同世代家庭的周期阶段会有交集,例如当自己的家庭处于形成期时,父母的家庭已到成熟期;当自己家庭处于成长期时,父母的家庭已处于衰老期。当夫妻一人过世后,若生存者独居,则回归为个人;若和子女同住,则并入子女的家庭生命周期中,通常此时的子女位于家庭成熟期。

三、家庭生命周期在金融理财上的运用

1. 家庭生命周期是一种观察出来的现象，了解家庭在不同周期的需求可帮助我们进行适当的规划。理财规划师可以帮助客户根据其家庭生命周期设计适合客户的保险、信托、信贷理财套餐。不同家庭生命周期的理财重点见表 2-3。

表 2-3　不同家庭生命周期的理财重点

周期	形成期	成长期	成熟期	衰老期
夫妻年龄	25～35 岁	30～50 岁	50～65 岁	60～90 岁
保险安排	随家庭成员增加提高寿险保额	以子女教育年金储备高等教育金	以不同养老险或年金产品储备退休金	投保长期看护险，受领即期年金
信托安排	购房置产信托	子女教育金信托	退休安养信托	遗产信托
核心资产配置	股票 70% 债券 10% 货币 20%	股票 60% 债券 30% 货币 10%	股票 50% 债券 40% 货币 10%	股票 20% 债券 60% 货币 20%
信贷运用	信用卡小额信贷	房屋贷款汽车贷款	还清贷款	无贷款或者反按揭以房养老

2. 理财规划师可以帮助客户根据其家庭生命周期的流动性、收益性和获利性需求做资产配置建议。如流动性需求在客户子女很小和客户年龄很大时较大，流动性较好的存款或货币基金比重可以高一些；由形成期至衰老期，随户主年龄的增加投资在股票等风险性资产的比重应逐渐降低；衰老期收益性的需求最大，因此投资组合中债券比重应该最高。

四、理财目标

俗话说：“知道目标是行程的一半。”这句话同样适用于家庭理财。家庭财务如果没有一个具体的目标，就像驾驶汽车不知方向，很难到达目的地。可见，能否为自己的家庭理好财，其关键是有没有明确的理财目标。

（一）正确区分愿望和目标

一谈到理财目标，绝大多数人可能会不假思索地罗列出许多想法。如：想富甲一方；想买下一栋大房子；想到欧洲旅行一次；想送孩子出国留学。因为过于模糊且没有最后实现的期限，故而不能算是理财目标，只能算是愿望。

家庭理财目标必须具有如下两大特征：一是可以用货币进行精确计算；二是有实现目标的最后期限。

（二）理财目标的设定

设定理财目标是家庭理财必不可少的步骤。如何把自己的想法具体化，如何把自己的诸多美好愿望转化为具体的理财目标呢？首先，需要静下心来想一想，然后把诸多愿望列举出来。其次，还需要对所列举的愿望做一些具体分析，看看哪些需要保留、哪些应当删除。最后，将自己的美好愿望具体化，让它既能用现金进行表示和计算，又有明确的实现时间。

（三）理财目标的实施计划

设定好了理财目标，仅算完成了成功管理好家庭财务工作的一半，余下的另一半工作就是行动计划的实施和修改完善。

理财目标与工作、学习计划有所不同，可以量化为

理财目标（n 年内要实现的目标）＝目前积蓄＋目前积蓄在 n 年内获得的投资收益＋每年的节余＋n 年内每年结余获得的投资收益

（四）理财目标的修改和完善

设定好理财目标后，通过一段时间的实践，还需要根据客观实际的变化，对其进行修改和完善。如果投资者所在单位的效益明显提高，工资或年终奖金增加很多，或者找到了一种收益率较高的投资产品，这无疑会增加投资者的信心，完全有理由调高原来的理财目标或缩短达到目标的时间。相反，如果投资者单位经营陷入困境导致工资收入减少许多，原来出租的房子需要收回来给结婚的子女住，或者主要资产是股票而股市一直是“阴多于晴”，那么，理应调低理财收益目标。

总之，投资方式的改变或理财目标的修改是为了使其更加符合自己的实际，同时也有利于自己总结经验和教训。

案例 >>>

中国家庭财富调查报告分析

改革开放 40 多年来，我国城乡居民可支配收入大幅增长，同时资本市场发展迅速，资产配置成为家庭投资决策的重要内容。作为发展不平衡的重要表现之一，收入和财产差距成为社会关注的重点。“中国家庭财富调查”涉及住户成员信息、家庭收入支出和财产、家庭经济状况以及生活态度 4 个板块，着重从城乡差异、资产配置、投资者特征和投资渠道等角度对居民家庭财富开展深入调查。

资产配置、财富差距与我国经济社会发展具有密切联系。房产占比偏高、金融资产结构单一、较高的预防性储蓄等都与扩大内需背道而驰，导致国内需求增长乏力。单一的资产结构更加难以抵御资产风险，不利于居民财产稳定增长。较大的财富差距对劳动供给、生产投资也有不利影响。鉴于此，需要出台切实可行的政策，切实改变资产配置不合理、财富差距加大的现状，转变居民的投资预期，缩小财富差距。

城乡家庭财产差距较大

调查报告显示，2018 年我国家庭人均财产为 208 883 元，比 2017 年的 194 332 元增长了 7.49%，增长速度高于人均 GDP 增速（6.1%）。城乡家庭财产差距较大，2018 年城镇和农村家庭人均财产分别为 292 920 元和 87 744 元，城镇家庭人均财产是农村的 3.34 倍，且城镇家庭人均财产增长速度快于农村。

城乡居民在财产构成方面存在一定差异。从我国居民家庭财产结构来看，房产占七成，

城镇居民家庭房产净值占家庭人均财富的71.35%，农村居民家庭房产净值占比为52.28%。人均财富增长的来源表明，房产净值增长是全国家庭人均财富增长的重要因素，房产净值增长额占家庭人均财富增长额的91%。因此，房产净值较高的城镇居民家庭将从房产净值大幅增长过程中获得更多的财富积累。

城乡居民住房构成也具有明显差异。农村居民家庭以自建住房为主，自建住房占比达53.18%，购买新建商品房仅占21.81%，购买二手房占比为6.73%。城镇居民家庭以购买新建商品房为主，占比达36.26%，自建住房仅占24.43%，自建住房占比是农村居民家庭的一半，购买二手房比例为10.97%。在我国农村居民宅基地交易尚未完全放开的背景下，与自建住房相比，新建商品房和二手房具有更高的价值。同时，我国房产净值增长也主要体现在新建商品房和二手房上。因此，城乡居民房产净值差异在一定程度上反映了城乡居民在住房构成上的差异。

金融投资结构持续单一

随着资本市场发展，城乡居民投资渠道大大丰富，但从实际投资份额来看，我国居民金融资产结构依然单一，农村居民尤为如此，这与我国宏观分配格局中财产性收入占比非常低的情形相一致。资本市场有待进一步完善，以推动城乡居民金融资产的多样性，进而提高城乡居民的财产性收入。

调查报告显示，居民家庭的金融资产分布依然集中于现金、活期存款和定期存款，占比高达88%，接近九成。在有数据可查的35个OECD（经济合作与发展组织）国家中，仅有8个国家的存款和现金占家庭金融资产比例超过了50%，这一比重超过60%的国家只有3个；在社会福利和社会保障覆盖范围比较广的北欧国家中，瑞典、丹麦、芬兰和挪威的现金、活期存款和定期存款所占家庭金融资产比重分别为19.34%、19.95%、31.14%和38.75%，均处于较低水平。单一的金融资产结构不利于居民家庭平衡资产风险，而且难以实现保值增值。

从风险态度自评和风险承受能力来看，持风险厌恶态度的居民占多数。在居民家庭以风险厌恶为主、具有较强风险规避动机的情况下，不难理解居民家庭金融资产结构呈现单一化特征。

本轮家庭财富调查中，被访者对自身风险承受能力自我评分，0分表示风险承受能力最小，10分表示风险承受能力最大。统计结果表明，风险态度自评为0分的被访者达到32.81%，是所有评分值中比重最高的，表明几乎没有风险承受能力的群体占比最大；风险态度自评为6分及以上的被访者仅占6.78%；风险自评为3分及以下的风险厌恶者比重高达70.33%。

根据家庭所能承受投资本金损失程度来衡量家庭风险承受能力，同样体现出多数家庭是风险厌恶型。5.57%的家庭能够承受投资本金50%以上的亏损，8.66%的家庭能够承受本金20%至50%的亏损，21.01%的家庭能够承受本金10%以内的亏损，多达64.76%的家庭不能承受本金亏损，这说明超过六成家庭投资行为属于极度风险厌恶型。同时，人均财富较高的城镇居民多数也属于风险厌恶型，不能承受本金亏损的城市家庭比例超过五成，达到了55.2%；农村家庭的这一比例更是高达83.88%。

较高的预防性需求,推高了储蓄比例,降低了其他金融资产的投资份额。从调查结果来看,全国家庭储蓄的主要原因依次是:“应付突发事件及医疗支出”占48.19%,“为养老做准备”占36.78%,“为子女教育做准备”占23.97%,“其他原因”占20.57%,“不愿承担投资风险”占13.82%。城乡家庭储蓄的主要原因先后位次基本一致。为医疗、养老和子女教育预防性储蓄成为储蓄的主要动因,这在一定程度上体现出,我国社会保障制度有待完善,以降低居民对预防性储蓄的需求。较高的预防性储蓄导致金融资产结构单一化,同时也不利于扩大国内消费需求。

房产形成“挤出”效应

由于家庭用于投资的资金是有限的,一般而言,家庭投资具有一定的次序,在一项投资达到一定水平或者条件后,再开展下一项投资。我国房产的拥有率、增值幅度都使房产投资成为家庭投资资金的首选,从而减少了可用于金融资产投资的份额。

我国居民家庭具有较高的住房拥有率。从居民财富角度出发,家庭财富调查所关注的是被访家庭是否拥有住房,而非是否在现居住地拥有住房。调查数据显示,93.04%的居民家庭拥有1套住房,拥有2套及以上住房的家庭占比为3.82%,没有住房的家庭仅占3.14%。全国家庭平均自有住房套数为1.02套,即每个家庭平均拥有1套住房。

房产净值增速较快,助推了家庭房产投资热情。从家庭财富结构来看,家庭财产结构变化不大,房产净值占比居高不下;不仅如此,家庭财产增长在很大程度上是由房产净值增长导致的。从报告可以看出,家庭人均财产增长中的91%来自房产净值增长。此外,相对于全国人均家庭财产7.49%的增速而言,房产净值增速接近10.3%,房产净值占家庭总财产的比重进一步提高。

近年来,住房价格处于持续增长态势,从调查数据来看,房产净值也在不断增长,这使得居民家庭形成了房价持续上涨的预期。尽管这种预期具有一定盲目性,但居民家庭的投资决策仍主要建立在过去经验基础上。与房地产市场相反,金融市场具有较强波动性,这影响了居民家庭的资产配置选择,使其更倾向于房产投资。

金融投资存在群体差异

调查结果显示,金融素养较低的家庭更可能面临较高的投资风险,因而选择远离金融投资。高收入、高学历群体通常具有较高金融素养,更为了解相关的金融知识、信息,加之其拥有较高收入和资产,可以在满足房产和预防性需求基础上投资金融资产,因而资产内容更加丰富,能够更加游刃有余地做出投资决策,并从中获取收益。

随着可支配收入提高,家庭拥有的人均房产净值也逐渐上升。如果将居民按人均可支配收入分为10个等分组,进而考察人均房产价值在不同收入等分组的差异,可以发现,人均可支配收入最低等分组居民的家庭人均房产净值仅为41 406.346元;人均可支配收入最高等分组居民的家庭人均房产净值则达到441 735.800元,是最低等分组的10.67倍。人均房产原值和人均房产现值也基本呈现随人均可支配收入增加而增加的趋势,房产债务余额和负债率也随着家庭人均可支配收入的增加而上升。

近年来,人们对未来房价形成了上涨预期,不同收入水平的家庭配置在房产上的资产都在增加。由于高收入家庭对房产购买能力和融资能力更强,因而房产负债率和杠杆率也较高。

随着收入水平和学历的提高，居民家庭金融资产的规模和结构呈现不同特征。随着收入水平的提高，家庭人均现金、活期与定期存款有所增长，且增幅越来越大。人均可支配收入最高等分组家庭的人均现金、活期与定期存款分别是最低等分组家庭的 4.64 倍、3.86 倍。值得注意的是，随着收入水平的提高，居民活期与定期存款投资份额持续下降，而在储蓄型保险、国债、股票、基金、期货、借出款、其他金融资产、外币金融资产余额方面投资比重逐渐提高；随着学历水平的提高，家庭持有活期与定期存款的比重也呈现持续下降趋势。

互联网金融“城乡有别”

互联网金融是“互联网＋”模式的典型代表，能够减少交易成本，从而刺激用户的金融需求，这对传统金融造成了巨大冲击。

调查报告显示，互联网金融最主要功能是消费支付。无论在全国范围还是分城乡统计，使用过互联网消费支付功能的消费者远超通过互联网投融资的人群；其中，使用过互联网金融投资功能的群体又明显多于通过互联网融资的群体。在消费支付中，互联网金融平台的使用随着家庭财富增长逐渐增加，使用互联网金融投资手段远不如互联网消费支付手段普遍。目前，普通群众对互联网金融投资安全性仍存在一定疑虑，互联网金融投资功能有待进一步发掘。

相对而言，人们对互联网融资平台的熟悉程度较低。随着互联网技术的进一步发展，通过大数据、云计算、区块链等新技术应用，互联网融资平台在一定程度上缓解了信息不对称问题，再加上快捷的还贷款手续以及灵活便利的还贷款期限，近年来互联网融资功能得到了快速发展。但是，目前互联网融资缺乏像支付宝、微信支付、余额宝等消费支付和金融投资领域的标志性产品，各种产品知名度还不够高，使用率也相对较低。

此外，发达地区的互联网金融工具使用率更高。在城镇，超过 70%的被访者使用互联网支付；在农村这一比例仅不到 30%。数据显示，东部地区使用互联网支付手段的居民占比接近全部城镇居民，且使用 3 种及以上互联网支付手段的群体占比明显高于其他，使用 2 种互联网支付手段的群体占比也超过仅使用一种互联网支付手段的群体。中西部地区使用互联网支付的比例则与东部地区有较大差距，金融素养相对较高的城镇居民从互联网金融中获得了更多便利。

资料来源：中国经济趋势研究院家庭财富调研组. 中国家庭财富调查报告 2019.

本章小结 >>>

个人财务分析，是以财务报告资料及其他相关资料为依据，采用一系列专门的分析技术和方法，对个人(或者家庭)的过去和现在有关财务活动和状况等进行分析与评价，为个人理财业务做出正确决策提供准确的信息或依据。个人财务分析与企业财务分析，在财务报告的使用对象、财务分析的作用以及会计报表的内容设置上等方面都存在较大差异。财务分析程序，包括确定分析目标，制订分析方案；收集、整理、核实资料；选用适宜的分析方法进行分析工作；编写分析报告等四个步骤。

在制作个人资产负债表以前，需要对资产和负债的一些项目进行估值。按照一般的会计准则，通常包括历史成本、重置成本、可变现净值、现值以及公允价值等标准。现金流量表是财务报表的三个基本报告之一，所表达的是在某一固定期间(通常是每季或每年)内，个人现金(包含银行存款)增减变动的情况。现金流量表的财务分析，主要是对客户现金收入与支出状况进行分析，以判断其收支水平和财务自由度水平。

思考与练习>>>

1. 什么是个人财务分析?

2. 个人财务分析在个人理财业务中的地位和作用如何?

3. 简述财务分析的程序。

4. 简述财务分析的基本方法。

5. 试比较财务分析中三种水平比较法各自有什么优点。

6. 个人资产负债表与企业的资产负债表有哪些区别?

7. 在编制个人资产负债表的时候，如何合理运用历史成本、重置成本、可变现净值、现值及公允价值等准则?

8. 偿还债务安全性及偿债能力分析的要点是什么?

9. 现金流量分析的主要目的是什么?

10. 如何理解财务自由度水平?

第三章

收入、消费与储蓄

收入、消费和储蓄

本章学习要点>>>

通过对本章现金管理、消费和储蓄的学习，我们将加强现金日常收支管理、确保现金保障优先的理念。通过课堂讨论，引导学生用辩证思维认识信用卡理财工具的双刃剑性质，学会在不同情形下应用不同的储蓄规划方法进行投资理财，树立严格、诚信、安全的现金管理观念。

第一节　现金管理

"现金是氧气，99%的时间你不会注意它，直到它没有了。"在2014年伯克希尔哈撒韦股东大会上，巴菲特再次绝妙回答了小股东关于旗下子公司持有现金过多的提问。

现金的重要性不言而喻，一家资产再多的企业，只要短期货币周转出现问题即刻就会面临崩盘的潜在危机。现金作为生活中财富的最主要载体，鉴于其最佳流动性，给人们带来了其他财富载体无法比拟的安全感和稳定感。

一、现金及现金管理的概念

在金融活动中，现金的含义实际上有广义和狭义两种理解。广义的现金通常包括狭义现金和现金等价物。狭义的现金一般包括持有的现金以及可以随时用于支付的存款，而现金等价物则是指期限短、流动性强、易于转换成已知金额现金、价值变动风险较小的投资，一般包括支票账户、储蓄账户、货币市场账户、其他短期投资工具等。从本质上看，现金最重要的特征就是流动性强，方便支付，因此只要满足这一本质要求，能无损失或损失很少价值地转换为现金的，就可以视为现金。

现金管理是指在整个家庭财产中，保留合适比例的现金及现金等价物，以满足家庭需求的过程。它是实现个人理财规划的基础，是帮助客户达到短期债务目标的需要。现金规划的目的是满足对日常的、周期性开支、突发事件和未来消费的需求，以保障个人或者家庭成员生活质量和状态的持续性稳定。在个人或家庭的理财规划中，现金管理既能够使所拥有的资产保持一定的流动性，满足个人或家庭支付日常费用的需要，又能够使流动性较强的资产保持一定的收益。

一般来说，现金管理源于个人或家庭对资产流动性的需求，而流动性需求来源于三个动机，即交易动机、谨慎动机或预防动机和投资动机。

1. 交易动机

个人或家庭通过现金及现金等价物进行正常的交易活动。由于收入和支出在时间上常常无法同步，因而个人或家庭必须有足够的现金及现金等价物来维持日常的生活开支需要。个人或家庭出于交易动机所拥有的货币量取决于收入水平、生活习惯等因素。一般来说，个人或家庭的收入水平越高，交易数量越大，其为保证日常开支所需的货币量就越大。

2. 谨慎动机或预防动机

谨慎动机或预防动机是指为了预防意外支出而持有一部分现金及现金等价物的动机，如个人为应对可能发生的事故、失业、疾病等意外事件而需要提前预留一定数量的现金及现金等价物。如果说现金及现金等价物的交易需求的产生是由于收入与支出间缺乏同步性，那么现金及现金等价物的谨慎动机或预防动机则归因于未来收入和支出的不确定性。一般来说，个人或家庭对现金及现金等价物的预防需求量主要取决于个人或家庭对风险承担能力，而且，预防需求量与收入以及举债能力也有很大的关系。

3. 投资动机

投资动机是指为了把握投资机会获得较大受益而持有的现金，与个人或家庭出现的投资机会及风险偏好有很大的关系。

需要说明的是，持有现金的总额并不等于各种动机相加，往往前者小于后者。

二、现金管理考虑因素

（一）持有现金及现金等价物的机会成本

通常来说，金融资产的流动性与收益率呈反方向变化，高流动性也意味着收益率较低。现金及现金等价物的流动性较强，则其收益率也相对较低。由于机会成本的存在，持有收益率较低的现金及现金等价物也就意味着丧失了持有收益率较高的投资品种的机会，因此，持有现金及现金等价物存在机会成本。

（二）紧急备用金的必要性

1. 我们每个人都会碰到意外，收入突然减少，甚至中断，若没有一笔紧急备用金可以动用，则会陷入财务困境。如因为失业或失能（因为意外身心遭受伤害，导致无法工作，这在保险术语上称之为“失能”）导致收入中断，则会面临生活费用、买车或买房的月供款、房租等债务压力；或者因为紧急医疗或者意外灾害而导致的超支费用，这时也需要一笔紧急备用金来应付这些突发状况。

2. 假如有突发事件发生，需要大量资金，而我们把资金都投入到收益较高的投资上去，没有建立紧急备用金，就会导致我们不得不将投资变现，而将高收益投资变现将会付出巨大成本，并且太多投资还会损失掉大量的收益。因此，紧急备用金能够很好地防止这类损失的出现，保证自己在投资规划上的正常运作。

三、现金需求类型

从个人或者家庭来说，根据交易动机、预防动机和投资动机可以把现金需求划分为如下几种：

（一）基本需求

这里，现金是指为了维持个人（或家庭）日常生活中各种需要而进行的支付，包括衣食住行各个方面。

（二）临时性需求

在日常生活中，人们可能会面临许多不确定性事件的发生：头疼脑热引起的医疗费用支出、亲朋好友间交往的支出、休假的临时休闲娱乐的支出以及生活中未列入计划的临时性购物的支出等。满足临时性需求的方法主要是通过持有一定数量的现钞、银行卡来解决。如果数额比较大，可以动用现金中的第二部分，提取银行存款来满足相关的需求。

（三）应急性需求

这种需求，也是由于不确定性事件发生所引致的。然而，与上面临时性需求不同的是，这种需求是紧急的、刚性的、大额的需求，会打乱日常生活规律。例如：家人（或者至亲）罹患重病、家人失业、遭受重大自然（或者人为）灾害，以及家庭的重大变故等。这时候，要维持日常生活，同时还要应付这些应急性需求，就需要有一笔应急备用金。应急性需求的备用金，在不同情况下金额大小是不同的。由于应急性需求出现的概率大大低于临时性需求，故在考虑相应的防范措施的时候，也可以采用期限相对长一些的方法。对于因失业带来的应急性需求，备用金金额大小通常要能够支持此后的 6 个月内生活质量不受影响。因此，可以考虑在储蓄产品中，专门设立一笔资金来应对这方面的需要。对于疾病、灾害引起的应急性需求，可以考虑购买相关的保险产品，同时将一定数量的备用金储蓄起来，以兼顾这方面的需要。

（四）大额购买需求

在人的一生中，通常会遇到购房、购车等问题。多数人是通过银行贷款来满足自身的大额购买需求的。所以，在人生某一阶段，每月月供成为现金需求的重要部分。

四、现金管理策略

（一）个人现金结构

确定现金需求数量后，我们就需要考虑个人（或者家庭）的现金来自哪些方面。只有弄清现金来源，才能合理配置这些现金资产。

（1）来自日常项目、投资和筹资的现金流量

现金流入可以分为：首先是日常项目的现金流入，包括全家所有成员的工资、奖金、补助、福利、红利等的工作所得，以及赡养费、兼职收入等其他方面的现金流入。其次是投资项

目的现金流入，包括存款利息、放贷利息以及其他利息等各种利息；租金、分红、资本收益、其他投资经营所得等的投资收益；中奖、礼金等的偶然所得。最后，现金流入还包括来自其他方面的投资、从金融机构等获得的借入资金等。同样，现金流出也可以分为日常项目、投资和筹资等方面。通常情况下，个人（或者家庭）的现金流出范围广，项目多，难以做精确统计。这里，可以利用现金流量表中各项现金流量净额得到现金是流入还是流出的情况。

(2)来自资产负债结构调整产生的现金流量

当个人为了平衡收支或者重新配置个人资产的时候，就可能产生现金流入或者现金流出。

(3)个人预期现金流入

如果个人是工薪阶层，那么可以预期未来的工资、奖金等的收入。尤其是与业绩挂钩的奖金、暑期的福利费用、法定假日（中秋节、春节等）的喜庆红包等，都是可预期的现金流入。然而，奖金、福利费用等毕竟不是工资，所以发放的时间会提前或者延后，金额也会依据经济形势的好坏而发生变化。对于一个正常经营的企业、一个正常运作的机关而言，其员工对这些现金的预期是合理的。

(二)人生不同阶段的现金管理策略

不同的人生阶段，其需求会有很大差异，因此，现金管理策略是不同的。

1. 单身期

在此阶段，将面临择业、工作和婚姻等三大压力。而且，刚开始职业生涯，事业基础尚未稳固。尤其是那些远离父母至亲的年轻人，在一个陌生的城市，甚至在一个陌生的国家打拼，需要考虑积累一笔应急备用金，作为安身立命的基础。如果尚未决定在一个城市长期居住，那么不急于考虑保险方面的安排。如果刚开始工作，薪金收入相对低的情况下，基本需求、临时性需要应尽可能压缩，而将资金用于应急备用金的储蓄和投资——通过快速增加银行存款，来提高自身抗风险能力。

2. 家庭和事业形成期

通常，这个阶段的个人（或者家庭）已经建立一定的事业基础，经济上也开始逐步宽裕了。这时候，可以在现金配置上考虑满足基本需求、临时性需求和应急性需求三方面的现金。尤其是，当经济上逐步宽裕以后，生活中的临时性需求也会不断增加，休闲旅游、至亲好友的来往，以及奢侈消费等，都需要临时性需求的资金来满足。因此，个人可以逐步增加临时性需求的资金安排（通过银行存款或者银行卡的透支等来满足）。此时，虽然个人的健康、工作等方面的风险相对较低，还是需要考虑准备一点金额的应急需要准备。值得注意的是，居住规划可能会影响现金资产配置。在结婚成家的时候，如果父母提供首付购房以后，每月月供款会对家庭带来不小经济压力。那么，月供成为这一时期家庭的重要支出项目。值得注意的是，这样的大额购买需求所带来的现金支出，应该是以保证家庭基本需求为前提的。

3. 家庭和事业成长期

在一般情况下，处于这个阶段的个人（或者家庭）事业基础、经济基础更加稳固。因此，满足生活中的基本需求、临时性需求和应急性需求是没有困难的。这样的个人（或者家庭），现金已经比较充裕，也就不需要刻意按照三种不同的需求来配置现金资产。在此期间，人生的各种风险相对较低，应急性需求也大大降低。临时性需求会有所提高。

4. 家庭成熟期

这时个人的人生阶段处于最好时期，事业达到高峰，经济基础也比较殷实。然而，家庭的不确定性事件出现的概率增高。因社交活动增加、子女婚嫁，以及自身体质下降、医疗费用增加等原因，临时性支出会大大增加。甚至在该阶段需要考虑因疾病导致的大额支出，提取应急备用金做相应准备。

5. 退休期

在退休期，人生已经步入老年阶段。因此，生活中的基本需求大大下降。离开工作岗位后，社交范围缩小。因社交、休闲引起的临时性需求相对下降，因普通疾病而导致的临时性需求会不断上升。而且，老人还需要有足够的应急备用金来应付重大疾病，在人生最后阶段还是要维持相对高的生活质量。所以，退休期的基本需求方面的现金可以稍微小一些。而应急性需求的资金，要尽可能多地配置，避免老人在人生最后阶段生活得比较艰难。

第二节 消费信贷规划

一、消费信贷的基本知识

消费信贷是指金融机构为购买消费品的客户提供的一种信贷业务，它以消费者未来的购买力为放款基础，旨在通过信贷方式预支远期消费能力，来刺激或满足个人及其消费需求。由于消费信贷主要的贷款对象是个人，贷款的主要用途是购房、消费等，目的是“花明天的钱，办今天的事”，使个人消费效用最大化，合理安排终生消费。个人消费信贷通常按偿还形式划分为分期付款和非分期付款两大类。分期付款一般按周、月偿还贷款。这种贷款最主要的用途是支付购买汽车、家电等高档耐用消费品。非分期付款即在规定的期限内一次性还清贷款。随着中国消费升级，人们的消费需求囊括了衣食住行等必需品以及休闲娱乐等非必需品，其中蕴含巨大的消费金融市场机会。

信贷是即时提供商品和服务的工具，是灵活的资金管理方式，安全而便利，是紧急情况时的缓冲带，是增加资源的工具。若能及时偿还贷款，信贷还能创造良好的信用等级。但是，信贷是双刃剑，它也有副作用。为了理智使用信贷，须仔细评价当前债务水平、未来收入、增加的成本以及过度消费的后果。

行业数据显示，1997 年人民币消费信贷余额仅有 172 亿元，而到了 2015 年 10 月，人民币消费信贷余额已经高达 18.18 万亿元。来自艾瑞咨询的一组数据预计，2014 年至 2017 年中国消费信贷规模依然将维持 20%以上的复合增长率，预计 2017 年将超过 27 万亿元。可以说，国内消费金融一直在高速发展中。随着消费群体的年轻化、消费观念的改变和消费习惯的升级，消费信贷理念将逐渐被中国消费者所接受。

过去，消费金融的参与主体主要为银行等单一主体，且涉及的消费产品有限。随着互联网尤其是移动互联网越来越普及，消费金融的内涵与外延都得到了无限延伸。消费者的信贷需求不仅局限于购房、购车等大额消费，在数码产品、家电、旅游乃至众多极具场景化的消费领域均有渗透。

二、消费信贷的种类

消费信贷包括传统的封闭式信贷和开放式信贷，开放式信贷不仅包括银行的信用卡，还包括新兴的消费金融公司以及以BAJ(百度、蚂蚁金服、京东金融)为代表的互联网金融机构发起的消费信贷。

(一)封闭式信贷

封闭式信贷有特定的用途，以合同形式规定偿还金额、偿还条件、支付次数等，通常在偿还债务前，销售方拥有商品所有权。封闭式信贷的种类有：

分期付款销售贷款：向银行贷款购买高价商品，需付首期款，定期归还银行余款、利息和服务费。

分期付款现金贷款：因个人理由、度假或者家庭装修而直接借现金的方式，无须付首期，定期归还。

一次性贷款：必须在未来一定期限内一次性偿还的贷款。

封闭式信贷具体有以下品种：

1. 汽车贷款

汽车贷款是指贷款人向申请购买汽车的借款人发放的贷款，也叫汽车按揭。

贷款对象：借款人必须是贷款行所在地常住户口居民、具有完全民事行为能力。

贷款条件：借款人具有稳定的职业和偿还贷款本息的能力，信用良好，能够提供可被认可的资产作为抵押、质押，或有足够代偿能力的第三方作为偿还贷款本息并承担连带责任的保证人。

贷款额度：贷款金额最高一般不超过所购汽车售价的80%。

贷款期限：汽车贷款期限一般为1～3年，最长不超过5年。

贷款利率：由中国人民银行统一规定。

还贷方式：可选择一次性还本付息法和分期归还法(等额本息、等额本金)。

2. 国家助学贷款

贷款对象：大专院校在校学生。

贷款条件：具有完全民事行为能力(未成年人须由其法定监护人出具书面同意书)；具有有效居留身份证件；符合贷款人要求的学习与品行标准，无不良信用行为；所在学校与银行签有银校合作协议；有介绍人推荐，且有一名见证人对其身份提供书面证明。

贷款期限：最长8年。

贷款额度：原则上不超过学生在校就读期间所需学杂费和生活费的总和，最高限额为10万元人民币。

贷款利率：按中国人民银行规定的同档次贷款利率执行，国家补贴50%利息。

贷款发放：分按年、按月两种方式发放。学费贷款按年发放，生活费贷款按月发放。

3. 商业助学贷款

商业助学贷款根据用途分为学生学杂费贷款、教育储备金贷款、进修贷款和出国留学贷款。各家商业银行在商业助学贷款的条款上可能有所差别，但基本内容相同。

贷款对象：年满 18 周岁的受教育者可以由本人申请贷款，也可以由其直系亲属、监护人、配偶等代受教育人申请贷款；未满 18 周岁的受教育者其所有出国留学贷款必须由受教育者直系亲属、监护人等代理申请。

贷款条件：具有完全民事行为能力的自然人；有当地常住户口或有效居留身份，有固定和详细的住址；有正当职业和稳定可靠的收入来源，信用良好，具备按期偿还贷款本息的能力；有就读学校的"录取通知书"或"接收函"；有就读学校开出的学习期内所需学杂费的证明材料；提供贷款人认可的资产做抵押、质押或具有代偿能力并承担连带责任的第三方保证人；借款人已拥有受教育人所需的一定比例的费用。

贷款期限：一般为 3～6 年，最长不超过 10 年(含 10 年)。

贷款额度：原则上不得超过学杂费总额的 80%，最高不超过 10 万元。

贷款利率：按中国人民银行规定的同档次贷款利率执行。

贷款发放：分按年、按月两种方式发放。学费贷款按年发放，生活费贷款按月发放。

4. 大额耐用消费品贷款

大额耐用消费品贷款是指向消费者个人发放用于购买大额耐用消费品的人民币贷款。大额耐用消费品是指单价在 3 000 元以上(含 3 000 元)、正常使用寿命在 2 年以上的家庭耐用商品，包括家用电器、电脑、家具、健身器材、卫生洁具、乐器等(汽车、房屋除外)。大额耐用消费品贷款只能用于购买与贷款人签订有关协议、承办分期付款业务的特约销售商所经营的大额耐用消费品。

贷款期限：一般在 1 年以内，最长为 3 年(含 3 年)。

贷款额度：起点为人民币 2 000 元，最高额不超过 10 万元，贷款额最高不得超过购物款的 80%。

目前此类贷款基本让位于信用卡的分期付款业务。

5. 家居装修贷款

家居装修贷款是指贷款人向借款人发放的用于借款人自用家居装修的人民币消费贷款。贷款期限一般为 1 至 3 年，最长不超过 5 年(含 5 年)。具体期限根据借款性质分别确定。其利率执行中国人民银行规定的相应档次的贷款利率。贷款额度一般不得超过家居装修工程总额的 80%。现随着信用卡免息分期付款业务的开展，该贷款的客户呈现下降趋势。

6. 旅游贷款

旅游贷款是指向消费者个人发放用于参加贷款人认可的各类旅行社(公司)组织的国内外旅游所需费用的贷款。贷款金额起点为人民币 3 000 元，其贷款上限为：境内旅游人民币 2 万元、境外旅游 5 万元；贷款期限有 6 个月、1 年，最长不超过 5 年；贷款方式分为：保证、抵押、质押三种；还款方式分为：一次性全额还贷和按月等额还贷。

贷款利率按照中国人民银行规定的同期贷款利率执行，遇法定利率调整时，贷款期限在 1 年以内的，贷款利率不做调整，按合同利率计息到期一次还本付息；贷款期限在 1 年以上的，于次年 1 月 1 日按相应档次贷款利率执行新的利率标准。

目前，此类贷款的方式基本上被各商业银行发行的信用卡所推出的分期付款业务所替代。

7. 个人综合消费贷款

个人综合消费贷款是银行向借款人发放的用于不指定具体消费用途的人民币贷款。个人综合消费贷款期限分为6个月、1年、2年和3年期四个档次。贷款限额最低为2 000元，最高为50万元。如采用抵押方式担保，最高为30万元；如采用权利质押方式担保，最高不超过质押品面额的90%，且贷款最高限额为50万元；如采用房产抵押方式担保，最高不超过抵押品评估价值的70%，且贷款最高限额为30万元。另外，还有一些小额信用贷款、质押贷款，以及信用卡透支贷款等。

（二）开放式信贷

开放式信贷无须像封闭式信贷那样需要事先申请，只要不超过信用额度，你可以随意使用开放式信贷进行购物，循环发放。信用限额是贷款人允许你使用的最高额度，你可能要支付利息或者手续费，一般可以享受若干期限的免息还款待遇。

1. 信用卡

信用卡是指由商业银行、信用卡公司或者其他金融类机构发行的具有消费支付、信用贷款、转账结算、存取现金等全部功能或者部分功能的电子支付卡。从狭义上来讲，主要是指由金融机构或商业银行机构发行的贷记卡，即无须预先存款就可以贷款消费的信用卡。如果是明确了信用额度的循环信贷账户，其持有人可以借支部分或者全部额度，偿还借款也可以是部分或全部款额。一旦已使用的余款得以偿还，该信用额度又重新恢复。

国内的信用卡分贷记卡和准贷记卡(先存款后消费，允许小额、善意透支的信用卡)。

从广义上，凡是能够为持卡人提供信用证明、消费信贷或持卡人可凭卡购物，消费或享受特定服务的特制卡片均可称为信用卡。信用卡分为银行卡和非银行卡，非银行卡主要是指商业机构发行的零售信用卡和旅游服务行业发行的旅游娱乐卡。

信用卡的核心特征是个人信用和循环信贷，它的基本功能是支付功能和信用功能，其他的各种功能都是在这两个功能的基础上发展起来的。

信用卡使用规则：

(1)学会计算和使用免息

一般免息还款期由三个因素决定：客户刷卡消费日期、银行对账单日期和银行指定还款日期。举例来说，某银行的对账单日期为每月5日，指定还款日期为每月23日，以客户每月消费一次计算，如果客户在当月4日消费2 000元，免息还款期就是当月4日到23日这段时间，为20天；如果是当月5日消费(一般商家账单要晚一天到达)，则免息还款期就是当月5日到下月23日的这段时间，那就高达49天。所以，消费时一定要注意两点，一是持卡人的消费日期；另一个就是银行对账单日期与还款日期之间的天数。弄清楚免息还款期的计算方法后，还要注意并不是所有的透支款项都可享受这一优惠。要想免息，必须同时满足两个条件：第一是全额还款；第二是非现金交易的款项。如还款困难，应按银行要求的最低还款额偿还部分透支款，否则利息成本十分昂贵。

目前的信用卡促销手段包括积分换礼、协约商家享受特殊折扣、刷卡抽奖、连续刷卡送大礼、商家联名卡特殊优惠等。应该说，使用信用卡比用现金更经济、更优惠，持卡消费1元绝对比用现金消费1元得到的价值多。

(2)最低还款额

最低还款额是持卡人每月需要缴纳的最低金额，首月最低还款额为当月欠款额的10%。使用最低还款额还款将不享受免息待遇。

(3)不要超额透支

持卡人超过发卡银行批准的信用额度用卡时，不享受免息还款待遇，即从透支之日起支付透支利息。所以持卡人在享受信用卡透支免息还款的实惠之时，切记不要超过银行批准的信用额度(透支金额)，否则超额部分将不会享受免息还款待遇，从而要支付较高的透支利息。

(4)透支还款要还清费用

持信用卡刷卡消费，持卡人在免息还款期内，全额偿还不需支付利息，但若是部分偿还透支款项，在符合银行规定的最低还款额的前提下，目前有两种截然不同的计息方式：第一种是只要持卡人有一部分钱在还款期内没有还，就不能享受免息待遇；另一种是只需支付欠款部分的利息。前者是大多数银行的做法，采取后者这种方式的只有极个别的银行。例如，有一位先生透支了750.50元，由于忘了透支的具体金额，所以在免息期内只还了750元，欠0.50元没有还。出乎他意料的是，银行没有按照0.50元计息，而是按照750.50元计息的，结果造成不应有的很大损失。

(5)现金透支不能免息还款

信用卡提现是要支付利息的，并不享受免息还款待遇，且计息是从提现透支日起开始计算的。这些规定一般在各银行的信用卡使用注意事项中都会写明，如"贷记卡取现或转账透支不享受免息还款待遇，从透支记账日起按日息万分之五计息"，等等。

(6)不要将信用卡当存折用

信用卡内的存款(备用金)不计付利息是国际惯例，多数银行都是这样操作的。

(7)并非年年免年费

免年费一般也只是免头一年或两年内的费用，且往往捆绑着用户至少使用一个较长的固定期限。所以持卡人在使用时应该注意，如果到期没有缴纳年费，银行可能会在持卡人账户内自动扣款，而且银行所扣的款项将算作持卡人的透支提现，因此就要计算贷款利息，而且还会计算复利，所以利息会日复一日地积累，时间一长，就会莫名其妙地收到透支利息通知书。所以，如果持卡人不经常使用信用卡，最好将其注销。

信用卡使用技巧：

银行为鼓励刷卡消费，常推出多种优惠或是抽奖，再加上联名卡提供的回馈积分方案，又可以省下一些花费。充分利用好信用卡的免息还款期和商户联名功能，甚至可以赚取收益。

(1)免费获保险。通过办理银行信用卡，就可以免费获得银行赠送的各类保险。很多银行的信用卡都将保险公司的意外伤害保险或者医疗保险作为促销优惠送给持卡客户，客户只要办理了相应的信用卡就可以获得此类保险。

(2)免息分期付款买数码。想要提前拥有心仪已久的数码产品，可以通过信用卡向银行贷款，而且是免息的，最长贷款期限为12个月。比如，购买笔记本电脑、手机、数码相机、投影仪等都可以分期还款。

(3)分期付款出国旅游。商业银行推出各种针对旅游服务的免息分期付款，1 000元左右的首付款将圆出国旅游梦，而不需为此支付任何额外的利息和费用。

(4)无本免息买基金。充分利用信用卡的免息期，做一次无本投资。透支投资货币基金，到期赎回，还款后再购买，不仅省钱还可以赚钱。货币基金的年收益率一般高于定期存款的利息，或高于活期储蓄利息。货币基金风险极小，且交易无须手续费。需要提醒的是，赎回货币基金的资金要2～3个工作日才到账，千万计算好赎回的日期，否则误了还款期就不划算。

(5)出国留学汇款免汇兑费。很多人都出国留学或做投资，有时需要国内汇款。如果有一张子母卡，就可以省去很多国际汇兑费。目前，不少城市的商业银行都推出了外币卡。经常出国的人，不妨到银行办一张适合自己的外币卡，虽然有的银行会收取一定的年费，但基本不会超过300元人民币。对于有子女在国外读书的，可以自己在国内持有主卡，子女持有副卡。这样，主卡在国内存款无须手续费，孩子的副卡在国外消费也无须支付手续费，免除了汇款环节。

(6)出国消费免去汇兑费损失。出国旅游不可避免要进行货币兑换，如果要去多个国家，就不得不面对多重汇兑的损失。持有一张国际币种的信用卡，不仅只需一次汇兑，还降低了现金携带的风险。以万事达卡为例，带着一张万事达卡出国，如果是属于国际卡或是双币卡，无须事先去兑换外币，带着卡片就可在全球100多个国家和地区近3 000万个商店消费。

信用卡的汇率结算大多是以国际信用卡组织大笔购汇的汇率为基准，即使加上1%～2%的汇兑手续费，多数还是比个人购汇所用的汇率划算，如果是去多个国家，更可以减少多重的汇兑损失。事实上，无论是使用现金或旅行支票，都会有汇兑差价或手续费，许多时候，信用卡比这两种支付工具更划算。

(7)小额贷款的特定商场大额消费。到商场买东西，首付只需通过信用卡支付1/6、1/12甚至1/24的款项，就可将自己喜欢的大件搬回家，剩余的款项可等额分期偿还，且不需支付任何分期付款的利息。减少了一次性支出的资金压力。

(8)消费返点送机票里程。一些银行和航空公司进行合作，持卡人可根据意愿将自己的消费积分转换为航空公司的飞行里程，只要累积到相应的里程，航空公司将免费送机票。如果作为贵宾卡的持有者，还可以享受免费使用机场贵宾室、更多免费行李额、优先更换登机牌、机场优先候补等多项贵宾待遇。

2. 消费金融公司的消费信贷

消费金融公司是指不吸收公众存款，以小额、分散为原则，为中国境内居民个人提供以消费为目的的贷款的非银行金融机构，包括个人耐用消费品贷款及一般用途个人消费贷款等。由于消费金融公司发放的贷款是无担保、无抵押贷款，风险相对较高，银监会因而设立了严格的监管标准。随着2015年6月10日国务院常务会议决定将消费金融公司试点推向全国，金融行业正式掀起了一股互联网消费金融的热潮，新的消费金融公司如雨后春笋般层出不穷。消费金融公司的业务主要包括个人耐用消费品贷款及一般用途个人消费贷款，前者通过经销商发放，后者直接向借款人发放。

3. 互联网消费金融

互联网消费金融是指资金供给方通过互联网及移动互联网的技术手段，将资金提供给消费者购买、使用商品或服务。互联网消费金融得益于互联网技术的进步，相比较传统的消费金融服务模式，一般具有覆盖用户面更广、提供服务更方便快捷等特点。最近几年，在我国的消费信贷产业中，以电商的互联网消费金融发展最为耀眼。随着消费能力提升、消费观念转变，信用消费、超前消费模式逐渐被消费者接受。移动互联网的高速发展为互联网消费金融的发展提供利好条件，大数据技术的不断进步，也将助力于互联网征信成为中国社会信用体系的重要力量。

目前，针对人群的不同和产品的不同，互联网消费金融可以分为以下几类：

(1)综合性消费信贷，目前国内的三大电商平台天猫、京东、苏宁易购都分别推出了消费金融。京东有白条，阿里巴巴有天猫分期、花呗，苏宁易购有任性付、零钱贷。电商平台本来就是一个巨大的消费平台，通过基于这个巨大的电商体系打造信用消费，无疑是对平台自身生态建设的一种补充。消费者在电商平台上进行购物的时候，有的时候会出现支付不方便或者资金暂时紧张的情况，这个时候他们就会很自然地选择电商平台的信用消费。

(2)旅游消费分期市场，从消费者需求的角度来看，旅游对于很多人来说都是一件非常向往的事情，对于一些收入并不高的年轻人来说，他们心中或多或少都会有几个特别想去的地方，但是由于经费不足等问题让他们的旅行只能化为泡影。对于一些费用昂贵的出国旅行来说，就更承担不起了。目前，兴业银行、中国银行等金融机构都推出了旅游金融分期消费。

(3)教育消费分期市场，教育消费金融不同于校园电商消费金融，虽然它们同样都是针对学生，但是一个是针对学生们的购买消费，另一个是针对学生们学习上的消费，是两种完全不同的消费。对于推出教育消费金融产品的互联网平台来说，要给学生放贷的话，必须要确保学生将来有一定的偿还能力，否则教育学费贷款尤其是留学贷款也不是个小数目，一旦平台的坏账率过高，就会导致平台的资金链出现问题。

(4)农业消费分期市场，农业有比较强的生产周期，在不同的生产阶段对于金融服务有很强的周期性需求，而且传统金融机构在农村放贷偏低的根本原因是无论是从风险控制还是成本收益的角度看，都相对较低。

还有租房消费分期、二手车消费分期市场、大学生消费分期市场、蓝领消费分期市场、装修消费分期市场等，这些新兴的互联网消费信贷丰富了传统的消费信贷渠道。

三、个人信贷管理

(一)计算信贷能力

可以用两种方法计算信贷能力：

1. 月总支配收入扣除月总基本开支，如果差额小于月还款额，就没有能力贷款。
2. 估算自己放弃哪些支出以支付月还贷金额。

(二)信贷能力基本准则

1. 指标体系

一般我们可以用债务支付收入占比这一指标来衡量自己的信贷能力，用公式表示为

债务支付收入占比＝月还债支出/月净收入

通常建议债务支付收入占比不超过20%，这样才不会影响日常支付和生活质量。

2. 消费信贷的基本原则

信贷虽然能满足当时的消费欲望，但是以将来的收入为代价的。如果不能合理地均衡贷款债务与收入水平，就很可能陷入财务危机之中，所以在进行贷款时需参考以下基本原则。

(1)贷款需在负债能力之内的原则

在贷款前，需了解自己的负债能力。所谓负债能力，就是在借款人现有及可预见的未来经济状况下，能够按照协议要求偿还的借款数量。以上定义中涉及两个方面：一个是目前的经济状况；另一个是未来的经济状况，也就是短期还款能力(流动性)和长期偿付债务的能力(偿付能力)。例如，住房贷款的首期款，就是对短期流动性资金的考验，必须一次性地付清首期款，才能得到住房贷款。同时，以后每个月的还贷额，是未来支出中的经常项目，也必须有足够的收入来平衡。只有满足以上两个条件，财务状况才可能保持健康。否则，就会出现过度负债或借款过多的情况，如不及时平衡就会对财务状况造成不良影响。

实际上在贷款前，为了贷款的安全，贷款机构(银行)也会关心偿付能力。家庭预算不可能是完全准确的，各种不可预料的风险一样会影响偿付能力。

(2)贷款期限与资产生命周期相匹配的原则

所谓匹配原则，就是贷款期限与贷款消费的商品的生命周期相匹配。商品生命周期就是此商品平均使用年限。如汽车，一般平均使用年限在5～8年，则汽车的生命周期为5～8年；住房至少使用30年以上，则房子的生命周期超过30年；一般百货或易消耗品，基本上就是现买现消费，所以它们的生命周期为0。根据以上原则，住房的贷款期限最长，一般可达30年，汽车贷款期限一般在5年以下，其他消费就不需贷款，最好现金支付，就算是用信用卡透支消费的，也需及时补款还上。这就是贷款第二原则——贷款期限与资产生命周期相匹配的原则。

(3)保持良好的信用的原则

消费信贷就是消费信用贷款，其中的信用是贷款能实现的重要保证之一。所以怎么获得信用并保持良好的信用记录是以后贷款成功的关键。衡量信用的主要标准就是以往的还款记录以及家庭资产状况。如果以前所有的借款都能及时偿还，且保持健康的财务状况，则信用评分就高，获得贷款的机会就多。所以贷款第三原则就是保持良好的信用。

贷款第一原则评估贷款金额的大小，第二原则确定贷款期限的长短，第三原则决定贷款成功的机会。

(三)如何提高个人信用等级

消费信贷额度的高低取决于银行或者互联网金融机构对你的经济信用的评估，由于互联网征信目前还是不太完善，以下主要从传统的商业银行的信用卡角度来阐释。要想获取较高的信用额度，就需要把银行能提高信用评估的工作做足了。第一次申请使用信用卡和使用期间都可以通过一些技巧调高信用额度。

充分准备各种资产证明。申请之初，因为你在银行还没有任何消费信用记录，银行评估的是你的各种收入资产状况，然后再决定给你多少信用额度。如果要大幅提高申请时的信用额度，你就要认真准备各种信用证件，不要嫌麻烦。你要把收入证明、房屋产权证明、按揭购房证明、汽车产权证明、银行存款证明或有价证券凭证等全部提交给银行。

认真填写表格细节。填写申请表格时，还有几个影响授信额度的小细节，诸如你是否有本市的固定电话号码，这个号码是否是用自己的名字或家人的名字登记办理的，是否结婚，手机号码是否有月租，是否为本市户口等。如果以上答案都是肯定的，银行会据此大大增加你的信用评估，但是每个条件并不是绝对的，只是相对容易通过资质审核和提高最初的消费额度申请，消费信用和还款信用还是银行最看重的。

随时随地不忘刷卡。用卡期间，多多刷卡消费，衣食住行都尽量选择有刷卡的商店消费，使用得越频繁，每月就有相对稳定的消费额度，把原来现金消费的习惯改为刷卡消费。这表明你对银行的忠诚度，银行的信息系统会统计你的刷卡频率和额度，在半年左右就会自动提高你的信用额度。

按时还款保持良好信用。欠债还钱，有还才有借。银行也是严格遵循这个古老的真理的。如果你不按时还款肯定是没有信用的，最好全额还款，不要只还最低还款额，循环利息会让你吃不消。

主动申请提高信用额度。正常使用信用卡半年后，你可以主动提出书面申请或通过服务电话来调整授信额度，银行需要审批，正常情况下，会在审查消费记录和信用记录后，在一定幅度内提高你的信用额度。

还有，遇到重大节假日或重大支出需求，你都可以向银行提出临时提高信用额度，一般银行都会答应，而且24小时内就可调高使用了，下个月会恢复到过去的授信额度。

第三节 储蓄规划

一、储蓄规划的基本知识

（一）储蓄的概念

广义的储蓄概念指的是一个国家或地区在一定时期内国民收入中未被消费的部分。当前收入中不用于消费的部分，即收入减去消费，如存入银行的存款、购买的有价证券、保存在手中的货币等，都称为储蓄。储蓄是西方经济学中宏观分析理论的一个重要概念，也是凯恩斯收入与就业理论的前提条件之一。但是，储蓄也是一个不容易确定的概念，无论从它的来源还是用途方面来看，均没有准确的数量限制。

狭义的储蓄概念指的是个人在银行或其他金融机构的存款。任何种类的储蓄都有利息收入。这也是储蓄作为一种投资产品的根据。利息收入的大小主要是由存款类型、存款额、存期、利率等确定的。存款基准利率一般由中央银行确定。不同时期利率水平是不一样的，国家有可能根据经济、金融形势进行相应的调整。

（二）储蓄的特点

储蓄存款作为个人理财中最基本、最稳妥的理财工具，具有以下特点：

1. 安全性高

储蓄是所有投资产品中最安全的，特别当存款机构是国有银行时，其基本上是以国家的信誉做担保，几乎没有违约风险。所谓违约风险，就是不能到期兑付的风险。

2. 变现性好

所有储蓄基本上都是可以立即变现的，包括定期存款。虽然定期存款提前支取会损失部分利息收入，但不影响其变现能力。所以我们可以把储蓄视同为流动资金，特别是活期存款，就与现金准备同类。

3. 操作简易

相对于其他投资工具，储蓄的操作非常容易。不管是开户、存取、销户，还是特殊的业务如挂失等，流程都比较简易。对个人来说，使用身份证即可办理。由于银行机构的网点比较多，存取业务非常方便，特别是利用ATM自助终端，更是随时随地都可办理。

4. 收益较低

相对于其他投资产品，储蓄的收益可能是最低的。它唯一的收益就是利息，且有时还需扣除利息税①。这是由它的低风险因素决定的，符合收益和风险正相关。

（三）储蓄的收益

储蓄的收益是指储蓄的利息收入，即金融机构对储户的储蓄，按照国家规定的利率付给一定的利息。

1. 利率

利率也称为利息率，是在一定期限内利息与本金的比率，一般分为年利率、月利率、日利率三种。为了计息方便，三种利率之间可以通过公式换算：

月利率＝年利率÷12

日利率＝月利率÷30

日利率＝年利率÷360

2. 计息的基本公式

计算储蓄存款利息的基本公式是

$$利息＝本金×存期×利率$$

银行对利息计算所确定的其他利息计算公式，都是以这一公式为基础推导的。其中，本金是指存款金额；存期是指存款的期限；利率是利息对本金的比率，分为年息、月息和日息三种。在计算活期存款利息时，一般把年息或月息化为日息使用。年息、月息、日息间的换算如下：

月息＝年息÷12

日息＝月息÷30

日息＝年息÷360

3. 计息的基本规定

计息的基本规定，主要是为了统一计息方法。

(1)利随本清。各种储蓄存款除活期储蓄未清户按季度(每年的四个结息日为3月20日、

① 中国自1999年11月1日起对储蓄存款利息所得恢复征收个人所得税，2008年10月9日起暂免征收此税。

6月20日、9月20日和12月20日)结息外,不论存期多长,一律实行利随本清,不计复息。

(2)计息起点和利息尾数的处理。储蓄存款的计息起点为元位,元以下的角、分不计利息。利息金额算至分位,分位以下四舍五入。凡是分段计息的,每段利息应先保留至厘位,各段利息相加得出的利息总额,再将分位以下的厘位四舍五入。

(3)存期的计算。各种储蓄存款的存期一律按对年、对月、对日计算;不论月大、月小、平月或闰月,每月均按30天计算,全年按360天计算;不足1个月的零头天数,按实际天数计算。计算存期采用算头不算尾的办法,即从存入的当天一直算到支取日的前一天为止。存入日有息,支取日无息。利随本清,不计复利。

(四)储蓄的风险

相对于其他投资形式,储蓄投资存在很多优势。但是,储蓄也有其自身不可避免的风险。储蓄风险主要是指不能获得预期的利息收入,或由于通货膨胀引起的本金贬值的可能性,还有存款被他人冒领的风险及银行倒闭带来的风险。

除以上风险外,储蓄的"机会成本"还会带来放弃其他投资的收益的风险。也就是说,当有人把钱拿去做别的投资时,1年可能有30%的收益;如果某储户把钱用来储蓄,结果得到的年利率不足5%。

二、储蓄规划的工具

储蓄存款是金融机构向客户提供的最传统、最常用、最灵活的投资理财产品,也是用于储蓄规划的理财工具。储蓄存款从期限和功能角度进行分类,一般可分为活期、定期、其他和外币储蓄。

1. 活期储蓄

活期储蓄是一种不限存期,凭银行卡或存折及预留密码可在银行营业时间内通过柜面或通过银行自助设备随时存取现金的服务。人民币活期存款1元起存,外币活期存款起存金额为不低于人民币20元的等值外汇。

活期储蓄的服务特色,主要体现在三个方面:(1)通存通兑:客户凭银行卡可在同城的相同银行网点和自助设备上存取人民币现金,预留密码的存折可在同城银行网点存取现金。有些银行还推出了同城也可办理无卡(折)的续存业务。(2)资金灵活:客户可随用随取,资金流动性强。(3)缴费方便:客户可将活期存款账户设置为缴费账户,由银行自动代缴各种日常费用。

活期储蓄的形式:活期存折储蓄、活期存单储蓄、个人支票存款及银行卡。

2. 定期储蓄

定期储蓄存款是客户约定存款期限,一次或在存期内按期分次存入本金,整笔或分期、分次支取本金或利息的一种储蓄。定期储蓄的特点主要有:第一,利率较高,可以获得视为无风险的较高的利息收入,是重要的传统理财工具。第二,可在存款时约定转存,定期存款到期后的本金和税后利息可自动无限期转存,避免到期重新存入的烦琐手续,保证利息收入最大化。第三,可提前支取,但提前支取时一般按支取日挂牌的活期储蓄存款利率计付利息,且须凭存单和存款人的身份证件在开户银行办理。部分提前支取的,剩余部分到期时按原存款利率计付利息。

定期储蓄按照存取方式不同可分为整存整取、零存整取、存本取息、整存零取、教育储蓄、大额可转让定期储蓄等种类。

(1)整存整取:50元起存,存期分3个月、6个月、1年、2年、3年和5年,本金一次存入,获取存单。存单记名,可留密码,可挂失。利息按存单开户日挂牌公告的相应的定期储蓄存款利率计付。存期内只限办理一次部分提前支取。储户可在开户日约定自动转存,存款到期可按原定存期连本带息自动转存。存单到期可在计算机联网的储蓄所通存通兑。整存整取储蓄适宜生活待用款,存储既安全又获利。

(2)零存整取:5元起存,存期分1年、3年和5年,每月续存可在计算机联网的储蓄所办理通存;中途如有漏存,需在次月补齐,未补存者,视同违约,对违约后存入的部分,支取时按活期利率计息。开户时获取存折,存折记名,可留密码,可挂失。到期时需在开户处办理支取,以存入日零整储蓄挂牌利率日积数计付利息。零存整取储蓄适用于余款存储,积累性较强。

(3)存本取息:5 000元起存,存期为1年、3年和5年,一次存入本金,定期支取利息,到期归还本金。存折可记名,可留印鉴或密码,可挂失。利息凭存折分期支取,可以1个月或几个月取息一次,由储户与储蓄机构协商确定。存本取息储蓄适合较大数额现金的储户。

(4)整存零取:整存零取储蓄是指约定期限,一次存入较大金额的本金,分期陆续平均支取本金,到期支取利息的一种定期储蓄。现行利率与存本取息相同。整存零取定期储蓄适用于大笔款项在一定时期内不需全部动用,但在较长时间内陆续使用的情况。

(5)教育储蓄:教育储蓄是居民为其子女接受非义务教育(指九年义务教育之外的全日制高中、大中专学校、硕士和博士研究生教育)而每月固定存款,到期支取本息的储蓄。教育储蓄是仅对在校小学四年级以上(含四年级)学生提供的优惠储蓄品种。开户时,存款人应与银行约定每月固定存入的金额,分次存入,途中如有漏存,应在次月补存;未补存者视同违约,对违约后存入部分视同活期存款利率计息,并征收储蓄存款利息所得税。

该储种储户特定,存期灵活,总额控制,利率优惠,利息免税,能积零成整,满足中、低收入家庭每月固定小额存储,积蓄资金,解决子女非义务教育支出的需要。

(6)大额可转让定期储蓄:大额可转让定期储蓄是由银行业存款类金融机构,面向非金融机构投资人发行的记账式大额存款凭证。简而言之,就是银行发行的金额较大的存款产品。投资人包括个人及非金融机构,认购起点分别为30万元及1 000万元。大额可转让定期存单其面额不得低于500元,以500元的整数倍,即1 000元、1 500元、2 000元等发行。大额可转让存单的期限为1个月、3个月、6个月、9个月和12个月五个档次。它与整存整取定期储蓄基本相同,不同的是,大额可转让定期存单可以转让,但不可提前支取,也不分段计息,到期一次还本付息,不计逾期息。大额可转让定期存单的利率经银行省级分行批准可以在整存整取同档次利率基础上有一定的上浮。如1年期定期存款利率为3.33%,大额可转让定期存单1年期利率可上浮为3.50%(3.33%+3.33×5%)。

3. 其他储蓄

(1)定活两便储蓄:50元起存,不确定存期,存单分记名和不记名两种,记名可挂失;存期不足3个月,按支取日挂牌的活期利息计算;存期满3个月以上(含3个月),按1年期内的整存整取同档利率打6折计息(注:存期在1年及以上,都按1年期利率的6折计息)。定活两便储蓄既有定期之利,又有活期之便,安全方便。

(2)个人通知存款:个人通知存款是存入款项时不约定存期,但约定支取存款的通知期限,支取时按约定期限提前通知银行,约定支取存款的日期和金额,凭存款凭证支取本金和利息的服务。最低起存金额为人民币5万元(含),外币等值5 000美元(含)。储户可自由选择存款品种(一天或七天通知存款),其中一天通知存款是指需要提前一天向银行发出支取通知,并且存期最少需两天;七天通知存款是指需要提前七天向银行发出支取通知,并且存期最少需七天。银行按支取日挂牌公告的相应利率水平和实际存期计息,利随本清。个人通知存款储蓄适合于手上持有现金,一时又无法确定存期的储户,具有集活期之便,得定期之利的特点。

4. 外币储蓄

外币储蓄是相对人民币而言的笼统说法,它分活期、1个月、3个月、6个月、1年和2年六种不同档次的储蓄方式。目前,我国银行开办的外币储蓄品种有:美元、欧元、日元、加拿大元、英镑、瑞士法郎、新加坡元、欧元等。

除了上述这些主要的储蓄产品以外,还有一些方便客户的储蓄产品,例如,工商银行等商业银行的活期一本通、定期一本通,专门为客户提供一种综合性、多币种的活期(或者定期)储蓄账户,方便客户存取人民币、外币资金。

三、储蓄规划的策略

1. 个人储蓄的动机

储蓄是货币的一种特殊使用形式,它体现了储户同银行之间一种相互合作的信用关系。由于人们经济收入及消费结构各不相同,安排在即期、近期、远期的消费以及结余能力也因人而异,银行设置的储种,正是为了满足适应长期性结余资金、短期待用资金和各种特定用途资金的存储需要。那么,在现实生活中个人如何去选择储蓄种类呢?这要看个人储蓄的动机而定。

(1)积累动机。对一个普通家庭而言,其收入是固定的,固定的收入只能购买正常必需的消费资料,如想购买彩电、录像机等高档消费品或筹集购建住房,子女的升学、就业、嫁娶等费用,往往需要通过长时间的积累才能实现。出于这种动机的考虑,人们参储时一般以零整储蓄为主,聚零为整,逐步积累。

(2)增值动机。有些家庭闲钱较多,不想购置东西,也没有特定的用途,短期内派不上用场。这种情况下,人们参储带有储存财富的性质,因此,人们往往选择一些期限较长、利息较高的定期储蓄种类,或者购买一些债券和股票,以使闲置的货币得以增值。

(3)谨防动机。人们担心现金尤其是金额较大的现金放在家中或随身携带很不安全,容易遗失或发生意外,为了防止不测或防灾、防荒,人们在储蓄时选择定期储蓄,必要时选择定期中不能提前支取的储种,而且可以预留印鉴、地址或密码。

(4)侥幸动机。侥幸动机是指储户存款时主要目的并非为获取利息,而是以侥幸中奖为目的。在此动机下,人们多喜欢参加各种有奖储蓄和购买奖券,以尝试运气。

实际上,人们参储的动机往往是复合型的,储户应据其主要目的和动机选择合适的储种。

2. 储蓄规划的基本思路

(1)规划好时间

尽量不提前支取,让提前支取利息损失最小。由于特殊原因需提前支取,则支取部分按活期计息，可是有什么好办法减少损失呢？请参考以下办法：一是只取需用部分金额。例如，如果您急需 5 000 元，现手上有 10 000 元的定期存单，则从其中只取 5 000 元即可，不要全部取完，因为剩余的 5 000 元还是按原利率计息。二是办理存单抵押贷款。对已存时间比较长的存单，可采用以此存单抵押申请贷款来解决急用资金问题。

(2)采用合理的存款组合

①考虑存款组合的总原则是兼顾收益和日常生活需要。定期存款利率高、收益好，而活期存款取款方便，所以一般来说应以定期存款为主，通知存款为辅，少量使用活期存款和定活两便存款。

②资金应选择通知存款以兼顾收益和灵活性；较大额的存款宜开多张存单，可把提前支取的利息损失减到最低限度；多采用到期自动续存的方式，既防止利息损失，又省去了跑银行转存的麻烦；大笔的长期闲散资金应该考虑大额定期存单和大额可转让定期存单。

③多重视零存整取，这样可以逐渐半强制性地为自己积累一些资金。

④定活两便与活期储蓄应以小额、少量为宜，毕竟日常生活开支每月相差不多，一般是可以估算的。

(3)利用优惠政策

免征利息税的储蓄利息有：一是个人储蓄性教育保险金、住房公积金、养老保险金的利息；二是个人股票账户的保证金存款利息；三是个人购买国债所得利息。

上述第一类三种个人储种是属于国家社会保障体制的一部分，采取封闭运行的方式操作：个人储蓄性教育保险金，简称教育储蓄；其他住房、养老两种政策性个人储蓄，是按照国家有关规定的缴存比例运行，先由单位和个人分别缴纳，再由专门的管理机构负责管理并存入相应的银行。第二类个人股票账户的保证金存款利息和第三类个人购买国债利息免征个人所得税，体现了国家对个人资金进入证券市场和国债市场的政策扶持。

(4)增加储蓄本金，开源节流

提高个人或家庭储蓄的可能方式包括增加工作收入、增加理财收入、降低生活支出。另外还要注意防范投资风险，如不随便借钱给别人、不随便提供金融担保、不参与民间借贷活动、不参与社会非法集资、谨慎从事高风险投资。

(5)根据收入来源区分储蓄

领取现金薪资收入者，应该先把储蓄分离出来，以信贷消费预算法控制各项支出。银行薪资转账领取收入者，薪资入账时即应该强迫储蓄，剩余金额以自动提款机平均提取的方式控制支出。自营事业有现金收入者，先区分真正赚取的收入，若营业情况稳定可以按营业额的比例做消费支出预算。

(6)选择适当的储蓄币种

由于各国经常处于不同的经济周期，同一时期各国利率差别很大，如果有条件可以试试外币储蓄，以获得更高的收益。选择升值的币种，尤其要避开那些可能贬值的币种。毕竟储蓄最重要的功能是保值，千万不要捡了芝麻丢了西瓜。

(7)根据不同的宏观经济周期选择储蓄品种

要获取尽量多的利息收入，就要正确地估计宏观经济形势来选择储蓄品种，以下是一些判断原则：

①在国家经济形势好转，经济增长率稳步上升时，利率一般比较宽松，同时物价并不高。这

时选择中短期储蓄是比较好的，由于利率可能进一步提高，所以不要存入存期太长的定期存款。

②经济逐步加速到一个较高的水平，通货膨胀率上升，国家一再提高利率。这时可以利用很高的利率水平，存入长期的定期存款，获取长期的较高的利息收益。

③经济增长速度和通货膨胀率逐步降低，利率慢慢回落。这时应避免短期的存款，而应选择长期的存款。因为利率处于下降趋势中，短期存款会受到不断下降的利率的侵蚀，利息收益不高。

④经济增长和物价水平已经处于低谷，利率也到了较低水平，这时应选择短期的存款。

3. 储蓄规划方法

(1)目标储蓄法

如果想购买一件高档商品或操办某项大事，应根据个人或家庭经济收入的实际情况建立切实可行的储蓄指标并制定攒钱措施。

(2)计划储蓄法

每个月领取薪水后，可以留出当月必需的生活费用和开支，将余下的钱按用途区分，选择适当的储蓄品种存入银行，这样可减少许多随意性的支出。

(3)节约储蓄法

注意节约，减少不必要的开支，杜绝随意消费和无效用消费，用节约下来的钱进行储蓄。

(4)增收储蓄法

日常生活中，如遇上增薪、获奖、稿酬、亲友馈赠和其他临时性收入时，可将这些增收的钱及时存进银行。

(5)折旧储蓄法

为了家用电器等耐用消费品的更新换代，可为这些物品存一笔折旧费。在银行设立一个"定期一本通"存款账户，当家庭需添置价值较高的耐用品时，可以根据物品的费用平摊到每个月。这样，当这些物品需要更换时，账户内的折旧基金便能派上用场。

(6)缓买储蓄法

家庭准备添置高档耐用消费品或其他珍贵物品时，由于其并非迫切需要或实用价值不高，可缓一两个月再买，先将这笔钱暂时存入银行。待消费高峰期过后，此类商品价格必然会回落，那时就可以相对便宜地购买到该商品。

(7)降档储蓄法

在准备购进一件贵重物品时，可以购买档次稍低一些的商品，把省下来的钱存入银行。

(8)滚动储蓄法

每月将结余的钱存入一张1年期整存整取定期储蓄账户，存储的金额可根据家庭的经济收入而定，存满1年为一个周期。1年后第一张存单到期，可取出储蓄本息，凑成整数后进行下一轮的储蓄。如此循环往复，手头始终是12张存单，每月都可有一定数额的资金收益，储蓄数额滚动增加，家庭积蓄也随之丰裕。滚动储蓄可选择1年期的，也可选择3年期或5年期的定期储蓄。一旦急需钱用，只要支取到期或近期所存的储蓄就可以了，可以减少利息损失。另外，每张存单最好都设定到期自动续存，这样就可以免去多跑银行之苦了。

(9)四分储蓄法

四分储蓄法，又叫"金字塔"法，如果个人持有10 000元，可以分别存成4张定期存单，存单的金额呈金字塔状，以适应急需时不同的数额。可以将10 000元分别存成1 000元、

2 000 元、3 000 元、4 000 元 4 张 1 年期定期存单。这样可以在急需用钱时，根据实际需用金额支取相应额度的存单，可避免只需取小数额钱却不得不动用大存单的弊端，以减少不必要的利息损失。

(10)阶梯储蓄法

假如个人持有 30 000 元，可分别用 10 000 元开设 1 年期、2 年期、3 年期的定期储蓄存单各 1 张。1 年后，可用到期的 10 000 元再开设 1 张 3 年期的存单。依此类推，3 年后持有的存单则全部为 3 年期的，只是到期的年限不同，依次相差 1 年。这种储蓄方式可使年度储蓄到期额保持等量平衡，既能应对储蓄利率的调整，又可获取 3 年期存款的较高利息。这是一种中长期投资，适用于工薪家庭为子女积累教育基金与婚嫁资金等。

(11)组合储蓄法

组合储蓄法又称为利滚利储蓄法，是一种存本取息与零存整取相组合的储蓄方法。如个人现有 50 000 元，可以先存入存本取息储蓄账户，在 1 个月后，取出存本取息储蓄的第 1 个月利息，再开设一个零存整取储蓄账户，然后将每月的利息存入零存整取储蓄账户。这样不仅可以得到存本取息储蓄利息，而且其利息在存入零存整取储蓄账户后又获得了利息。

(12)通知储蓄法

通知储蓄法很适合手头有大笔资金准备用于近期(3 个月以内)开支的情况。假如手中有 30 万元现金，拟用于近期住房贷款首付，但是又不想把 30 万元简单存活期，这时就可以存 7 天通知储蓄。这样既保证了用款时的需要，又可享受相对较高的利率。

需要提醒的是，通知储蓄若提前支取，则利息按活期存款利率计算。此外，办理通知手续后逾期支取的，逾期部分也要按活期存款利率计息；支取金额不足或超过约定金额的，不足或超过部分按活期存款利率计息；支取金额不足最低支取金额的，按活期存款利率计息。这里，关键是存款的支取时间、方式和金额都要与事先的约定一致，才能保证预期利息不会遭到损失。

案例>>>

【案例 1】关于免息透支

张先生申请了某银行信用卡。按发卡行规定，每月 1 日为账单日，25 日为还款日，则该银行为客户提供了最长为 56 天的免息优惠(各行规定不同)。如张先生在 1 月 1 日消费 1 000 元，那么到 2 月 25 日才需要偿还这部分透支额。在这 56 天里可以免费占用银行的资金，相当于从银行获得了一笔无息贷款，解决了张先生临时资金缺口问题，实现了提前消费。

【案例 2】关于信用卡灵活使用①

H 小姐今年 34 岁，年纪轻轻已经是一家知名外企的公关总监，年收入 50 万元，是典型的“白骨精”。她不但工作出色，生活和财务也打理得很好：前些年抓住时机买了套位置很好的大房子，各项投资也都有稳健回报。H 小姐跟其他白领女性一样，爱购物，爱旅游，注重生活品质。但她一来不会刷卡刷到爆，二来能抓住很多增值的优惠，被朋友们羡慕地称为“信用卡达人”。

---

① 北京为开企业管理咨询有限责任公司. 中国家庭 24 个理财样板间[M]. 北京：机械工业出版社，2014-11-1.

同样是用卡一族，24 岁的小柳就差距很大。小柳刚步入职场不久，现在在一家广告公司做策划，月收入 8 000 元。一个单身小伙子，一人吃饱全家不饿，工作又还没满两年，自己挣钱自己花的满足感正强，朋友同事间三天一小聚，五天一大聚。他又好旅游、爱运动，还是数码控，典型的享乐一族，“月光族”肯定少不了他，甚至偶尔还成了“周光族”“日光族”。最初，由于审批条件较松，且批准额度相对较高，经同事介绍，小柳办了一张信用卡，自此开始了卡奴生活：原来是发了工资前半月消费，后半月“消停”，用了信用卡，后半月也消费，花销直线上升，账单一下来，马上头大。于是他又在代发工资的银行办了张信用卡，多一个周转的途径。结果每月工资发下来，第一件事就是跑银行去还钱，有时候还不得不申请分期还款或者找家人朋友周转，弄得很狼狈。

打开 H 小姐的钱包，第一感觉是整齐有序，并不像很多年轻女士那样，卡多得装不下。她介绍道，很多与她姓名或手机号关联的卡，比如美容卡、健身卡、商场会员卡等，商家输入身份证号或手机号就可以查到客户卡上的信息，完成扣款和积分，不需要出示卡片，因此这些卡她都放在卡包了。钱包中除了几张常用的功能卡和储蓄卡外，只有三张信用卡。

第一张是某中高端商场联名 VIP 卡。H 小姐说她每周都会在该商场刷卡消费，能享受到商场的一切优惠活动，包括打折、积分，以及年底积分兑换现金的超值活动。平时的日常消费也多使用这张卡，这样的好处是每月的对账单有很高的参考价值，基本上能反映出每月的生活开支，起到记账的作用。同时，H 小姐将工资卡与这张信用卡绑定，设定自动还款，这样就不会担心忘记还款的事。

第二张信用卡是某航空公司的联名卡。因为工作关系，H 小姐经常飞来飞去，这张联名卡帮她赚足了里程积分。2015 年她和几个好友去欧洲自由行的机票就是用里程积分兑换的，这让同行好友羡慕不已。除此之外，H 小姐还充分利用了信用卡“预授权”功能。作为经常出差的商旅精英，住高档酒店、租车等都是家常便饭，这些常常需要花费少则三五千元，多则数万元。而用信用卡的好处在于可以做“预授权”，实现押金的功能，从而避免了占用太多资金。

第三张是 H 小姐认为最重要的信用卡。这张卡是某银行的白金信用卡，额度非常高，达到 20 万元。自开卡以来 H 小姐几乎没怎么用，但她形容这 20 万元是多出的应急金，真到急用钱时，它就是现金，且最长有 50 多天的免息期，能让她在面对突发事件时更游刃有余。虽然没有这 20 万元，她也会用自己储蓄卡里的钱做相应的准备，但有了它，就可以踏踏实实地把手里本来准备应急的资金用于购买银行短期理财产品，让资金使用变得更有效率。“信用卡达人”的称呼果然不是浪得虚名。

从上述案例中不难看出，同样是一张小小的信用卡，最终使用效果却差别很大。对于月光族小柳来说，信用卡不但没有帮助他树立起良好的消费和理财的观念，反而放大了他的消费欲望，最终成为标准卡奴；而 H 小姐有正确的用卡理念，又拥有一定的用卡技巧，是典型的卡神。

就小柳而言，刚工作不久，又是单身，消费欲望很强，储蓄意识很差，是这个年龄段很普遍的现象，可以理解。但随着年龄的增长，用钱的地方很多，比如说买房买车、结婚生子，哪一项都不是小数，他需要靠努力工作增加收入，同时还要理性消费，尽早养成良好的储蓄意识。小柳应该从现在起坚持记账，关注每月的消费情况，减少不必要的开支。他可以把其中一张信用卡注销，另一张信用卡与工资卡绑定，设置自动还款。这样一方面发工资后能先还掉负债，避免负债越来越多，另一方面关注每月消费账单，便于记账。等还清卡债之后，每月可取出固定的金额存起来,养成储蓄的习惯。

对于朋友眼中的卡神H小姐来说,她已经做得非常好了。需要提示她的是,关注自己的信用记录,长期优良信用的积累会给持卡人带来很多高价值的回报。

本章小结>>>

现金管理是指在整个家庭财产中,保留合适比例的现金及现金等价物,以满足家庭需求的过程。它是实现个人理财规划的基础,是帮助客户达到短期债务目标的需要。现金规划的目的是满足对日常的、周期性开支、突发事件和未来消费的需求,以保障个人或者家庭成员生活质量和状态的持续性稳定。在个人或家庭的理财规划中,现金管理既能够使所拥有的资产保持一定的流动性,满足个人或家庭支付日常家庭费用的需要,又能够使流动性较强的资产保持一定的收益。

消费信贷是指金融机构为购买消费品的客户提供的一种信贷业务,它以消费者未来的购买力为放款基础,旨在通过信贷方式预支远期消费能力,来刺激或满足个人及其消费需求。

消费信贷包括封闭式和开放式信贷,封闭式信贷包括汽车贷款、国家助学贷款、商业助学贷款、大额耐用消费品贷款、家居装修贷款、旅游贷款、个人综合消费贷款。开放式信贷主要是信用卡。

思考与练习>>>

1. 结合人生的不同阶段,分析个人或家庭的现金需求类型。
2. 使用信用卡应当注意哪些问题,使其既能提高收益又能降低成本?
3. 试比较不同个人消费信贷的特点和贷款条件。
4. 储蓄规划对于个人理财具有哪些意义?
5. 简述储蓄规划的原则及基本思路。

第四章

实物资产投资规划

实物资产投资规划

本章学习要点>>>

个人实物资产投资是个人理财很重要的方式之一，主要包括房地产投资、黄金投资以及艺术品投资。

通过本章的学习，了解房地产的形态与特性；掌握房地产价格的构成及影响因素；掌握个人住房抵押贷款的主要类型，尤其要坚决贯彻落实党中央、国务院构建房地产市场健康发展长效机制的决策部署、坚持“房子是用来住的、不是用来炒的”定位；掌握黄金的价值及主要投资品种；了解艺术品投资的风险及投资方式。

第一节　房地产投资

房地产是人类赖以生存和生活的基本条件。2003 年以来，我国住房价格上涨明显，房地产市场迅速发展，使得房地产成为投资理财、保值增值的良好资产。房地产投资已成为中国普通大众投资的重要内容。

一、房地产投资概述

（一）房地产的概念

房地产是指房产和地产的总称，包括土地、建筑物及固着在土地、建筑物上不可分离的部分及其附带的各种权益。房产是指建筑在土地上的各种房屋，包括住宅、厂房、仓库和商业、服务、文化、教育、卫生、体育以及办公用房等。地产是指土地及其上下一定的空间，包括地下的各种基础设施、地面道路等。房地产由于其自身的特点即位置的固定性和不可移动性，在经济学上又被称为不动产。

（二）房地产的分类

1. 按建筑高度和层数分

按建筑的高度和层数分，可以将房地产分为低层、多层、中高层、高层、超高层建筑。1～3 层为低层建筑，如平房和别墅；4～6 层为多层建筑，这种房屋的特点是得房率较高；7～

9 层为中高层建筑，包括板式小高层、板式电梯公寓、点式住宅；10 层以上为高层建筑，如高层塔楼、高层板楼；建筑高度大于 100 米的民用建筑为超高层建筑，国内目前很少有超高层的住宅。

2. 按工程进度分

按工程进度分，可以将房地产划分为期房、准现房和现房三种。

期房是指开发商从取得商品房预售许可证开始至取得开发商名下的房地产所有权证到开发商办理完毕初始产权登记止。在这一期间的商品房称为期房，购房人在这一阶段购买商品房时应签订商品房买卖预售合同。出售期房是当前房地产开发商普遍采用的一种房屋销售方式，以便回笼资金。购买期房也就是购房者购买尚处于建造之中或开发商未取得产权的房屋。

准现房是指房屋主体已基本封顶完工，小区内的楼宇及设施的大致轮廓已初显，房型、楼间距等重要因素已经一目了然，工程正处在内外墙装修和进行配套施工阶段的房屋，或者房屋已基本具备入住条件，但还没有取得建设工程竣工验收备案表，未做初始产权登记或未取得开发商名下的房屋所有权证。

现房是指建筑工程、设备安装工程及内外装修工程结束，通过竣工验收，达到“七通一平”，即上水通、下水通、排污通、配电通、气通、电话通、道路通、场地平整；是指开发商已办理完毕自己名下的房地产权所有权证或已做完初始产权登记的商品房，消费者在这一阶段购买商品房可以不签预售合同。

3. 按使用功能分

按使用功能分，可以将房地产划分为居住类房地产、商业类房地产、工业类房地产等。

(1)居住类房地产

按照档次的不同，居住类房地产又可以进一步细分为普通住宅、高档住宅和简易住宅。

第一，普通住宅。它是为普通居民提供的，符合国家住宅标准的住宅。普通住宅符合国家一定时期的社会经济发展水平，符合国家人口、资金和土地资源等基本国情。它代表一个国家或地区城市居民实际达到或能够达到一定经济条件下的居住水平。我国城市中量大面广的是普通住宅，此类住宅采用地方或国产建筑材料，进行一般水平的装饰装修，选用国产中档厨卫洁具和设备。现阶段，国家对普通住宅往往既制定下限标准，也制定上限标准。随着社会经济的发展，普通住宅的标准会逐渐提高。

第二，高档住宅。它是为满足市场中高收入阶层的特殊需求而建造的高标准豪华型住宅，包括高级公寓、花园住宅和别墅等。这类住宅的户型和功能空间多样化；每套建筑面积较大，从一百多平方米到几百平方米不等；装修、设施和设备高档化；户外环境要求高；服务标准较高；管理系统完善；往往采取封闭式安全保卫措施和高质量的物业管理。

第三，简易住宅。主要指建筑年代较早、功能短缺、设备不全、设施陈旧、结构单薄的住房。

(2)商业类房地产

商业类房地产是指用于商业经营活动的房地产，包括写字楼、商店、旅馆及酒店等。写字楼可以按照规模大小、内部装修及服务设施档次等因素分为普通写字楼和高档写字楼；商店可以分为专卖店、商场、批发商店、超级市场、购物中心、地下商业街、展览中心等；旅馆及酒店可以分为宾馆、饭店、酒店、招待所、会务中心等。

商业类房地产具有以下几个方面的特点：

第一，收益多样性。商业类房地产的收益方式是多种多样的。有的是业主自己经营，有的是出租给他人经营，有的是以联营形式经营。

第二，经营多样性。在同一种商业类房地产中，往往会有不同的经营内容，如商品零售、餐饮、娱乐等。

第三，回收期长。目前我国商业地产投资回收期一般在10年左右，较好的在6～8年，较差的为12～20年。国际上比较成熟的商业项目回收期在20年左右。

第四，投资风险大。商业类房地产投资期长，经营过程中受环境影响较大，如区域价值、消费人群、人口密度以及在整个商业体中的位置等。商业类房地产还有投资过渡期，过渡期内往往亏损。

(3)工业类房地产

工业类房地产指独立设置的各类工厂、车间、手工作坊、发电厂等从事生产活动的房屋。

(4)其他用途房地产

其他用途房地产主要是指用于除上述居住、商业、工业目的以外的其他目的的房地产，如政府机关办公楼、博物馆、公园、学校、加油站、停车场、宗教房地产、墓地等。

(三)房地产投资

所谓房地产投资，是指资本所有者将其资本投入房地产业，以期在将来获取预期收益的一种经济活动。

1. 个人房地产投资方式

个人房地产投资方式包括：房地产购买、房地产租赁和房地产信托。

房地产购买，主要指个人利用自己的资金或者银行贷款购买住房，用以居住或者转手获利。个人房地产购买投资在个人资产的投资组合中占有很重要的地位。

房地产租赁，指投资者通过分期付款等方式获得住房，然后将它们租赁出去以获得收益。

房地产信托，指房地产拥有者将该房地产委托给信托公司，由信托公司按照委托者的要求进行管理、处置和收益，信托公司再对该信托房地产进行租售或委托专业物业公司进行物业经营，帮助投资者获取溢价或管理收益。

2. 个人房地产投资的特点

(1)投资额大

社会上流传着这样一句话："有钱炒地产，没钱炒股票。"这从一个侧面反映了房地产投资额大的特点。买邮品、买股票投资数额可多可少，但投资房地产则不同，最便宜的房地产也要十几万元、几十万元，上百万元的房地产也非常普遍。房屋生产周期长、价值高致使房地产投资额较大。

(2)变现能力差

变现能力是指把房地产出售、转让后转换为现金的难易程度。房地产投资成本高，不像一般商品买卖可以在短时间内马上轻易脱手，房地产交易通常要一个月甚至更长的时间才能完成。而且投资者一旦将资金投入房地产买卖中，其资金很难在短期内变现。

(3)投资风险大

风险大小和获利水平高低是成正比的。房地产投资数额大、占用时间长、变现能力差，价格受政策环境、市场环境和法律环境等因素的影响较大。

3. 个人房地产投资的风险

投资的风险是指投资收益的不确定性，房地产投资与其他的投资一样具有投资风险。具体地说，房地产投资面临的风险主要有以下几种：

(1)流动性风险

房地产投资品单位价值高，且无法转移，其流动性较弱，投资者在急需用钱时，很难在短期内将投资的房地产转换成现金，特别是在市场不景气时，卖方可能不得不大幅降低售价。另外，房地产企业从获得土地使用权到开发建设房屋，最后向客户出售或出租，这一过程需要很长的时间，有的甚至需要几年。

(2)购买力风险

虽然房地产投资具有抵御通货膨胀的能力，但如果在收入水平一定及购买力水平普遍下降的情况下，房屋价格和租金的上涨幅度低于通货膨胀率，人们会降低对房地产商品的消费需求，导致房地产投资者遭受一定的损失。

(3)市场风险

任何国家的房地产都会受到社会经济发展趋势和国家相关政策的影响。如果经济繁荣，政策鼓励支持，则房地产价格看涨，相反则会看跌。因此，对投资者来说，这些因素是应该充分考虑的，若投资者不注意经济形势和宏观政策形势的变化，很可能遭受跌价带来的巨额损失。

(4)交易风险

由于我国房地产市场发展规模扩张比较快，市场不规范的地方很多，导致房地产行业纠纷多、诚信差。由于投资者对交易过程中的诸多细节了解不详尽，有可能造成不必要的损失。例如，投资者对房地产交易所涉及的法律条文、城市规划和税费等不熟悉，或者是对开发商出售的住房是否在结构和质量上有内在缺陷等不了解，导致许多房地产交易纠纷。

(5)自然风险

房地产投资者还要承担自然灾害等人力不可抗拒因素所带来的风险，如地震、洪涝、飓风等自然现象都会使投资者遭受损失。这种风险虽不常发生，但一旦发生，所带来的危害是巨大的，投资者在心理上应有所准备。

二、房地产价格的构成及影响因素

所谓房地产价格，是指在开发、建设、经营房地产过程中，所耗费的全部社会必要劳动所形成的价值与土地所有权价格综合的货币表现。房地产商品价格是房屋建筑物价格和地产价格的统一，是房地产商品价值和地租资本化价格的综合性货币表现。因此，在房地产价格的构成中，有一部分来源于土地开发和房屋建造安装所形成的价值，另一部分来源于土地租赁的资本化收入。

(一)房地产价格的构成

1. 土地价格或使用费

土地所有权转让或使用权出让的价格在房地产中占很大的比重,它主要取决于土地的地理位置、用途、使用时间、建筑容积率、建筑安装造价等因素。一般而言,地价在房地产价格中所占的比重随着地价的上涨和房屋的陈旧而相应地提高,随着建筑容积率和建筑安装造价的增加而下降。

2. 房屋建筑成本

房屋建筑成本主要包括土地开发费、建筑安装工程费、开发管理费和贷款利息等。其中土地开发费主要包括拆迁安置费、勘察设计费、项目论证费。在我国还有"三通一平"基础设施建设费等。"三通一平"指临时施工道路、施工用电、施工用水的配置和平整施工场地。建筑安装工程费是指房地产建筑的造价,是房地产价格的主要组成部分,由主体工程费、附属工程费、配套工程费和室外工程费构成。开发管理费由房地产开发企业的职工工资支出、广告费和办公费等构成。

3. 税金

税金主要包括城市维护建设费、教育费附加、土地增值税等。这部分税种和税率经常调整,因此不同时期的税种和税率往往不同。

4. 利润

房地产开发企业作为一个相对独立的利益主体,其开发经营目标也和其他利益主体一样,追求利润最大化,因此,利润也就成了房地产价格不可或缺的一部分。

(二)房地产价格的影响因素

1. 经济因素

经济因素包括宏观经济状况、物价状况、居民收入水平、投资水平、财政收支、金融状况等。这些因素会影响房地产市场的总体供求,特别是影响需求。当经济处于增长期时,房地产市场需求就越大,房地产价格总体水平也越高。当经济处于萧条期时,社会对各种房地产的需求减少,价格自然会下降。从世界发达国家和发展中国家的比较,以及国内不同地区、不同城市的比较,也可以看出,经济水平较高的国家和地区房价较高,经济发展趋向于繁荣的国家和地区房价上涨。

2. 社会因素

影响房地产价格的社会因素主要有人口因素、社会治安状况、风俗习惯和投机状况等多个方面。

(1)人口因素

人口因素包括人口的密度、人口素质和家庭规模等相关内容,房地产的需求主体是人,因此人口因素对房地产的价格至关重要。人口数量与房地产价格呈正相关。随着外来人口或流动人口的增加,房地产的需求也会上升。人口数量的衡量指标是人口密度。人口密度对房地产价格的影响是双向的：一方面，人口密度的提高，会造成房地产需求的增加，引起房地产价格上升；但一方面，人口密度达到一定程度，则会造成生活环境恶化，房地产需求量减少，价格下降。特别是在大量低收入者涌入某一地区的情况下会出现第二种现象。

(2)社会治安状况

社会稳定，人们乐于生产投资、购田置业，人民的生活能够持续稳定地改善，经济发展带动地价的上涨；政局动荡、社会治安混乱，人心惶惶，甚至可能为活命而四处逃难，无心生产发展经济，更不要说购田置业，地价必然下跌。

(3)风俗习惯

在风俗习惯方面，一些地区的居民有"看风水"的习惯，凡是被"风水先生"判定为好的房产，购买者往往愿意付出高出正常水平的价格购买，否则，即使价格很低也有可能销售不出去。

(4)投机状况

当房地产价格节节上升时，那些预计房地产价格还会进一步上涨的投机者纷纷抢购，造成一种虚假需求，促使房地产价格进一步上涨。而当情况相反时，那些预计房地产价格还会进一步下跌的投机者纷纷抛售房地产，则会促使房地产价格进一步下跌。但在某些时候，房地产投机行为却可以起到平抑房价的作用。当房地产价格低落时，认为日后房价会上涨的投机者购置房地产，以待日后价格上涨时抛出。这样，就会出现当房地产需求小的时候，投机者购置房地产，造成房地产需求增加；而在房地产价格上涨时，投机者抛出房地产，增加房地产供给，从而稳定房地产价格。

3. 行政因素

行政因素主要是国家或地区政府制定的相关经济制度、政策、法规和行政措施对房价的影响。特别是宏观调控政策、土地政策、住房制度、城市发展规划等，会对房地产供给和需求产生重大影响，从而影响房价。如城市规划对一块土地用途的确定，决定了这一地块的价格的基本水平。与经济和社会因素不同，行政因素对房地产价格影响作用的速度相对较快，如果说经济、社会因素的作用是渐变式的，则行政因素的作用可以说是突变式的。如加强宏观调控，紧缩固定资产投资规模，收紧银根政策，会使所在地的房地产需求减少，房地产价格在较短的时间内迅速下跌。

4. 自然因素

自然因素包括房地产的位置、地质、地势、气候条件和环境质量等。位置是影响房产增值的关键因素，是投资取得成功的最有力保证。在房地产业内流行着这样一句话："第一是地段，第二是地段，第三还是地段"。投资者在购买房地产时需要仔细研究其位置因素，如该房地产是在繁华市中心还是市郊结合部、房地产所在地区的城市建设进展情况等。地质和地形条件决定了房地产基础施工的难度，投入的成本越大，开发的房地产价格就越高。气候温和适宜、空气质量优良的地域，其房地产价格也会比气候相对恶劣的地域高。

三、个人住房抵押贷款

个人消费信用贷款是具有稳定的职业和经济收入，信用良好，有偿还贷款本息能力，具有完全民事行为能力的自然人，用于购买消费品或用于教育、旅游等个人消费需求时向银行提出贷款申请，经银行审核后发放的个人贷款。个人消费信用贷款按偿还形式划分为分期付款和非分期付款两大类。分期付款一般按周、月偿还贷款；非分期付款即在规定的期限内一次性还清贷款。个人住房抵押贷款是个人消费信用贷款中最重要的一种。

（一）概念

个人住房抵押贷款是指银行与房地产开发商签订贷款合作协议，借款人以所购房屋做抵押向银行贷款，并由开发商提供阶段性担保的贷款方式。按开发商是否具有完全的房屋产权划分为期房贷款和现房贷款两类。售房人为开发商，涉及贷款行、借款人和开发商三者关系。新房贷款的贷款期限最长不超过 30 年，二手房不超过 20 年。贷款利率按照中国人民银行规定的同期同档次贷款利率执行，如遇利率调整，则于次年 1 月 1 日起执行。

（二）类型

1. 个人住房公积金贷款

由各地住房公积金管理中心运用职工以其所在单位所缴纳的住房公积金，委托商业银行向缴存住房公积金的在职职工和在职期间缴存住房公积金的离退休职工发放的房屋抵押贷款。由住房资金管理中心提供资金，确定贷款对象、金额、期限、利率，承担贷款风险，受托行负责办理贷款手续及协助贷款本息收回，并按规定收取手续费。

(1)贷款对象及条件

个人住房公积金贷款针对缴存住房公积金的在职职工和在职期间缴存住房公积金的离退休职工。应满足的条件有：交足购房首付款；有稳定的收入，具备偿还本息的能力；以所购房产作为抵押，或者以其他资产作为抵押或质押，或者提供贷款人认可的保证人；经所在单位同意；贷款人规定的其他条件。

(2)贷款额度

最高额度不得超过借款人退休年龄内所缴纳住房公积金数额的数倍。实际中，各地的规定可能不一样，以当地住房公积金管理机构公布的为准。

(3)贷款期限

个人住房公积金贷款期限为 1～30 年(其中购买二手住房贷款期限为 1～20 年)，并不得长于借款人距法定退休年龄的时间；临近退休年龄的职工，在考虑其贷款偿还能力的基础上，可适当放宽贷款年限 1～3 年。

(4)贷款利率

个人住房公积金贷款利率，由住房制度改革委员会根据中国人民银行有关规定执行。贷款期间遇国家法定利率调整，则贷款利率做相应调整。已发放的贷款，当年内不做调整，调整时间为下年度的 1 月 1 日。贷款期限在一年以内的(含一年)，贷款利率不做调整。一般低于同期的商业银行贷款利率。

2. 个人住房商业贷款

个人住房商业贷款是购房者以其所购买的产权住房(或银行认可的其他担保方式)为抵押，作为偿还贷款的保证而向银行申请的住房商业性贷款，又称为个人住房按揭贷款。“按揭”这一词原是地方方言，是英文“Mortgage”的粤语音译，多见于中国的港、澳、台地区。除香港特别行政区外，中国法律并无按揭这一规定。

(1)贷款对象及条件

个人住房商业贷款针对中国公民及在中国内地有居留权的境外、国外公民。应满足的条件有：交足购房首付款；有稳定的收入，具备偿还本息的能力；以所购房产作为抵押，或者其他资产作为抵押或质押，或者提供贷款人认可的保证人；贷款人规定的其他条件。

(2)贷款额度

各家商业银行规定的贷款额度不相同，一般是七成或八成，即房价的70%～80%。

(3)贷款期限

贷款期限一般不超过30年。一年一定，于次年1月1日起进行调整。

(4)贷款利率

贷款利率按照中国人民银行有关贷款利率的规定执行，比其他贷款低。

3. 个人住房组合贷款

个人住房组合贷款是个人住房公积金贷款和个人住房商业贷款相结合的贷款。如果职工购房申请住房公积金贷款额度不能满足需要，可以再申请个人住房商业贷款，这叫组合贷款。组合贷款只有缴存公积金的职工才可以申请。例如某人购买住宅，须贷款100万元，而当地公积金管理中心规定公积金最多贷款40万元，则可申请住房组合贷款，40万元公积金贷款加上60万元的商业贷款。

4. 个人住房接力贷款

该产品为中国农业银行2006年首次推出。针对以父母或某一成年子女(或子女与其配偶)或父母与子女共同作为所购房屋的所有权人，父母双方或一方与该子女作为共同借款人贷款购买住房的住房信贷产品。个人住房接力贷款主要适用于两类情况：一类是作为父母的借款人年龄偏大，可以办理的贷款年限较短，月还款压力较大，可以通过指定子女作为共同借款人来延长还款期限；另一类是作为子女的借款人预期未来收入情况较好，但目前收入偏低，可贷金额较少，可以通过增加父母作为共同借款人来增加贷款金额。例如，张某今年26岁，未婚，月收入3 500元。想用手头25万元资金购买价值100万元的房子，就需要75万元的贷款。但他向当地银行能申请下来的贷款额度只有40万元。这种情况下，他就可以选择增加父亲或母亲为共同借款人，增加贷款额度。

(三)还款方式

1. 传统的还款方式

(1)一次还本付息法

一次还本付息法，又称到期一次还本付息法，是指借款人在贷款期内不是按月偿还本息，而是贷款到期后一次性归还本金和利息。现各银行规定，贷款期限在1年以内(含1年)的，那么还款方式为到期一次还本付息，即期初的贷款本金加上整个贷款期内的利息总和。这种方式适合短期借款。

计算公式为

$$到期一次还本付息额=贷款本金\times[1+年利率](贷款期为一年)$$

$$到期一次还本付息额=贷款本金\times[1+月利率\times贷款月数](贷款期不到一年)$$

其中,月利率=年利率/12。

例:贷款 500 000 元,贷款期限为 9 个月,年利率为 5.60%,则到期一次还本付息额为:

$$500\ 000\times[1+(5.60\%/12)\times9]=521\ 000(元)$$

(2)等额本息还款法

等额本息还款法是借款人每月始终以相等的金额偿还贷款本金和利息。每个月还款额相同,但利息前期还得多,逐月递减。本金前期还得少,逐月递增。

计算公式为

$$每月还款金额=\frac{借款本金\times月利率\times(1+月利率)^{还款月数}}{(1+月利率)^{还款月数}-1}$$

例:贷款 500 000,还款期 20 年,年利率 6.55%(月利率 0.545 8%),则:

$$每月还款金额=\frac{500\ 000\times0.545\ 8\%\times(1+0.545\ 8\%)^{240}}{(1+0.545\ 8\%)^{240}-1}=3\ 742.50(元)$$

(3)等额本金还款法

等额本金还款法是借款人每月按相等的金额偿还贷款本金,每月贷款利息按月初剩余贷款本金计算并逐月结清,两者合计即为每月的还款额。

计算公式为

$$当月本金还款额=贷款总额/还款次数$$

$$\begin{aligned}当月利息&=贷款剩余本金\times月利率\\&=(贷款剩余本金-累计已还本金)\times月利率\end{aligned}$$

$$当月还款额=当月本金还款额+当月利息$$

例:贷款 500 000 元,还款期 20 年,年利率 6.55%(月利率 0.545 8%),则每月还本付息额为:

第一月本金还款额:500 000/240=2 083.33(元)

第一月利息:500 000×0.545 8%=2 729(元)

第一月还款总额:4 812.33(元)

第二月本金还款额:2 083.33(元)

第二月利息:(500 000−2 083.33)×0.545 8%=2 717.63(元)

第二月还款总额:4 800.96(元)

……

将等额本息还款法与等额本金还款法对比计算,见表 4-1。

表 4-1　　等额本息还款法与等额本金还款法对比计算　　单位:元

等额本息还款法		等额本金还款法	
月均还款	3 742.50	月还款	首月 4 812.33
还款总额	898 223.50	还款总额	828 844.50
利息总额	398 223.50	利息总额	328 844.50

等额本息还款法与等额本金还款法是目前我国住房抵押贷款中最常采用的两种方法。采用等额本息还款法，客户初期的还款压力相对较小，还款金额一定，比较直观，使客户能更好地了解自己的收入和支出情况，便于灵活安排自己的理财计划；而采用等额本金还款法，客户初期偿还的本金相对等额本息还款法较多，还款压力较大；此外，由于等额本息还款法使贷款本金的偿还主要集中在贷款后期，因此当贷款利率下降时，采用等额本息还款法更合算。

在选择何种还贷方式时，要结合自己的实际情况，从自己的收入情况出发，制定最高还款额度，不要为了最后少付出利息，选择超出自己承受能力的还贷方式。所以，根据一般的收入变化趋势，等额本息还款法更适用于现期收入少，预期收入将稳定或增加的借款人，或预算清晰的人士和收入稳定的人士，一般为青年人，特别是刚开始工作的年轻人适合选用这种方法，以避免初期太大的还款压力。而等额本金还款法适用于现在收入处于高峰期的人士，特别是预期以后收入会减少或是家庭经济负担会加重的，一般为中老年人。另外，等额本息还款法操作相对简单。每月承担相同的款项也方便安排收支。两种还款方法的比较见表 4-2。借款人可以根据自身的经济状况和特点，包括各项收入、保险证券等其他投资和其他借钱渠道等综合情况，与银行协商确定采用何种还款方法。

表 4-2　　等额本息还款法与等额本金还款法的比较

还款方式	特点	适用人群
等额本息还款法	在利率不变的情况下，每月的还款金额相等，便于记忆；但前期每月的月供中所含利息较多	每月收入固定，未来的预期收益稳定，并且短期内不打算提前还款的客户
等额本金还款法	每月的还款本金金额相同，利息逐月递减；但前期还款压力较大	当前收入较高，但未来的预期收入不稳定，有提前还款计划的客户

(4)等额/等比递增还款法

等额/等比递增还款法是指借款人根据自己的收入状况，要求按一定的数额或比例每隔一定周期增加还款。前期还款压力较小，免去频繁提前还款手续。这种还款方法适合当前收入一般，但预期未来收入会逐渐增长的客户。这种还贷方式因计算比较复杂，计算机程序设置等多种原因，目前在国内暂时还较少被银行所采用。但是，从美国、日本和中国香港等经济发达、个人住房抵押贷款业务开展兴旺的国家和地区的实际情况看，却是国际上十分通行的两种消费信贷还款方式，十分受新婚夫妇和开始创业的年轻人的欢迎，为有潜力的年轻购房者缓解眼前暂时的资金不足。

(5)等额/等比递减还款法

这种还款法每隔一定递进周期分期偿还贷款本息，偿还金额按一定金额/比例减少，与等额本金还款法类似，都是前期还款较多，后期还款较少，只不过这种递减还款是由人工分配的。这种还款方法适合预期未来收入减少或希望减少利息支出的借款人。

2. 还款方式的创新

(1)双周供

个人住房商业贷款由传统的每月还款一次改为每两周还款一次，每次还款额为原来月供的一半。在贷款额度、期限和利率相同的情况下，与按月还款方式相比，由于还款频率加快，借款人支付的贷款利息相对较少。由于还款频率较高，此种还款方式要求收入稳定，适合周薪制的外籍或外企等机构人士。目前“双周供”主要适用于期供类房屋按揭、抵押贷款，如一手房、二手房的房屋按揭贷款以及按揭还款的房屋抵押贷款。

例：贷款总额 500 000 元，年利率 6.12%，还款期 30 年，三种还款方式比较见表 4-3。

表 4-3　等额本息还款法、等额本金还款法及双周供的比较　单位：元

等额本息还款法		等额本金还款法		双周供	
贷款月数	360	贷款月数	360	贷款月数	360
月均还款	3 036.44	月还款	首月 3 938.89	双周还款	1 518.51
利息总额	593 117.03	利息总额	460 275	利息总额	477 930.80
还款总额	1 093 117.03	还款总额	960 275	还款总额	977 930.80

(2)宽限期还款法

宽限期还款法将还款期分为两个阶段，在期房销售并贷款发放后到约定交房日期期间只计结利息，不偿还贷款本金，从约定日期开始，按正常还款方式(如等额本息、等额本金)偿还贷款。这种还款方法针对期房销售特点，满足客户入住后再还款的要求。如购房者申请 800 000 元，10 年期的贷款，如申请宽限期 1 年，则贷款期限为 11 年。1 年的宽限期内，购房者只需要支付利息而不用偿还本金。

宽限期还款法的优势在于可以缓解客户还款压力，并且不影响客户信用记录。宽限期还款法的适用对象：刚参加工作，收入呈上升趋势的潜力房贷客户；需要赡养老人、抚养子女但收取稳定的中年优质房贷客户。

例：假定某人于某年 1 月购买了 6 月入住的期房，向某银行申请 10 年 100 000 元贷款，年利率假定为 6.64%，每季利率为 6.64%/4，按季度还款：

入住前每季度还款额＝100 000×(6.64%/4)＝1 660(元)

入住前总还款金额＝1 660×6＝9 960(元)(只计入利息，不算本金还款)

入住后每季度还款额假设采用等额本金还款法，则：

第一季度还款额＝2 500＋100 000×(6.64%/4)＝4 160(元)

第二季度还款额＝2 500＋(100 000－2 500)×(6.64%/4)＝4 118.50(元)

……

(3)移动组合贷款法

移动组合贷款法下借款人可根据自己的实际情况随时调整还款方案，满足借款人个性化的还款需求，便于资金安排。这种方法适用于收入不固定的买房者。例如，27 岁的李小姐和未婚夫打算购买婚房，目前两人合计月收入为 6 000 元，准备申请为期 20 年的 80 000 元按揭贷款。他们可用移动组合贷款法，把还款分成四个阶段：第一个 5 年，借款人刚买完房，月还款额就可设定得较低，既不降低生活质量，又可满足结婚和装修的费用支出；第二个 5 年，随着两人升职加薪，手头比较宽裕了，可以适当提高月还款额；第三个 5 年，子女入学需要用钱，月还款额又可适当调低；最后一个 5 年，生活压力减小，再把月供调高。

四、个人支付能力评估

投资房地产必须根据投资者支付能力量力而行，既要满足投资者的房地产投资需求，同时又不会为投资者带来沉重的债务负担。估算投资者支付能力的核心是审慎地计算个人的净资产，再根据需求和实际支付能力来综合考虑具体选择哪一种房地产投资计划。

个人净资产是个人总资产减去个人总负债的余额。个人总资产即个人拥有的所有财富，包括自用住宅、家具、艺术收藏品、交通工具、现金、债券、股票等。个人总负债是个人应偿还的债务，包括按揭贷款、汽车消费贷款和其他短期借款等。

确定个人投资房地产的综合支付能力时，还要分析个人的固定收入、临时收入、未来收入、个人支出和预计的未来支出。然后，再根据自己家庭月收入的多少及预期，最终确定用于购买房产、偿还银行按揭贷款本息的数额。

如果个人净资产为正数，投资者首先要确定能用来投资房地产的资金数额。然后，再根据自己家庭月收入的多少及预期，最终确定用于购买房地产、偿还按揭贷款本息的数额。

对中国的工薪阶层来说，进行个人住房支付能力评估时还得考虑已缴存的住房公积金。

例如，某个客户净资产中可用于购买房地产的金额为 30 万元，家庭月收入 16 000 元，月平均日常支出 5 000 元，其他支出 3 000 元，预期未来收入保持平稳，夫妻住房公积金月缴存定额 4 000 元，则：

客户投资房地产的首付能力为 30 万元。

月平均可偿还银行按揭贷款本息的最大额＝16 000＋4 000－5 000－3 000＝12 000(元)

申请公积金贷款：理财规划师可建议该客户购买总价值为 150 万元的房地产，首付 20％为 30 万元，其余 120 万元可以申请公积金贷款(如公积金贷款额度不够可申请组合贷款)，以每月归还 12 000 元以内为限。

申请商业贷款：理财规划师可建议该客户购买总价值为 100 万元的房地产，首付 30％为 30 万元，其余 70 万元可以申请商业贷款，以每月归还 12 000 元以内为限。

如果该客户对未来收入感到不确定性较大，就需要降低投资房地产的总价值。

第二节　黄金投资

黄金从古至今都被人们当作投资保值的工具，是个人投资者构建资产组合时不可或缺的品种。黄金投资是指通过对黄金及其衍生品进行购买、储藏、销售等过程，从中获得财产保值增值的投资行为。黄金同外汇一样，也是一种国际性的投资工具，受多方面因素的影响，黄金的市场价格短期波动较大，但从长期来看，其价值波幅不会很大，具有良好抵御通货膨胀的能力。因而黄金长期以来被人们视为一种很重要的保障性投资工具。

一、黄金及其特性

(一)黄金

黄金是一种贵金属，也是一种特殊的商品，黄金曾在很长一段时间内担任着货币的职能，目前依然在各国的国际储备中占有一席之地。黄金具有储藏、保值、获利等金融属性，黄金极易变现，是一种同时具有商品属性和金融属性的特殊商品。世界官方黄金储备前10名排名见表4-5。

表4-5　世界官方黄金储备排名前10名（截至2021年6月）

序号	国家	吨位	占外汇储备比例	序号	国家	吨位	占外汇储备比例
1	美国	8,133.46	78.12%	6	中国	1,948.31	3.38%
2	德国	3,359.12	74.93%	7	瑞士	1,040.00	5.43%
3	意大利	2,451.84	68.77%	8	日本	845.97	3.49%
4	法国	2,436.32	64.89%	9	印度	703.71	6.48%
5	俄罗斯	2,292.31	21.98%	10	荷兰	612.45	67.12%

资料来源：世界黄金协会网站

（二）黄金的重量与成色

黄金重量的主要计量单位为：盎司、克、千克（公斤）、吨等。由于世界各国黄金市场交易习惯、规则与所在地计量单位等不同，黄金交易的计量单位也有所差异。国际上一般通用的黄金计量单位为盎司，我们常看到的国际黄金价格基本上都是以盎司为计量单位的。

1盎司＝31.103 476 8克

在中国一般习惯于用克来做黄金计量单位，国内投资者投资黄金必须首先习惯这种计量单位上的差异。香港地区黄金市场上常用的交易计量单位是司马两。

1司马两＝1.203 354盎司＝37.428 497 91克

成色，是金属货币、金银条块或饰品器物的含金纯度。常见的黄金制品成色标识有两种：一种是百分比，比如G999（含金量99.9%，俗称“千足金”），G990（含金量99.0%，俗称“足金”）等。另一种是K金，比如G24K、G22K和G18K等。每K含金量为4.166%。K金的成色计算方法如下：

8K＝8×4.166%＝33.328%（333‰）

9K＝9×4.166%＝37.494%（375‰）

10K＝10×4.166%＝41.660%（417‰）

12K＝12×4.166%＝49.992%（500‰）

14K＝14×4.166%＝58.324%（583‰）

18K＝18×4.166%＝74.988%（750‰）

20K＝20×4.166%＝83.320%（833‰）

21K＝21×4.166%＝87.486%（875‰）

22K＝22×4.166%＝91.652%（916‰）

24K＝24×4.166%＝99.984%（999‰）

在理论上，100%的金才能称为24K金，但在现实中不可能有100%的黄金，所以中国规定含量达到99.6%以上（含99.6%）的黄金才能称为24K金，国家规定低于9K的黄金首饰不能称之为黄金首饰。

国际上对黄金制品印记和标识牌有规定，通常要求有生产企业代号、材料名称、含量印记等。

二、黄金的价值

(一)黄金是重要的投资增值工具

黄金资产能够对冲其他金融资产的风险。因为黄金价格与美元、股票和利率市场的表现呈负相关,当所有金融资产都往上涨时,黄金价格往往不会跟随上涨,而当所有金融资产都下跌时,黄金价格反而会上涨。当美元升值时金价就会下跌,美元贬值时金价就会上涨。当股票市场疲软时,大量资金会涌入黄金市场进行保值,从而抬高金价。黄金的这种特性,使之成为一种重要的降低系统风险的投资工具。黄金价格相对稳定,急涨急跌较少,黄金投资相比其他的投资更为安全。

(二)黄金是规避经济衰退和通货膨胀风险的有效工具

黄金具有抵抗通货膨胀的功能。通货膨胀主要是针对各国政府所发行的信用货币而言的,意味着货币购买力的下降,在人们名义收入不变的情况下实际收入相对减少,主要原因是政府印发过量的货币,导致货币供过于求,使得货币实际价值下跌。但是,黄金资产则不用过于担心通货膨胀的威胁。黄金属于硬通货,受其年产量的限制,不会因为大量开采而造成其本身价值的贬值。

(三)黄金是重要的艺术饰品材料和工业原料

购买黄金可以用来制作首饰佩戴,也可以用来制作高档生活用品及装饰品,是人们彰显尊贵和生活品位的奢侈消费品。

黄金被广泛地用到传统工业和现代高新技术产业等领域中,电子技术、通信技术、化工技术、医疗技术等,特别是在计算机和航天航空制造业中,不可或缺。

三、世界主要黄金市场

黄金市场是集中进行黄金交易的场所,是金融市场体系中最早形成的市场之一。由于黄金曾经具有世界货币的职能,它既是投资和资金融通的重要媒介,也是各国国际储备的重要构成之一,使得黄金市场成为金融市场的重要组成部分。

黄金市场是一个全球性的市场,可以 24 小时在世界各地不停交易。目前,全球的黄金市场主要分布在欧、亚、北美三个区域。欧洲以英国伦敦、瑞士苏黎世黄金市场为代表;亚洲主要以中国香港为代表;北美主要以美国的纽约、芝加哥和加拿大的温尼伯为代表。全球各大金市的交易时间,以伦敦时间为准,形成伦敦、纽约(芝加哥)连续不停地黄金交易:伦敦每天上午 10:30(北京时间 17:30)的早盘定价揭开金市的序幕。纽约、芝加哥等先后开叫,当伦敦下午定价后,纽约等仍在交易,此后香港也加入进来。伦敦的尾市会影响纽约的早市价,纽约的尾市会影响香港的开盘价,而香港的尾市价和纽约的收盘价又会影响伦敦的开市价,如此循环。

(一)国际黄金市场

国际黄金市场主要是指英国伦敦黄金市场、瑞士苏黎世黄金市场、美国芝加哥黄金市场、新加坡黄金市场、中国香港黄金市场等。

1. 英国伦敦黄金市场

英国伦敦黄金市场历史最为悠久。早在19世纪初，伦敦就已经是金条精炼、销售以及金币兑换的中心。1919年9月，伦敦开始实行按日报价制度，正式成为一个组织机构比较健全的黄金市场。第二次世界大战前，伦敦是世界上最大的黄金市场，黄金交易的数量巨大，占全世界经营量的80%。第二次世界大战期间，伦敦黄金市场曾一度关闭，直到1954年3月又重新开放。第二次世界大战以后，伦敦黄金市场虽因瑞士苏黎世黄金市场的崛起而在世界上的地位较以前有所下降，但仍对世界黄金市场有很大的影响力。

伦敦黄金市场是世界上唯一可以成吨买黄金的市场。最大的特点是没有一个固定的交易场所，亦即随时随地均可交易。投资者并非要到伦敦进行买卖或交收。相对于美国的期金，这种形式被称为“现货黄金”。

伦敦黄金市场交易的黄金数量巨大，多采用批发交易。该市场现货交易由美元计价，期货交易为英镑计价。

2. 瑞士苏黎世黄金市场

瑞士苏黎世黄金市场是第二次世界大战后发展起来的国际性黄金市场。第二次世界大战过后，由于英国受到战争的影响而关闭了伦敦黄金市场，这为苏黎世黄金市场的开辟提供了良好的机会。瑞士的战时管制一结束，苏黎世很快就开始了黄金的自由交易。由于瑞士特殊的银行体系辅助黄金交易服务体系，为黄金买卖提供了一个既自由又保密的环境，加上瑞士与南非也有优惠协议，获得了大部分的南非金，以及苏联的黄金也聚集于此，使得瑞士不仅是世界上新增黄金的最大中转站，也是世界上最大的私人黄金的存储中心。

苏黎世黄金市场以现货交易为主，除无定价制度外，交易方式与伦敦市场基本相同。伦敦黄金市场每日两次的黄金定价会议所定出的价格及苏黎世黄金总库统一买卖报价，是当今国际黄金价格的主要指标。

3. 美国黄金市场

美国过去禁止私人拥有黄金，投资者往往只能以购买金矿股票方式间接投资黄金。1974年美国政府废除私人拥有黄金禁令后，美国的黄金市场才蓬勃发展起来。

美国的黄金交易有现货和期货交易，与伦敦、苏黎世不同的是，美国以发展黄金期货交易为主，黄金期货市场就在商品交易所内，是世界上最大的黄金期货交易市场，主要集中在纽约、芝加哥、底特律、布法罗、旧金山五大交易所中，其中以纽约和芝加哥最具影响。纽约商品交易所和芝加哥商品交易所是世界上最大的黄金期货交易中心。

4. 中国香港黄金市场

从20世纪60年代开始，香港黄金市场已发展成为世界主要的黄金交易中心之一。香港黄金市场在时差上刚好填补了纽约和芝加哥市场收市和伦敦开市前的空档，从而与后者在交易时间上形成了完整的世界黄金市场。香港优越的地理条件吸引了欧洲金商的注意，伦敦五大金商、瑞士三大银行等纷纷在此设立分公司。目前香港有三个黄金市场：一是本地“两斤”市场，以“两”为单位，中国人参与较多；二为“香港伦敦金”市场，为外资金商市场，即“交易在香港，交割在伦敦”，没有固定交易场所，主要为填补时差空档；三是黄金期货市场。

黄金市场虽然分布在世界各地，但它们之间的联系相当紧密。首先，各市场都有共同的参与者，即国际黄金商；其次，利用各市场的差价进行的间接交易非常活跃；最后，时差因素把分布在世界各地的黄金市场连为一体，基本上形成了一个 24 小时交易的全球黄金市场。

（二）国内黄金市场

1. 上海黄金交易所

上海黄金交易所是经国务院批准、由中国人民银行总行牵头组织成立的一个非营利机构。2001 年 11 月 28 日，上海黄金交易所开始模拟运行黄金交易，于 2002 年 10 月 30 日正式开业。上海黄金交易所为中国黄金市场的参与者提供了现货交易平台，使黄金生产与消费企业的产需供求实现了衔接。目前上海黄金交易所正由单纯的现货商品市场向金融投资性市场转变。

上海黄金交易所实行会员制组织形式。标准黄金、铂金交易通过交易所的集中竞价方式进行，实行价格优先、时间优先撮合成交。非标准品种通过询价等方式进行，实行自主报价、协商成交。会员可自行选择通过现场或远程方式进行交易。

上海黄金交易所交易时间，以北京时间为准。日市：周一至周五每天上午 9：00～11：30，下午：13：30～15：30，夜市：周一至周四 21：00～次日凌晨 2：30，周五晚间不交易。国家法定节假日不进行交易。

2. 上海期货交易所

2007 年 9 月 11 日，中国证监会批准上海期货交易所组织黄金期货交易。上海期货交易所于 2008 年 1 月 9 日挂牌交易黄金期货合约，交易单位为 1 000 克/手，最小变动价位为 0.05 元/克，自然人客户不能进行实物交割。黄金期货的推出，有利于完善整个黄金市场体系和价格形成机制，形成现货市场与期货市场互相促进，共同发展的局面。期货市场所具备的特殊交易机制，可以对未来的价格产生预期，这种价格形成机制可以对现货市场产生促进作用。

3. 天津贵金属交易所

天津贵金属交易所于 2010 年 2 月试运行，2012 年 2 月正式运行。天津贵金属交易所营业范围为：贵金属（含黄金、白银）、有色金属现货批发、零售、延期交收，并为其提供电子平台；前述相关咨询服务及许可的其他业务。天津贵金属交易所采用创新型分散式柜台交易模式进行现货和现货衍生品交易，交易时间与国际市场接轨。分散式柜台交易模式是天津贵金属交易所借鉴国际主流金融商品交易市场的成熟经验，结合我国国情创新设计的一种交易模式，与国内撮合制交易所错位发展。分散式柜台交易模式中，交易所不参与交易，只提供交易平台，维护交易按照“三公”原则持续开展，因而解决了撮合制交易模式里风险集中的问题。

天津贵金属交易所向普通会员推出实物白银投资银锭和实物黄金投资金条，面向投资者开展基于标的金条、银锭的“卖出＋回购”业务。标的金条成色为 99.99%，规格为 200 克/条；标的银锭成色为 99.99%，规格为 15 公斤/锭。金条、银锭皆由交易所指定的国内知名生产厂商生产。

投资者可以以现货全额交易和现货延期交收交易两种方式参与“实物黄金投资金条”和“实物白银投资银锭”业务。

四、影响黄金价格的因素

20 世纪 70 年代以前，黄金价格基本由各国政府或中央银行决定，国际上黄金价格比较稳定。70 年代初期，黄金价格不再与美元直接挂钩，黄金价格逐渐市场化，影响黄金价格变动的因素日益增多，主要有以下几方面：

(一)政治局势

当今各国实行的是不兑现的信用货币制度。在政治局势较为稳定的时期，人们对纸币并无内在价值这一特性并不敏感。但当政治局势出现动荡时，基于安全性的原因人们就会倾向于保留有十足价值的物品，以取代纸币。所以国际上的战争或政治局势的动荡会促使黄金价格一路上扬，尤其是突发事件往往会让金价在短期内急剧上升。比如 2001 年 9 月 11 日的恐怖组织袭击美国世贸大厦事件曾使黄金价格飙升至当年的最高，近 300 美元/盎司。当然政治局势对黄金价格的影响不是绝对的。比如，在 1989 年至 1992 年间，世界上出现了许多的政治动荡和零星战乱，但金价却没有因此而上升。原因就是当时人人持有美元，舍弃黄金。故投资者不可机械地套用战乱因素来预测金价，还要考虑美元等其他因素。

(二)黄金供需关系

金价波动是基于供求关系的基础之上的。如果黄金的产量大幅增加，金价会受到影响而回落。此外，新采金技术的应用、新矿的发现，均令黄金的供给增加，表现在价格上当然会令金价下跌。如果进入印度等黄金消费大国用金高峰期，或出现矿工长时间罢工等原因使总体出现供小于求的局面，金价就会上扬。

(三)利率

一般而言，利率和黄金价格会呈现负相关的关系。利率提高时，人们倾向于持有现金，这样金价就要承压；相反，当利率降低时，人们购买黄金的意愿就会增强进而提振金价。

(四)美元走势

由于国际黄金价用美元计价，黄金价格走势与美元汇率走势的关系变得非常密切。在基本面、资金面和供求关系等因素均正常的情况下，通常呈现美元涨、黄金跌和美元跌、黄金涨的逆向互动关系。这是投资者判断金价走势的重要依据。如，1971 年 8 月和 1973 年 2 月，美国政府两次宣布美元贬值，在美元汇率大幅度下跌以及通货膨胀等因素作用下，1980 年初黄金价格上升到历史最高水平，突破 800 美元/盎司。回顾历史，大多时候，美元对其他西方货币坚挺，则国际市场上金价下跌，如果美元小幅贬值，则金价就会逐渐回升。

(五)通货膨胀

一个国家货币的购买能力，是基于物价指数而决定的。当一国的物价稳定时，其货币的购买能力就稳定。相反，通货膨胀率越高，货币的购买力就越弱，这种货币就越缺乏吸引力。如果美国和世界主要地区的物价指数保持平稳，持有现金也不会贬值，又有利息收入，必然成为投资者的首选。相反，如果通货膨胀剧烈，持有现金根本没有保障，收取利息也赶不上物价的暴升，人们就会采购黄金，因为此时黄金的理论价格会随通货膨胀而上升。美国的通货膨胀率最容易左右黄金价格的变动。而一些较小国家的通货膨胀率却对黄金价格基本无影响。

除了上述因素外，黄金存量、国际金融组织的干预活动、石油价格、各国的经济政策等，都将对黄金价格的变动产生重大的影响。当我们在分析金价变动时，应当考虑到各因素作用的强度大小。找到每个因素的主次地位和影响时间段，来进行最佳的投资决策。

五、黄金投资产品品种

不同的黄金投资产品具有不同的功能和价值，在人们生活中的地位和作用也不一样。近年来，对国内市场来说，黄金的投资价值正逐渐显现，市场也更趋活跃。黄金不再仅仅作为一种奢侈品而存在，越来越多的人将黄金当成一种投资理财的工具。

（一）实物黄金

在我国，实物黄金是黄金交易市场上较为活跃的投资产品。实物黄金投资主要有金条、金币和金饰品投资。

1. 金条

金条分为两种：普通金条、纪念金条。按国际惯例，进入市场交易的金条在精炼厂浇铸成型时必须标明其成色和重量，以及精炼厂的名字和编号。如高赛尔金条分 2 盎司、5 盎司和 10 盎司三种规格，每根金条的背面有“中国印钞造币总公司长城金银精炼厂铸造”的字样和编号，还有防伪标识。其他的还有中国工商银行的如意金、中国建设银行的龙鼎金等。

普通金条的价格与纪念金条的价格有所不同。纪念金条的发行价格是按照金饰品的定价方式来定价。而普通金条的价格是在黄金现货价格的基础上加上一定的加工流通费来定价。因此，纪念金条比普通金条的价格要高。在一般情况下，投资者往往要购买知名度较高的精炼公司制造的金条，以后在出售时会省去不少费用和手续。

金条的投资渠道主要有两种：一是场内交易，如上海黄金交易所的会员交易，即黄金生产企业、黄金饰品企业、黄金经纪商、黄金代理商、商业银行和机构投资者；二是场外交易，主要是一些中小企业和个人投资者在商业银行、金行、珠宝行、金银首饰店进行的金条交易。目前我国的个人黄金投资者主要是在场外进行交易。购买金条最好选择回购有保证而且价差不大的金条。

投资金条的优点是不需要佣金和相关费用，流通性强，可以立即兑现，可在世界各地转让，还可以在世界各地得到报价；从长期看，金条具有保值功能，对抵御通货膨胀有一定作用。缺点是投资额较高；须支付储藏和安全费用；持有无利息收入。

2. 金币

金币是黄金铸币的简称，指经过国家证明，以黄金作为货币的基材，按规定的成色和重量，浇铸成一定规格和形状，并标明其货币面值的铸金币。金币有两种，即纯（投资性）金币和纪念性金币。

（1）纯（投资性）金币

纯（投资性）金币是世界黄金非货币化以后，黄金在货币领域存在的一种重要形式，是专门用于黄金投资的法定货币，又称“普制金币”。投资性金币价值基本与黄金含量一致，价格也基本随国际金价波动，一般采用代表一个国家的象征图案，图案固定，发行量不限，可自由买卖。纯金币主要为满足集币爱好者收藏，投资增值功能不大，但其具有美观、鉴赏、流通变现能力强和保值功能，所以仍对一些收藏者有吸引力。目前国际上主要的投资性金币发行流通市场为加拿大、美国、奥地利、中国和南非等，具体见表 4-7。

表 4-7　　国际上主要投资性金币及发行国家

国家	名称
南非	福格林金币
加拿大	枫叶金币
美国	鹰扬金币
奥地利	音乐金币
澳大利亚	袋鼠鸿运金币
墨西哥	自由金币
中国	熊猫金币
英国	皇家金币

资料来源：笔者根据相关资料整理。

（2）纪念性金币

纪念性金币主要以纪念国内、外重大的政治事件和重要活动，杰出的历史人物，表现国家珍稀动植物、名胜古迹、自然景观为主要题材，通常为精制并限量发行。纪念性金币一般都是流通性金币，都标有面值，比纯金币流通性更强，其收藏投资价值要远大于纯金币。由于纪念性金币发行数量比较少，具有鉴赏和历史意义，其职能已经大大超越流通职能，投资者多为投资增值和收藏、鉴赏用，投资意义比较大。纪念性金币价格主要由三方面因素决定：数量越少价格越高；铸造年代越久远，价值越高；品相越完整越值钱。

3. 金饰品

人们在日常生活中购买的黄金首饰，并不是纯金，因为纯金较软，经不起摩擦。因此，厂家在打造金饰时往往通过在纯金中掺入其他贵重金属以增强其硬度。金饰品的主要功能是鉴赏和装饰，不是一个好的投资理财品种。因为黄金饰品的附加费用非常高，购买价格与黄金原料的内在价值差异较大，从金块到金饰，珠宝商要进行加工，要加上制造商、批发商、零售商的利润、品牌宣传以及运输等成本，最终到达购买者手中，这一切费用都由购买者承担。而卖出时，这部分费用只有购买者自己承担。此外，金银首饰在日常使用中会受到不同程度的磨损，如果将旧金银饰品变现，其价格还要比原分量打折扣。

（二）纸黄金（黄金存折）

纸黄金（黄金存折）是指商业银行为投资者提供的一种黄金投资方式。投资者按银行报价在账面上买卖“虚拟”黄金，个人通过把握国际金价走势低吸高抛，赚取黄金价格的波动差价。投资者的买卖交易记录只在个人预先开设的“黄金存折（账户）”上体现，不发生实金提取和交割。目前国内经营纸黄金业务较有代表性的有：中国银行的“黄金宝”，中国工商银行的“金行家”，中国建设银行的“账户金”等。

纸黄金投资的优点有：入市门槛低，一般银行最低为10克起交易，交易单位为1克；交易比较方便，省去了黄金的运输、保管、检验、鉴定等步骤；流通性强。缺点有：不是双边交易，只可买涨，不能做空，当黄金价格处于下跌状态时，投资者只能观望；全额交易，没有杠杆；投资的佣金较高。

另外值得注意的是，国内各家银行推出的纸黄金业务报价、标准、交易时间、点差等各项规定均有差异。

（三）黄金T+D

黄金T+D是指上海黄金交易所规定的黄金现货延期交收交易品种。它是指以保证金方式进行交易，会员及客户可以选择合约交易日当天交割，也可以延期至下一个交易日进行交割，同时引入延期补偿费机制来平抑供求矛盾的一种现货交易模式。上海黄金交易所T+D品种的波动及风险小于国际金，有固定的交易场所，实行严格的会员制度，由买卖双方报价，撮合成交，无买卖点差，实行佣金制度。黄金T+D交易的目的不是获得实物，而是回避价格风险或套利，一般不实现商品所有权的转移。黄金T+D市场的基本功能在于给生产经营者提供套期保值、回避价格风险的手段，以及通过公平、公开竞争形成公正的价格。

黄金T+D交易优点是多空双向交易，意味着无论涨跌都可能赚钱，再加上保证金、杠杆，收益较高。市场透明度高，无庄家，人为操纵不易。缺点是杠杆交易，风险大，手续费较高。

（四）黄金期货

黄金期货交易是指交易双方在特定的商品交易所，以公开竞价的方式进行交易，承诺在某一时日，以成交价格支付某标准数量和规定含量的黄金的交易方式。黄金期货与其他商品期货合约内容类似，主要包括保证金、合约单位、每日最大波动限制、最后交易日、交割月份等。通常情况下，黄金期货购买者和销售者都会在合约到期日前，出售或回购与先前合约相同数量的合约而平仓，而无须真正交割实体黄金。黄金期货交易也有套期保值和投机两种，这种投资方式的特点是可以以小博大，但具有较大的风险性，所以更适合具有相对丰富经验的资深投资者。

（五）黄金股票

黄金股票，就是金矿公司向社会公开发行的上市或不上市的股票，所以又可以称为金矿公司股票。投资黄金股票在直接投资金矿公司的同时，也相当于间接投资实物黄金。股票收益与黄金生产企业的收益紧密相连，而黄金生产企业的收益又受到金价、金矿资源、开采技术、工艺水平、管理水平和营销手段等因素的影响。此外，国际、国内黄金市场价格走势对黄金股票价格也有很大影响。投资者购买黄金股票不仅要关注金矿公司的经营状况，还要对黄金市场价格走势进行分析。目前，在国内A股上市的有紫金矿业、山东黄金、中金黄金等黄金股票。

（六）黄金基金

黄金基金是专门从事黄金或黄金类衍生交易品种的投资的基金。黄金基金由专家组成的投资团队管理，集合投资，投资风险相对较小、收益比较稳定，与我们熟知的证券投资基金有相同特点。投资黄金基金需注意选择业绩良好的基金，其业绩主要取决于基金管理团队和基金经理的专业知识、操作水平和信誉度。投资者应该仔细分析各个黄金基金的表现，预测回报率，结合自身的财务状况和风险偏好慎重选择。

（七）黄金信托

黄金信托是指委托人将其持有的资金委托给受托人，由受托人以自己的名义，按照委托人的意愿将该资金投资于黄金产品或其他与黄金相关的投资标的，并由受托人具体负责黄金投资事务，通过黄金投资组合，在尽可能地控制风险的前提下，为投资者提供分享黄金市场发展的收益。

（八）黄金期权

黄金期权是买卖双方对未来约定的价位具有购买一定数量标的的权利，而非义务，如果价格走势对期权买卖者有利，则会行使其权利而获利，如果价格走势对其不利，则放弃购买的权利，损失只有当时购买期权时的费用。最早开办黄金期权交易的是荷兰的阿姆斯特丹交易所，1981年4月开始公开交易。目前世界上黄金期权市场不太多。

黄金投资具有较强的抗风险性。即使是在信用货币使用如此发达的当代经济中，黄金仍然充当着重要的国际储备作用。作为一种世界通行的硬通货，黄金具有不可比拟的价值地位，能够避免因为经济、政治等风险而发生系统性的资产贬值。

第三节 艺术品投资

中国自古就有“盛世收古董，乱世藏黄金”的古训。随着人们生活水平和文化素质的不断提高，在金融和房地产投资发展到一定程度后，人们必然倾向于更高精神层面、更具文化内涵的艺术品投资。艺术品投资是以艺术品的买卖来使资本得到增值的一种投资行为，是一种经济和文化的双重行为。它在给投资者带来丰厚的经济利益回报的同时，更多的还是给投资者带来的身心上的愉悦享受，正所谓“投资鉴赏两相宜”。

一、艺术品的定义与分类

（一）定义

艺术品一般是指有一定文化底蕴或有一定民族特色和艺术魅力的欣赏品。艺术品分古代艺术品与现代艺术品。

艺术品的范围很广泛，包括各种收藏品在内。但是，确切地讲，艺术品仅仅是收藏品的一种，而收藏品的内涵要更大一些。收藏品是有收藏价值的物品，邮票、钞票、各类证券、钱币等，因为这些东西有历史价值、文化价值或者是文物价值。

（二）分类

艺术品的种类很多，也很复杂，不少艺术品区分的界限并不很清晰。作为世界文明古国，中国历史悠久且自古就有收藏艺术品的传统。中国是艺术品大国，中国艺术品主要有绘画、书法、瓷器、碑刻、文房用具、竹木雕、玉器、金银器、摄影、信札、古书、家具、钱币、珠宝等，尤以书画、瓷器、古书、玉器等为著名。

对于艺术品投资者而言，是不会也不可能对所有种类的艺术品进行投资的。投资者应根据自己的兴趣爱好、知识水平、经济实力等不同情况，选择某一种类或某项艺术品进行投资，这样才有可能收到较好的效果。

二、艺术品的价值

（一）艺术价值

艺术价值指艺术品的内在价值，即审美价值，是指一件艺术品所代表的作者的艺术个性、风格，所反映的民族性和地域性，所体现的特有的认知方式，所附着的精神文明方面的内涵。艺术品的艺术价值是艺术品主体所固有的特质，它是创作者和社会文明合力的凝结。人们在欣赏艺术品的过程中会产生美感、联想和共鸣。收藏、欣赏艺术品的过程也是净化灵魂、陶冶情操的过程。

（二）历史价值

历史价值是指某种艺术品在历史上的地位和在今天的作用，往往表现一个时代的特有价值，并且可能在不同的时代都有不同的解读、不一样的影响或作用。艺术品的历史价值不是作品本身所固有的和一成不变的，而是随时代的变化而变化的。艺术品因其产生的年代不同，不可避免地带有那个年代的痕迹，艺术品成为了解和解读历史的一把钥匙。例如青铜器反映了中国的商周文化；青瓷反映了宋代的艺术和工艺。艺术品作为实物资料，较之于文字、民间传说等更能准确地反映和解释历史。

（三）收藏价值

艺术表达在物质上并产生了造型，带有赏玩的功能，并成为人们高级娱乐生活、陶冶情操的重要组成部分，体现了收藏价值。收藏的需要又促进了交易的繁荣，而就是艺术品所具有的这一收藏价值及人们的收藏需求，使得艺术品拍卖市场经久不衰。

（四）经济价值

艺术品的经济价值是随着商品经济的出现才表现出来的，现在也是指市场价值，它以价格来表示，由艺术品市场的供求关系来决定。通过艺术品的交易行为，货币的保值增值功能得以体现，因此可以把艺术品的收藏和交易看作一种投资经营活动。事实也确实如此，由于人们物质文化生活水平的提高，艺术品也成了富有阶层甚至一般市民投资理财的重要平台和渠道。经济繁荣、生活水平越高，艺术品的需求量越大，艺术品的市场价格就越高。

以上四种价值有机地统一在艺术品上，互为因果，互为条件，形成了整体。

三、艺术品投资的风险

与成熟的国际艺术品市场相比，处于爆发式发展阶段的中国艺术品市场不仅蕴含了巨大的发展潜力和升值空间，也潜藏了诸多风险。对艺术品投资特点及其风险的充分认知，对于日益社会化、大众化的艺术品投资者来说是十分必要的。

（一）流动性风险

如果将艺术品同股票和债券等金融资产相比，艺术品的流通性当然远远不如。除了节假日外，股票和债券等金融资产每天都能交易，且买卖十分方便。相比之下，艺术品的流通性远远弱于股票和债券等金融资产，成交不活跃。艺术品市场相对于一般的投资品种，市场参与者少，对专业知识鉴赏能力要求高，受人们的偏好影响很大。当持有者急需要现金时，可能无法以合理的价格出售，甚至找不到合适的买方。从流通渠道来看，艺术品主要通过画廊、古玩店、博览会、拍卖会和私下交易变现，这其中大多数画廊、古玩店成交清淡；艺术博览会一般一年一次，成交也不活跃；私下交易价格不透明、不安全；艺术品交易中最为正规、活跃的拍卖行，一般只在春秋两季举行拍卖，且进入拍卖行的艺术品又需要一定的档次。这样，一旦投资者出现现金危机时，大多数艺术品很难完全按照其预期价格在市场中变现。

（二）赝品风险

艺术品赝品风险是艺术品投资理财的最大风险，也是初入门者首先会碰到的难题。由于艺术品具有很大的特殊性，目前还没有一个官方的权威鉴定部门，甚至还存在很多鉴定上的争论。现在，除了铜器可以通过金相结构分析判断年代外，其他门类艺术品的鉴定基本上还是依靠视觉、触觉和嗅觉，几乎用不上现代化手段，与传统鉴定方法没有太大区别。而且，任何拍卖公司都不保证所拍艺术品绝对不是赝品，这给艺术品投资带来很大风险。目前，在艺术品投资市场之中，几乎是任何品种，在任何时候，或于任何情况之下，都会有真、假的问题或纠纷发生。艺术品市场的赝品早已泛滥成灾，并有愈演愈烈之势。投资者一旦购买假货，对其造成的损失几乎是百分之百的。

（三）安全性风险

艺术品大都对保管条件要求很高。如名家字画、珍贵邮票等纸类艺术品的保管对湿度、温度、光照、空气流动等有很高要求；瓷器、青铜器、玉器等非纸类艺术品，要防止腐蚀、磕碰甚至摔坏。某些藏品，更是需要特殊的保藏技术和设备、高深的保藏方法、严格的保藏环境、专业的保藏人员，这是一般的投资者所无法企及的。收藏者要谨防艺术品破损、污渍、受潮、发霉、生锈，也不能随意加工，否则艺术品可能会价值大跌，甚至一文不值。此外，在鉴赏、摆放、运输过程中，也需要格外小心。

(四)收益性风险

只要是投资活动，就伴随着风险，艺术品投资也不例外。艺术品投资有着巨大的价格波动风险。艺术品并非是一个稳赚不赔的投资市场。艺术品价格受到作品质量、存世量、作者的知名度、文化传承、经济状况、国家政策、人们的偏好以及媒介“炒作”程度等多种因素的制约，变化很大。傅抱石的力作《云中君和大司命》在 1995 年 4 月北京翰海拍卖会上以 3 960 000 元成交。5 年后，该画又在中国嘉德秋季拍卖会上亮相，估价只有 2 500 000～3 500 000 元，最后出现了无人竞买的场面，拍卖流标。2004 年嘉德秋拍，此作品又上拍场，最终以 18 700 000 元成交。

总之，艺术品作为非标准化产品，具有估值主观性强、价格波动大、收益不确定、不可预见的损毁灭失等特性。艺术品投资要求投资人具备较强的风险承受能力，还需要拥有较高的艺术鉴赏能力。在当下中国艺术品市场还不够成熟规范且发展速度快、民间投资热情涌动、金融创新层出不穷的大环境下，投资者尤其是大众投资者应保持理性，审慎投入。

四、艺术品价格的影响因素

艺术品作为一种特殊的商品，既具有商品属性，又具有审美价值。近年来，尽管中国艺术品市场发展迅速，但还处于不成熟阶段，还没有形成规范统一的艺术品定价模式，这就使得我国的艺术品价格起伏很大。对于投资者来说，如何判断艺术品的价格，从而比较合理地制定自己的投资决策，显得尤为重要。

(一)社会经济发达程度

因为艺术品不是生活必需品，人们对它的需求不是刚性需求，弹性特别大。在经济不发达的古代，它不进入寻常百姓家，凡是收藏家起码在经济上吃穿不愁。在社会整体经济水平低下的时候，人们首先考虑要削减的就是在维持生活必需品以外物品的开支，艺术品首当其冲。在整体经济水平高涨的时候，艺术品市场通常会迅速繁荣起来。中国艺术品投资收藏比较发达的时期，大都与经济繁荣有关。

(二)艺术品的艺术价值

艺术品作品本身的艺术品位、艺术质量及其所产生的审美情趣和文化底蕴是影响艺术品价格的重要因素。在正常情况下，艺术品的艺术价值大体与市场价格一致，作品的艺术价值越高，其市场价格也越高。当一件优秀的作品尚未为人认知，或作者未具知名度，该作品的市价会低估，但其价值一旦被人认知，则会大幅升值，以恢复至相应的价值。同样，当一作品的艺术价值不高，而市场价格被人为地抬高，最终被高估的市场价格必有下跌的危机。

(三)艺术品的存世量

艺术品的存世量往往与艺术品价格密切相关，艺术品存世量越少，价格可能越高，如果是孤本，价格就会更高。这里的艺术品主要是指大体相一致的艺术品，比如同一类型同一年代创作的相同题材的艺术品。以齐白石的作品为例，齐白石的艺术成就相当高，尤其是画虾，艺术价值空前绝后。但在艺术品市场上，其画虾的作品远不如其他冷僻题材的作品。如在 1997 年的中国嘉德拍卖会上，齐白石唯一的一幅以“苍蝇”为题材的书画作品，虽然尺寸仅为 9.7 cm×7 cm，但由于其题材特殊而成为全场的焦点，最终拍出 198 000 元的高价，被媒体称为“最昂贵的一只苍蝇”。这主要是因为齐白石画虾的作品数量太多，而其他题材，虽然艺术价值也许不如画虾作品来得完美，但“物以稀为贵”，价格反而在画虾作品之上。

（四）艺术家的知名度及自身状况

艺术作品是艺术家创作出来的，艺术家的水平决定着艺术品的质量和价值。艺术家和艺术作品价值是息息相关的，尤其是对近现代艺术作品而言。艺术家的知名度越高，名气越大，作品的价格自然越高。以中国为例，古往今来艺术家、工艺师不计其数，艺术品存量浩如烟海，但真正有地位的，是那些有很高艺术创作能力的大师、名家的作品。名家与非名家是衡量艺术价值和投资价值的重要界限。在某种程度上，投资艺术品就是投资名家的作品。就拿书画作品来说，大师、大名家、中名家、小名家是目前中国书画市场的四种价格等级，差别巨大。至于无名之辈，一般处在家庭布置画的阶段或一般民众的礼品画档次，不入收藏行列。艺术家自身的生存状态，比如是否在世，身体、精神的健康状态，对其作品价格影响亦很大。如荷兰后印象派画家凡·高活着的时候，作品很长一段时间都不被世人接受和认可。如今，凡·高知名度、名声今非昔比，他的作品价格一路飙升，令人叹为观止。

（五）艺术品完好程度

艺术品保存完好与缺损有很大的价格差，行家经常以“真、精、新”来评价好的艺术品。这里的“新”不是指新制作的艺术品，而是指流传多年的艺术品依然灿烂如新，这是艺术品价值的重要体现。品相决定卖相，明白这个道理之后，交易艺术品时如果自己手中的艺术品破损污损严重，就不要舍不得抛掉。而买进艺术品时则尽可能购买保存完好的，即使价格贵些也比守着一堆破损的艺术品要好。

（六）偶然因素

艺术品价格除了取决于自身之外，在拍卖过程中往往还受到很多偶然因素的影响，比如买家主观上的认识、情感及资金实力、市场炒作、冲动消费等。在艺术品拍卖和交易中，出现了许多令人惊心动魄的竞价场面，产生了不少令人百思不解的价位。有些很好的艺术品被人以低价买去，有些艺术品却因无人问津而流标。这些遗憾往往被人遗忘而被记住的只是那些光彩夺目的高价位。高价位又被人们看得绝对化，没有人对其原因进行深究，因而它们的偶然性原因未被揭示也无从为人们所认识，似乎这样的价格是合情合理的，是物有所值的。这种状况影响了人们的准确投资。有些艺术品的高价格不完全是由艺术品自身决定的，而往往深受买者主观的、外部变化的某些条件影响，艺术品价格有其不可捉摸的一面，有时价格和价值会严重背离。

五、艺术品投资方式

(一)艺术品拍卖

拍卖是国内最早的艺术品投资渠道。艺术品拍卖是指将艺术品通过公开竞价的形式，转让给最高应价者的买卖方式。较之传统的店面销售方式，艺术品拍卖辐射面广、信息传播快、影响力大，整个拍卖过程采用“公开、公正、公平”的竞买原则，也比较透明。因此，近年来在拍卖会上竞拍的方式，越来越受到收藏家、经营者以及其他从事艺术品交易者的欢迎。比较著名的艺术品拍卖公司有佳士得、苏富比、菲利普斯、中国嘉德、北京保利、北京翰海、杭州西泠印社、北京匡时、北京荣宝、上海朵云轩等。拍卖公司主要在春秋两季举行大型拍卖会，也会针对各个艺术品行业的收藏爱好者每年都举行几场艺术品专场拍卖会。艺术品交易市场的行情每年都在跨度递增，吸引全球各地大量的买家购买。艺术品拍卖行情成为艺术品投资的指示器。拍卖可谓是中国艺术品行业发展的奠基石，在文化艺术界有着里程碑的意义。但以拍卖的方式参与艺术品交易时，门槛高，所需要的成本也相对较高。

(二)艺术品基金

艺术品基金是把众多投资人的资金汇聚起来，由艺术品市场领域的专家进行管理，通过多类艺术品组合的投资，最终实现收益目的。它采用的是长期投资方式，一般基金的存续期为 5 到 10 年，甚至更长时间。法国巴黎的熊皮基金是最早的艺术品专业基金。国内最早的艺术品基金出现在 2005 年。2010 年金融机构、私人银行、基金管理公司纷纷推出艺术品基金，这一年也被业内称为“中国艺术品基金元年”。

(三)艺术品信托

艺术品信托是艺术品资产转化为金融资产的一种现象，委托人将其持有的资金委托给受托人，由受托人以自己的名义，按照委托人的意愿将该资金投资于艺术品市场，在尽可能地控制风险的前提下为投资者提供分享艺术品价值增长的收益。“国投信托 · 盛世宝藏 1 号保利艺术品投资集合资金信托计划”在 2009 年 6 月 18 日成功推出，是国内首款艺术品投资集合资金信托计划，信托资金主要用于购买著名画家知名画作的收益权。目前艺术品信托产品的投资门槛一般为 100 万元左右，期限在 3～5 年，在发行时向投资者提供 8%～10%的预期年化收益率，管理费率为 0～1.5%。艺术品投资属于中长线投资，比较适合中产阶级群体。虽然投资收益率相比传统拍卖手段来说要低一些，但投资艺术品信托产品可以帮助投资者减少艺术品挑选、保存等环节可能存在的风险。而信托产品由于受银监会监管，本身有比较强的自律机制，这点可以比较好地弥补艺术品传统市场监管机制缺失及定价机制不透明所带来的风险。在西方，艺术品投资早已是大型金融机构为高端客户提供的一项重要投资内容，也是面向机构投资者的独特投资品种。而在我国，艺术品信托投资还处于刚起步的阶段。

（四）艺术品股票

艺术品股票又叫作艺术品份额交易，是将艺术品金融化，将原有一件完整艺术品，通过众多专家的集体鉴定，并经过市场机构合理分析定价，再将其以若干份额方式加以拆分，并通过类似于股票交易系统的形式进行交易。举例来说，假如一件艺术品价格为 5 000 万元，那么就可以将它分成 5 000 万份份额，按每份份额 1 元申购；此时投资人可以参与艺术品上市前的发行申购，持有艺术品的原始份额。如果投资人以市场价格 1 元/份购买 5 000 份份额，当投资人以市场价格 1.5 元/份卖出全部份额时，投资人可获利 2 500 元；当投资人以市场价格 0.5 元/份卖出全部份额时，投资人即亏损 2 500 元(假设不计佣金)。

天津文化艺术品交易所是我国首家将艺术品份额化交易的机构。2011 年 1 月 26 日，天津文交所将天津山水画家白庚延的两幅作品《黄河咆哮》和《燕塞秋》分别拆分为 600 万份和 500 万份，以每份 1 元的价格挂牌交易。“权益拆分”后的亲民价格迎合了“全民收藏”的热潮。长久以来艺术品市场大都局限于兼具专业知识和财力者进行交易，是个小众市场。艺术品股票交易是市场走向成熟的趋势，将一件艺术品分割成很多小份，然后进行交易，使投资艺术品的门槛得以降低，变成普通百姓都可以参与的活动，这样既可以增强艺术品市场内资金的流动性，而且可以使艺术品与金融结合，使小钱变大钱，用很多人的钱去买好的艺术品，有利于更多人介入艺术品市场，让艺术品投资从小众变成大众。艺术品股票，这一创新模式，为中国普通投资者参与高端艺术品投资提供了新渠道。

随着我国经济体制改革的深入发展，中国艺术品投资市场体系已经初步形成，并逐步成熟和发展起来。企业、金融机构、个人等各类投资主体积极踊跃参与其中，在谋求投资主体未来的经济利益最大化的同时，将我国艺术品投资市场给大大促进，使之发展壮大了。

案例 >>>

海南一开发商诈骗超 3 亿　一房多卖曝出黑洞

高息借款购买土地、拿土地做抵押换取银行贷款、一房多卖偿还贷款和借款……这是开发商聂仲根在资金链吃紧的情况下，拆东补西圈钱的“连环计”。海南澄迈县“阳光花苑”小区 150 名业主惊呼：“用大半辈子积蓄买来的房子户主却是别人？”

此案目前已被警方侦查终结。据知情人士透露，聂仲根在 2008 年成立两家公司，经营房地产项目时，注册资金仅 1 000 万元，他的买地款绝大部分是高息借款筹集。按照 4%的月息计算，一个月需要支付的利息多达 900 多万元。

在银行贷款收紧、楼盘销售不畅的情况下，部分房企往往利用一些担保公司、投资公司来进行融资。在明知资金回笼乏力的状况下，聂仲根是如何利用两家资质偏差、实收资本为零的公司一步步圈地，开发房地产项目呢？

虚报注册资本提高公司“身价”，高息揽金购置土地，以土地为抵押向银行贷款。据办案民警王侦侦介绍，聂仲根在 2011 年通过中介公司虚报注册资本 4 000 万元，故意夸大公司履行合同的能力。

“占地 99 亩的阳光花苑小区，土地出让金 7 000 多万元，其中 5 000 多万元是通过各种途径获得的高息借款。购置土地后，又以土地和地上建筑为抵押物，向银行贷款 1.1 亿元。”王侦侦说。

一房多卖，回笼资金用于偿还债务和银行贷款。记者采访了解到，“阳光花苑”的商品房售价每平方米 9 000 元，聂仲根要求售楼人员将已经出售的房屋，以每平方米 4 000 元左右的团购价再次出售，每平方米至少净赚 8 000 元。

商品房团购预订金支付土地出让金。聂仲根在开发占地 200 亩的一楼盘时，1 200 余户、2 亿多元的新疆一家单位的团购预订金用于缴纳 5 400 多万元的土地出让金。然而，在签订商品房预订合同前，已将这个项目中的一宗土地抵押给一家担保公司，获取资金用于偿还贷款和后续开发。

资料来源：傅勇涛，马超．海南一开发商诈骗超 3 亿　一房多卖曝出黑洞[EB/OL]．新华网．2014-02-24．

多地政策频出，“学区房”降温了吗？

新学年临近，随着北京、上海、深圳、成都等城市加快学区改革，施行多校划片、分配名额、教师轮岗等措施促进基础教育公平，记者调查发现，一些地区学区房已出现降温迹象。业内人士认为，仍需多措并举，持续扩大优质教育资源覆盖面，淡化学区房概念，让教育和住房均回归本位。

2021 年 4 月，北京教育资源最为丰富的西城区、海淀区、东城区等分别发布义务教育阶段入学工作的相关实施办法，指出将坚决执行对特定时间节点后购房家庭的子女入学执行多校划片政策。

在上海，意在进一步促进校际均衡发展的政策也已陆续出台。2021 年 1 月，上海市教委等部门出台《关于进一步加强上海市中小学教师人事管理制度建设的指导意见》，提及促进校长教师合理流动、优化中小学教师资源配置的关键信息。3 月，上海发布“中招新政”，到 2022 年，上海每一所不挑生源的初中，原则上都能拿到市优质高中分配下来的名额，最大限度保证学校之间的平等。

除了出台一系列政策促进义务教育优质均衡，多个城市相关部门也在着力整治以学区房的名义违规宣传和炒作房价的行为。北京、成都、石家庄、南京等城市展开行动治理房地产领域虚假违法广告。2021 年 4 月，北京市住建委会同相关部门针对房地产经纪机构炒作学区房行为，对海淀区万柳、翠微，西城区德胜、金融街，东城区交道口等价格快速上涨区域进行专项执法检查，包括链家、我爱我家等 6 家炒作学区房的门店暂停营业整改。

易居研究院智库中心研究总监表示，学区房是近年来每一轮楼市行情的领头羊，炒作明显，有损教育公平。当前，楼市调控越来越微观、精准，此轮针对学区房的“定向调控”所传递信号非常明显。通过严厉打击学区房炒作、给价格高企的学区房降温，对促进教育资源的公平和均衡具有积极意义。

业内人士指出，学区房的存在以及以学区房名义炒作房价的行为在各地屡见不鲜，根源在于教育资源不均衡。只有不断弥合教育资源差异，缩小同一地区“牛校”与“普校”间的差距，教育资源日趋均衡，学区房的概念才会日渐弱化。

一位住建部门负责人认为，住房还是要回到原本的居住本质上，而不是畸形的教育资源属性和其他附加属性。

“学区房价格不是一直坚挺的，买了学区老破小后，不仅难有居住品质保障，而且在国内多地‘学区房’调控加速的风向下，存在资产贬值的风险。”

“公众在购房的选择上，建议应该基于真实的居住需求配置资产。”

资料来源：鲁畅、郭宇靖．多地政策频出，“学区房”降温了吗？[EB/OL]．新华网．2021-07-06．

本章小结>>>

土地是人类社会赖以生存的物质条件，是一切生产和生活的源泉。房地产是指房产和地产的总称，包括土地、建筑物及固着在土地、建筑物上不可分离的部分及其附带的各种权益。

房地产投资，是指资本所有者将其资本投入到房地产业，以期在将来获取预期收益的一种经济活动。个人房地产投资方式主要有房地产购买、房地产租赁和房地产信托。

黄金作为一种全球性的资产，能够较好地抵御通货膨胀和政治经济动荡的影响，长期以来，被人们视为一种很重要的保障性投资工具。中国一般习惯于用克来做黄金计量单位，在欧美黄金市场上交易的黄金，其使用的黄金交易计量单位是盎司。

艺术品投资是以艺术品的买卖来使资本得到增值的一种投资行为，是一种经济和文化的双重行为。中国艺术品市场不仅蕴含了巨大的发展潜力和升值空间，也潜藏了诸多风险。

艺术品作为非标准化产品，具有估值主观性强、价格波动大、收益不确定、不可预见的损毁灭失等特性。艺术品投资要求投资人具备较强的风险承受能力，还需要拥有较高的艺术鉴赏能力。

思考与练习>>>

1. 房地产投资有什么特点？

2. 结合你所在的城市分析当前影响我国房地产价格的因素有哪些。

3. 张先生向某商业银行申请住房商业贷款 600 000 元，年利率为 5.85%，还款期 20 年，每月还贷，请分别用等额本金还款法与等额本息还款法计算其首月还款金额。

4. 黄金投资优点在哪里？

5. 影响黄金价格的因素有哪些？

6. 什么是纸黄金？纸黄金投资有什么优缺点？

7. 艺术品有什么特性？

8. 试分析影响艺术品价格的因素。

9. 艺术品投资方式主要有哪些？

第五章 金融投资规划

金融投资规划

本章学习要点>>>

实体经济投资是投资于进行物质和精神产品生产、流通、服务的各种产业，不仅包括对工业、农业、商业服务业、交通通信业、建筑业等产业的投资，而且包括对教育、文化、艺术、体育等产业的投资。金融资产投资是投资于以价值形态存在的资产，包括对各种票据、存单、股票、债券、外汇以及其他代表对未来收益或资产合法索求权的凭证等的投资，其中以股票、债券等为代表的证券投资是其主要内容。本章将重点学习金融投资工具，包括股票、债券、基金、金融衍生品、外汇等品种，并掌握其投资策略与方法，培养大学生正确的世界观、人生观、价值观，增强大学生"看多中国，做多中国"的认知、信心和技能。

第一节 股票投资

一、股票概述

(一)股票的定义

股票是一种有价证券，是股份公司在筹集资本时向出资人公开或私下发行的、用以证明出资人的股东身份和权利，并根据持有人所持有的股份数享有权益和承担义务的凭证。

简单来讲，股票代表着其持有者(股东)对股份公司的所有权，这种所有权是一种综合权利，如参加股东大会、投票表决、参与公司的重大决策、收取股息或分享红利等。同一类别的每一份股票所代表的公司所有权是相等的。每个股东所拥有的公司所有权的大小，取决于其持有的股份数占公司总股本的比重。股票一般可以通过买卖方式有偿转让，股东能通过股票转让收回其投资，但不能要求公司返还其出资。股东与公司之间的关系不是债权债务关系，股东是公司的所有者，以其出资额为限对公司负有限责任，承担风险，分享收益。

(二)股票的基本特征

1. 不可偿还性

股票是一种无偿还期限的有价证券，投资者认购了股票后，就不能再要求退股，只能到二级市场卖给第三者。股票的转让只意味着公司股东的改变,并不减少公司资本。从期限上看,只要公司存在,它所发行的股票就存在,股票的期限等于公司存在的期限。

2. 参与性

股东有权出席股东大会,选举公司董事,参与公司重大决策。股票持有的投资意志和享有的经济利益,通常是通过行使股东参与权来实现的。股东参与公司决策的权利大小,取决于其所持有的股份的多少。从实践中看,只要股东持有的股票数量达到能左右决策结果所需的实际数量时,就能掌握公司的决策控制权。

3. 收益性

股东凭其持有的股票,有权从公司领取股息或红利,获取投资的收益。股息或红利的大小,主要取决于公司的盈利水平和公司的盈利分配政策。股票的收益性,还表现在股票投资者可以获得价差收入或实现资产保值增值。通过低价买入和高价卖出股票,投资者可以赚取价差利润。在通货膨胀时,股票价格会随着公司原有资产重置价格上升而上涨,从而避免了资产贬值。股票通常被视为在高通货膨胀期间可优先选择的投资对象。

4. 流通性

股票的流通性是指股票在不同投资者之间的可交易性。流通性通常以可流通的股票数量、股票成交量以及股价对交易量的敏感程度来衡量。可流通股数越多,成交量越大,价格对成交量越不敏感(价格不会随着成交量一同变化),股票的流通性就越好,反之就越差。股票的流通,使投资者可以在市场上卖出所持有的股票,取得现金。通过股票的流通和股价的变动,可以看出人们对于相关行业和上市公司的发展前景和盈利潜力的判断。那些在流通市场上吸引大量投资者、股价不断上涨的行业和公司,通过增发股票,不断吸收大量资本扩大生产经营规模,起到了优化资源配置的效果。

5. 风险性

股票在交易市场上作为交易对象,同商品一样,有自己的市场行情和市场价格。由于股票价格要受到诸如公司经营状况、供求关系、银行利率、大众心理等多种因素的影响,其波动有很大的不确定性。正是这种不确定性,有可能使股票投资者遭受损失。价格波动的不确定性越大,投资风险也越大。因此,股票是一种高风险的金融产品。

二、股票的种类

股票的种类很多,分类方法也有所不同。常见的股票类型有以下几种。

(一)普通股和优先股

普通股是指在公司的经营管理、盈利及财产分配上享有普通权利的股份,代表在满足所有债权偿付要求及优先股东的收益权与求偿权要求后,对企业盈利和剩余财产的索取权,它构成公司资本的基础,是股票的一种基本形式,也是发行量最大、最为重要的股票。目前我国上海和深圳证券交易所可以在二级市场流通和交易的股票,都是普通股。

普通股持有者按其所持有股份比例享有以下基本权利:(1)公司决策参与权。普通股股东有权参与股东大会,并有建议权、表决权和选举权,也可以委托他人代表其行使股东权利。(2)利润分配权。普通股股东有权从公司利润分配中得到股息。普通股股息是不固定的,由公司盈利状况及其分配政策所决定。普通股股东必须在优先股股东取得固定股息之后才有权享有股息分配权。(3)优先认股权。如果公司需要扩张而增发普通股股票,现有普通股股东有权按其持股比例,以低于市价的某一特定价格优先购买一定数量的新发行股票,从而保持其对企业所有权的原有比例。(4)剩余资产分配权。当公司破产或清算时,若公司的资产在偿还欠债后还有剩余,其剩余部分按"先优先股股东、后普通股股东"的顺序进行分配。

优先股是公司在筹集资金时,给予投资者某些优先权的股票,这种优先权主要表现在两个方面:第一,优先股有固定的股息,不随公司业绩好坏而波动,并且可以先于普通股股东领取股息;第二,当公司破产进行财产清算时,优先股股东对公司剩余财产有先于普通股股东的要求权。但优先股一般不参加公司的红利分配,持股人亦无表决权,不能借助表决权参加公司的经营管理。一些国家的公司法规定,优先股只能在公司增募新股或清理债务等特殊情况下才能发行。

(二)国有股、法人股、社会公众股和外资股

国有股是指有权代表国家投资的部门或机构以国有资产向公司投资所形成的股份,包括以公司现有国有资产折算成的股份。

法人股是指企业法人或具有法人资格的事业单位和社会团体以其依法可支配的资产投入公司而形成的非上市流通的股份。

社会公众股是指我国境内个人和机构,以其合法财产向公司可上市流通股权部分投资所形成的股份。

外资股是指股份公司向外国和我国香港、澳门和台湾地区投资者发行的股票。这是股份公司吸引外资的一种方式。外资股按上市的地域可以分为境内上市外资股和境外上市外资股。境内上市外资股是指股份有限公司在我国境内上市的股份,它是由人民币表明面值,以外币认购和买卖,在境内证券交易所上市交易的普通股股票。境外上市外资股是指股份有限公司向境外投资者募集并在境外上市的股份,它以人民币表明面值,以外币认购。

(三)A 股股票、B 股股票和境外上市股票

A 股股票,是指已在或获准在上海证券交易所、深圳证券交易所流通的且以人民币为计价币种的股票。这种股票按规定只能由我国居民或法人购买,所以我国股民通常所言的股票,一般都是指 A 股股票。

B 股股票,是以人民币为股票面值、以外币为认购和交易币种的股票。它是境外投资者向我国的股份有限公司投资而形成的股份,在上海和深圳两个证券交易所上市流通。

境外上市股票,是指我国的股份有限公司在境外发行并上市的股票,目前主要有在我国香港证券交易所流通的 H 股,在美国证券交易系统流通的 N 股,在新加坡证券交易系统流通的 S 股。

(四)绩优股和垃圾股

绩优股是业绩优良的公司股票,主要指的是业绩优良且比较稳定的大公司股票。这些大公司经过长时间的努力,在行业内达到了较高的市场占有率,形成了经营规模优势,利润稳步增长,市场知名度很高。绩优股具有较高的投资回报和投资价值。其公司拥有资金、市

场、信誉等方面的优势，对各种市场变化具有较强的承受和适应能力。绩优股的走势相对稳定，长期保持上升趋势。因此绩优股一般会受到投资者，尤其是从事长期投资的稳健型投资者的青睐。

垃圾股，是与绩优股相对应的概念，指的是业绩较差的公司股票。这类上市公司或者由于行业前景不好，或者由于经营不善等，有的甚至进入亏损行列。其股票在市场的表现萎靡不振，股价走低，交易不活跃，年终分红也差，投资者在考虑选择这些股票时，要有比较高的风险意识，切忌盲目跟风投机。

绩优股和垃圾股不是天生的和绝对的。绩优股公司决策失误，经营不当，其股票可能沦落为垃圾股；而垃圾股公司经过资产重组和提高经营管理水平，抓住市场热点，打开市场局面，也有可能将其股票变为绩优股。这样的例子在中国股票市场中可说是比比皆是。

三、股票的价值与价格

（一）股票的价值

1. 票面价值

股票的票面价值又称股票票值或票面价格，是股份公司在所发行的股票票面上标明的票面金额，它以“元/股”为单位，其作用是表明每一张股票所包含的资本数额。在我国上海和深圳证券交易所流通的股票票值均为每股 1 元。

2. 账面价值

股票的账面价值又称股票净值或每股净资产，是每股股票所代表的实际资产的价值。每股账面价值是以公司净资产除以发行在外的普通股股票的股数求得的。

3. 内在价值

股票的内在价值是指股票未来现金流入的现值。它是股票的真实价值，也称理论价值。股票的未来现金流入包括两部分：预期股利和出售时得到的收入。股票的内在价值的计算方法有现金流贴现、市盈率估价等。但在股票的实际交易中，未必都会反映出自己的内在价值，它还受到市场情绪等因素影响。

4. 清算价值

股票的清算价值是指股份公司破产或倒闭后，进行清算之时每股股票所代表的实际价值。从理论上，股票的每股清算价值应当与股票的账面价值相一致，但企业在破产清算时，其财产价值是以实际的销售价格来计算的，而在进行财产处置时，其售价都低于实际价值。所以，股票的清算价值就与股票的净值不相一致，一般都要小于净值。股票的清算价值只是在股份公司因破产或其他原因丧失法人资格而进行清算时才被作为确定股票价格的根据，在股票发行和流通过程中没有具体意义。

（二）股票的价格

1. 发行价格

股票的发行价格是指股份有限公司出售新股票的价格。在确定股票发行价格时，可以按票面金额来确定，也可以超过票面金额确定，但不得以低于票面金额的价格发行。股票发行一般是公开向社会募集股本，发行股份，这种价格的高低受市场机制的影响极大，取决于公司的投资价值和供求关系的变化。如果股份有限公司发行的股票，价格超过了票面金额，被称为溢价发行，至于高出票面金额多少，则由发行人与承销的证券公司协商确定，报国务院证券监督管理机构核准，这种决定股票发行价格的体制，就是发挥市场作用，由市场决定价格，但是受证券监督管理机构的监督。当股票发行公司计划发行股票时，需要根据不同情况，确定一个发行价格。

2. 流通价格

股票的流通价格即股票在股票市场交易过程中交易双方达成的成交价，又称“股票行市”，有时也简称“股价”。对于投资者来说，股价是“生命线”，它可以使投资者破产，也可以使投资者发财。股价表示为开盘价、收盘价、最高价、最低价和市场价等形式，其中收盘价最重要，它是人们分析行情和制作股市行情表时采用的基本数据。

3. 除权价格

除权是由于公司股本增加，每股股票所代表的企业实际价值（每股净资产）有所减少，需要在发生该事实之后，从股票市场价格中剔除这部分因素而形成的剔除行为。除权价格是在公司除权后，股票的价格即反映为除权价格。

除权日的开盘价不一定等于除权价，除权价仅是除权日开盘价的一个参考价格。当实际开盘价高于这一理论价格时，就称为填权，在册股东即可获利；反之，实际开盘价低于这一理论价格时，就称为贴权，填权和贴权是股票除权后的两种可能的情形，它与整个市场的状况、公司的经营情况、送配股的比例等多种因素有关，并没有确定的规律可循。但一般来说，上市公司股票通过送配以后除权，其单位价格下降，流动性进一步加强，上升的空间也相对增加。

四、影响股价的基本因素

在自由竞价的股票市场上，股票的市场价格变动频繁。引起股票市场价格变动的直接原因是供求关系的变化。但往往在供求关系的背后却有着一系列更深层次的原因。除股份公司本身的经营状况以外，任何政治、经济、财政、金融、贸易、外交、军事、社会的相关政策的变动都会导致投资者对股市的预期发生改变，对未来市场趋势和价格表现的判断变得乐观或者悲观起来，从而直接决定其投资行为，影响股市上的供求关系，进而影响股票价格的涨跌。在影响股票价格的诸多因素中，有的是影响股市长期发展的基本因素，有的只是影响股价短期波动的暂时因素；有的因素对股价的影响长久而深远，有的则直接而火爆。因此，在具体分析股票市场价格变动趋势时，既要全面考虑，又要适时地突出重点。

（一）市场内部因素

市场内部因素主要是指市场的供给和需求，即资金面和筹码面的相对比例，如一定阶段的股市扩容节奏将成为该因素的重要部分。

（二）公司自身因素

股份公司的经营状况是股票价格的基石。从理论上分析，公司经营状况与股票市场价格呈正相关关系。公司自身的因素主要包括公司利润、股息及红利的分配、股票是否为首次上市、股票分割、公司投资方向、产品销路及董事会和主要负责人调整等，公司经营状况好坏可以从以下因素来分析：

1. 公司利润因素

股份公司的盈利水平是影响股票市场价格的主要因素之一。由于股票价值是未来各期股票收益的折现值，而股息又来自公司利润，因此利润的增减变动就成为影响股票价值以及股票市场价格的本质因素。一般来讲，公司利润上升时，股价会上升；利润下降时，股价也会随之下降，两者的变动方向是一致的。

2. 股息红利因素

一般情况下，股价与股息红利水平呈同方向变动，股份公司派息分红的信息对股票市场价格会产生显著的影响。公司宣布派息分红及提高派息分红水平，将会引起股价上升，公司宣布取消派息分红及降低派息分红水平，股价将会应声下跌。

3. 股票分割因素

一般在股份公司进行决算的月份，宣布股票分割。在股票分割时，股票持有者所持有的股份能得到与以前相同的股利，因此会刺激一些投资者在股份公司决算期间因指望得到分红和无偿支付而购买股票，股价就会相应上升。分割结束时，价格又趋于稳定。

4. 股票是否为初次上市因素

由于发行承销价偏低，新股上市时，股价通常会逐步上升。上市初期，购买者持续地高估股票价值，新上市股票的报酬率通常大于市场上一般股票的报酬率。

5. 重大人事变动因素

实力大户一般对发行公司的管理权很重视，在董事会、监事会改选前，常会逐步买进股票，以便控制董事会和监事会会。此间，股票市场价格就可能被抬高。

（三）宏观经济因素

宏观经济发展水平和状况是股票市场的背景和后盾，也是影响股票市场价格的重要因素。宏观经济影响股票市场价格的特点是波及范围广、干扰程度深、作用机制复杂和股价波动幅度较大。宏观经济因素主要包括以下内容：

1. 经济增长

经济增长主要是指一国在一定时期内国民生产总值的增长率。一般来讲，股票价格是与经济增长同方向运动的，经济增长加速，社会需求将日益旺盛，从而使投资者对上市公司的业绩前景持乐观态度，会推动股票市场价格的上涨。

2. 经济周期循环

经济周期循环是指经济从萧条、回升到高涨的过程。当预期经济不久将走出低谷而出现回升拐点时，生产者会补充存货，利润将增加，从而投资也会相应增加，工资、就业及货币水平也将随之增加。此时，由于利率仍然处于较低水平，将增加股票的价值（股息、红利及资产净值增加），股票市场价格也就会上涨，并会持续到经济回升或扩张的中期。

3. 货币政策

货币供应量是一国货币政策的主要调控指标，当中央银行放松银根、增加货币供应量时，一方面用于购买股票的资金增多，需求增加，因而股价会上涨；另一方面，货币供应量增加，也会使利率下降，投资和消费需求增加，生产和销售增加，企业利润增加，这些因素都会促使股票市场价格上涨。反之，当中央银行紧缩银根、减少货币供应量时，就会产生相反的结果。

4. 财政政策

财政政策主要是指财政增加或减少支出、提高或降低税收对股价上涨或下降所产生的影响。一般来说，财政支出增加，社会总需求也会相应增加，会促进经济扩张，从而会推动股价上涨。反之，财政支出紧缩，社会需求也将相应萎缩，经济景气指数会下降，由此会推动股价下跌。财政税收增加或下降与财政支出增加或紧缩对股价的影响相反。

5. 市场利率

利率对股价变动影响最大，也最直接。利率上升时，一方面会增加借款成本，减少利润，投资需求低会导致资金从股票市场流入银行存款市场，减少对股票的需求；另一方面，利率上升也会使投资者评价股票价值所用的折现率上升，会促使股票市场价格下跌。而当利率下降时，会推动股票市场价格上涨。

6. 通货膨胀

物价因素也是一个影响股票市场价格的很重要的因素。一般来讲，物价上涨，会使股份公司的利润、资产净值及发展能力等相应增加，从而会增加股票的内在价值，促使股票市场价格上涨。同时，在通货膨胀情形下，投资者投资股票具有保值效应，因而会踊跃购买股票，扩大对股票的需求，促进股价的上涨。当然，当发生严重通货膨胀时，经济运行秩序混乱，动摇投资者对经济前景的信心，促使股价下跌。

7. 投资与消费因素

投资与消费构成了社会总需求的最主要因素。投资和消费的增长直接推动社会总需求和经济的扩张，从而会推动股价的上涨。

8. 汇率变化

汇率变化也是影响股价变动的重要因素。特别是在一个开放的经济市场中，以及在货币可自由或相对自由兑换的环境中，汇率变化直接对股价形成冲击。

9. 国际收支状况

一般来说，国际收支出现持续顺差，外汇储备增加，本币投放增加，会刺激投资和经济增长，有利于形成促使汇价和股价上升的心理预期，推动股价的上涨。反之，则促使股价下跌。

（四）政治因素

政治因素对股票市场价格的影响很大，往往因具有较大的不确定性而很难预料。它是指足以影响股票市场价格变动的国内外重大事件，如战争、政权更迭、领袖更替等重大事件的发生以及政府的重大政策、措施、法令，管理条例等的颁布；政府的社会经济发展计划、经济政策的调整等均会影响到股价的变动。

（五）其他因素

如自然因素（主要指自然灾害）、投机和心理因素。

总之，影响股票市场价格的因素很多，凡是能作用于一国经济状况的因素都会在股票市场上体现出来，所以说，股票市场是一国经济的“晴雨表”。

五、股票投资的收益与风险

（一）股票投资的收益

股票投资的收益是投资者参与股票投资的最主要的目的。一般情况下，按照股票投资收益的来源可以划分为两大类：一类是红利收益；另一类是资本增值。红利收益是投资者购买股票后在一定的时期内获得的按持股比例分配的收益，即投资者购买股票后成为公司的股东，以股东的身份，按照持股的多少，可从公司可获得的相应的股利，包括股息、现金红利和红股等。而资本收益是因持有的股票价格上升所形成的资本增值，即投资者利用低价进高价出所赚取的差价利润，这正是目前我国绝大部分投资者投资股票的直接目的。

（二）股票投资的风险

股票投资的风险是指投资者预期股票投资收益的不确定性，在股票投资中，投资者面临系统性风险和非系统性风险两大类风险。

1. 系统性风险

系统性风险又称市场风险，也称不可分散风险，是指由于某种因素的影响和变化，导致股票市场上绝大多数股票价格的下跌，从而给股票持有人带来损失的可能性。从风险的来源看，系统性风险主要有：

(1)购买力风险。又称通货膨胀风险，是指由于通货膨胀引起的投资者实际收益率的不确定。

(2)利率风险。这里所说的利率，是指银行信用活动中的存贷款利率。由于利率是经济运行过程中的一个重要经济杠杆，它经常发生变动，从而会给股票市场带来明显的影响。一般来说，银行利率上升，股票价格下跌，反之亦然。

(3)汇率风险。主要体现在两方面：本国货币升值有利于以进口原材料为主从事生产经营的企业；而不利于产品主要面向出口的企业。因此，投资者看好前者，看淡后者，这就会引发股票价格的涨落。

(4)宏观经济风险。主要是由于宏观经济因素的变化、经济政策的变化、经济的周期性波动，以及国际经济因素的变化可能给股票投资者带来的意外收益或损失。

(5)社会、政治风险。稳定的社会、政治环境是经济正常发展的基本保证，对证券投资者来说也不例外。倘若一国政治局势出现大的变化，如政权更迭、国家首脑健康状况出现问题、国内出现动乱、对外政治关系发生危机时，都会在证券市场上产生反响。

2. 非系统性风险

非系统性风险是指由某种特殊因素导致的、只影响部分或个别股票投资损益的风险。

只对个别公司或行业的股票发生影响,与股票市场总价格的变动不存在系统性、全局性的联系,为防范非系统性风险的发生,一般可采取股票组合投资的方法防范。因此,非系统性风险也称为可分散风险,其来源主要有以下几种:

(1)经营风险,是指公司经营不善带来损失的风险。公司经营不善是对投资者的一种很大威胁。它不仅能使投资者无法获取投资收益,甚至有可能使本金遭受损失。

(2)财务风险,是指公司的资金困难引起的风险。一个上市公司财务风险的大小,可以通过该公司资产负债率的多少来反映。企业资产负债率高,则风险大;反之,则风险小。

(3)信用风险,也称违约风险,是指不能按时向证券持有人支付本息而使投资者造成损失的可能性。这主要是针对债券投资品种,对于股票投资只有在公司破产的情况下才会出现信用风险。造成违约风险的直接原因情况是公司财务状况不好,最严重的是公司破产。

(4)道德风险,主要是指上市公司管理者的道德风险。上市公司的股东和管理者是一种委托—代理关系。由于管理者和股东追求的目标不同,尤其在双方信息不对称的情况下,管理者的行为可能会造成对股东利益的损害。

六、股票投资的优势

虽然并非所有理财成功的人都会投资股票,但是懂得熟练运用股票投资无疑会更快地取得投资理财上的成功。

(一)能够获得上市公司的股息或红股

通常,上市公司每年都会主动与股东分享经营成果,通过派送股息、送红股等方式分享利润。如果遇到经营困难,可能会取消当年的股息和红股。但是,完全取消股息的做法一般较为罕见。即使在发生金融危机时,上市公司一般都只会减少股息,而非完全取消股息。

(二)能够在股票市场上进行交易,获取买卖价差的收益

可以在二级公开市场上自由买卖股票以获得除股息和红股以外的价差收益。由于股票市场的波动性很强,股价变动频繁,幅度很大,因此,买卖价差往往成为投资者最为关注的股票收益。一些独具慧眼的专业投资者甚至能够通过频繁买卖股票来多次获得惊人的价差利润。

(三)股票投资金额弹性大、门槛低

相对于房地产与古董商品等大金额的投资种类而言,股票投资的资金门槛很低,弹性也很大。一般而言,股票投资是以“手”为单位的,一手是 100 股股票。假如一只股票的价格是 10 元,那么一手股票的总价就是 1 000 元,另外还要附加少许的手续费用。因此,只要投资者有 1 000 元多一点的资金就足以进行股票投资了,对于资金更少的投资者还可以考虑股价更低的股票。所以,普通老百姓一般都有足够的能力投资于股票市场,无须担心资金的门槛问题。

(四)变现性、流动性强

股票市场可以说是众多投资市场中流动性最强的市场。流动性包括变现时间成本和资

金成本两个方面。由于股票市场交易非常活跃，买卖双方的交易意愿强烈，再加上现代化电子交易系统的辅助，股票的成交速度十分迅速。基本上投资者一发出买卖的指令，只需要几分钟，交易即可完成，时间成本很低。此外，各个股票券商之间的激烈竞争使得买卖股票的手续费用已大为降低，投资者不用担心变现股票所带来的资金成本会严重损害投资利润。

（五）投资股票具有抗通货膨胀的功能

抗击通货膨胀最有效的方法就是获得比通货膨胀率更高的投资收益率。股票的收益性很强，一般要高于银行存款和债券的收益率，不仅能够弥补通货膨胀所造成的损失，而且还能够在此基础上获得更高的收益，因此股票具有较强的抗通货膨胀功能。

七、股票投资的策略

股票投资中常用的策略有：被动投资、价值投资和成长性投资、趋势投资、多元化投资组合等。

（一）被动投资

被动投资的理论基础是建立在有效市场假说基础上的随机漫步理论。相对于价值投资或者趋势投资，被动投资更大程度地体现了“在市场的不断发展中获利”的思想。如果投资者非常谨慎，不想冒非系统性投资风险，也没有时间和精力去研究公司的基本面，那么就可以采取被动投资的方式，投资于可交易指数基金（Exchange Traded Fund，ETF），相当于投资了某一种股票指数的所有成分股，因此分散化的程度很高，从而获得股票市场的总体大盘收益。

（二）价值投资和成长性投资

广义的价值投资是指以宏观经济、行业和具体企业的基本面为依据，分析企业的内在价值，并以此指导投资的方法。它包括了狭义价值投资和成长性投资：(1)狭义的价值投资更倾向于注重投资的安全边际，一般投资于低市盈率、低市净率的股票；(2)而成长性投资则更倾向于注重目标企业的利润增长性和可持续性，主张投资于高市盈率、高市净率的股票。

这两种投资方法都是以对企业进行价值评估为前提的。相对于企业目前的价值而言，过低的股价和良好的盈利成长性都是构成企业投资价值的重要组成部分。成长性可以通过对企业未来的自由现金流贴现来具体呈现，成长性越强，未来现金流的贴现就越高。长期来看，公司的业绩表现与其股价表现是高度一致的，因此弄清楚长期业绩表现与股价表现之间的相关性，是成功投资的关键，要坚信耐心持有终究会有回报的。此外，价值投资者还需兼顾企业未来的发展趋势。如果不认真研究、跟踪企业的基本面变化，股票价值有可能会随着时间的推移而逐步缩小，最终导致投资亏损。

（三）趋势投资

趋势投资不以企业的基本面作为决策依据或主要的依据，而是通过使用对买卖双方力量的分析、技术分析等方法来预测股价的变动趋势，并以此作为波段操作的依据。由于实行趋势投资所需的技术性很强，需要投资者能随时掌握最新的消息和动态，并且在合适的时点上进行技术性的操作,因此趋势投资一般只适用于信息获取能力与操作能力都很强的大型机构投资者,对于散户投资者来说并不十分适合。此外,趋势投资的风险性很高,也很难掌握,所以即使是被誉为投资大师的股神巴菲特也只认为价值投资才是使他致富的投资原则,而非趋势投资。

投资者在进行趋势投资时要注意三个方面:

第一,要时刻紧贴市场的最新消息。成熟的股票市场会迅速、有效地反映各种信息的价值,因此越早掌握信息,就能够越早获知市场未来的趋势,进行有利的交易操作。

第二,注意买卖双方的供求力量关系。买卖双方的力量是短期内决定股票价格变动的重要因素,了解双方实力的差异有助于投资者预测未来股市的趋势。

第三,设置止损点。成功的趋势投资是建立在准确的预期上的,现实往往会与投资者的预期有所不同。因此,设置止损点就显得非常重要,它能够锁定投资者的损失,避免亏损进一步扩大。最后,奉劝各位投资者要认清趋势投资中潜藏的风险,在进行投资时量力而为。

(四)多元化投资组合

多元化投资组合是指买入股票所组成的多元化集合。这种投资方式能够利用各种不同股票之间的非相关性,有效降低投资的非系统性风险。其原则是在兼顾获利性和安全性的前提下,尽量把种类不同、行业不同、区域不同、规模不同的股票纳入组合当中。

第二节 债券投资

一、债券概述

(一)债券的定义

债券是政府、金融机构、工商企业等直接向社会借债筹措资金时,向投资者发行,承诺按一定利率支付利息并按约定条件偿还本金的债权债务凭证。债券购买者与发行者之间是一种债权债务关系。债券发行人即债务人,投资者(债券持有人)即债权人。债券是一种有价证券。由于债券的利息通常是事先确定的,所以债券是固定利息证券(定息证券)的一种。在金融市场发达的国家和地区,债券可以上市流通。由此,债券包含以下四层含义:

1. 债券的发行人(政府、金融机构、企业等)是资金的借入者。
2. 购买债券的投资者是资金的借出者。
3. 发行人(借入者)需要在一定时期还本付息。
4. 债券是债的证明书,具有法律效力。

(二)债券的特征

1. 偿还性,债券一般都规定偿还期限,发行人必须按约定期限偿还本金并支付利息。
2. 流通性,债券一般都可以在流通市场上自由转让。
3. 安全性,与股票相比,债券通常有固定的利率,与企业绩效没有直接联系,收益比较稳定,风险较小。此外,在企业破产时,债券持有者享有优先于股票持有者对企业剩余资产的索取权。

4. 收益性，债券的收益性主要表现在两个方面：一是投资债券可以定期或不定期地给投资者带来利息收入；二是投资者可以利用债券价格的变动，买卖债券赚取差价。

二、债券的种类

债券的种类很多，在债券的历史发展过程中，曾经出现过许多不同品种的债券，各种债券共同构成了一个完整的债券体系。按照不同的标准，债券的种类大致有以下几种：

（一）按发行主体的不同，可分为政府债券、金融债券和企业债券

政府债券，又可分为中央政府债券和地方政府债券。前者是指由中央政府直接发行的债券，又称国债；后者是指由地方政府及其代理机构或授权机构发行的债券，又称市政债券。

金融债券是指由银行或非银行金融机构发行的债券。在欧美国家，金融机构发行的债券归类于企业债券。在我国及日本等国家，金融机构发行的债券则单独称为金融债券。

企业债券通常又称公司债券，是企业依照法定程序发行，约定在一定期限内还本付息的债券。

（二）按利息支付方式的不同，可分为附息债券、一次还本付息债券和贴现债券

附息债券是指券面上附有各项息票的中长期债券。息票上表明利息额、支付利息的期限和债券号码等内容。通常息票以 6 个月为一期。息票到期时，债权人将其剪下来，凭此领取本期利息。息票也是一种可转让的有价证券，中长期国债及企业债券大多为附息债券。

一次还本付息债券是指不设息票，不分期付息，只在到期时将本金和多期利息一并支付给投资者的债券。我国发行的债券大多为一次还本付息债券。

贴现债券又称贴息债券，是指券面上不附息票，发行时按规定的折扣率以低于债券面值的价格发行，到期时按债券面值兑付而不另付利息的一种债券。该种债券的利息即为面值与发行价的差额。如短期国债常常采用贴现发行方式。

（三）按是否可以转换为公司股票划分，可分为可转换债券和不可转换债券

可转换债券是指在特定时期内可以按某一固定的比例转换成普通股的债券，具有债务与权益双重属性，属于一种混合性筹资方式。因可转换债券赋予债券持有人将来成为公司股东的权利，其利率通常低于不可转换债券。若将来转换成功，发行企业可于转换前达到低成本筹资的目的，转换后又可节省股票发行成本。根据法律规定，发行可转换债券的公司应同时具备发行公司债券和发行股票的条件。

不可转换债券是指不能转换为普通股的债券，又称为普通债券。由于其没有赋予债券持有人将来成为公司股东的权利，所以其利率一般高于可转换债券。

（四）按债券的发行方式不同，可分为公募债券和私募债券

公募债券是指按法定程序，经证券主管机关批准在市场上公开发行的债券。这种债券的最大特点是向社会发行，集资对象广泛。发行公募债券有一系列严格的程序和制度，大多数债券发行采用这种形式。

私募债券是指债券只向少数与发行者有特定关系的投资者发行，如企业内部面向职工募集资金的债券。由于发行范围小，因此一般不实行向主管部门和社会公开呈报制度，转让时也受到种种限制。

除了以上几种分类方法以外，债券还可以根据偿还期限的不同，分为长期债券、短期债券和中期债券；也可以根据债券的利率决定方式不同，分为固定利率债券和浮动利率债券；还可以按照券面上是否记名，分为记名债券和无记名债券；还可以按照有无实际担保，分为信用债券和担保债券；等等。

三、债权的价格

债券的价格可分为发行价格与市场交易价格两类。

（一）发行价格

债券的发行价格是指在发行市场（一级市场）上期，投资者在购买债券时实际支付的价格。通常有三种不同情况：(1)按面值发行、面值收回，期间按期支付利息；(2)按面值发行，按本息相加额到期一次偿还，我国目前发行债券大多数是这种形式；(3)以低于面值的价格发行，到期按面值偿还，面值与发行价之间的差额即债券利息。

（二）市场交易价格

债券发行后，一部分可流通债券在流通市场（二级市场）上按不同的价格进行交易。交易价格取决于公众对该债券的评价、市场利率以及人们对通货膨胀率的预期等。一般来说，债券价格与到期收益率成反比。也就是说，债券价格越高，从二级市场上买入债券的投资者所得到的实际收益率越低；反之亦然。

不论票面利率与到期收益率的差别有多大，只要离债券到期日越远，其价格的变动就越大；实行固定的票面利率的债券价格与市场利率及通货膨胀率呈反方向变化，但实行保值贴补的债券例外。

四、影响债券收益的因素

影响债券收益的因素有很多，可把它们分为内部因素和外部因素。内部因素主要是债券的票面利率、价格、期限和信用级别等，外部因素主要有基准利率、市场利率和通货膨胀等。在其他因素不变的情况下，只要上述其中一个因素发生了变化，债券的收益就会发生变化。

（一）内部因素

1. 债券的票面利率

债券的票面利率是债券发行的重要条件之一，其高低主要取决于两个因素。一是债券发行人的资信情况。一般来说，在其他因素相同的情况下，发行人的资信水平越高，债券的利率越低；资信水平越低，债券的利率越高。二是发行时市场利率的高低。一般来说，在不考虑发行折价策略的情况下，发行时的市场利率越高，则债券的票面利率越高；市场利率越低，发行时的票面利率越低。

2. 债券的价格

债券的价格可分为发行价格和市场交易价格。由于债券票面利率和实际利率有差别，所以它的发行价格往往高于或低于面值。债券价格若高于面值，则它的实际收益率将低于票面利率；反之，收益率则高于票面利率。债券的市场交易价格是投资者从二级市场上买卖债券的价格，其价差将直接影响到债券收益率的高低。

3. 债券的期限

在其他因素相同的情况下，债券期限越长，票面利率越高；反之，票面利率越低。除此之外，当债券价格与票面金额不一致时，债券期限越长，债券价格与面额的差额对收益率的影响越小。当债券以复利方式计息时，由于复利计息实际上是考虑了债券利息收入再投资所得的收益，所以债券期限越长，其收益率越高。

4. 债券的信用级别

发行债券的信用级别是指债券发行人按期履行合约规定的义务，足额支付利息和本金的可靠程度。一般来说，除政府发行的债券之外，其他债券都存在违约风险或信用风险。但是，不同的债券其信用风险不同，这种不同主要从债券的信用级别体现出来。信用级别越低的债券，其隐含的违约风险越高，因而其票面利率相对较高。

（二）外部因素

1. 基准利率

基准利率一般是指无风险利率。政府债券风险最低，可以近似看作无风险资产，因此，其票面利率可看作无风险利率。基准利率是决定债券票面利率的重要因素。其他债券在发行的时候，总要在无风险利率的基础上增加风险溢价以弥补投资者所额外承担的风险。因此，基准利率越高，债券的票面利率也会越高。

2. 市场利率

市场利率属于债券投资的机会成本。在市场利率上升时，新发行的债券其收益率也会上升，但已发行债券的市场价格会下跌，因而持有债券的投资者就会遭受损失。相反，市场利率下降时，已发行债券的市场价格就会上升，持有者会因此受益，但新发行的债券其收益率会下降。

3. 通货膨胀

通货膨胀通常是指一般物价水平的持续上升。通货膨胀的存在可能使得投资者从债券投资中所实现的收益不能弥补由于通货膨胀而造成的购买力损失。

五、债券的收益与风险

（一）债券的收益

1. 利息收入

利息收入是指按照债券的票面利率计算而来的收益。如果是一次还本付息债券，投资者将于债券到期时一次收入该债券的全部利息；如果是附息债券，则债券持有人可以定期获得利息收入。显然,这一部分收益是确定的。

2. 买卖差价

买卖差价也称作"资本利得",是指债券投资者购买债券时所投入资金与债券偿还时或未到期前卖出时所获资金的差额。如果是到期一次还本付息的债券,无论是零息票债券还是贴现债券,其收益都由买卖差价构成,即债券到期的偿还金额或卖出时的价格包含了投资者持有债券期间应得的利息收入,但对附息债券而言就不一定如此。

3. 利息再投资收益

利息再投资收益是指在投资附息债券情况下,投资者将每年定期收到的利息收入再进行投资所获得的收益。显然,利息再投资收入具有两个特征:首先,只有附息债券才会产生利息再投资收入,而到期一次还本付息债券不具有到期前的利息收入,也就不会有利息再投资收益。其次,利息再投资收益具有很大的不确定性。由于利息是投资者定期收到的,而各期的市场利率是处于变化之中且各不相同的,因此,在不同时期收到的利息的再投资收益可能是各不相同的,故利息再投资收益具有很大的不确定性。此外,越是息票利率高的债券,越是期限长的债券,利息再投资收益在总收益中占有越大的比例,因而对总收益的影响程度也越大。

(二)债券的风险

作为固定收益产品,与其他证券相比,债券具有安全性高、变现能力强、收益稳定等优点,但是债券投资同样会面临一系列的风险,主要有以下五种:

1. 利率风险

一般而言,债券的价格与利率变化呈反方向变动:利率上升,债券价格下跌;利率下降,债券价格上涨。利率风险是债券投资者所面临的主要风险。

2. 再投资风险

在债券收益的计算中,一般假定所收到的现金流量是被作为再投资的,再投资所获得的收益有时被称作利息的利息,这一收益取决于再投资时的利率水平和再投资策略。由于市场利率变化无常,因此将分期已收到的现金流量进行再投资时,利率可能已经下降了,这种由于市场利率变化所引起的既定投资策略下再投资的不确定性被称为再投资风险。

3. 违约风险

违约风险又叫信用风险,是指发行者不履行其对利息或本金的契约性支付的风险。这种风险多发生在公司与企业债券中,而国债是以国家信用为担保的,一般不存在此风险。

4. 通货膨胀风险

通货膨胀风险又称购买力风险,是指从债券投资中所实现的收益不足以弥补由于通货膨胀而造成的购买力损失。

5. 流动性风险

流动性风险也称适销性风险,是指一种债券能否容易地按照或接近流行的市场价格卖出去。对于计划持有债券直至其到期的投资者来说,流动性风险并不重要。

六、债券投资的优势

债券投资是一种风险较小、收益稳定的投资方式，尤其适合于长期、稳健和保守的投资者。具体而言，债券之所以能够吸引大量的投资者，主要具有以下三个优势：

（一）安全性高

债券的安全性指本金的偿还和利息的支付比较有保障。债券一般都规定有偿还期限，发行人必须按约定期限偿还本金并支付利息。与股票相比，债券通常有固定的票面利率，与企业绩效没有直接联系，收益比较稳定，风险较小。此外，在企业破产时，债券持有者享有的对企业剩余资产的索取权优先于股票持有者。所以投资债券的风险要比投资股票的风险小得多。

（二）流动性强

债券的流动性是指在债券发行期满后，便可以根据需要随时在债券市场上交易，按照市场价格出售债券并收回投入的资金。债券的期限是债券流动性的重要影响因素，一般来说短期债券的流动性要高于长期债券。此外，债券的信用等级也会对其流动性产生影响。信用等级最高的国库券的流动性最强，金融债券和企业债券流动性也都较强。

（三）收益性好

债券的收益表现在两个方面：一是投资债券可以给投资者定期带来利息收入；二是投资者可以利用债券价格的变动，买卖债券赚取差额。无论是投资金融债券还是国库券，年收益率都要比同期储蓄利率高 2%左右。投资企业债券的收益率还要更高一些。

七、债券投资的策略

一般来说，债券投资策略可以分为积极和消极两大类，两者的主要差别在于是否对利率进行预测并据此进行投资。积极投资策略认为市场并不总是有效的，要在预测债券收益率曲线变化的基础上调整债券组合的久期，实现收益的最大化或者寻求投资风险的最小化。相反，消极投资策略则认为市场是有效的，不用进行利率预测，把债券市场交易价格视为均衡交易价格，并不试图寻找价值被低估的债券品种。

（一）积极投资策略

如果债券投资的目的并不仅仅是保值，而是希望获取超额投资利润，则投资者一般会采用积极投资策略。应用该策略的获利方式主要有以下两种：其一是设法预测市场利率的变化趋势，利用债券价格随市场利率变化的规律获利；其二是设法在债券市场上寻找定价偏低的债券品种作为投资对象。具体的积极投资策略有以下八种：

1. 利率预期策略

利率预期策略就是基于对未来利率水平的预期来调整债券投资组合的策略。如果预期利率上升，就应当缩短债券组合的久期以规避利率风险；如果预期利率下降，则应当增加债券组合的久期来赚取超额回报。同样，对于以指数作为评价基准的投资者来说，当预期利率下降时，就应该增加投资组合与基准指数之间的相关程度，从而增加投资组合因利率下降带来的回报；当预期利率上升时，就应该减小投资组合与基准指数之间的相关程度，从而减少投资组合因利率上升带来的损失。

2. 债券互换策略

债券互换策略是指同时买入和卖出具有相近特性的两个以上债券品种，从而获取收益级差的投资方法，因此也被称为收益率利差策略。不同债券在利息、违约风险、期限、流动性、税收特性、可回购条款等方面存在着差别，这就为债券互换提供了潜在获利可能性。采用债券互换策略必须要满足两个条件：一是存在足够高的收益级差；二是过渡期较短，即债券价格从偏离值返回历史平均值的时间较短。收益级差越大，过渡期越短，债券互换所获得的收益率就可能越高。

3. 应急免疫策略

传统的免疫策略是使市场利率变化对债券组合价值恰好不产生任何影响的消极投资策略。应急免疫策略不同于传统的免疫策略，是一种主动管理的积极投资策略，相当于为积极主动管理设置了一个止损的下限。在该方法中，为了保证资产的安全，一般都会先设定一个资产在到期时必须达到的最低收益水平。如果资产的市场价值可以保证在到期时能实现这一最低收益水平，则投资者继续进行主动管理，否则，就要使该组合资产成为应急免疫资产。

4. 骑乘收益率曲线策略

骑乘收益率曲线策略又称收益率曲线追踪策略，是指从债券收益曲线形状变动的预期为依据，来建立和调整组合头寸的投资方法。操作方法有两种：其一，买入收益率曲线最凸起部位所对应剩余期限的债券。假设相近时期的利率水平比较接近，那么收益率曲线最凸起部位所对应的利率可能偏离了正常水平。若回归正常水平，该期限的收益率应该下降，与之对应的债券价格应该上升。其二，当相邻期限利差较大时，收益率曲线比较陡峭，可以买入期限位于收益率曲线陡峭处（收益率水平相对较高）的债券。值得注意的是，骑乘收益率曲线策略并不能使投资者完全规避由于市场利率上升所带来的债券价值下降的风险。但是，采用该策略的债券组合所对应期限的收益率水平上升幅度应该会比其他期限要小。因此，一方面，该策略能够减小利率上升风险带来的影响。另一方面，当利率下降时，采用该策略的债券组合所对应期限的收益率水平下降幅度将会高于其他期限，因此投资者可以获得超常的回报率。骑乘收益率曲线策略的关键影响因素是收益率曲线的凸起程度或者陡峭程度，如果收益率曲线凸起较为明显或者陡峭，则采用此策略获得更高资本利得的可能性就越大。

5. 回购放大策略

回购放大策略是指当回购利率与债券利率存在明显差价时，通过债券回购融入资金，然后买入收益率更高的债券进行获利的操作方法。这里所讲的回购融资，就是买入债券后，将现有债券进行抵押再融资，以融入的资金继续购买债券，如此循环往复的过程。实行回购放大策略需注意两点：其一，在回购放大操作的同时，投资风险也在同步放大，投资者需要根据风险承受能力控制放大操作的比例；其二，由于融资与投资的期限并不相同，投资者可能会面临提前卖券或滚动融资的情况，因此必须控制好流动性风险。

6. 替代互换选择策略

替代互换选择策略指的是在债券市场上寻找息票利率、期限、信用都相同但收益率有差异的债券，并用收益率略高的债券更换组合中收益率略低债券的操作方法。如果市场是有效的，那么市场上就不应该存在这样的套利机会。因此这是一种依赖于债券市场不完善性的投资，只有在较少的时候这一策略才有可行性。

7. 杠铃型投资策略

杠铃型投资策略是指将资金集中购买短期债券与长期债券，并随市场利率变动不断调整资金在两者之间分配比例的操作方法。投资于这两类债券主要出于流动性和收益性的考虑：投资于短期债券是为了保证债券组合的流动性；投资于长期债券是为了保证债券组合的收益性。投资者确定长期、短期债券的持有比例主要依据的是自己对流动性的要求和对市场利率水平变化的预期。如果投资者对流动性要求高，或者预期未来的市场利率水平有可能上升时，可提高短期债券的比例；若投资者对流动性要求低，或者预期未来的市场利率水平有可能下降，则降低短期债券的比例。

8. 子弹型投资策略

与上述杠铃型投资策略集中购买短期和长期债券完全相反，子弹型投资策略是指集中投资中等期限债券的操作方法。按照该策略选择的债券组合呈现出中间突出的特点，就像一颗子弹，该策略也因此而得名。债券市场上长期利率是相对稳定的，而短期利率则经常发生变动。投资者为了规避短期利率频繁波动所带来的风险，同时为了兼顾债券组合的流动性，就可以采取子弹型投资策略，以达到攻守兼备的目的。

（二）消极投资策略

消极投资策略的基本思想是相信市场是有效率的，投资者不能通过主动寻找所谓好的投资机会来获得超额投资收益，因为债券的市场价格是其未来期望收益的体现。具体有以下五种：

1. 买入并持有策略

买入并持有策略是指投资者在买入债券后，并不通过频繁的交易来谋求高额投资收益，而只是长期持有债券来获得稳定票面利息的投资方法。采用该策略必须认真考虑债券的信用风险和流动性。首先，由于此策略主要着眼于安全、稳定地获取债券的票面利息，因此一旦债券发生违约，将会对该类投资者造成重大损失。所以必须选择信用风险非常低的债券。其次，通常相同信用风险的债券流动性越差，票面利率越高，由于该策略是长期投资策略，对债券的流动性要求极低，故可选择流动性较低的债券，以便获得更高的利息收益。

2. 指数化投资策略

指数化投资策略指的是使债券投资组合达到与某个特定市场指数相同收益的操作方法。该策略构建的债券组合风险收益结构与所追踪的债券市场指数的风险收益结构近似，即投资者只愿意承担市场的系统风险，尽量规避非系统性风险。采用该策略的投资者是以牺牲获得更高收益的机会为代价，来换取更为安全、稳定的市场平均收益水平。

3. 传统免疫策略

传统免疫策略是指构造一个债券组合，使市场利率变化对债券价值恰好无影响，从而完全规避债券利率风险的操作方法。该策略基于债券价格波动风险与再投资风险之间存在的替代关系。具体来说,若市场利率下降,将导致债券价格上升,但同时再投资收益率下降;若市场利率上升,将导致债券价格下降,但同时再投资收益率上升。传统免疫策略就是要找到这样一个投资组合,使得当市场利率下降时,债券价格上升带来的收益能够抵消再投资收益率下降导致的损失;反之亦然。

4. 梯子型投资策略

梯子型投资策略又称等期投资法,是指每隔一段时间,当期限最短的债券到期后用所兑现的资金,再在债券市场购买一批相同期限债券的操作方法。采用该策略构建的投资组合均等地包含从长期到短期的各种债券,组合能够保持一种间距相等的梯子型期限结构,该策略也因此而得名。采用这种消极投资策略的目的是在确保一定流动性的前提下,每年都能够获得基本稳定的收益,适合于长期投资。

5. 三角投资策略

三角投资策略就是利用不同投资期限债券收益不同的原理,在连续时段内投资于具有相同到期时间债券的操作方法。因为所投资的债券品种是同时到期的,所以后面买入的债券期限越短,越会使债券组合的期限结构呈现出三角形的形状。三角投资策略类似于银行所提供的零存整取业务,分期逐步投入,在未来某一个需要的时点集中提取。此方法强调的是所有债券投资能够同时到期,专款专用,适合于定期投资。

第三节 基金投资

一、基金概述

(一)基金的定义

基金(Fund)有狭义和广义之分。从狭义上讲,基金是指具有特定的目的和用途的资金。这也是从财务会计的角度来讲的,如固定资产折旧基金、工资基金、住房公积金等。从广义上讲,基金是指为了某种目的而设立的具有一定数量,并具有一定的投资价值的资金,如保险基金、信托投资基金等,主要用于证券投资。这才是本书要求我们认识、了解并掌握的对象。投资基金是通过发行基金券(包括基金股份和受益凭证),将众多投资者分散的资金集中起来,由专业的投资机构分散投资于股票、债券或其他金融资产,并将投资收益分配给基金持有者的投资制度。

(二)证券投资基金的特点

证券投资基金之所以在许多国家受到投资者的青睐,发展迅速,与证券投资基金本身的特点有关。

1. 集合投资

投资基金将众多小额资金汇集起来,其经营具有规模优势,可以降低交易成本;对于筹资方来说,也可有效降低发行费用。基金可以广泛地吸收社会闲散资金,汇成规模巨大的投资资金。在参与证券投资时，资本越雄厚，优势越明显，而且可能享有大额投资在降低成本上的相对优势，从而获得规模效益。

2. 分散风险

投资活动中，风险和收益总是并存的，因此，“不能将所有的鸡蛋都放一个篮子里”，这是证券投资的箴言。投资基金可以将资金通过有效的投资组织分散投资到多种证券或资产上，从而最大限度地降低非系统性风险，同时也可以借助于资金庞大和投资者众多的特点使每个投资者面临的投资风险变小，达到分散投资风险的目的。

3. 专业理财

一方面，投资基金由具有专业知识的人员管理，具有丰富的证券投资和其他项目投资经验，特别是有精通投资业务的投资银行的参与，能够更好地利用各种金融工具，抓住市场的投资机会，创造更好的收益。另一方面，投资基金发行、收益分配、交易、赎回都由专业的机构负责，特别是可以将收益自动转化为再投资，使整个投资过程轻松、简便。

二、证券投资基金的种类

根据投资基金的不同标准可将其划分为不同的种类。

（一）根据组织形式，可分为公司型基金和契约型基金

公司型基金，是根据公司法成立的、以营利为目的的股份公司形式的基金，其特点是基金本身是股份制的投资公司，基金公司通过发行股份筹集资金，投资者通过购买基金公司股份而成为其股东，享有基金收益的索取权。

契约型基金，是依据一定的信托契约组织起来的基金，其中作为委托人的基金管理公司通过发行受益凭证等筹集资金，并将其交由受托人（基金保管公司）保管，本身则负责基金的投资营运，而投资者则是受益人，凭基金受益凭证索取投资收益。

（二）根据基金单位能否增加或赎回，可分为开放型基金和封闭型基金

开放型基金，是指基金在设立时发行的基金总额不固定，可继续发行新的基金券，投资者可随时认购或赎回基金券，而购买或赎回的价格由基金净值决定。其特点有：

（1）开放型基金的发行和转让不需要证券交易所批准，一般也不通过交易所进行买卖，而是在首次发行结束后的一段时间（一般为 3 个月）开设内部交易柜台，投资者可随时在此缴款认购，或将手中的基金券卖给基金管理公司（赎回）。

（2）开放型基金的单位卖出价是根据基金单位资产净值加 3%～5%的首次购买费，基金单位赎回价与基金单位净值相等，不会产生溢价或折价。

（3）开放型基金因为存在赎回压力，故一般投资于开放程度高、规模大的市场，不能将全部资金进行长期投资。

封闭型基金，是指基金发行总额是固定的，且规定封闭期，在封闭期内不能发行新的基金券，投资者也不得向基金管理公司要求赎回，而只能采取在证券交易所上市的办法解决基金的流通问题。封闭期满后，投资者可直接向基金赎回现金。

（三）根据投资目标，可分为收入型基金、成长型基金和平衡型基金

收入型基金，是以获取最大的当期收入为目标的投资基金，其特点是损失本金的风险低，但长期成长的潜力也相应较小，适合较保守的投资者。收入型基金又可分为固定收入型和权益收入型两种：前者主要投资于债券和优先股股票；后者则主要投资于普通股股票。

成长型基金，是以追求资本的长期增值为目标的投资基金，其特点是风险较大，可以获取的收益也较大，适合能承受高风险的投资者。成长型基金又可分为三种：一是积极成长型基金，这类基金通常投资于有高成长潜力的股票或其他证券；二是新兴成长型基金，这类基金通常投资于新行业中有成长潜力的小公司或有高成长潜力行业（如高科技）中的小公司；三是成长收入型基金，这类基金兼顾收入，通常投资于成长潜力大、红利也较丰厚的股票。

平衡型基金，将资产分别投资于两种不同特性的证券上，并在以取得收入为目的的债券及优先股和以资本增值为目的的普通股之间进行平衡。这种基金一般将25%～50%的资产投资于债券及优先股，其余的投资于普通股。平衡型基金的主要目的是从其投资组合的债券中得到适当的利息收益，与此同时又可以获得普通股的升值收益。投资者既可获得当期收入，又可得到资金的长期增值，通常是把资金分散投资于股票和债券。平衡型基金的特点是风险比较低，缺点是成长的潜力不大。

（四）根据投资标的，可分为债券基金、股票基金、货币市场基金和指数基金

债券基金，是一种以债券为主要投资对象的证券投资基金。由于债券的年利率固定，因而这类基金的风险较低，适合于稳健型投资者。通常债券基金收益会受货币市场利率的影响，当市场利率下调时，其收益就会上升；反之，若市场利率上调，则基金收益率下降。除此以外，汇率也会影响基金的收益，管理人在购买非本国货币的债券时，往往还在外汇市场上做套期保值。

股票基金，是指以股票为主要投资对象的证券投资基金，其投资目标侧重于追求资本利益和长期资本增值。基金管理人拟定投资组合，将资金投放到一个或几个国家，甚至是全球的股票市场，以达到分散投资、降低风险的目的。投资者之所以钟爱股票基金，原因在于可以有不同的风险类型供选择，而且可以克服股票市场普遍存在的区域性投资限制的弱点。此外，还具有变现性强、流动性强等优点。由于聚集了巨额资金，几只甚至一只基金就可以引发股市动荡，所以各国政府对股票基金的监管都十分严格，不同程度地规定了基金购买某一家上市公司的股票总额不得超过基金资产净值的一定比例，防止基金过度投机和操纵股市。

货币市场基金，是以货币市场为投资对象的一种基金，其投资工具期限在一年内，包括银行短期存款、国库券、公司债券、银行承兑票据及商业票据等。通常，货币基金的收益会随着市场利率的下跌而降低，与债券基金正好相反。货币市场基金通常被认为是无风险或低风险的投资，它只有一种分红方式——红利转投资。货币市场基金每份单位始终保持在1元，超过1元后的收益会按时自动转化为基金份额，拥有多少基金份额即拥有多少资产。

指数基金，是指按照某种指数构成的标准购买该指数包含的全部或者一部分证券的基金，其目的在于达到与该指数同样的收益水平，实现与市场同步成长。其特点是：它的投资组合等同于市场价格指数的权数比例，收益随着当期的价格指数上下波动。当价格指数上

升时基金收益增加，反之收益减少。基金始终保持当期的市场平均收益水平，因而收益不会太高，也不会太低。指数基金的优势是：第一，费用低廉，指数基金的管理费较低，尤其交易费用较低；第二，风险较小，由于指数基金的投资非常分散，可以完全消除投资组合的非系统风险，而且可以避免由于基金持股集中带来的流动性风险；第三，以机构投资者为主的市场中，指数基金可获得市场平均收益率，可以为股票投资者提供更好的投资回报；第四，指数基金可以作为避险套利的工具。对于投资者尤其是机构投资者来说，指数基金是他们避险套利的重要工具。指数基金由于其收益率的稳定性和投资的分散性，特别适用于社保基金等数额较大、风险承受能力较低的资金投资。

三、证券投资基金的价格确定

（一）开放式基金的价格确定

开放式基金的申购、赎回价格是以单位基金资产净值为基础计算出来的。基金资产净值是指在某一基金估值时点上，按照公允价格计算的基金资产的总市值扣除负债后的余额，该余额是基金单位持有人的权益。按照公允价格计算基金资产的过程就是基金的估值。

其中，总资产是指基金拥有的所有资产（包括股票、债券、银行存款和其他有价证券等）按照公允价格计算的资产总额。总负债是指基金运作及融资时所形成的负债，包括应付给他人的各项费用，应付资金利息等。基金单位总数是指当时发行在外的基金单位的总量。

基金估值是计算单位基金资产净值的关键。基金往往分散投资于证券市场的各种投资工具，如股票、债券等，由于这些资产的市场价格是不断变化的，因此，只有每日对单位基金资产净值重新计算，才能及时反映基金的投资价值。

（二）封闭式基金的价格确定

由于在交易所上市交易，封闭式基金的交易价格并不一定等同于其资产净值，而是由市场买卖力量的均衡决定的。当封闭式基金的市场价格高于其资产净值时，市场称之为溢价现象；反之，当封闭式基金的市场价格低于其资产净值时，市场称之为折价现象。

对比封闭式基金的市价和净值可以发现，市价一般总是低于净值，这是由于基金的市价在单位净值的基础上打了个“折扣”，这个“折扣”就是折价率。

折价率越大，则基金的折扣越大。在目前封闭式基金转为开放式基金的市场契机下，封闭式基金的“折扣”可成为投资者关注的题材。因为折扣率越大，一旦封转开或封闭式基金到期，基金的折扣消失，以单位净值“标价”，投资者可以赚取之间的差价。

四、证券投资基金的收益与风险

（一）证券投资基金的收益

证券投资基金的收益是基金资产在运作过程中所产生的超过自身价值的部分。

1. 股息

股息是指因购买公司的优先股权而享有对该公司净利润分配的所得，股息构成投资者回报的一个重要部分。

2. 红利

红利是指因购买公司股票而享有对该公司净利润分配的所得。一般而言，公司对股东的红利分配有现金红利和股票红利两种形式，红利是构成基金收益的一个重要部分。

3. 债券利息

债券利息是指基金资产因投资于不同种类的债券而定期取得的利息，债券利息也是构成投资回报的不可或缺的组成部分。

4. 买卖证券差价

买卖证券差价是指基金资产投资于证券而形成的价差收益。

5. 存款利息

存款利息是指基金资产的银行存款利息收入。

6. 其他收入

其他收入是指运用基金资产而带来的成本或费用的节约额，这部分收入通常数额很小。

（二）证券投资基金的风险

由于基金投资对象所依托的公司或企业基本面及其他不确定因素的存在和影响，基金在运作过程中存在很多风险。

1. 财务风险

财务风险是由于基金所投资公司经营不善带来的风险。若个人直接投资于股票或债券，因上市公司经营不善，可能造成公司股价下跌和无法分配股利，或者债券持有人无法收回本息，甚者会破产倒闭致使投资者血本无归。而投资于基金的情况则有所不同，基金管理专家精心选择股票或债券，并通过投资组合在一定程度上抵御个别风险，但不能将其完全消除。

2. 市场风险

市场风险是指基金净值或价格因投资目标的市场价格波动而随之变动所造成的投资损失。由于资本市场的价格波动频繁，投资者存在对基金品种选择和投资时机不当而损失资本的风险。

3. 利率风险

利率变化会直接影响金融资产的价格。如果利率提高，吸引社会资金进入间接融资渠道，减少直接融资市场的资金，对股票市场的需求下降，导致股价下跌，基金价格也往往会下跌；如果利率提高，使公司财务成本上升，利息负担加重，利润减少也会使股票价格下跌引起基金价格下跌；与此同时，投资者评估股票和其他有价证券的折现率会上升，从而使股票价格与基金价格下跌。利率下降，则会产生相反的效果，使基金价格上升。

4. 管理风险

管理风险是指基金管理人在基金的管理运作过程中因信息不对称、判断失误等影响基金收益水平的风险。基金业绩取决于基金管理人的专业知识、经验、分析能力及信息资料的完备性等。应该认识到的是，仅具备上述条件的优势就一定可以凭借专家理财获利是不现实的。由于现阶段基金管理费、托管费仍较高，增加了投资基金的成本。实际上，基金在保持平均收益基础上扣除管理费、托管费后，其分红能力与投资国债收益相比优势并不突出。

5. 购买力风险

购买力风险是由价格总水平变动而引起资产的总购买力变动的风险。通货膨胀会侵蚀资者的财富。通常许多投资者会错误地认为货币越多越富裕，这种货币幻觉使投资者忽视通货膨胀的影响。投资者只有关注实际收益率而非名义收益率，才能克服货币幻觉，而且也只有当实际收益率为正，即名义收益率大于通货膨胀率时，购买力才能实现真正增长。

6. 国际政治风险和外汇风险

当基金在国际资本市场投资时，国际政治风险和外汇风险不可忽视和低估。国际政治风险一般包括剥夺非居民资产、禁止外国投资者撤回资金的外汇管制、不利的捐税和关税、由非居民投资者出让部分所有权的要求、财产权利得不到保障等。外汇风险又称汇率风险，是指经济主体在持有或运用外汇的经济活动中，因汇率变动而蒙受损失的一种可能性。

7. 流动性风险

很多基金管理公司在与投资者的合同中，会约定当单日申请赎回的金额占基金总额的10％以上时，基金管理公司须向监管层申请暂停赎回。当某项利空因素使恐慌性卖出市场出现时，卖盘远大于买盘，股票乏人承接，基金投资者大幅申请赎回，但在市场上又无法卖股票，此时会发生基金的流动性风险。

8. 清算风险

基金清算就代表该基金运作即将结束，基金公司会结算这只基金现有资产，将其转成现金后，按投资比例全部平均分配给基金持有人。被清算的基金通常绩效表现不佳，基金清算时投资者在基金上的资金会被冻结一段时间，最后拿回来的钱通常会比起初投资少很多。

五、基金投资的优势

作为一种投资工具，基金具有投资分散、安全性高、专业管理、成本低、收益稳定、流动性强、产品多样等优势，特别适合于普通个人投资者购买。相比于股票、外汇、黄金、房地产等收益性投资，基金通常被视为一种风险性低、安全性高、收益稳定的投资产品。因此，许多投资者都将基金作为个人退休资产的主要部分而长期持有。

（一）实现分散化投资，安全性高

个体投资者由于资金有限，受制于最小购买单位的要求，常常无法同时投资多个产品，无法有效分散风险。而基金能把大量分散的投资资金募集起来投到多种金融证券中。通过分散化投资，“把鸡蛋放到多个篮子里”，能够充分降低金融市场的非系统性风险。股票基金能通过分散化投资的方式，大大减轻股市震荡所带来的风险，让广大散户投资者不再为自己买的股票而每天心惊胆战。

（二）专业化的管理，提高收益率

基金通常由基金公司经验丰富的基金经理进行管理，同时还配有专业的投资分析团队，每天都对市场上大量的投资信息和数据进行评估和分析。因此，基金公司作为一个机构投资者，拥有个体投资者无法比拟的优势，买卖证券的决策通常优于个人投资者。把资金交给专业人士管理，省心又省力。此外，从历史数据来看，专业化管理下的好基金表现要优于大盘。

（三）流动性强，变现容易

基金持有者一般都能够在现金紧缺时及时而迅速地出售自己的份额，而不会遭受较大的折价损失。基金与房地产和长期债券相比流动性较强：房地产投资属于固定资产投资，难以变现，在紧急情况下需要折价转让，导致资产大量损失；长期债券的市场交易并不十分活跃，因此投资者想要变现也并不十分容易。

（四）降低投资成本

由于存在着规模经济的优势，因此与单个投资者相比，基金的投资费用和成本都更低。基金汇集了众多投资者的资金，可以一次性购进数量较多的股票或其他证券，从而导致了平摊到每一个人身上的投资成本降低。

（五）基金产品多样，适合不同的投资者

我国市面上的基金产品已经非常丰富，有成长型、进取型、债券型、股票型等。这些基金的不同名称表明了它们各自的投资风格、策略和投资标的，以满足投资目标和风险承受能力不同的投资者的不同需求。

六、基金投资的策略

首先，投资者需要结合个人的资金状况、风险承受能力和投资偏好，根据基金的类型与特点选择好恰当的基金产品。其次，应当采取恰当的基金投资操作方式，以便更好地发挥基金投资的效能。

（一）买入并持有策略

这是最为简单的基金投资方法，投资者确定好基金投资组合后，在3～5年内持有，不改变资产配置状态。长期持有可以为投资者节约开支，因为如果投资者为了获取价差收益，频繁地买入卖出，会大大增加申购、赎回的成本。更重要的是，长期投资可将短期投资的亏损完全吸收，投资者不用再为短期的震荡而恐慌。时间既能增加报酬的稳定度，也能有效降低市场风险。在我国，各基金管理人为了鼓励投资者长期持有，也纷纷出台优惠政策。例如，持有期限越长，手续费越低，甚至免收赎回费或者转换费。长期持有基金时，还可以选择“红利再投资”的方式，也就是将分红收益直接转成基金单位及时将“小钱”转成可以增值的资本，使资产不断地成长。对于不同风险偏好的投资群体，买入并持有策略适合配置于不同的基金种类，以寻求风险与收益较好的平衡点。

（二）固定比例投资法

固定比例投资法要求投资者将其资金按固定比例分别投资于指数基金、债券基金等不同种类的基金。当某种基金由于其价值的变动而使投资比例发生变化时，就迅速卖出或买进该种基金，维持其在原投资组合中所占的比例不变。由于固定比例投资法的风险水平相对固定，且操作所需资金比较大，所以适合持有资金量比较大的投资者。这种投资方法不仅可以分散投资成本，还能降低投资风险，不至于因某只基金表现欠佳或过度奢望价格会进一步上升而使到手的收益成为泡影。

例如，投资者决定分别用50%、35%和15%的资金买进股票基金、债券基金和货币市场基金。当股市大涨时，设定股票增值后投资比例上升了20%，便可以卖掉20%的股票基金，使股票基金的投资仍维持50%不变，或者追加投资买进债券基金和货币市场基金，使其投资比例也各自上升20%，以维持原有的投资比例不变。如果股票基金下跌，可以购进一定比例的股票基金或卖掉部分债券基金和货币市场基金。但这种投资策略也并不是一有变化就调整，一般是每隔三个月或半年才调整一次投资组合的比例。

（三）平均成本投资法

平均成本投资法是指每隔一段固定的时间（1个月、3个月或半年）以固定的金额去购买某种基金的投资方法。买基金本身就是一个分散风险的过程。例如在市场下跌的时候，股票基金的跌幅往往会比股票少。而如果采用平均成本投资法定期定额地购买基金，就又加了一道保护层。该方法使得投资成本处于中等水平，既不会太低，也不会太高。

由于基金价格是经常变动的，所以每次所购买的基金份额也不一样。当价格较低时，可以买到较多的基金份额；而当价格较高时，只能买到较少份额。当投资者采用此方法后，实际上就把基金单位价格波动对购买份额的影响抵消，在一定时间内分散了以较高价格认购基金的风险，长此以往就降低了所买基金的单位平均成本。

目前各银行推出的“定额定投”就为此投资方法的运用提供了便利，投资者只要选择好基金品种及每月投入的资金数量就可以了。如果能坚持以此种方法进行长期投资，其收益率不管是在熊市还是在牛市都是很可观的。对于工薪阶层来说，不敢奢望暴利，但是又希望资产比较安全地增值，定期定额地投资基金是不错的选择。

（四）跟随价格曲线投资法

它的主要特征是投资者完全将市场行情作为买卖基金的依据，当预测行情即将下跌时，就减少手中的基金份额。虽然每个投资者都希望成为一个适时进出的投资者，但在实际过程中却很难准确把握市场走势。因此，这种投资方式并不适合所有的投资者，只有经常关注市场行情的成熟投资人，才能看准市场走势，用好这一复杂的操作方法。

（五）更换基金投资法

考虑到基金的价格均随市场行情而有涨有跌，更换基金投资法建议投资者追随强势基金，必要时要断然割弃那些业绩不佳的基金。更换基金分为两种，一种是更换基金品种，一种是更换基金类别。在不同的情况下应当使用不同的方法。在熊市中，即使更换基金品种基本上也于事无补，此时要做的是更换基金类型，将风险较高的股票型基金转换为更加稳定的债券型基金。

更换基金投资法不是在任何时候都可以使用的，这是因为频繁地更换基金品种也会为投资者增加交易成本，减少投资收益。除此之外，卖出旧基金后必然会买进新的基金，所以用这种方法在上升的市场中操作较易在顶部被套。历史经验表明，这种投资策略通常在市场走强时的牛市中较为合适。

(六)波段投资法

波段操作是针对目前国内股市呈波段性运行特征的有效操作方法,它原来只用于股市、期货等投资,但经过市场运用,波段操作法已成为一种有效的基金投资方法。波段操作虽然不是赚钱最多的方式,却是一种成功率比较高的方式。波段操作是大盘处于震荡行情中时获取短线收益的最佳操作技巧,而且,这种灵活应变的操作方式还可以有效规避市场风险,保存资金实力和培养市场感觉。

简单来说,波段操作就是在买入基金前给自己定一个收益最高点(如 15%)和亏损最低点(如 5%),当基金达到其中一点时,立即卖出。一次完整的波段操作过程涉及"买""卖"和"选基金"三个投资要点。运用这种方法,可以完全确定自己的盈利点和止损点,两者之差即为综合的收益。这种方法适合运用在股市或基金出现较大幅度震荡的情况下,通过数次买入卖出的波段操作,可以获得较高的投资回报。

第四节　金融衍生品投资

一、金融衍生品概述

(一)金融衍生品的概念

金融衍生品又被称为金融衍生工具,是与基础金融产品相对应的一个概念,指建立在基础产品或基础变量之上,其价格取决于基础金融产品价格(或数值)变动的派生金融产品。这里所说的基础产品是一个相对的概念,不仅包括现货金融产品(如债券、股票、银行定期存款单等),也包括金融衍生工具。作为金融衍生品基础的变量种类繁多,主要是各类资产价格、价格指数、利率、汇率、费率、通货膨胀率以及信用等级等。根据我国《企业会计准则第 22 号—金融工具确认和计量》的规定,衍生品包括远期合同、期货合同、互换和期权,以及具有远期合同、期货合同、互换和期权中一种或一种以上特征的工具。

(二)金融衍生品的特征

1. 跨期性

金融衍生品是交易双方通过对利率、汇率、股价等因素变动趋势的预测,约定在未来某一时间按照一定条件进行交易或选择是否交易的合约。无论是哪一种金融衍生工具,都会影响交易者在未来一段时间内或未来某时点上的现金流,跨期交易的特点十分突出。这就要求交易双方对利率、汇率、股价等价格因素的未来变动趋势做出判断,而判断的准确与否直接决定了交易者的交易盈亏。

2. 杠杆性

金融衍生品交易一般只需要支付少量的保证金或权利金就可签订远期大额合约或互换不同的金融品。例如,若期货交易保证金为合约金额的 5%,则期货交易者可以控制 20 倍于所交易金额的合约资产，实现以小博大的效果。在收益可能成倍放大的同时，交易者所承担的风险与损失也会成倍放大，基础工具价格的轻微变动也许就会带来交易者的大盈大亏。金融衍生品的杠杆效应一定程度上决定了它的高投机性和高风险性。

3. 联动性

这是指金融衍生品的价值与基础产品或基础变量紧密联系、规则变动。通常，金融衍生品与基础变量相联系的支付特征由衍生品合约规定，其联动关系既可以是简单的线性关系，也可以表达为非线性函数或者分段函数。

4. 不确定性或高风险性

金融衍生品的交易后果取决于交易者对基础金融品（变量）未来价格（数值）的预测和判断的准确程度。基础金融品价格的变幻莫测决定了金融衍生品交易盈亏的不稳定性，这是金融衍生品高风险性的重要诱因。基础金融品价格不确定性仅仅是金融衍生品风险性的一个方面，国际证监会组织在 1994 年 7 月公布的一份报告（IOS COPD 35）中认为金融衍生品还伴随着以下几种风险：①交易中对方违约，没有履行承诺造成损失的信用风险。②因资产或指数价格不利变动可能带来损失的市场风险。③因市场缺乏交易对手而导致投资者不能平仓或变现所带来的流动性风险。④因交易对手无法按时付款或交割可能带来的结算风险。⑤因交易或管理人员的人为错误或系统故障、控制失灵而造成的操作风险。⑥因合约不符合所在国法律，无法履行或合约条款遗漏及模糊导致的法律风险。

二、金融衍生品的种类

金融衍生品可以按照产品形态、金融衍生品自身交易的方式及特点、基础工具种类以及交易场所的不同而有不同的分类。

（一）按照产品形态分类

根据产品形态，金融衍生品可分为独立衍生工具和嵌入式衍生工具。

1. 独立衍生工具

这是指本身即独立存在的金融合约，例如期权合约、期货合约或者互换交易合约等。

2. 嵌入式衍生工具

这是指嵌入到非衍生合同（简称主合同）中的金融衍生品，该衍生品使主合同的部分或全部现金流量将按照特定利率、金融工具价格、汇率、价格或利率指数、信用等级或信用指数，或类似变量的变动而发生调整，例如目前公司债券条款中包含的赎回条款、返售条款、转股条款、重设条款等。

（二）按照金融衍生品自身交易的方式及特点分类

按照金融衍生品从其自身交易的方式和特点可以分为金融远期合约、金融期权、金融互换和结构化金融衍生品。

1. 金融远期合约

金融远期合约是指交易双方在场外市场上通过协商，按约定价格（称为“远期价格”）在约定的未来日期(交割日)买卖某种标的金融资产(或金融变量)的合约。金融远期合约规定了将来交割的资产、交割的日期、交割的价格和数量,合约条款根据双方需求协商确定。金融远期合约主要包括远期利率协议、远期外汇合约和远期股票合约。

2. 金融期权

这是指合约买方向卖方支付一定费用(称为“期权费”或“期权价格”),在约定日期内(或约定日期)享有按事先确定的价格向合约卖方买卖某种金融工具的权利的契约,包括现货期权和期货期权两大类。除交易所交易的标准化期权、权证之外,还存在大量场外交易的期权,这些新型期权通常被称为奇异型期权。

3. 金融互换

这是指两个或两个以上的当事人按共同商定的条件,在约定的时间内定期交换现金流的金融交易。可分为货币互换、利率互换、股权互换、信用违约互换等类别。

4. 结构化金融衍生品

前述四种常见的金融衍生品通常也被称作“建构模块工具”,它们是最简单和最基础的金融衍生品,而利用其结构化特性,通过相互结合或者与基础金融工具相结合,能够开发设计出更多具有复杂特性的金融衍生品,后者通常被称为结构化金融衍生品,或简称为“结构化产品”。例如,在股票交易所交易的各类结构化票据,目前我国各家商业银行推广的挂钩不同标的资产的理财产品等都是其典型代表。

(三)按照基础工具种类分类

金融衍生品从基础工具分类角度,可以划分为股权类产品的衍生工具、货币衍生工具、利率衍生工具、信用衍生工具以及其他衍生工具。

1. 股权类产品的衍生工具

这是指以股票或股票指数为基础工具的金融衍生品,主要包括股票期货、股票期权、股票指数期货、股票指数期权以及上述合约的混合交易合约。

2. 货币衍生工具

这是指以各种货币作为基础工具的金融衍生品,主要包括远期外汇合约、货币期货、货币期权、货币互换以及上述合约的混合交易合约。

3. 利率衍生工具

这是指以利率或利率的载体为基础工具的金融衍生品,主要包括远期利率协议、利率期货、利率期权、利率互换以及上述合约的混合交易合约。

4. 信用衍生工具

这是指以基础产品所蕴含的信用风险或违约风险为基础变量的金融衍生品,用于转移或防范信用风险,是20世纪90年代以来发展最为迅速的一类衍生产品,主要包括信用互换、信用联结票据等。

5. 其他衍生工具

除以上四类金融衍生品之外,还有相当数量金融衍生品是在非金融变量的基础上开发的，例如用于管理气温变化风险的天气期货、管理政治风险的政治期货、管理巨灾风险的巨灾衍生产品等。

（四）按照交易场所分类

金融衍生品按交易场所可以分为两类。

1. 交易所交易的衍生工具

这是指在有组织的交易所上市交易的衍生工具，例如在股票交易所交易的股票期权产品，在期货交易所和专门的期权交易所交易的各类期货合约、期权合约等。

2. 场外交易市场（OTC）交易的衍生工具

这是指通过各种通信方式，不通过集中的交易所，实行分散的、一对一交易的衍生工具，例如金融机构之间、金融机构与大规模交易者之间进行的各类互换交易和信用衍生产品交易。从近年来的发展看，这类衍生产品的交易量逐年增大，已经超过交易所市场的交易额，市场流动性也得到增强，还发展出专业化的交易商。

三、金融期货

（一）金融期货概述

1. 金融期货的定义

期货交易是指买卖双方约定在将来某个日期以成交时所约定的价格交割一定数量的某种商品的交易方式。所谓金融期货，是指以各种金融资产，如外汇、债券、股价指数等作为标的资产的期货交易方式，换言之，金融期货是以金融期货合约为对象的期货交易。所谓金融期货合约，是指由交易双方订立的、约定在未来某个日期以成交时所约定的价格交割一定数量的某种金融资产的标准化契约。

2. 金融期货合约的要素

金融期货合约是在现货合同和现货远期合约的基础上发展起来的，但它们最本质的区别在于合约条款的标准化。金融期货合约在标的金融资产、标的金融资产数量、交割月份、合约期限等方面都是标准化的，从而使合约具有普遍性特征。金融期货价格在交易所以公开竞价方式产生。一张标准化金融期货合约应具有以下十三个要素：合约名称、交易单位、报价单位、最小变动价位、交易保证金、合约交割月份、交易时间、最后交易日、结算价格、交易手续费、交割方式、交易代码、每日价格最大波动限制。

3. 金融期货的主要交易制度

金融期货交易有一定的交易规则，这些规则是期货交易正常进行的制度保证，也是期货市场运行机制的外在体现。

（1）集中交易制度

金融期货在期货交易所或证券交易所进行集中交易。期货交易所是专门进行期货合约买卖的场所，是期货市场的核心，承担着组织监督期货交易的重要职能。

（2）标准化的期货合约和对冲机制

期货合约是由交易所设计、经主管机构批准后向市场公布的标准化合约。期货合约设计成标准化的合约是为了便于交易双方在合约到期前分别做一笔相反的交易进行对冲，从而避免实物交收。期货交易中的对冲是指交易者利用期货合约标准化的特征，在开仓和平仓的时候分别做两笔品种、数量、期限相同但方向相反的交易，并且不进行实物交割，而是以结清差价的方式结束交易的独特交易机制。实际上绝大多数的期货合约都是如此。

(3)保证金制度

为了控制期货交易的风险和提高效率，期货交易所的会员经纪公司必须向交易所或结算所缴纳结算保证金，而期货交易双方在成交后都要通过经纪人向交易所或结算所缴纳一定数量的保证金。由于期货交易的保证金比率很低，因此有高度的杠杆作用，这一杠杆作用使套期保值者能用少量的资金为价值量很大的现货资产找到回避价格风险的手段，也为投机者提供了用少量资金获取盈利的机会。

(4)结算所和无负债结算制度

结算所是期货交易的专门清算机构，通常附属于交易所，但又以独立的公司形式组建。结算所实行无负债的每日结算制度，又被称为“逐日盯市制度”，就是以每种期货合约在交易日收盘前规定时间内的平均成交价作为当日结算价，与每笔交易成交时的价格作为对照，计算每个结算所会员账户的浮动盈亏，进行随市清算。由于逐日盯市制度以一个交易日为最长的结算周期，对所有账户的交易头寸按不同到期日分别计算，并要求所有的交易盈亏都能及时结算，从而能及时调整保证资金账户，控制市场风险。

(5)限仓制度

限仓制度是交易所为了防止市场风险过度集中和防范操纵市场的行为，而对交易者持仓数量加以限制的制度。

(6)大户报告制度

大户报告制度是交易所建立限仓制度后，当会员或客户的持仓量达到交易所规定的数量时，必须向交易所申报有关开户、交易、资金来源、交易动机等情况，以便交易所审查大户是否有过度投机和操纵市场行为，并判断大户交易风险状况的风险控制制度。

(7)每日价格波动限制及断路器规则

为防止期货价格出现过大的非理性变动，交易所通常对每个交易时段允许的最大波动范围做出规定，一旦达到涨(跌)幅限制，则高于(低于)该价格的买入(卖出)委托无效。

(8)强行平仓制度

强行平仓制度是指当会员、投资者违规时，交易所对有关持仓实行平仓的一种强制措施。

(9)风险准备金制度

风险准备金制度指为了维护市场正常运转提供财务担保和弥补因不可预见风险带来的亏损而采取的专项资金的制度。期货交易是一种高风险的交易活动，尤其是当价格发生剧烈变动有可能出现投资者大面积亏损以致不能履约等情况时，将会直接影响金融期货市场的正常运转，市场的信誉也会受损。为此，需要交易所、期货经纪公司等相关机构提取一定的资金，用于提供财务担保和弥补不可预见风险带来的亏损。

(10)信息披露制度

信息披露制度指交易所按有关规定定期公布金融期货交易有关信息的制度。要求交易所及时公布上市金融期货合约的有关信息及其他应当公布的信息，并保证信息的真实、完整和准确。

除此之外，有的交易所还规定了一系列涨跌幅限制，达到这些限幅之后交易暂停，十余分钟后再恢复交易，目的是给市场充分时间消化特定信息的影响。

4. 金融期货的种类

按基础工具划分，金融期货主要有三种类型：

(1)外汇期货

外汇期货又称货币期货，是以外汇为基础工具的期货合约，是金融期货中最先产生的品种，主要用于规避外汇风险。

(2)利率期货

其基础资产是一定数量的与利率相关的某种金融工具，主要是各类固定收益金融工具。利率期货主要是为了规避利率风险而产生的。固定利率有价证券的价格受到现行利率和预期利率的影响，价格变化与利率变化一般呈反向关系。利率期货包括国债期货等债券期货品种，以及在国际金融市场上重要的参考利率期货品种，如伦敦银行间同业拆放利率期货、欧洲美元期货、3 个月期港元利率期货等。

(3)股权类期货

股权类期货是以单只股票、股票组合或者股票价格指数为基础资产的期货合约。单只股票期货是以单只股票作为基础工具的期货，买卖双方约定，以约定的价格在合约到期日买卖规定数量的股票。事实上，股票期货均实行现金交割，买卖双方只需要按规定的合约数乘以价差，盈亏以现金方式进行交割。股票组合的期货是以标准化的股票组合为基础资产的金融期货。股票价格指数期货是以股票价格指数为基础变量的期货交易，是为适应人们控制股市风险，尤其是系统性风险的需要而产生的，如沪深 300 股指期货。股票价格指数期货的交易单位等于基础指数的数值与交易所规定的每点价值的乘积，采用现金结算。

(二)金融期货的价格及影响因素

1. 金融期货的价格构成

金融期货价格由现货金融资产持有成本、交易成本和预期利润构成。它们的来源、数量和组成状况不同，影响程度也不一样。

(1)现货金融资产持有成本

金融期货交易进行的是未来金融资产的买卖，在期货合约成交时，从原理上讲卖出合约者为将来合约到期时进行实物交割就应该持有现货金融资产，而持有现货金融资产是会发生持有成本的。现货金融资产价格越高，占用资金越多，持有成本越大，离到期日越远的合约，持有期限越长，持有成本越大；市场利率水平越高，占用资金的利息越高，持有成本越大。

同时，从理论上讲，要考虑的是所有金融资产在持有期间可能会有类似股息、红利、利息等好处，这个好处需要从持有成本中扣除，而扣除后的持有成本即为净持有成本。一般情况下，现货金融资产的净持有成本是金融期货价格的最低经济界限。如果金融期货价格低于净持有成本，市场金融资产的持有者就不会出售金融资产，期货交易也就无法进行。因此，现货金融资产的持有成本通常与金融期货价格呈正比例变化关系。

(2)交易成本

交易成本是在期货交易过程中发生和形成的交易者必须支付的费用,主要包括佣金、交易手续费和保证金利息。保证金利息就是因交易而占用保证金所付出的资金成本,它与交易金额和合约持有的时间呈正相关。资金成本作为金融期货交易必须支付的费用理应得到补偿,成为金融期货价格的因素之一。但保证金本身并不是金融期货价格的构成因素,它的大小不会影响已经确定的金融期货合约的价格。

(3)预期利润

交易者在市场上合约建仓价格与合约平仓价格之间的差额,或合约建仓价格与实物交割时交割结算价格之间的差额即为盈利或亏损。不论是套期保值者还是投机者,从事金融期货交易的目的就是要获得一定的经济收益。因此,预期利润就是金融期货价格的重要构成要素。

从理论上讲,金融期货交易的预期利润包括两部分:一是社会平均投资利润,二是金融期货交易的风险利润。应当指出的是,金融期货交易的预期利润并不是均等地分配在各种金融期货价格或不同时间的金融期货价格之中的。对于每一个交易者而言,能否获得预期利润或超额利润,主要取决于其市场判断能力和操作技巧。

2. 影响金融期货价格的主要因素

(1)一般物价水准

一般物价水准及其变动数据是表现整体经济活力的重要信息,也是反映通货膨胀压力程度的替代指标。一般而言,通货膨胀和利率的变动息息相关,也会左右政府的货币政策,改变市场中长期资金状况。具体表现为影响投资者或交易者的投资报酬水准。因此,金融期货市场的参与者,必须密切关注通货膨胀指标的变化。

(2)货币政策

政府的货币政策由中央银行制定,并通过中央银行系统来执行和管理货币政策。由于中央银行可通过对 M1、M2 的监控及再贴现率的运用来控制货币的流通和成长,因此,其政策取向和措施对利率水准会产生重大影响。

(3)政府一般性的市场干预措施

政府为达到其货币管理的目的,除了利用放松或紧缩银根来控制货币流通量外,仍可用其他方式暂时改变市场上流通资金的供给。因此,金融期货市场的交易者除了观察政府的货币政策乃至其对一般性金融资产的影响以外,对于中央银行在公开市场所进行的干预性措施也应加以掌握和了解,才能对金融资产在现货以及期货市场可能的价格波动做出较为准确的判断。

(4)产业活动及有关的经济指标

产业活动有关所有商品的供给,也影响市场资金的流动。一般而言,产业活动的兴盛、商业资金和贷款的需求增加,会促成利率的上升,产业活动的衰退、商业资金和贷款需求减少,会促使利率下降。因此,政府机构密切关注着产业活动的变化,并发布各种产业经济活动的报告,作为经济政策施行的依据;而私人组织与市场参与者应汇集这些资料与报告,并以此作为经济、金融预测的基础。

(三)期货投资的风险

参与期货交易的商品一般都是价格波动非常频繁的商品,期货交易投机性很强,加上其交易量大、风险集中,造成的盈亏就会很大,其风险包括以下几种:

1. 价格波动风险

期货交易保证金的杠杆效应,将投资者的收益和风险都放大了,容易诱发投资者"以小博大"的投机心理,交易者的非理性投机、市场机制的不够健全都加大了价格的波动幅度。

2. 强制平仓风险

期货交易实行的是由期货交易所和期货经纪公司分级进行的每日无负债结算制度。在期货价格波动较大,而保证金又不能在一定时间内补足至最低限度时,交易者将面临被强制平仓的风险,由此造成的亏损全部由交易者自己负责。另外,当交易者委托的经纪公司的持仓总量超过一定限量时,也会造成经纪公司被强行平仓。

3. 操作风险

投资者的操作风险主要来自非理性的操作手法与投资理念。主要表现在:对技术面、基本面缺乏正确分析的前提下,盲目入市与逆市而为,而建仓时止损价位与盈利目标不明确,最终导致在关键价位时不能有效地采取平仓了结的方式来减少亏损或确保收益。

4. 流动风险

由于市场流动性差导致投资者难以及时成交期货交易,引发流动性风险。这类风险在投资者建仓和平仓时经常会遇到。

5. 交割风险

如果期货合约到期,所有未平仓的合约都要进行实物交割,因而,不准备进行交割的投资者要在合约到期前把所持有的未平仓合约及时平仓,不然就容易陷入被"逼仓"的困境。

(四)期货投资的优势

1. 买卖的对象是标准化合约

期货交易是通过买卖标准化的期货合约来进行的。除价格外,其余所有条款都是预先规定好的。投资者只需根据自己对未来期货价格的涨跌判断进行期货买卖即可。也就是说,投资者关注的只是如何利用商品价格的波动来获取风险利润。期货合约标准化给期货交易带来了极大便利,交易双方不需对交易的具体条款再进行任何协商,节约了交易时间,减少了交易纠纷。

2. 具有多空双向交易机制

期货交易既可以做多,也可以做空,采用的是多空双向交易机制。投资者对期货商品的未来价格看涨时可做多,看跌时可做空。与双向交易相联系的还有对冲机制。在期货交易中大多数交易并不是通过合约到期时进行实物交割来履行合约的,而是通过与建仓时方向相反的交易来平仓了结之前所持有的期货合约,解除履约责任。期货投资的双向交易以及对冲机制,极大增加了期货市场的流动性。

3. 具有以小博大的杠杆机制

期货交易实行的是保证金交易机制，也就是说期货投资者只需要投入一定比例的资金（一般为成交合约总价值的10%～15%）就可以进行期货交易的买卖。投资者用1块钱就可以买价值10块钱的东西，被形象地称为杠杆机制。期货交易具有高收益、高风险的特点，从而吸引了大量投机者参与期货交易。

4. 灵活的“T+0”交易

我国股票市场实行“T+1”交易制度，即当天买进的股票最早要到下一个交易日才能卖出。与之不同的是，期货市场实行“T+0”交易制度，即当天买进可以当天卖出平仓，当天卖出也可以当天买进平仓。这种交易制度使当天入市的投资者当天就可以出市，极大地方便了投资者。此外，这也给投资者提供了及时纠错的机会，入市后发现做错，可以及时平仓出市。

（五）金融期货投资的策略

金融期货的投资策略可以分为投机策略、套利策略和套期保值策略三类。

1. 投机策略

金融期货投机是指在金融期货市场上以获取价差收益为目的的期货交易行为，投机者只进行期货市场合约的单向交易，不参与现货市场的买卖，仅在期货市场单向买卖合约，通过空头投机或多头投机博取买卖价差，获取利润。

2. 套利策略

套利是指利用相关市场或相关合约之间的价差变化，在相关市场或相关合约上进行交易方向相反的期货交易，以期价差发生有利变化而获利的交易行为。套利者同样不参与现货市场的操作，仅在期货市场进行合约买卖，买进期货价格便宜（低估）的合约，同时卖出期货价格昂贵（高估）的合约，以从价差的有利变动中获取利润。套利包括买进套利、卖出套利、跨期套利、跨品种套利与跨市套利。

3. 套期保值策略

套期保值是指以回避现货价格风险为目的的期货交易行为。一般来讲，当投资者在现货市场上买进或卖出一定数量的现货金融资产时，即在现货市场面临空头或多头风险时，就必须同时在期货市场上卖出或买进与现货金融资产品种相同或相似、数量相当、但交易方向相反的期货合约，以一个市场的盈利去弥补另一个市场的亏损，从而达到提前锁定未来购买现货资产的成本、稳定现货仓位资产价值等规避现货资产价格波动风险的目的。

四、金融期权

（一）金融期权概述

1. 金融期权的定义

期权又被称为“选择权”，是指其持有者能在规定的期限内按交易双方商定的价格购买或出售一定数量的基础工具的权利。期权交易就是对这种选择权的买卖。

金融期权是指以金融工具或金融变量为基础工具的期权交易形式。具体地说，其购买者在向出售者支付一定费用后，就获得了能在规定期限内以某一特定价格向出售者买进或卖出一定数量的某种金融工具的权利。

2. 金融期权的特征

与金融期货相比，金融期权的主要特征在于它仅仅是买卖权利的交换。期权的买方在支付了期权费后，就获得了期权合约所赋予的权利，即在期权合约规定的时间内，以事先确定的价格向期权的卖方买进或卖出某种金融工具的权利，但并没有必须履行该期权合约的义务。期权的买方可以选择行使他所拥有的权利；期权的卖方在收取期权费后就承担着在规定时间内履行该期权合约的义务。即当期权的买方选择行使权利时，卖方必须无条件地履行合约规定的义务，而没有选择的权利。

3. 金融期权的种类

根据不同的分类标准，可以将金融期权划分为很多类别。

(1)按照选择权的性质划分，金融期权可以分为看涨期权和看跌期权。

看涨期权也被称为“认购权”，指期权的买方具有在约定期限内(或合约到期日)按协定价格(也被称为“敲定价格”或“行权价格”)买入一定数量基础金融工具的权利。看跌期权也被称为“认沽权”，指期权的买方具有在约定期限内按协定价格卖出一定数量基础金融工具的权利。

(2)按照合约所规定的履约时间的不同，金融期权可以分为欧式期权、美式期权和修正的美式期权。

欧式期权只能在期权到期日执行；美式期权则可在期权到期日或到期日之前的任何一个营业日执行；修正的美式期权也被称为“百慕大期权”或“大西洋期权”，可以在期权到期日之前的一系列规定日期执行。

(3)按照金融期权基础资产性质的不同，金融期权可以分为股权类期权、利率期权、货币期权、金融期货合约期权、金融互换期权等。

其中股权类期权与股权类期货类似，也包括三种类型：单只股票期权、股票组合期权和股价指数期权。利率期权指买方在支付了期权费后，即取得在合约有效期内或到期时以一定的利率(价格)买入或卖出一定面额的利率工具的权利。货币期权又被称为外币期权、外汇期权，指买方在支付了期权费后，即取得在合约有效期内或到期时以约定的汇率购买或出售一定数额某种外汇资产的权利。金融期货合约期权是一种以金融期货合约为交易对象的选择权，它赋予其持有者在规定时间内以协定价格买卖特定金融期货合约的权利。金融互换期权是以金融互换合约为交易对象的选择权，它赋予其持有者在规定时间内以规定条件与交易对手进行互换交易的权利。

(二)金融期权的价格及影响因素

1. 金融期权的价格

在金融期权交易中，期权购买者为获得期权合约所赋予的权利，就必须向期权出售者支付一定的费用，这就是期权费或期权价格。从理论上讲，金融期权价格由内在价值和时间价值两部分构成。

(1)内在价值

内在价值是指金融期权合约本身所具有的价值，也就是期权购买者如果立即执行该期权所能获得的收益。例如，一种股票的现货市场价格为每股 30 元，而以该股票为标的资产的看涨期权的协定价格为每股 20 元。如果这一看涨期权的交易单位为 100 股该种股票，那么它的购买者只要执行该期权，即可获得 1 000 元的收益。这 1 000 元的收益就是这一看涨期权的内在价值。

(2)时间价值

所谓时间价值，是指金融期权购买者为购买期权而实际支付的期权费超过该期权内在价值的那部分价值。期权购买者之所以支付那部分额外的期权费，是因为他希望随着时间的推移和现货市场价格的变动，该期权的内在价值得以增加。与内在价值不同，时间价值通常不易直接计算。因此，它一般是用实际的期权费减去该期权的内在价值而求得的。例如，某股票的现货市场价格为每股 25 元，而以该股票为标的资产、协定价格为每股 20 元的看涨期权的期权费为每股 6.5 元。显然，该看涨期权的内在价值为每股 5 元，而时间价值则为每股 1.5 元。

2. 影响金融期权价格的主要因素

影响金融期权价格的因素主要有以下五个方面：

(1)现货市场价格与协定价格

一种期权有无内在价值及内在价值的大小，取决于该期权的协定价格与其标的资产现货市场价格的关系。而协定价格与现货市场价格的关系可分为三种不同情形，即实值、虚值与平价。所谓实值，是指期权的内在价值为正，虚值是指期权的内在价值为负，平价是指期权的内在价值为零。所以，对于看涨期权而言，现货市场价格高于协定价格为实值期权，现货市场价格低于协定价格为虚值期权，现货市场价格等于协定价格为平价期权；对于看跌期权而言，现货市场价格低于协定价格为实值期权，现货市场价格高于协定价格为虚值期权，现货市场价格等于协定价格为平价期权。现货市场价格与协定价格的关系决定了内在价值的有无以及内在价值的大小，进而决定了时间价值的有无以及时间价值的大小。

(2)权利期间

权利期间是指金融期权合约的剩余有效时间。在金融期权交易中，它是期权买卖日至期权到期日的时间。在其他情况不变的条件下，权利期间越长，期权价格越高；权利期间越短，期权价格越低。

(3)无风险利率

无风险利率是指无风险资产的收益率对看涨期权的价格有正向的影响，而对看跌期权的价格有负向的影响。

(4)标的资产现货市场价格的波动率

标的资产现货市场价格的波动率对期权价格的影响主要是通过对时间价值的影响而实现的。波动率越大，则在期权到期前，标的资产现货市场价格涨至协定价格以上或跌至协定价格以下的可能性也就越大。于是，无论是看涨期权还是看跌期权，其时间价值，甚至整个期权价格，将随着标的资产现货市场价格波动率的增大而提高；相反，将随着标的资产现货市场价格波动率的缩小而降低。

(5)分红

分红将使股票在除息日之后的现货市场价格下降,对看涨期权是坏消息而对看跌期权则是利好。通常情况下,看涨期权的价格与预期分红的数额呈负相关,而看跌期权的价格与预期分红的数额呈正相关。

(三)金融期权投资的风险

1. 市场风险

当金融期权的标的资产的价格上下波动时,会造成期权的价格大幅变动。若期权到期时为虚值期权,期权购买方将损失全部期权费。

2. 交割风险

当无法在规定的时限内备齐足额的现金或者标的资产,将最终导致行权失败或者交割违约,给期权交易对手方造成损失。

3. 买入严重虚值期权面临的风险

投资者在临近到期日买入严重虚值的期权,在到期日时,如果标的资产价格没有朝期权买方有利的方向变动,期权没有处于实值状态,投入的资金将全部亏损。

4. 保证金风险

在期权交易中,买方向卖方支付一笔权利金(期权费),买方获得了权利但没有义务,因此除权利金外,买方不需要交纳保证金。对卖方来说,获得了买方的权利金,只有义务没有权利,因此,需要交纳保证金,保证在买方执行期权的时候,履行期权合约。期权的卖方可能随时被要求提高保证金数额,若无法按时补交,会被强行平仓。

(四)金融期权投资的优势

金融期权与金融期货有着类似的功能。从一定的意义上说,金融期权是金融期货功能的延伸和发展,具有与金融期货相同的套期保值和发现价格的功能,是一种行之有效的控制风险的工具。

1. 双向交易

在中国股票市场投资中,资金小于50万元的投资者没有融资融券资格,因此只有股价上升才能赚钱。期权和期货一样既可以买涨,也可以买跌,只要选对交易方向就能赚钱。在股市中空头行情的时间远远多于多头行情的时间,投资机会不容易把握,通过买入看跌期权,可以在标的资产价格下降时从中获利。

2. 标的资产种类多

一般地说,凡可做期货交易的金融工具都可做期权交易。然而,可做期权交易的金融工具却未必可做期货交易。在实践中,只有金融期货期权,而没有金融期权期货,即只有以金融期货合约为基础资产的金融期权交易,而没有以金融期权合约为基础资产的金融期货交易。一般而言,金融期权的基础资产多于金融期货的基础资产。随着金融期权的日益发展,其基础资产还有日益增多的趋势,不少金融期货无法交易的金融产品均可作为金融期权的基础资产，甚至连金融期权合约本身也成了金融期权的基础资产，即所谓复合期权。

3. 期权买方权利大于义务

金融期货交易双方的权利与义务对称，即对任何一方而言，都既有要求对方履约的权利，又有自己对对方履约的义务。而金融期权交易双方的权利与义务存在着明显的不对称性，期权的买方只有权利没有义务，而期权的卖方只有义务没有权利。因此，他们在交易中的盈利和亏损也具有不对称性。从理论上说，期权购买者在交易中的潜在亏损是有限的，仅限于所支付的期权费，而可能取得的盈利却是无限的；相反，期权出售者在交易中所取得的盈利是有限的，仅限于所收取的期权费，而可能遭受的损失却是无限的。

4. 金融期权套期保值效果突出

人们利用金融期权进行套期保值的效果将优于金融期货，人们利用金融期货进行套期保值，在避免价格不利变动造成损失的同时，也必须放弃若价格有利变动可能获得的利益。人们利用金融期权进行套期保值，若价格发生不利变动，套期保值者可通过执行期权来避免损失；若价格发生有利变动，套期保值者又可通过放弃期权来保护利益。这样，通过金融期权交易，既可避免价格不利变动造成的损失，又可在相当程度上保住价格有利变动而带来的利益。

（五）金融期权投资的策略

与金融期货一样，金融期权同样具有套期保值与投机策略。但金融期权交易与金融期货不同的是，通过现货与金融期权品种的组合以及不同的金融期权品种之间的组合，可以构造出不同盈亏分布的特征。这给投资者提供了新的组合思路，以实现预期不同的投资目标。

1. 保护性看跌期权

假如投资者想投资某种股票，却不愿承担超过一定水平的潜在风险，而全部购买股票显然是有风险的，因为从理论上讲，当股份公司遭遇破产时投资者将损失全部投资。因此，投资者可以做这样一个策略安排：投资股票并购买该股票的看跌期权来构造组合，即在股票上持有多头头寸的同时持有其看跌期权的多头头寸。不管股价如何变化，投资者肯定能在到期时得到一笔等于期权协定价格的收益，因为如果股票价格低于协定价格时，投资者有权利以协定价格出售股票。

2. 抛补的看涨期权

抛补的看涨期权策略是指买进股票的同时卖出其看涨期权，即股票多头头寸与该股票看涨期权空头头寸的组合。这种策略之所以被称为抛补的看涨期权，是因为投资者将来交割股票的义务正好被手中持有的股票抵消。相反，假如没有股票而卖出股票的看涨期权则称为裸露期权。抛补的看涨期权到期价值等于股票价值减掉期权价值。期权价值之所以被减掉，是因为抛补的看涨期权意味着出售了一份看涨期权给其他投资者，如果其他投资者执行该期权，其利润就是投资者的亏损。

3. 对敲

对敲是指同时买进具有相同协定价格与到期时间的同一种股票的看涨期权与看跌期权，它意味着投资者要同时持有具有相同协定价格与到期时间的同一种股票看涨期权与看跌期权的多头头寸。对敲对于那些预期股价将大幅升降但不知向哪个方向波动的投资者来说是一个很有用的策略。对敲实际赌的是价格的波动性，购买对敲的投资者预期股价的波动高于市场判断的波动幅度。相反，对敲的出售者，也就是同时出售看涨期权与看跌期权的人，认为股价的波动没有那么大，他们收到期权价格，并且希望股票价格在期权失效前不发生变化。

4. 期权价差

期权价差是指不同协定价格或到期时间的两个或两个以上看涨期权(或看跌期权)的组合，在有些期权上持有空头头寸，而在另一些期权上持有多头头寸。期权价差分为货币期权价差与时间期权价差。前者是指同时买入和卖出具有不同协定价格但到期时间相同的期权，后者是指同时买入和卖出具有不同到期时间但协定价格相同的期权。期权价差包括牛市期权价差与熊市期权价差，分别在股价上升和下降中获得收益。

5. 双限期权

双限期权是把资产组合的价值限定在上下两个界限内的一种期权策略。假设某投资者持有大量的某种股票，其现价为每股 100 元，通过购买协定价格为 90 元的保护性看跌期权就可设定下限为 90 元，但这需要投资者支付看跌期权的价格，于是投资者可以同时出售该股票的看涨期权，假定出售的看涨期权的协定价格为 110 元。看涨期权与看跌期权的期权价格可能基本相等，即这两种头寸的净支出为零。出售看涨期权限定了资产组合价值的上限，投资者不能得到高于 110 元的那部分收益，因为价格高于 110 元时，看涨期权会被作为交易对手的买方执行。于是，投资者通过看跌期权的协定价格得到了组合价值的下限保护和下跌保护，同时通过出售看涨期权使组合价值受到上限的限制。双限期权适合于有一定的财富目标但不愿承担超过一定限度风险的投资者。

第五节　外汇投资

一、外汇概述

(一)外汇的定义

外汇是一种以外国货币表示或计值的国际结算的支付手段，通常包括可自由兑换的外国货币，外币支票、汇票、本票、存单等。广义的外汇还包括国外有价证券，如股票、债券等。外汇市场是指由银行等金融机构、自营交易商、大型跨国企业参与的，通过中介机构或电信系统联结的，以各种货币为买卖对象的交易市场。所以，它是一个货币兑换市场。

(二)外汇的特点

作为国际结算的支付工具的外汇具备以下三个特性：

1. 外汇必须是以外国货币计值的国外资产，这是说外汇具有国际性。任何以本国货币表示的支付工具，对本国人来说都不是外汇。

2. 外汇必须是在国外能得到偿付的货币债权，这是说外汇具有可偿性。那些空头支票、拒付的汇票等不能视为外汇。

3. 外汇必须是可以自由兑换或其他支付手段的外币资产，这是说外汇具有可兑换性。如果某种外币资产在国际的自由兑换受到限制，则这种外币资产就不能视为外汇。

二、外汇理财的主要品种

个人外汇投资方式主要分为两类：一类是通过银行委托投资；另一类是个人主动进行外汇理财。前者又可以分为外币储蓄（包括外汇账户和外钞账户）和结构性外汇理财产品两类；后者分为现货外汇实盘交易、合约现货外汇交易（外汇保证金交易）、期货外汇交易和期权外汇交易四种。其中期货外汇交易与期权外汇交易已在上一节金融衍生品中介绍，本节就不再赘述。

（一）外币储蓄

外币储蓄存款是指以外国货币进行存、取、计息的储蓄存款，主要有美元、日元、英镑、欧元等。这是最普遍的外汇投资方式，具有风险低、收益稳定、流动性高等特点。外币储蓄与人民币储蓄的不同之处有三个：外汇之间可以自由兑换，不同的外币储蓄利率不一样；汇率也会时刻发生变化。通常来说，外币储蓄存款的利率高于人民币存款的利率，投资者在持有外汇的时候选择外币储蓄存款，可以赚取更高的利息。但是，在选择外币储蓄投资的时候，也需要将外汇的高利率所产生的收益与人民币升值所带来的损失相权衡之后，再做出判断。

（二）结构性外汇理财产品

所谓结构性外汇理财产品，是将固定收益产品和利率期权、汇率期权等相结合而组成的复合产品。本金和收益与国际市场利率、汇率、商品价格甚至信用等级的变化相关联。外汇理财产品结构复杂，风险程度各异，且产品创新度高。根据是否保本及收益率是否确定，可将外汇理财产品大致分为以下两种：

1. 收益确定型

此类外汇理财产品的实际收益率在认购时已先确定，进一步可分为两种类型：一种是收益率固定型，银行承诺向投资者支付高于同期、同币种普通定期存款利率的固定收益率，但银行在产品有效期限内拥有提前终止权。另一种是收益率递增型，收益率递增型产品与收益率固定型产品的不同之处在于，若该产品未被提前终止，则其收益率在每个存续期将比前一期提高一定的点数。

2. 收益不确定型

此类外汇理财产品确保了投资者本金安全，但实际收益与市场参考指标挂钩，产品结构及参考指标走势决定实际收益。收益不确定型产品可分为以下三类：第一是与利率挂钩型，又分为区间累积型和正向或负向挂钩型。区间累积型产品通常预先确定最高、最低的年收益率并设置利率参考区间，其实际收益与产品期限内每天的利率水平挂钩。正（负）向挂钩产品的实际收益情况与存续期内每一天的利率正（负）相关，即挂钩利率越高（低），该产品收益率越高（低）。第二是与汇率挂钩型，此产品和利率挂钩型产品的不同在于其实际收益率是与某种货币汇率挂钩的。第三是与金价策略挂钩型，与前面两种挂钩类型的产品相似。

（三）现货外汇实盘交易

现货交易分为两类，一类是大银行之间的交易，另一类是大银行代理客户之间的交易。现货买卖约定成交后，最迟在两个营业日之内完成资金收付交割。这里着重介绍国内银行面向普通大众推出的个人外汇交易业务。个人外汇交易，是指个人委托银行，参照国际外汇市场实时汇率，把一种外币买卖成另一种外币的交易行为。由于投资者必须持有足额的要卖出外币才能进行交易，较国际上流行的外汇保证金交易缺少卖空机制和融资杠杆机制，因此也被称为实盘交易。目前，工商、农业、中国、建设、交通、招商、光大等多家银行都开展了个人外汇买卖业务。国内的投资者凭手中的外汇，到上述任一家银行均可办理开户手续，然后通过互联网、电话或柜台方式进行外汇实盘交易。

（四）合约现货外汇交易

合约现货外汇交易，又称外汇保证金交易、按金交易、虚盘交易，指投资者和从事外汇买卖的专业金融公司，签订委托买卖外汇的合同，缴付一定比率（一般不超过10%）的交易保证金，按一定融资倍数买卖外汇的交易形式。这种合约形式只是对某种外汇的某个价格给出书面或口头的承诺，然后等待价格出现上升或下跌时，再做买卖的结算，从变化的价差中获取利润。影响合约现货外汇交易盈亏主要有汇率、利息和手续费三大因素。

三、外汇理财产品的投资收益与风险

面对复杂丰富的挂钩产品，投资者如何挑选和比较？投资者不应盲目跟风，不要只看中收益率的高低和时间的长短。选择理财产品的前提需根据自身的风险承受能力，自己的实际需要，对产品所挂钩的市场有详尽的了解和判断，并综合考虑投资的收益性和风险性，做出合理的选择和投资组合。

（一）外汇理财产品的投资收益

外汇理财产品的投资收益多将直接或间接地与挂钩的某类资产、金融工具或相应金融市场的表现相连接。它的净值也会受包括利率水准及其波幅、汇率水准及其波幅、投资策略、杠杆水平以及存款到期时间等市场因素的影响。如果年收益水平不变，则收益水平取决于银行是否会提前终止理财产品，如果提前终止，则会使投资的收益总额减少。如果年收益水平变化，则需要关注所挂钩的投资领域的变动情况，外汇理财产品的收益高低，将与挂钩资产目前的变化相联系。

（二）外汇理财产品的投资风险

1. 投资本金风险

外汇理财产品中的保本型产品提供的保本为到期保本，若到期日前客户提前赎回，无100%本金保障，客户可能会遭受本金损失。

2. 投资收益风险

投资产品的净值在到期日前的价格将受包括利率水准及其波幅、投资策略以及到期时间等市场因素的影响。此外，与结构性存款相连接的标的资产价格会受许多因素的影响，包括标的资产价值和波动率的变化，发行人信用，汇率变化以及难以预料的经济、金融和政治事件等。

3. 利率风险

利率走势可能对外汇理财产品的市场价值产生影响。

4. 汇率风险

部分外汇理财产品以单一货币计价。对于非该种货币经转换后进行投资的投资人而言，需承担一定的汇率风险。

5. 流动性风险

某些外汇理财产品流动性不高，投资者只有在银行拟定的最早赎回日后方可提前赎回，同时根据条款规定，银行将收取一定的提前赎回费。

四、外汇投资的优势

近年来随着美元汇率的持续下降，越来越多的人通过外汇买卖，获得了不菲的收益。与此同时，外汇市场已发展成为全球最大的投资市场之一。外汇投资之所以吸引众多个人投资者参与，是因为它具有其他投资理财产品所不具备的优势。

（一）可以双向买卖

外汇投资的一个较大优势就在于既可以买空（上升时先买后卖），又可以卖空（下跌时先卖后买）。国际外汇交易大多是以美元为兑换单位的。当我们说欧元汇率为 1.33 时，实际是指 1 欧元相当于 1.33 美元。所以买某种货币跌就是买美元涨，反之亦然。当欧元从 1.33 上升到 1.335 时，我们就赚取了 50 个点的汇率，如果欧元可能下跌，可以卖空欧元，到 1.33 时，就可以赚取 50 个点的利润差价。在任何市况下，外汇交易都有获利的机会。

（二）全球 24 小时交易，没有地域的限制

股票市场买卖受地域和时间限制，买卖在当地市场白天进行，交易时间短。相反，外汇市场则是全球性的，没有地域和时间限制，24 小时交易，买卖方便。外汇的交易黄金时间在北京时间的晚上 8 点至晚上 12 点。这段时间是欧洲和美洲市场的白天交易时间，也是市场交易最活跃、汇率变动最大的时候，这为我国投资者提供了外汇交易的较佳时机。

（三）外汇市场资金流动性高

与其他金融市场相比，外汇市场的交易量大，流动性高，便于投资者及时做出反应。例如，在期货市场内很多时候难以成交，价格容易跳空，不易掌握。外汇市场永远是流动的，无论何时都可以进行交易。外汇交易中的即时报价系统可以保证所有的市价单、限价单或是止损单当日完全成交。

（四）外汇市场信息真实性高

一国的汇率取决于该国的整体经济状况。能够影响各个国家货币汇率走势的相关信

息，如 GDP、失业率、利率、消费价格指数等经济数据均由各个国家官方发布，其真实性、准确性和透明度均较高。相对而言，股票市场中上市公司所披露的业绩信息透明度和真实性均较低，内幕信息更是不为广大投资者所知晓。

（五）外汇交易更利于投资者进行分析

与股票和期货投资相比，货币汇率的走势规律性更强，这对善于利用技术分析手段的投资者更为有利。定期公布的大量经济数据，也为投资者进行基本面分析提供了极大的方便。由于国家的宏观经济发展态势通常都较公司的运营业绩更为稳定，因此，掌握不同国家汇率的走势要比分析股市中个股的变化容易得多。

五、外汇投资的策略

投资者在投资外汇理财产品时应当在了解自身投资需求和风险承担能力的基础上制订理财方案。

（一）选择合适的投资方式

外汇理财基本方式有保值、套利、套汇，而且可以将三种基本方式组合进行外汇理财策略的设计。

1. 保值

个人外汇买卖的基本目的首先应该是外币资产的保值。如果投资者的外币资产美元比重比较大，为了防止美元贬值带来的下跌损失，可以卖出一部分美元，买入欧元、澳元等其他外币，避免外汇风险。

2. 套利

投资者可以将所持有的利率较低的外币兑换成另外一种利率较高的外币，从而增加存款的利息收入。

3. 套汇

套汇的基本原则是低买高卖。假如投资者持有 1 000 美元，在欧元兑换美元为 1.12 时买入 1 000÷1.12 欧元，在欧元兑换美元上升至 1.2 时卖出所得欧元，买回 1 000÷1.12×1.2 美元，即 1 071 美元，这样可以实现套汇收益。

（二）善于利用多元化的投资组合

根据不同投资者的资金流动性和风险承受能力，在个人实盘外汇买卖、个人外汇期权、个人外汇结构性理财产品之间做不同比例的组合配置。个人实盘外汇买卖主要由投资者自己操作，且必须是现货交易，风险相对有限；个人外汇期权作为一种选择权交易，由于可以通过保证金比例来放大交易规模，属于高收益、高风险的交易；个人外汇结构性理财产品可以在保证本金安全的基础上取得固定或浮动的收益。这三种外汇理财产品各有特点，投资者可将资金总额按比例分成三部分，通过组合在安全性、收益性与流动性上创造单一理财产品投资所不能达到的效果。

(三)基本分析与技术分析方法

外汇市场与股票市场一样,整个市场的变动与个别币种的变动都要受到多种因素的影响,既存在系统性风险,也存在非系统性风险。进行外汇投资理财时,需要像股票投资那样进行基本面分析和技术分析。了解货币发行国的经济增长速度、财政金融状况、就业与物价情况、政治制度与政权变革情况等,需借助统计学、心理学知识,通过对各种货币以往汇率走势的研究,预测未来的走势。在外汇实务投资、股票投资分析中常用的技术指标如移动平均线、相对强弱指标、动量指标、心理指标等,同样可以用于外汇投资的分析。因此,在外汇操作策略分析中,也可以从基本面分析和技术分析的角度出发,包括外汇汇率走势基本分析方法和外汇汇率走势技术分析方法。

案例 >>>

以多层次资本市场支持"专精特新"中小企业,促更高质量的创新发展

2021 年 9 月 2 日晚,中国国家主席习近平在 2021 年中国国际服务贸易交易会全球服务贸易峰会上的致辞中宣布,将继续支持中小企业创新发展,深化新三板改革,设立北京证券交易所,打造服务创新型中小企业主阵地。这是党中央、国务院对资本市场更好服务构建新发展格局、推动高质量发展做出的新的重大战略部署,是深化金融供给侧结构性改革、完善多层次资本市场体系和对中小企业金融支持体系、努力提升服务专精特新中小企业能力和水平的重要内容。

(一)专精特新中小企业:助力科技创新、产业升级和国家安全

在激烈的国际竞争面前,在出现一些单边主义、保护主义的大背景下,中国必须走出适合国情的创新路子,特别是要把原始创新能力提升摆在更加突出的位置。我国在计算机、电子、智能制造等高新技术领域的积累与发展,相比发达国家仍有较大差距;一些关键核心技术受制于人,部分关键元器件、零部件、原材料依赖进口。我国应强化国家战略科技力量,对属于战略性、需要久久为功的核心技术和关键技术提前部署,坚持科技创新、科技自立,建设科技强国,并通过增强创新这个第一动力推动经济社会发展和民生改善。

未来一段时间,我国将通过科技创新加快发展现代产业体系,依托大市场、大长全的产业链,大基建、人才红利的产业优势,坚定推动经济高质量发展,向产业链高附加值端上移;推动经济体系优化升级,提升产业链供应链现代化水平,坚持自主可控、安全高效,分行业做好供应链战略设计和精准施策,补齐产业链供应链短板,加强国际产业安全合作,将"中国制造"从低附加值、低技术含量、低质量、弱品牌的"传统制造"逐步转变升级为"高附加值、高技术含量、高质量、强品牌"的全新中国制造、先进制造。

可以说,在构建新发展格局、形成强大国内市场和参与国际经济合作竞争新优势,推进产业链延伸成为确定性趋势的背景下,在多样性、差异化的经济生态中,占我国企业总数 95%以上并充满活力的中小企业,将继续成为国民经济增长和社会发展的生力军,成为稳增长、促改革、调结构、惠民生、防风险的重要保障。

特别地，培育一批主营业务和发展重点符合国家产业政策及相关要求，专业化、精细化、特色化、新颖化特征明显且发展速度快、运行质量高、经济效益好的中小企业，尤其是通过专注于细分市场、创新能力强、市场占有率高、掌握关键核心技术、质量效益优的排头兵企业来引导和支持中小企业提高创新能力和核心竞争力，在我国经济发展结构优化、质量提升、动力转换的关键期，既势在必行，又大有可为。

正因如此，7 月 30 日中央政治局会议在分析研究当前经济形势并部署下半年经济工作时也提出："开展补链强链专项行动，加快解决'卡脖子'难题，发展专精特新中小企业。"

（二）资本市场：更具包容性创新性，有效服务专精特新中小企业

在当今国际形势和战略格局发生深刻变化的关键性时刻，资本市场无疑承担了促进科技引领实业、助力产业升级发展、维护金融体系稳定、提升国家综合国力和核心竞争力的历史重任。近年来，资本市场不断深化改革，锐意创新，完善相关政策、法规、制度，持续提升服务中小企业创新发展的质量与效率。

科创板建立和创业板实施注册制改革后，资本市场对科创和创新创业企业的支持力度不断加强。在工信部公布的三批专精特新"小巨人"企业名单中，全国共有 4 762 家企业上榜，主要集中于新一代信息技术、高端装备制造、新能源、新材料等中高端产业，九成以上企业集中在核心基础零部件和元器件、关键基础材料、先进基础工艺、产业技术基础等"四基"领域，普遍来说专业程度高、创新能力强、科技含量大、质量效益优。

在这些国家级专精特新"小巨人"企业中，目前已有超过 300 家企业在 A 股市场上市，总的来说聚焦细分领域的专业化与自主创新、研发投入高、盈利能力强、成长空间大，既有望成为核心资产，又代表经济发展未来。此外，目前全国范围内认定省级专精特新中小企业突破 4 万家，入库培育专精特新中小企业超过 11 万家。资本市场应不断健全中小企业全方位高质量服务体系，通过提供融资并购服务为"专精特新"企业实现创新发展保驾护航。

2019 年 10 月，新三板全面深化改革启动。仅仅在 275 天后，新三板市场精选层于 2020 年 7 月 27 日正式设立并开市交易，32 家首批挂牌企业集体晋层。在新三板改革推进速度快、审核效率高、可进可退、可上可下的灵活制度安排下，中小企业通过自身有机成长、健康壮大努力提升自身公司质量和基本面。目前，新三板挂牌公司总数超过 7 300 家，总市值接近 2 万亿元人民币。分行业来看，信息技术行业挂牌公司数量为 1 278 家，总市值占比 31%，均位居第一；排名第二的是工业板块，其挂牌公司数为 1 170 家，市值占比约 29%。

自 2019 年全面深化改革措施落地，市场融资交易规模回升，估值定价能力改善，公司维持挂牌意愿增强。在坚持投资者适当性原则的前提下，新三板市场投资者资金门槛稳步下降调整，其中基础层从 500 万降到 200 万，创新层降至 150 万，精选层降至 100 万。目前合格投资者超过 170 万户，相比 2019 年年末总户数增长超过 6 倍。伴随着投资者结构不断优化和丰富、专业投资者队伍不断扩大、QFII 和 RQFII 投资新三板挂牌股票获得推进，新三板市场的价值投资理念、长期投资理念、投资者和挂牌公司的信心、流动性水平和国际化水平都得到了巩固和提升。

设立北京证券交易所，代表了新三板改革从量变到质变的瓜熟蒂落、水到渠成，证明了改革后新三板精选层的实践检验及其包容性、精准度和适应性受到市场各方普遍认可。这

既能推动不同特色和定位的市场和板块持续健康发展，又能切实服务于创新驱动发展战略和实体经济，有利于企业，尤其是专精特新中小企业更为高效、便利、快捷地获得资本支持，借力资本市场实现跨越式发展。

（三）北京证券交易所：错位竞争，差异发展，丰富完善多层次资本市场体系

新三板的深化改革与北京证券交易所的设立，既应当体现“中国速度”，更应当体现“中国质量”。中国证监会也表示，北交所将以现有的新三板精选层为基础组建，总体平移精选层上市、交易、转板、退市等各项基础制度，坚持北交所上市公司由创新层公司产生，维持新三板基础层、创新层与北京证券交易所“层层递进”的市场结构，同步试点证券发行注册制，并坚持合适的投资者适当性要求，形成契合中小企业特点的差异化安排。

9 月 5 日，北交所发布《北京证券交易所股票上市规则（试行）》（征求意见稿）（下称《上市规则》）、《北京证券交易所交易规则（试行）》（征求意见稿）（下称《交易规则》）和《北京证券交易所会员管理规则（试行）》（征求意见稿）（下称《会员管理规则》）等业务规则。总的来看，北交所认真考虑和契合创新型中小企业的若干特点，并吸收科创板、创业板注册制的成功经验，基本平移了原新三板市场精选层各项基础制度，在基础性业务规则和制度建设上努力实现多元化、差异化和特色化。

在《上市规则》方面，北交所拟定的上市标准平移了新三板市场精选层的四套“财务＋市值”条件，明确北交所新增公司来源于在新三板创新层挂牌满 12 个月的公司。可以说，上市条件略低于科创板和创业板，围绕中小企业需求，以简便、包容、精准的发行条件和小额快速灵活多元的持续融资制度，突出了服务专精特新中小企业的特点，进一步为中小企业降低融资成本，避免市场“大进大出”，并同时坚决出清重大违法、丧失持续经营能力等极端情形的公司。

在《交易规则》方面，北交所整体延续了精选层以连续竞价为核心的交易制度，并保留了涨跌幅限制、申报规则、价格稳定机制等其他主要规定不变。上市首日不设涨跌幅限制，实施临时停牌机制。次日涨跌幅限制为 30％，高于同样实行注册制的科创板与创业板的次日涨跌幅限制 20％。可以说，这既不改变投资者交易习惯，不增加市场负担，又体现中小企业股票交易特点，确保市场交易的稳定性和连续性。考虑到北交所上市公司将是“更早、更小、更新”的创新型中小企业，投资者结构和风险偏好与沪深交易所有较大差异，预计对投资者将有更高的资格要求、专业投资要求和风险管理要求。

在《会员管理规则》方面，与上交所、深交所的会员制交易所不同，北交所作为公司制交易所实行会员管理，符合境内外公司制交易所的实践，有助于落实交易所主体责任，促进交易所自律管理职能有效发挥。

从目前各方透露的信息来看，北交所将成为继上交所、深交所之后第三家全国性证券交易场所，预计将在 2021 年年底前正式开始交易，成为多层次资本市场体系的有机组成部分，形成相互补充、互为促进的格局。我们衷心期盼北交所能真正实现其设立目标，培育一批专精特新中小企业，形成创新创业热情高涨、合格投资者踊跃参与、中介机构归位尽责的良性市场生态，科学合理地发挥分层价值筛选和价值发现功能，为优质中小企业提供更多的金融资源和更好的直接融资成长路径，实现对实体经济、科技创新和高质量发展的高效支

持，并畅通在多层次资本市场之间的纽带作用，助力资本市场其他领域的改革与发展，在更大范围上、在更深层次上推动释放资本市场的活力和动力。

资料来源：庞溟．以多层次资本市场支持“专精特新”中小企业，促更高质量的创新发展[N]．21 世纪经济报道，2021-09-07

本章小结>>>

金融资产投资有别于实体经济投资，主要投资于以价值形态存在的资产。在个人理财过程中，股票、债券、基金、金融衍生品、外汇与银行理财产品等金融工具是较为常见的几种投资对象，它们具有不同的投资特点，投资门槛不同，承担大小不一的投资风险，投资的优势也各不相同，因此，不同的金融资产投资适用于不同的投资策略。投资者在进行个人理财时，应充分分析各投资工具的风险大小、自身承受风险的能力、个人的知识储备、资产结构、分析能力等因素，在多种金融资产中做出理性的选择。

思考与练习>>>

1. 什么是金融资产投资？主要的金融投资工具有哪些？

2. 股票、债券、基金投资的风险与收益有哪些不同，投资优势分别有哪些？

3. 影响股票、债券、基金投资的因素分别有哪些？

4. 股票投资的策略有哪些？债券投资的策略有哪些？两者具有哪些区别？

5. 金融衍生工具投资的风险性表现在哪些方面？投资策略与股票、债券、基金有哪些不同？

6. 金融期货与金融期权投资策略上有哪些联系与区别？

7. 外汇投资的特点有哪些？具有哪些投资优势？

8. 外汇投资策略有哪些？

9. 个人银行理财产品有哪些种类？投资优势表现在哪些方面？

第六章 保险规划

保险规划

本章学习要点>>>

通过本章的学习，能够根据不同的家庭信息，分析并确定各个家庭所面临的风险，让学生意识到风险的客观存在，珍爱生命；理解保险在家庭理财规划中的功能，让学生认识到新时代中国特色社会主义思想中爱国主义的本质是爱国、爱党、爱社会的有机统一，一个国家保险行业的发展水平直接体现了该国的社会保障制度，是一个国家社会稳定的减震器；能够根据不同家庭的风险管理需求，结合其家庭特征，制订出合适的保险规划方案；根据保险规划方案，选择合适的保险公司、投保时间及缴费方式，合理利用保单现金价值进行理财，并根据实际情况的变动及时调整保险方案；通过对保险规划的学习，辩证分析保险理财规划的要点，做好人生规划。

第一节 保险概述

一、初识保险

通过保险来规避风险，是个人、家庭处理风险常见而又有效的方式。在保险制度中，面临风险的人们通过保险公司组织起来，从而使个人风险得以转移、分散，由保险公司组织保险基金，集中承担。当被保险人发生损失，则可从保险基金中获得给付或补偿。探其本质，保险是一种社会化安排，即"人人为我，我为人人"。可见，保险本质上是人们抵御风险的一种互助行为。从法律角度看，保险是一种合同行为。

保险是集合具有同类风险的众多单位或个人，以合理计算分担保险金的形式，实现对少数成员因该风险事故所致经济损失的补偿行为，是对特定风险的后果提供经济保障的一种财务转移机制。

在人们面临的各种风险中，并不是每一种风险都适合用保险来处理，人们向保险人转嫁风险损失还必须接受保险人的一些特别的要求，即满足可保风险的条件。作为可保风险，需要满足以下条件：

(一)风险损失可以用货币来计量

保险是一种商品交易行为,风险的转嫁与责任的承担都是通过相应的货币计价来衡量的,这决定了不能用货币来计量其风险损失的风险不是可保风险。但人的价值衡量具有特殊性。在保险中,对此是通过所订立的保险合同中保险金额的大小来确定的。

(二)风险的发生具有偶然性

风险发生的偶然性是针对单个风险主体来讲的,风险的发生与损失程度是不可知的、偶然的。必定会发生的风险,如机器设备的折旧和自然损耗,保险人是不予以承保的。

(三)风险的出现必须是意外的

意外风险是指非故意行为所致的风险和不是必然发生的风险。故意行为易引发道德风险,且发生是可以预知的,都不符合保险经营的原则。

(四)风险必须是大量标的均有遭受损失的可能性

保险以大数法则作为保险人建立保险基金的数理基础。只有在大量风险事故的基础上,保险人才能通过大数法则进行保险经营,计算风险概率和损失程度,确定保费。

(五)风险应有发生重大损失的可能性

对于保险承保的风险,通常是具有导致重大损失的可能性。只发生轻微损失的风险,可通过风险自留的风险处理方法来处理。

二、保险的分类

当代保险业发展迅速,保险领域不断扩大,新的险种层出不穷,因此,必须对保险予以分类,以便于研究和认识,但世界各国至今对保险的分类还没有形成一个统一的标准。一般来说,在不同的场合,根据不同的要求,从不同的角度,对保险有不同的分类。比较常见的分类标准有按保险性质分类、按保险标的分类、按风险转移层次分类和按实施方式分类。

(一)按保险性质分类

按照保险性质的不同,保险可以分为商业保险、社会保险和政策保险。

1. 商业保险

商业保险指投保人根据合同约定,向保险人支付保险费,保险人对于合同约定的可能发生的事故因其发生所造成的财产损失承担赔偿保险金责任,或者当被保险人死亡、伤残、疾病或者达到合同约定的年龄、期限时承担给付保险金责任的保险行为。

2. 社会保险

社会保险指国家通过立法对社会劳动者暂时或永久丧失劳动能力或失业时提供一定的物质帮助,以保障其基本生活的一种社会保障制度。当劳动者遭受生育、年老、疾病、死亡、伤残和失业等风险时,国家以法律的形式为其提供基本的生活保障,将某些社会风险损失转移给政府或者某一社会组织。

3. 政策保险

政府为了一定政策的目的，运用普通保险的技术而开办的一种保险，如农业保险、信用保险、输出保险、巨灾保险等。

（二）按保险标的分类

现在，一般按广义仍把商业保险分为财产和人身保险两大类；但按狭义可细分为财产保险、人身保险、责任保险和信用保证保险。

1. 财产保险

财产保险，其保险标的是有形的财产及与之相关的利益，保险人按照保险合同约定对保险标的因自然灾害和意外事故造成的损失承担赔偿责任的保险。广义的财产保险包括财产损失保险、责任保险、信用保证保险等；狭义的财产保险仅指以物质财富及其相关利益为保险标的的保险。

2. 人身保险

人身保险，其保险标的是人的身体或生命，以生存、年老、伤残、疾病、死亡等人身风险为保险事故，被保险人在保险期间因保险事故的发生或生存到保险期满，保险人依照合同对被保险人给付约定保险金。人身保险主要包括人寿保险、健康保险和意外伤害保险。

3. 责任保险

责任保险，其保险标的是被保险人对第三者依法应负的民事损害赔偿责任或经过特别约定的合同责任。责任保险包括公众责任保险、雇主责任保险、职业责任保险、产品责任保险和第三者责任保险等。

4. 信用保证保险

信用保证保险，其保险标的是合同双方权利人和义务人约定的经济信用，以义务人的信用风险为保险事故，对义务人（被保证人）的信用风险致使权利人遭受的经济损失，保险人按合同约定，在被保证人不能履约偿付的情况下负责提供损失补偿，属于一种担保性质的保险。

（三）按风险转移层次分类

1. 原保险与再保险

按照风险损失转移的层次分类，保险可分为原保险（重复保险和共同保险）和再保险。

①原保险，是指投保人与保险人之间直接签订合同，确立保险关系，投保人将风险损失转移给保险人。这里的投保人不包括保险公司，仅指除保险公司外的其他经济单位或个人。

②再保险，也称分保，是指保险人将其所承保的业务的一部分或全部，分给另一个或几个保险人承担。再保险的意义在于，扩大业务经营能力，提高财务稳定性。再保险最初只适用于财产保险，尤其是财产保险中的海上保险和火灾保险，现在已逐步发展到人身保险和责任保险。

2. 复合保险与重复保险

复合保险和重复保险，投保人在同一期限内就同一标的物的同一风险向若干保险公司投保，如果保险金额之和没有超过标的财产的实际可保价值，称为复合保险；如果保险金额之和超过标的财产的实际可保价值，称为重复保险。

我国《保险法》规定：重复保险是指投保人对同一保险标的、同一保险利益、同一保险事故分别向两个以上保险人订立保险合同的保险。我国《保险法》规定各保险人的赔偿金额之和不得超过保险价值，有些国家甚至不承认重复保险合同的法律效力。

3. 共同保险

共同保险也称共保，具体有两种情况，一是几个保险人联合起来共同承保同一标的的同一风险、同一保险事故，而且保险金额不超过保险标的的价值。发生赔偿责任时，赔偿金依照各保险人承保的金额按比例分摊。另一种是保险人和被保险人共同承担保险责任，这实际上是指投保人的投保金额小于标的物价值的情况，不足额被视同由被保险人承担。共同保险的风险转移形式是横向的。

（四）按保险实施方式分类

按照保险实施方式的不同，保险可以分为自愿保险和强制保险。

1. 自愿保险

自愿保险也称任意保险，这类保险由单位和个人自由决定是否参加，保险双方采取自愿方式签订保险合同。自愿保险的保险关系是当事人之间自由决定、彼此合意后所成立的合同关系。保险人可以根据情况决定是否承保，以什么条件承保。投保人可以自行决定是否投保、向谁投保，也可以自由选择保障范围、保障程度和保险期限等。

2. 强制保险

强制保险也称法定保险，其保险关系是保险人与投保人以法律、法规为依据而建立的保险关系。如为了保障交通事故受害者的利益，很多国家把汽车第三者责任保险规定为强制保险。强制保险具有全面性和统一性的特点，表现在：凡是在法令规定范围内的保险对象，不论是法人或自然人，不管是否愿意，都必须依法参加保险。实施强制保险通常是为了满足政府某些社会政策、经济政策和公共安全方面的需要。

三、保险在家庭理财规划中的功能

一般认为，保险具有分散风险、补偿损失等基本职能，以及由此派生出的防灾防损、投资理财等功能，就家庭理财这一角度而言，保险主要具有以下功能：

1. 风险保障

目前，我国的社会保障制度还不是很完善，并且家庭对灾害的承受能力比较弱，不论是家庭成员的生老病死还是火灾、水灾等灾害对家庭的冲击都是巨大的。家庭在平时资金宽裕的情况下缴纳保险费，而在面临危难时得到援助，使生活能够得以正常维持，这是保险最根本的职能，也是家庭理财规划中对保险的基本定位。

2. 储蓄功能

对于长期寿险，保单现金价值使得保单具有储蓄功能，并且保单现金价值采取复利计算账户收益，即在保险期内投资账户中的现金价值以年为单位进行利滚利。而像银行等其他理财产品采取的主要是单利，即一定期限、一定数额的存款会有一个相对固定的收益空间。不论是固定收益还是采取浮动利息，在理财期限内，银行理财产品都采取单利计算。从这个角度看，部分寿险产品在储蓄生息方面具有一定优势。

3. 资产保护功能

在特定条件下，寿险保单能够起到资产保护的作用。以企业主为例，当由于债权债务问题发生法律诉讼时，银行里的资金甚至股票、房地产等都可能被冻结。但是，投保所形成的人寿保单的相应价值却不受影响。因为人寿保险合同是以人的寿命和身体为保险标的，依据《保险法》，未经被保险人书面同意，保单不得转让或者质押，因此当所有的财产都被冻结甚至拍卖时，人寿保险的保单不会被冻结和拍卖，而其保单贷款功能则又使其成为最好的"变现"工具。即便企业遇到破产情形，也不会因此一贫如洗。

4. 融通资金功能

保险，尤其是长期寿险，可为投保人提供临时的融资功能。这种功能主要通过保单质押贷款来实现。保单质押贷款的根本作用在于能够满足保单的流动性和变现要求。金融理论认为，流动性是金融资产的基本属性，几乎所有的金融资产都需要有流动性和变现能力，保单作为一种金融资产也不例外。一般金融资产的流动变现能力是依靠二级市场的资产交易得以实现的。但人寿保险保单具有长期性的特征，同时它不能通过建立二级市场和保单交易来实现其流动性变现要求。因此，为赋予保单一定的流动和变现能力，寿险公司设计出的各种保单质押贷款条款应运而生。

就提供变现、融资的渠道来看，保单质押贷款有别于商业贷款，主要体现在：一是保单持有人没有偿还保单质押贷款的法定义务，因此保单持有人与保险公司之间并非一般的借贷关系。二是保险人只需要根据保单的现金价值审批贷款，不必对申请贷款的保单持有人进行资信审查；而商业贷款，银行则有严格的审查。因此对保险公司而言保单质押贷款业务可以看作一项附加服务，管理成本较低；而对于投保人而言，利用保单贷款是一种较为便捷的获得临时资金的方式。

5. 避税功能

利用合理合法的手段和税收的监管规定，在节省上缴税收额度的情况下，为员工、自己或家人增加一份收入，就是很好的理财。保险在这方面有着独特的功能。

(1)企业可以合理合法地为员工投保进而达到避税的目的

根据有关规定，企业拿出职工工资总额的4%为员工投保商业保险是完全免税的，若补缴金额较大的还可获得"不低于三年的期间内分期均匀扣除"费用的权限；同时由于员工将来从保险公司获得的保险金按税法规定也同样是免税的，因此不论是企业还是个人都可获得资产保全。

(2)保险是规避遗产税的有效工具

我国已经开始讨论并出台了《中华人民共和国遗产税暂行条例(草案)》，这意味着遗产税的征收已经纳入了国家法律健全化的日程。根据草案，遗产越多，税率就越高，最高可达50%。因此，个人财富会在其离开人世时因为纳税而"缩水"。而保险却是此方面有效的避税工具，目前我国税法明确规定保险金是不纳入应征税额的。

6. 规避通货膨胀及利率风险功能

目前我国投资渠道极为广阔，人们可以选择银行存款、股票、债券和外汇等多种投资方式，这些投资方式显然受到通货膨胀及利率波动的影响，而保险产品则具有较强的稳定性，它本身就是一种分散风险的理财行为，其预定利率具有前瞻性且一般对国家的利率变化并不特别敏感，如变额万能寿险(投资连结保险)、万能寿险正是为应对通货膨胀及利率风险而产生的。变额万能寿险的保险金额由两部分构成：一部分是最低给付金额，另一部分是其保费分离账户产生的投资收益。万能寿险又称为综合人寿保险，居民个人可以根据自己的缴费能力及保单的现金价值决定缴费甚至暂停缴费，而且缴费多少也可根据个人对保险金额的变更而变更(在万能寿险中客户可以增减保险金额)，这是一种非常灵活的险种。因此，变额万能寿险及万能寿险是集保障、投资、收益保底三种功能于一体的创新型保险理财产品，能帮助投资者在不断变化的资本市场顺利实现其理财需求。

四、保险的基本原则

保险的基本原则是在保险发展过程中逐渐形成的，并为人们所公认。这些原则成为人们进行保险活动的准则，始终贯穿于整个保险业务。

(一)最大诚信原则

最大诚信原则是指保险合同当事人订立保险合同及在合同的有效期内，应依法向对方提供影响对方做出是否缔约及缔约条件的全部实质性重要事实；同时绝对信守合同订立的约定与承诺。否则，受到损害的一方，可以以此为理由宣布合同无效或不履行合同的约定义务或责任，甚至对因此而受到的损害还可以要求对方予以赔偿。

最大诚信原则是签订和履行保险合同所必须遵守的一项基本原则，坚持最大诚信原则是为了确保保险合同的公平，维护保险合同双方当事人的利益。最大诚信原则的具体内容主要包括告知、保证、弃权与禁止反言。

1. 告知

告知在保险中又称如实告知。狭义的告知是指合同当事人双方在订立合同前或订立合同时，双方互相据实申报或陈述。在保险的最大诚信中的告知是广义的告知，即：保险合同订立前、订立时及在合同有效期内，投保人对已知或应知的风险和与标的有关的实质性重要事实向保险人做口头或书面的申报；保险人也应将对投保人利害相关的实质性重要事实据实通知投保人。

2. 保证

保证是指保险人要求投保人或被保险人在保险期间对某一事项的作为与不作为，某种事态的存在或不存在做出的许诺。保证是一项从属于主要合同的承诺，是保险合同成立的基本条件。对于保证，被保险人应严格遵守，如果违反保证，受害的一方有权请求赔偿；受害的一方据此可以解除合同。因此，保证强调守信，恪守合同承诺。

3. 弃权与禁止反言

弃权是指保险合同的一方当事人放弃其在保险合同中可以主张的权利，通常是指保险人放弃合同解除权与抗辩权。禁止反言是指合同一方放弃其在合同中的某项权利，日后不得再向另一方主张这种权利，也称为禁止抗辩，在保险实践中主要约束保险人。

（二）保险利益原则

保险利益是指投保人或被保险人对投保标的所具有的法律上承认的利益。它体现了投保人或被保险人与保险标的之间存在的利益关系。衡量投保人或被保险人对保险标的是否具有保险利益的标志是看投保人或被保险人是否因保险标的的损害或丧失而遭受经济上的损失，即当保险标的安全时，投保人或被保险人可以从中获益，反之，当保险标的受损，投保人或被保险人必然会遭受经济损失，则投保人或被保险人对该标的具有保险利益。保险利益是保险合同的客体，是保险合同生效的依据。

保险合同的成立必须以保险利益的存在为前提，因此，对保险利益的确定十分重要。投保人对保险标的的利益关系并不都可作为保险利益，某一利益是否成为保险利益应符合以下条件：

第一，保险利益必须是合法的利益。投保人对保险标的所具有的利益必须被法律认可，符合法律的规定，受到法律的保护，与社会公共利益相一致。

第二，保险利益必须是客观存在、确定的利益。客观存在、确定的利益是指投保人对保险标的的现有利益和预期利益，即客观上已经确定或可以确定的利益。

第三，保险利益必须是经济利益。所谓经济利益，是指投保人或被保险人对保险标的的利益必须是可以通过货币计量的利益。

保险利益原则是保险的基本原则，它的本质内容是投保人以其所具有保险利益的标的投保，否则，保险人可单方面宣布合同无效；当保险合同生效后，投保人或被保险人失去了对保险标的的保险利益，则保险合同随之失效；当发生保险责任事故后，被保险人不得因保险而获得保险利益额度外的利益。

我国《保险法》规定："投保人对保险标的应当具有保险利益，投保人对保险标的不具有保险利益的，保险合同无效。"因此，无论何种保险合同，必须以保险利益的存在为前提。

（三）近因原则

近因原则是判断保险事故与保险标的损失之间的因果关系，从而确定保险赔偿责任的一项基本原则。在保险经营实务中是处理理赔案所需遵循的重要原则之一。

在保险实践中，对保险标的的损害是否进行赔偿是由损害事故发生的原因是否属于保险责任来判断的。而保险标的的损害并不总是由单一原因造成的，其表现形式也是多种多样的：有的是多种原因同时发生，有的是多种原因不间断地连续发生，有的是多种原因时断时续地发生。近因原则即要求从中找出哪些属于保险责任、哪些不属于保险责任，并据此确定是否进行赔偿。

近因是指引起保险标的损失的直接的、最有效的、起决定作用的因素，它直接导致保险标的的损失，是促使损失结果的最有效的或是起决定作用的原因。但在时间上和空间上，它不一定是最接近损失结果的原因。近因原则的基本含义是：若引起保险事故发生，造成保险标的损失的近因属于保险责任，保险人承担损失赔偿责任；若近因属于除外责任，保险人不负赔偿责任。即只有当承保风险是损失发生的近因时，保险人才负赔偿责任。

（四）损失补偿原则

经济补偿是保险的基本职能，也是保险产生和发展的最初目的和最终目标。因而保险的损失补偿原则是保险的重要原则。但需要指出的是损失补偿原则对于补偿性合同来说是理赔的首要原则，而对于给付性的保险合同在实务中并不适用。损失补偿原则是指当保险标的发生保险责任范围内的损失时，被保险人有权按照合同的约定，获得保险赔偿，用于弥补被保险人的损失，但被保险人不能因损失而获得额外的利益。其中，有两重含义：第一，损失补偿以保险责任范围内的损失发生为前提，即有损失发生则有损失补偿，无损失无补偿。因此，在保险合同中强调：被保险人因保险事故所致的经济损失，依据合同有权获得赔偿。第二，损失补偿以被保险人的实际损失为限，而不能使其获得额外的利益。即通过保险赔偿使被保险人的经济状态恢复到事故发生前的状态。

由损失补偿原则派生出保险代位求偿原则和重复保险分摊原则。

（1）保险代位求偿原则是从损失补偿原则中派生出来的，只适用于财产保险。在财产保险中，保险事故的发生如由第三者造成并负有赔偿责任，则被保险人既可以根据法律的有关规定向第三者要求赔偿损失，也可以根据保险合同要求保险人支付赔款。如果被保险人首先要求保险人给予赔偿，则保险人在支付赔款以后，有权在保险赔偿的范围内向第三者追偿，而被保险人应把向第三者要求赔偿的权利转让给保险人，并协助其向第三者要求赔偿。反之，如果被保险人首先向第三者请求赔偿并获得损失赔偿，被保险人就不能再向保险人索赔。

（2）重复保险分摊原则也是由损失补偿原则派生出来的，它不适用于人身保险，而与财产保险业务中发生的重复保险密切相关。重复保险是指投保人对同一标的、同一保险利益、同一保险事故分别向两个以上保险人订立合同的保险。重复投保原则上是不允许的，但在事实上是存在的。其原因通常是由于投保人或者被保险人的疏忽，或者源于投保人求得心理上更大安全感的欲望。重复保险的投保人应当将重复保险的有关情况通知各保险人。重复保险分摊原则是指投保人向多个保险人重复保险时，投保人的索赔只能在保险人之间分摊，赔偿金额不得超过损失金额。在重复保险的情况下，当发生保险事故时，对于保险标的所受损失，由各保险人分摊。如果保险金额总和超过保险价值，各保险人承担的赔偿金额总和不得超过保险价值。这是补偿原则在重复保险中的运用，以防止被保险人因重复保险而获得额外利益。

第二节　保险产品

为了满足客户需求，保险公司按照风险的性质、保险实施方式、保障范围、给付形式、业务承保方式等不同标准，设计出了不同的保险产品。

一、人身保险

人身保险是以人的寿命和身体为保险标的的保险。人身保险的投保人按照保单约定向保险人缴纳保险费，当被保险人在合同期限内发生死亡、伤残、疾病等保险事故或达到人身保险合同约定的年龄、期限时，由保险人依照合同约定承担给付保险金的责任。

(一)人身保险的特点

1. 人身保险产品的需求面广,但需求弹性较大

无论人的年龄大小、性别、财富状况如何,都会面临生、老、病、死的问题,因此,与人的切身利益关系密切的人身保险产品有广泛的市场需求。另一方面,人身保险产品具有较大的需求弹性,这主要是由于观念上的原因。而且,人身保险产品通常是自愿购买,在经济状况不好、对人身保险产品及对保险公司的了解不够时,往往放弃购买;另外,人们对银行储蓄、现金的依赖,对证券投资的期望,及人们养儿防老思想的影响,都使得人身保险的需求具有较大弹性。

2. 人身保险是定额给付性质的保险合同

大多数财产保险是补偿性合同,当财产遭受损失时,保险人按其实际损失进行补偿。大多数人身保险不是补偿性合同,而是定额给付性质的合同,只能按事先约定金额给付保险金。健康保险中有一部分是补偿性质,如医疗保险。在财产保险方面,大多数财产可参考其当时市价或重置价、折旧价来确定保险金额,而在人身保险方面,生命价值就难有客观标准。保险公司在审核人身保险的保险金额时,大致上是根据投保人自报的金额,并参照投保人的经济情况、工作地位、生活标准、缴付保险费的能力和需要等因素来加以确定。

3. 人身保险是长期保险合同

也有个别人身保险险种期限较短,有几天,甚至几分钟的,如旅客意外伤害保险和高空滑车保险。投保人身保险的人不愿将保险期限定得过短的原因是,人们对人身保险保障的需求具有长期性;不仅如此,人身保险所需要的保险金额较高,一般要在长期内以分期缴付保险费方式才能取得。

4. 储蓄性保险

人身保险不仅能提供经济保障,而且大多数人身保险还兼有储蓄性质。这主要是由于人身保险的保险费可以分为风险保费和储蓄保费两部分,作为长期的人身保险,其保险费中储蓄保费用来提存准备金,这种准备金是保险人的负债,可用于投资取得利息收入,以期用于将来的保险金给付。正因为大多数人身保险含有储蓄性质,所以投保人或被保险人享有保单质押贷款、退保和选择保险金给付方式等权利。财产保险的被保险人没有这些权利。

5. 不存在超额投保、重复保险和代位求偿权问题

由于人身保险的保险利益难以用货币衡量,所以人身保险一般不存在超额投保和重复保险问题。但保险公司可以根据被保险人的需要和收入水平加以控制,使保险金额不至于高得过分。同样,代位求偿权原则也不适用于人身保险。如果被保险人的伤害是由第三者造成的,被保险人或其受益人既能从保险公司取得保险金,又能向肇事方提出损害照偿要求,保险公司不能行使代位求偿权。

(二)人身保险产品介绍

1. 人寿保险——死亡风险

人寿保险是以人的寿命为保险标的,以人的生存或死亡为保险事件;当发生保险事件时，保险人履行给付保险金责任的一种人身保险。人寿保险又分为传统型人寿保险与创新型人寿保险。传统型人寿保险包括定期寿险、生死两全保险和终身寿险；创新型寿险包括万能寿险、变额万能寿险（投资连结保险）和分红保险等。

(1)传统型人寿保险

①定期寿险。即定期死亡保险，是以被保险人在保险合同规定的一定期限内发生死亡事件而由保险人给付保险金的一种人寿保险。也就是说，如果被保险人在规定的期限内死亡，保险人向受益人给付保险金；如果被保险人在期满仍然生存，保险人不给付保险金，也不退还保险费。

对于被保险人而言，定期寿险最大的优点是可以用极为低廉的保险费获得一定期限内较大的保险保障。这类产品以保障为主，保险成本相对于其他产品较低，且保险成本与年龄成正比，即年龄越大保费越高（不包括婴幼儿阶段）。该产品不具备储蓄性，若被保险人在保险期限届满仍然生存，则不能得到保险金的给付，而且已缴纳的保险费不再退还。此外，由于该产品以死亡保障为主，防止由于被保险人死亡给家庭其他成员带来经济上的困难，所以适合家庭中的主要经济来源者，特别是家庭唯一收入来源者。由于该产品成本较低，也适用于收入较低的家庭。

②生死两全保险。生死两全保险是既提供死亡保障，又提供生存保障的一种保险。生死两全保险中的死亡给付对象是受益人，而期满生存给付的对象是被保险人。

从数学的概念上看，生死两全保险的保险人提供两种承诺：一是若在保险有效期内被保险人死亡，向其受益人支付保单规定数额的死亡保险金；二是若被保险人生存至保险期满，则也向其支付保单规定数额的生存保险金。这样，在生存保险期内提供死亡给付，只需在生存保险中增加一个同期的定期寿险。生死两全保险中的两个因素——均衡定期寿险及生存保险结合在一起，构成了生死两全保险的保障。

生死两全保险是储蓄性极强的一种保险，其净保费由风险保险费和储蓄保险费组成，风险保险费用于当年死亡给付，储蓄保险费则逐年积累形成责任准备金，既可用于中途退保时支付退保金，也可用于生存给付。由于生死两全保险既保障死亡又保障生存，因此，生死两全保险不仅使受益人得到保障，同时也使被保险人本身享受其利益。由于生死两全保险具有现金价值，所以若投保人中途退保，可以得到一定数额的现金价值（或称为退保金），而且保单具有贷款选择权、垫缴保费选择权等。此外，由于生死两全保险既保生存又保死亡，所以相对成本较高。

③终身寿险，又称终身死亡保险。即终身提供死亡保障的保险。在保险合同有效期内发生保险责任范围内的事件，不论被保险人何时死亡，保险人都给付保险金。

终身保险的最大优点是可以得到永久性保障，而且具有储蓄性，即有退费的权利，若投保人中途退保，可以得到一定数额的现金价值（或称为退保金）。由于终身保单具有现金价值，因此该保单有贷款选择权、垫缴保费选择权等。终身寿险的保险成本与年龄成正比，在相同条件下比定期寿险要高。

(2)创新型人寿保险

①万能寿险。万能寿险是一种缴费灵活、保额可调整的非约束性寿险。万能寿险是为了满足要求保费支出较低且方式灵活的寿险消费者的需求，于 1979 年后出现在美国寿险市场。在万能寿险经营中，每个保单持有人单独设立账户，该账户的收入项目有新缴纳的保

费、保证利息和超额利息。支出项目有定期寿险费用和管理费用。收入项目与支出项目的余额用来增加保单的现金价值。保险人每年向保单持有人寄送报告，说明各账户的具体收支情况。

在万能寿险合同有效期内，若被保险人身故，保险公司可按照身故时该保险年度的保险金额给予保险金，也可以以保险金额与当时账户价值之和作为身故给付。万能寿险的投保人可以用灵活的方法来缴纳保费。只要符合保单规定，投保人可以在任何时间不定额地缴纳保费。正因为如此，灵活的缴费方式使万能寿险比较容易失效。万能寿险兼具保障与投资功能；投保人可以获得最低保障和最低投资收益；投保人承担最低保障和最低投资收益以上的风险；具有较强的灵活性和透明性。

②变额万能寿险(投资连结保险)。中国保险监督管理委员会定义的投资连结保险是指包含保险保障功能并至少在一个投资账户拥有一定资产价值的人身保险产品。投资连结保险产品的保单现金价值与单独投资账户(或称"基金")资产相匹配，现金价值直接与独立账户资产投资业绩相连，一般没有最低保证。变额万能寿险是融合了缴纳保费灵活的万能寿险与投资灵活、保额可调整的变额寿险后形成的一个新的险种。

变额万能寿险遵循万能寿险的保险费缴纳方式，而且保单持有人可以根据自己的意愿将保额降至保单规定的最低水平，也可以在具备可保性时将保额提高。与万能寿险不同，变额万能寿险的资产保存在一个或几个分离账户中，这一特点与变额寿险相同。其现金价值的变化也与变额寿险现金价值的变化相同，而且变额万能寿险也没有现金价值的最低承诺，即保单现金价值可能降至零。变额万能寿险一般可以在一定时期将其现金价值从一个账户转至另一个账户，而不用缴纳手续费、税金。

大多数变额万能寿险保单设计的死亡给付处理方式依循万能寿险的死亡给付方式。在提供平准式死亡给付方式下，除非是保单持有人更改，保单死亡给付金额保持不变；在提供随着现金价值变化而变化的死亡给付方式下，保单的死亡给付金额会随着资产价值的变化而变化。

变额万能寿险必须包含一项或多项保险责任。投资连结保险作为保险产品，其保险责任与传统产品类似，不仅可以提供死亡保险责任，也可以提供死亡保险责任以外的其他保险责任。投资连结保险是一种投资型产品，保障成分相对较低；投保人可以享受投资收益；投保人承担全部投资风险；保险保障风险和费用风险由保险公司承担；更适合中高收入阶层。

③分红保险。分红保险就是指保险公司在每个会计年度结束后，将上一会计年度该类分红保险的可分配盈余，按一定的比例，以现金红利或增值红利的方式，分配给客户的一种人寿保险。

分红保险的红利来源于死差益、利差益和费差益所产生的可分配盈余：

死差益是指保险公司实际的风险发生率低于预计的风险发生率，即实际死亡人数比预定死亡人数少时所产生的盈余；

利差益是指保险公司实际的投资收益高于预计的投资收益所产生的盈余；

费差益是指保险公司实际的营运管理费用低于预计的营运管理费用时所产生的盈余。

且保险公司在厘定费率时要考虑三个因素：预定死亡率、预定投资回报率和预定营运管理费用，费率一经厘定，不能随意改动。而寿险保单的保障期限往往长达几十年，在这样漫长的时间内，实际发生的情况可能同预期的情况有所差别。一旦实际情况好于预期情况，就会出现以上差益，保险公司将这部分差益产生的利润按照比例分配给客户，就是红利的来源。

分红保险的特点体现在：保单持有人享受经营成果，客户承担一定的风险，定价的精算假设比较保守，保险给付、退保金中含有红利。

2. 年金保险——长寿的风险

年金保险，是指在被保险人生存期间，保险人按照合同约定的金额、方式，在约定的时间内开始有规则地、定期地向被保险人给付保险金的保险。事实上这是一种以被保险人的生存为给付条件的人寿保险，但生存保险金的给付，通常采取的是按年度周期给付一定金额的方式，因此称为年金保险。年金保险多用于养老，所以又称养老年金保险。

按照不同的标准，年金保险可划分为不同的种类：

(1)按照年金保险的购买方式分类，可分为趸缴年金保险和分期缴费年金保险。

①趸缴年金。趸缴年金就是购买年金保险时一次缴清保费。在趸缴年金的情况下，保险公司可以在年金购买者缴清保险费后很短的时间里给付，也可以在缴清保费多年后开始给付。

②分期缴费年金。分期缴费年金是购买者采用分期缴纳保费的方式购买年金保险，又可以分为均衡缴费年金保险和浮动缴费年金保险两种方式。均衡缴费年金允许保单持有人按照规定的时间间隔(例如月缴或者年缴)缴纳保费，直到合同规定的缴费期间结束为止。浮动缴费年金允许合同持有人在规定的期间定期缴纳保费，但各期保费可以在保单规定的范围内变动。例如，保单可以规定，年金持有人每年缴纳的保费可以在200～1 000元。合同持有人也可以在某一年不缴纳任何保费。无论是趸缴保费还是分期缴纳保费，年金运作的方式是基本相同的。但是，缴费方式影响保险人持有本金来赚取利息的时间长度，保险人持有保费的时间越长，本金所产生的收益就越高。

(2)按照年金保险给付频率的不同分类，可以分为按年给付年金、按季给付年金、按月给付年金等。

年金保险的给付频率取决于年金期间的长度。年金期间是指相邻两次定期给付的时间间隔。按此定义，按年给付年金是指每年给付一次的年金，按季给付年金是指每个季度给付一次的年金，按月给付年金是指每月给付一次的年金。

(3)按照年金保险给付日期的不同分类，年金可以分为期初给付年金和期末给付年金。

期初给付年金是指保险人在每个给付周期之初给付年金，例如年初、季初、月初；期末给付年金是指保险人在每个周期之末给付年金，例如年末、季末、月末。实际业务中大多数采取期末给付年金的方法。

(4)按照年金保险给付的不同起始时间分类，可以分为即期年金保险和延期年金保险。

①即期年金保险。即期年金保险是指投保人在与保险人订立了年金保险合同，并支付了所有的保费以后，立即从保险人那里领取年金的保险。即期年金保险通常采取一次缴清保费的方式，这类保单又被称为趸缴即期年金。

②延期年金保险。延期年金保险是指投保人与保险人订立保险合同后，延迟一段时间，比如说5年、10年、20年以后，或者年金的领取者必须达到合同所规定的某年龄，比如说65岁时，再从保险人那里领取年金的保险。延期年金保险既可以采取一次性缴清保费的方式，也可以采取分期缴清保费的方式。而保险人给付年金的起始日称为满期日或年金到期日。

(5)按照年金保险给付的期限分类,可以分为终身年金和定期生存年金。

①终身年金。终身年金是指保险人在指定个人的生存期间定期给付的年金。换句话说,保险人给付年金直至被保险人死亡时为止。在这一点上,终身年金与终身寿险很类似,即它们都是不定期的保险,但两者也有实质性的区别。

当终身年金的领取人在给付期间死亡后,保险人的附加义务取决于年金保险的不同类型。常见的终身年金有三种:

纯粹终身年金。纯粹终身年金是一种仅在年金领取人生存期间定期给付的年金,保险人在年金领取人死后不负给付责任。由于年金领取人的死亡时间不确定,所以纯粹终身年金的购买者所缴纳的保费有可能大大超过定期给付总额。许多人不愿意承担这种风险,因此倾向于选择含有更多保证的终身年金。

固定期间终身年金。固定期间终身年金指的是,不论被保险人生存与否,保险人在规定的时期内都需要支付的一种年金保险。有的年金保险在约定期间内定期给付,且给付时间的长短与年金领取人的寿命无关。

带返还终身年金。带返还终身年金保证在年金领取人生存期间给付,还保证年金给付总额至少等于该年金的购买价格。后一项保证是指,如果年金领取人在给付总额尚小于年金购买价格时死亡,其差额由合同持有人指定的受益人领取。

②定期生存年金。定期生存年金是一种以被保险人在规定期间内生存为给付条件的年金保险。这种年金的给付以一定的年数为限,若被保险人一直生存,则年金给付到期满;若被保险人在规定的期限内死亡,则年金给付立即停止。

(6)按照年金领取人数分类,可以分为个人年金和联合生存年金。

①个人年金。个人年金是指只有单个年金领取人,换句话说,是以一个被保险人作为年金的领取人的年金保险。

②联合生存年金。联合生存年金是以两个或两个以上的被保险人的生命作为给付年金条件的年金。这种年金又有两种主要形式:第一种方式是以联合投保人共同生存作为给付条件。如果联合投保人中有一死亡,年金给付立即停止。例如,夫妻二人联合投保,假如丈夫先死,妻子虽然活着,年金也停止给付。这种方式叫作共同生存年金保险。第二种方式是联合投保人中只要有一个人生存,年金就照常给付,并不减少,直到全部被保险人死亡之后才停止。同样的例子,丈夫死后,妻子可以得到与以前相同数额的年金,直到死亡。这种方式叫作最后生存者年金保险。

很显然,从总体上看,由于联合生存年金要比个人年金支付的时间长,它的保费也要比后者高得多。

(7)按照保险费有无返还来划分,可以分为无返还年金和返还年金。

①无返还年金。在实践中我们可以看到这种情况,被保险人刚开始领取年金不久就死亡了。而按照年金保险的一般规定,如果被保险人死亡,保险人即停止给付年金,因为年金保险的保险责任是生存,这一年金保险形式称作无返还年金保险。

②返还年金。很显然,无返还年金保险对被保险人来说是十分不利的。为了弥补无返还年金保险的这一不足,保险业推出了返还年金保险。返还年金是指在年金领取人死亡的情况下,保险公司继续向指定的受益人支付年金的领取人没有用完的年金的保险。

(8)按照年金价值和保费缴纳有无保证或是否可变分类,可以分为固定年金和变额年金。

"固定"和"变额"可以从保费(年金合同持有人)和年金给付(保险人)两个角度来定义。鉴于此,我们可以将固定年金分为固定保费年金和固定给付年金两种。将变额年金分为变额保费年金和变额给付年金两种。

根据年金合同的类型,有些个人年金合同中会包含一些附加条款,它们主要包括延期年金合同和固定保费年金合同。延期年金合同除了包括基本条款以外,还主要包括受益人条款和提现条款。固定保费年金合同一般包括宽限期条款和复效条款作为附加条款。

年金保险是基于生命不确定性设计的。死亡保险是保障由于被保险人死亡而给家庭成员造成的经济困难,年金保险则是保障被保险人生存而没有经济能力的经济困难。由于每个人的寿命长短是无法预期的,固定的资金不能保证与人的寿命完全对应,而年金保险可以解决这样的问题。总的来看,早逝是一种风险,长寿同样也是一种"风险",即生命不确定性带来的财务风险。

年金保险与寿险的不同点:

(1)防范风险不同。购买年金保险的目的是为了在老年期间持续获得一笔资金,用以防范因寿命过长而导致没有足够生活费用来源的财务风险。购买寿险的目的是为了在需要时积聚一笔资金,用以防范被保险人早逝导致家庭收入损失的财务风险。

(2)给付条件不同。年金保险是以年金领取人生存为给付条件,主要为被保险人提供生存期间的经济收入保障。寿险是以被保险人死亡为给付条件,主要为受益人提供经济收入保障。

(3)逆选择不同。一般情况下,身体健康、预期死亡率低于平均水平的人更倾向于购买年金保险,身体健康状况较差、预期死亡率高于平均水平的人更倾向于购买人寿保险。被保险人的逆选择导致死亡率差异,统计结果表明,年金死亡率明显低于寿险死亡率。

(4)死亡率改善对保险公司的影响不同。因为死亡率是变动的,任何预期都不可能是完全准确的。为了安全起见,保险公司使用的生命表都有一定的安全边际,即生命表中的死亡率假设比预期死亡率更加保守,以防止死亡率的波动可能造成的经营困难。由于年金保险与寿险的保障责任不同,因此死亡率的变动对两者的影响不同。一般情况下,人们预期寿命不断延长,即死亡率降低,这一趋势将使年金生命表的安全边际逐渐减小(生命表中的死亡率逐渐接近预期死亡率),而寿险生命表的安全边际将不断扩大(生命表中的死亡率与预期死亡率差额变大),产生相反影响。

3. 健康保险——疾病的风险

健康保险是以被保险人的身体为保险标的,使被保险人在疾病或意外事故所致伤害时发生的费用或损失获得补偿的一种保险。依据保险责任的不同,健康保险可分为重大疾病保险、医疗费用保险、长期护理保险和伤残收入保险。

(1)重大疾病保险。重大疾病保险是指以特定重大疾病,如恶性肿瘤、心肌梗死、脑出血等为承保范围,当被保险人患有上述疾病时,由保险人对被保险人所花医疗费用给予适当补偿的保险。

某些重大疾病给病人带来的往往是灾难性的费用支付,如癌症、心脏疾病等。这些疾病一经确诊,必然会产生大范围的医疗费用支出。因此,通常要求这种保单的保险金额比较大，以足够支付其产生的各种费用。重大疾病保险的给付方式一般是在被保险人确诊为重大疾病后立即一次性支付保险金额。

（2）医疗费用保险。医疗费用保险是指提供医疗费用保障的保险，而医疗费用是病人为了治疗外伤或疾病而发生的各项费用，它不仅包括医生的诊疗费及手术费，还包括住院、护理、检查等费用。

在医疗费用保险中，疾病发生导致被保险人遭受的实际医疗费用损失可以用货币来衡量，所以医疗保险一般具有补偿性，即保险人以被保险人在医疗诊治过程中发生的医疗费用为依据，按照保险合同的约定，补偿其全部或部分医疗费用。由于这些产品在理赔时必须提供原始医疗费用收据，因此，适合没有社会医疗保险或社会保险补偿不足或没有其他费用型保险的人群投保。

（3）长期护理保险。长期护理保险是指在人们的身体状况出现问题而需要他人为其日常生活活动提供帮助时，为那些由此增加的额外费用提供经济保障的一类保险产品。

（4）伤残收入保险。伤残收入保险也称为丧失劳动能力收入保险、失能收入保险等，是指提供被保险人在残疾、疾病或意外受伤后不能继续工作时所发生的收入损失补偿保险。残伤收入保险可分为两种：一种是补偿因伤害而致残疾的收入损失，另外一种是补偿因疾病造成的残疾而致的收入减少。在实践中，因疾病所致的残疾更为多见一些，但是我国目前此类保险总的来说比较少见。

4. 意外伤害保险——残疾的风险

意外伤害保险，是指被保险人在保险有效期内，因遭受非本意的、外来的、突然发生的意外事故，致使身体蒙受伤害而残疾或死亡时，由保险公司按照保险合同的规定给付保险金的保险。

意外伤害必须符合以下要件：

（1）意外发生的、外来因素造成的，指被保险人未预料到和非本意的事故，且是由被保险人身体外部原因造成的事故，如车祸、被歹徒袭击等。

（2）身体受到伤害，指意外伤害的对象必须是被保险人的身体所属部位，且伤害事实成立，如：虽触电但未伤及身体，则伤害事实不成立。

（3）意外发生的事故和身体受到伤害之间存在因果关系，即意外事故是伤残或死亡的近因。

意外伤害保险按投保人的不同，可分为个人意外伤害保险和团体意外伤害保险两类。

（1）个人意外伤害保险。个人意外伤害保险是指以被保险人在日常生活、工作中可能遇到的意外伤害为标的的保险，保险期限一般较短，通常为一年或一年以下。

（2）团体意外伤害保险。团体意外伤害保险是指社会组织为了防止本组织内的成员因遭受意外伤害致残或致死而受到巨大的损失，以本社会组织为投保人，以该社会组织的全体成员为被保险人，以被保险人因意外事故造成的人身重大伤害、残疾、死亡为保险事故的保险。

二、财产保险

财产保险是指投保人根据合同约定，向保险人交付保险费，保险人按保险合同的约定对所承保的财产及其有关利益因自然灾害或意外事故造成的损失承担赔偿责任的保险。

广义的财产保险是指包括各种财产损失保险、责任保险、信用证保险等业务在内的一切非人身保险业务；狭义的财产保险则仅指各种财产损失保险，它强调保险标的是各种具体的财产物资。狭义财产保险是广义财产保险的一个重要组成部分。

（一）火灾保险

火灾保险简称火险，是指以存放在固定场所并处于相对静止状态的物质财产为保险标的，对其因遭受保险事故而导致的经济损失由保险人进行赔偿的一种财产保险。

（二）货物运输保险

货物运输保险是以运输中的各种货物为保险标的，承保货物在运输过程中遭受可保风险导致损失的保险。

（三）运输工具保险

运输工具保险是以各种运输工具本身（如汽车、飞机、船舶、火车等）和运输工具所引起的对第三者依法应负的赔偿责任为保险标的的保险，主要承保各类运输工具遭受自然灾害和意外事故而造成的损失，以及对第三者造成的直接财产损失和人身伤害依法应负的赔偿责任。

（四）工程保险

工程保险是对建筑工程、安装工程及各种机器设备因自然灾害和意外事故造成物质财产损失和第三者责任进行赔偿的保险。它是以各种工程项目为主要承保对象的保险。保险人主要承保由于各种自然灾害、意外事件以及因“突然”“不可预测”的外来原因和工人、技术人员经验缺乏、疏忽、恶意行为等造成的物质损失和费用。

第三节　保险规划的主要内容

一、影响家庭保险规划的基本因素

（一）被保险人的生命周期

被保险人的生命周期是制定保险规划首先应考虑的因素，因为处于不同时期的个人所面临的风险是不同的，应在分析个人不同阶段风险的基础上进行保险规划。我们把人生分为五个阶段，即未成年期、单身期、已婚青年期、已婚中年期和退休老年期。

未成年期主要是指从出生到开始独立工作的一段时期。未成年期所面临的最大风险就是父母因死亡、残疾、疾病或下岗失业而导致收入中断的风险。

单身期是指从独立工作到结婚组成家庭的一段时期。在这个阶段，单身青年所面临的主要风险是意外伤害和疾病。

已婚青年期是指从组成家庭到40岁左右的一段时期。在风险方面，这个阶段除了仍然面对着意外伤害和疾病的风险之外，最大的风险是早亡和收入中断的风险。从个人的角度分析，人们在已婚青年期所面临的风险从大到小排序，首先仍然是意外伤害与疾病，其次是死亡。如果经济方面有余力，也可以考虑养老的风险。

已婚中年期是指从40岁到退休的一段时期。在风险方面，除了仍然面对着意外伤害和疾病的风险以外，死亡和收入中断的风险也仍然存在。从个人的角度分析，将人们在这个阶段所面临的风险从大到小排序，意外伤害与疾病的风险相差不大，其次是养老，最后是死亡。特别应该重点考虑防范养老的风险了。

退休老年期是指从退休到生命结束的一段时期。从个人的角度分析，将退休老年期所面临的风险从大到小排序，首先是疾病与意外伤害，其次是养老，最后是死亡。

（二）被保险人的家庭角色

每个人在家庭中的角色不同，所承担的责任也不相同，保险规划的制定应充分考虑被保险人在家庭中的位置，以及该被保险人遭遇风险事故时将给家庭带来的影响等因素，以此来确定保障的范围和金额。因此，应当根据被保险人的家庭角色和责任来确定其保障范围。

每个人在家庭中的地位是不同的，我们可以从经济地位、生活费用、健康状况、死亡概率、意外概率等方面对家庭中所有人员进行评估，分析他们所面临的风险大小。例如，一个典型的三代同堂的五口之家，即爷爷、奶奶、爸爸、妈妈和孩子，他们面临着不同风险和风险特征。对于爷爷和奶奶而言，最大的风险是生活费用风险，其次是医疗费用风险和意外伤害风险。爸爸一般是家庭的主要经济支柱，而年轻男子大多数身强力壮，所以对于爸爸，最大的风险是死亡风险，其次是意外伤害风险和医疗费用风险。妈妈一般是家庭的辅助经济支柱，也是主要的家务劳动者。妈妈面临的风险和爸爸一样，最大的风险是死亡风险，其次是意外伤害风险和医疗费用风险。孩子一般是家里的纯支出。所以对于孩子而言，最大的风险还是意外伤害风险，其次是医疗费用风险。

在分析了自己和家人所面对的风险之后，我们就已经知道应该保障的风险了。实际上，如果一个家庭的财力是非常充分的，那么根据上面分析的所有风险都应该有所保障。但是，如果财力比较有限，则应当主要保障巨灾风险。

（三）已有保障水平

在进行保险规划时，应当考虑当事人已经具备的各种保障。每个人都处在一个三层保护之中，即社会保障、企业福利和商业保险。社会保障是我们保障的基石，其保障全面，但保障力度不够，企业福利是在社会保障基础上的一项补充，个人购买商业保险是最终的补充，是根据自身的财力和实际情况购买的保障。这里以健康保障为例来说明已有保障水平对购买商业保险的影响。在购买商业保险时，有无社会保险是首先需要考虑的一个最主要的因素和重点。

一般来讲，拥有社会医保的居民，通过个人医保账户和社保统筹部分，每年大约有70%的医疗费用可以通过社保报销。有社保者考虑商业医疗保险的优先顺序为：收入津贴型医疗保险＞意外医疗保险＞重大疾病保险＞医疗费用保险＞长期护理保险。

无社会保险者，由于缺少了社会医保的保障，商业医疗保险是无社保者的全部保障，因此考虑的优先顺序应该有所变化。无社保者考虑商业医疗保险的优先顺序：医疗费用保险＞重大疾病保险＞收入津贴型医疗保险＞长期护理保险。

二、家庭保险规划的基本原则

家庭人身保险规划需要考虑的因素很多，根据前文的分析，我们总结出需要遵循的基本原则有如下两点：

(一)根据家庭成员的角色和责任，确定保障的顺序、范围及水平

一般而言，在收入有限的条件下，一个家庭中首先被保障的成员应该是家庭的经济支柱。家庭收入主要来源者健在，家庭的收入就不会中断。如果家庭遇到任何风险，财务上还可以想办法解决；如果家庭收入主要来源者不在了，整个家庭的收入就中断了，家庭生活就陷入瘫痪了。所以，我们首先应保障家庭收入主要来源者平安、健康地生活，能产生持续的收入。对于不是家庭顶梁柱的其他家庭成员，我们应当考虑努力地稳定他们的各种费用。让他们的生活费用不能因为偶尔发生的意外伤害或疾病而产生巨额的意外支出。

(二)根据生命周期，确定保障重点及保险产品组合

一方面，同样的风险因素，随着被保险人年龄的不同而有所改变；另一方面，被保险人在不同的生命周期所面临的主要风险也不相同，这就要根据家庭及其成员的生命周期特点，有针对性地制定并调整保险规划。

死亡风险由人寿保险产品来保障，有定期寿险、终身寿险、生死两全保险、投资连结保险、万能寿险等多种产品选择。养老风险由养老保险来保障，有纯粹终身年金、变额年金等多种产品选择。疾病风险由健康保险来保障，有医疗保险、重大疾病保险等多种产品选择。考虑到由于疾病而无法工作的收入损失风险，则应该购买失能收入保险。意外伤害风险由意外伤害保险来保障，有普通意外伤害、特种意外伤害保险等保险产品可供选择。考虑到由于意外伤害而发生的医疗费用，则应该附加医疗保险。

理论上的全面保险规划是普遍的全面规划，而每个人在人生的各个阶段的特征不同，每个人都应该根据自己的年龄、身体、家庭特征等各个方面进行抉择。所以，在分析了人生各个阶段所面临的各种风险，即风险发生的概率，并且确定了各种风险所需要的恰当的保障金额，即损失程度后，我们应当根据自己的经济实力来选择、搭配保险产品，从而享受全面、充足的保障。

三、保险规划的实施

(一)保险公司的选择

投保人购买保险后，在保险期间，投保人和被保险人与该保险公司有着切身利益关系，因此，选择合适的保险公司对于投保人来说非常重要。一般来讲，投保人在选择保险公司时，需要考虑保险公司在公司类型、险种价格、经营状况以及服务质量等方面的差异。

1. 公司类型

不同类型的保险公司在经营范围和组织形式等方面都有所不同，而这些差异影响着保险公司的经营品种和经营方式。我国既有财产保险公司和人身保险公司等传统类型的保险公司，也有健康保险公司、养老金保险公司、汽车保险公司和农业保险公司等专业保险公司，

经营范围不同的保险公司所提供的产品的保障范围和专业程度必然不同，需要投保人根据自己的保障需要加以选择。我国保险公司的组织形式主要包括：股份有限公司和相互保险公司；政策性保险公司和商业性保险公司；中资保险公司、中外合资保险公司和外资保险公司等。不同组织形式的保险公司的经营方式会有所不同，投保人在购买保险时要予以关注。

2. 险种价格

一个好的保险公司，应当尽可能满足各种投保人的不同需要。投保人应该选择那些能为自己提供恰当保障的保险公司。需要指出的是，便宜的保险不一定是恰当的保险。这是因为，最低的价格既可能来自于财力雄厚的保险公司，也可能来自对被保险人的合法索赔经常拖延甚至拒绝赔付的保险公司，还可能来自保险责任范围较窄的保险公司，甚至可能来自其代理人没有受到充分培训的保险公司。

3. 经营状况

投保人需要调查保险公司的偿付能力和财务状况。投保人一般应该依据保险监管部门或权威评级机构对保险公司的评定结果来了解保险公司的偿付能力。评定等级越高，表明该保险公司的偿付能力越强。投保人还可以查看保险公司的财务报表，分析保险公司的保费收入、赔款、费用、利润等财务指标，从而了解其财务状况。目前，我国的消费者可以通过保监会网站、《中国保险报》等保监会指定的信息披露报纸、各保险公司的网站来获得此类信息。

4. 服务质量

投保人选择保险公司时，要从两个方面了解其服务质量：一是从其代理人处获得的服务；二是从公司本部处获得的服务。前者的服务质量，可以推断保险公司对代理人的培训力度与管理水平；后者对于投保人来说更为重要，尤其是购买寿险时，一旦与保险公司订立保险合同，就会长期与该公司打交道。保险公司在服务方面的任何一点不足，都可能影响投保人几十年。

（二）缴费方式的选择

许多保险产品都向消费者提供了多种缴费方式，消费者最好能够根据自身的财务状况、消费习惯、投保目的等来选择适合自身的缴费方式。如今有越来越多的保险产品提供了比以往更为灵活的缴费方式，比如趸缴（一次性缴费）、期缴；期缴又分为月缴、季缴、半年缴和年缴。其中"年缴"常见的又有10年缴、15年缴、20年缴、30年缴以及缴至50周岁、55周岁、60周岁、65周岁和终身缴费等方式。

保险公司之所以在设计产品的时候向消费者提供了上述多种缴费方式，其用意无非是让消费者能够根据自身的财务状况、消费习惯、投保目的等来方便地选择适合自身的保险计划。用意虽好，但有不少消费者面对这多种选择，不知道应该如何来进行比较。

1. 保障类产品选较长期缴费方式

一般而言，凡保障类的产品，宜选择期限较长的缴费方式。因为保障类的产品，投保者的意图本是用尽可能少的经济投入，转移未来可能发生的较大的经济损失。比如人寿保险、重大疾病保险等。

投保这些保障型险种，投保者宜"以小博大"。缴费期越长，其分摊在每一年中的保险费用自然越少,体现的保障效果越好。比如,小A投保一份10万元保额的重大疾病险,选择10年期年缴,每年缴费6 000元;小B也投保了一份10万元保额的重大疾病险,选择20年期年缴,每年缴费3 000元。5年后两人都出险了,那么小B投入的保障成本相对小A来说差不多少了一半。

另外,大多数保障类产品在保险责任设计中,还向投保者提供"豁免条款"——即当出现全残或某些约定的保险事故情况下,投保人可以免缴余下的各期保费,而且保障还可能继续有效。这样一来,选择较长的缴费期就更能够规避经济风险。

因此,选择二三十年的缴费期,每年用较少的投入,将可能因为意外、疾病而发生的重大家庭经济损失风险转由保险公司来承担是比较合理的。

2. 储蓄型保险可选短期缴费方式

除了保障类的保险产品,另外一大类保险产品具有储蓄性质,比如生死两全保险、养老年金保险、万能保险等。投保这些具有储蓄性质的保险产品,在经济能力许可的情况下,缴费期可以考虑选择期限较短的产品。因为相同的保额,或相同的储蓄目标,在缴费期较短的情况下,总的支付金额也较少(不考虑货币的时间价值)。特别是对于年纪较大的人群,如果要选择这类保险产品,最好是能选择短期期缴或是一次性付清保费。比如一个50岁的人投保某公司的一份10万元额度养老保险,5年期年缴,每年缴费需要20 100元,而一次性缴费只要89 000元。

另外,当产品具有分红或投资功能的时候,在较短的缴费期内完成缴费义务,意味着在合同初期就能享有比较高的分红权益或是投资账户累积基数。保险产品又都是复利计息的,如果在较短的时间内完成保险合同所规定的缴费义务,也就能充分利用复利的效用来达到更多累积财富的目的。

3. 依收入状况选择缴费方式

当然,若要在短期内甚至一次性缴清保费,其中还有一个经济能力的问题。如果投保者没有足够的资金储蓄,要想一次性拿出一大笔保费,或是采用短期缴费每年支出较大额度保费,也就没有了现实的可能性。

所以需要提醒各位投保者,在选择保险缴费方式时,也要综合考虑个人的经济收入水平和财富积累情况。如果选择长期期缴方式,则要特别考虑个人收入的稳定性。

曾有过一个典型的案例,一个收入不错的单亲母亲某年领到了30万元年终奖,在朋友的推荐下为自己和孩子购买了一些保险,她选择了年缴方式,每年保费支出为3万元。可惜好景不长,她所处的行业景气度大大降低,个人收入也一落千丈,前几年的奖金等大额收入也都不复存在,于是每年的保费缴纳成了很大的难题,大大影响了保单效力的稳定性。

所以,如果拥有一定的储蓄余额,收入又不稳定,担心不能按期持续缴费,可以选择在适当短的时间内完成保单缴费义务。如果是比较稳定的工薪阶层,则可以更多采用期限较长的期缴方式。总之,看似简单的保险缴费方式选择,也最好能考虑周全。

(三)投保时间选择

投保时间是一个容易被投保人忽略的问题。实际上,选择合适的投保时间是投保策略的一个重要组成部分,这里有两个方面的问题值得注意:

1. 保险责任的真空期

《保险法》对寿险合同生效的时间没有详细的规定。《保险法》第十二条是这样规定的：投保人提出保险要求，经保险人同意承保，并就合同的条款达成协议，保险合同成立。保险人应当及时向投保人签发保单或者其他保险凭证，并在保单或者其他保险凭证中载明当事人双方约定的合同内容。

从这一条文中可以看出：保险人同意承保是保险合同成立的必要条件，但是该条文没有具体规定保险人同意承保的方式。条文中指出保险人"应当及时向投保人签发保单或者其他保险凭证"，却没有规定多久才算是"及时"，以及如果没有及时签发，保险人应该承担什么样的后果。各寿险公司关于保险责任开始的条款一般是这样规定的："本合同自本公司同意承保、收取首期保险费并签发保单的次日零时开始生效。除非另有约定，本合同生效的日期为本公司开始承担保险责任的日期。"从这条规定可得知：在投保人向保险公司发出投保意向之后，合同生效要经过三个过程，即保险公司同意承保，收取首期保费和签发保单。并非很多投保人所认为的缴纳了保费，寿险合同就生效了。

目前情况下，投保人能做的是尽量缩短真空期的长度。因此，建议投保人不要在周末和节假日的时候投保，因为保险公司在收取首期保费后，可能不能及时签发保单。

2. 现金是否充裕

投保时间应选择在现金相对充裕的时段。保费支出是净现金流出。为了不造成家庭现金周转困难，不宜选择在需要花钱的节假日及其之前的一小段时间投保。例如：可能去旅游的"十一"长假、春节等。有小孩读书的投保人还应该避开开学交学费的时候投保。

四、保险规划注意事项

（一）保单退保成本

1. 保单现金价值与退保

保单现金价值指投保人要求解约或者退保时，保险公司应该返还给投保人的实际金额。保单现金价值又称解约退还金或退保价值。因为在保单生效后，前期多缴的保费连同其产生的利息累计后便形成了人寿保险的责任准备金，除去用于支付保险人的必要费用（如制单费、运营费等管理费用）外，剩余的就是人寿保险保单的现金价值。在解约退保时，保险人应当将这部分价值返还给投保人。故而，现金价值又叫不丧失价值或者不丧失的赔偿权。通俗一点说，保单的现金价值是寿险保单所特有的，对于投保人长期投保并在到期前退保所制定的利息计提补贴，这样就相当于银行的定期存款在到期日前提前取款时，虽然损失了一定的利息，但仍然较当初的本金和活期要略高的道理一样，只不过在缴费之前就已对每一年份退保时所得的返还保费都进行了精确的约定。例如，刘先生在 2000 年给儿子投保了一份保额为 10 万元的某人寿保险公司的重疾险，当时儿子 22 岁，年缴保费 1 980 元，20 年缴完（39 600 元）。最初几年由于保险公司需要扣除佣金、保单管理费等，保单的现金价值低于其所缴保费。到第 17 年，所缴保费和当时的现金价值相当，如果刘先生想退保就可以拿回相当于自己所缴保费的现金价值。在 17 年后，保单的现金价值就高于投保人所缴的保费。

一般意义上的现金价值是指储蓄性质的人身保险产品独有的。一般来说，生死两全保险、终身寿险、两年以上的定期寿险、养老保险、万能寿险以及分红保险等，在保险合同生效两年后，保单相应就开始具有现金价值，缴费时间越长，累积的现金价值越高。像短期意外险、费用报销型健康险和家财险一般不具有现金价值或者现金价值很低。

保单的现金价值＝投保人已缴纳的保费－保险公司的管理费用开支在该保单上分摊的金额－保险公司因为该保单向推销人员支付的佣金－保险公司已经承担该保单保险责任所需的纯保费＋剩余保费所生利息

由于长期寿险产品前期扣除的各项费用较多，一般情况下，保单生效最少两年以后才具有现金价值，缴费不满两年的，保单的现金价值一般情况下几乎为零，一般投保人缴费时间越长，累积的现金价值相应越高。换种说法可能更好理解一点，即保险公司的管理费用开支和向推销人员支付的佣金，在各保单年度的分布是不均匀的，第一年最高，第二年会降低一些，以后则逐年降低，并稳定下来。如果采用分期缴费，保险公司在第一个保单年度的管理费用开支加上向推销人员支付的佣金及承担保险责任所需的纯保费，往往接近甚至超过当年所收的保费（依不同产品而不同），这样保险公司对于在投保后第一年内退保的，有可能无退保金，也就是保单未产生现金价值；对于第二个保单年度内退保的，有可能给付少量退保金，也有可能仍无退保金给付（若采用每月或每季度缴纳一次保费，在第二个保单年度的上半年，尚未缴足两年保费），也就是保单仍未产生现金价值。

保单现金价值可以多于或少于投保人已缴纳的保费，关键取决于保险费、预定利率、投资收益率、保险险种和死亡率等因素。除此之外，还包括分红保险的分红率、意外事故发生率、残疾发生率、疾病发生率以及公司的营业费用率等因素。

2. 利用保单现金价值理财

保单生效第一年退保最不划算。大部分长期寿险产品第一年度的保单现金价值极少甚至为零。首年退保手续费基本相当于所缴保险费，第二年度的保单现金价值为所缴保险费的 20%左右。因此，即便是退保也最好在两年以上才能尽可能多地返还现金价值。如果投保人经济陷入窘境无法在保单宽限期之内缴纳保费，可利用寿险产品具有自动垫付保费、缴清保费、展期保险解决燃眉之急。自动垫付就是根据事先约定，自动利用保单中已有的现金价值支付未来若干年的保费，直到已有的现金价值用完。这样原保单的保额不变，但保障期间受现金价值制约，如现金价值越多，保障期间越长，反之亦然。

保单理财方式主要有以下几种：

（1）缴清保费

缴清保费又称减额缴清保险，是指投保人不能按照合同约定缴纳保费时，为维持原保险合同的保险责任、保险期限不变，将当时保单现金价值作为趸缴保费，从而计算新的保险金额。弊端是保额将会大幅度降低。这种方式比较适合预计经济困难情况将持续一段时间，但仍想保留原来的保障形式的投保人。

（2）展期保险

展期保险较为特殊，它指将现金价值仅用来缴纳未来所需的纯死亡保险，这在一定程度上改变了原来的保险计划。由于以死亡为给付条件的保单通常保费较低，则该方式下死亡保额可保持不变，保障期限较长，但其他保险利益可能受损。因此，展期保险比较适合长期经济困难同时又特别需要身故保障的被保险人（如家庭支柱）等。

(3)保单质押贷款

投保人还可以利用寿险保单向保险公司或者具有办理保单质押贷款的银行申请贷款。这需在保险合同生效两年后申请,一般来说,保险公司贷款额度为寿险保单现金价值的80%,而银行贷款额度可达到寿险保单现金价值的90%。申请保单质押贷款后,保单责任依然有效。保单质押贷款的程序较银行贷款简单,贷款利息的计算参照银行的商业贷款利率发放,期限要求不超过半年。但投保人要注意的是应及时还款,否则可能造成保单失效等不利后果。

(二)保险调整

制定了合理的保险规划,并购买了充足的保险之后,还只能说是初步有了比较健全的保障。许多人在买了保险之后通常就将保单束之高阁,只有在风险发生之后才会想到保险,将保单拿出来看。其实,我们的生活环境在改变,经济情况在改变,家庭责任也在改变,人们所拥有的保单也应该随着人生的变化而变化。正如前面分析的一样,单身期、已婚青年期、已婚中年期和退休老年期的保险规划是不同的。因此,当人们渐渐从单身期过渡到其他各个时期时,也都应该有不同的保险规划。在检查保险规划时,应该主要考虑以下几项:

1. 保险金额

人们已经具有的保险金额现在仍然是充分的吗?或者现在已经过高了呢?一般而言,人寿保险的保险金额是随着自己家庭责任的变化而变化的,刚结婚生子时应该最高,而后逐渐下降;而意外伤害保险的保险金额基本上是人寿保险的两倍,其变化也相仿;医疗保险的保险金额应该随年龄增加而增加。那么,如何才能调整保险金额呢?如果现在需要减少保险金额或是需要减轻保费负担,那么应该办理减少保险金额;如果现在需要增加保险金额,则可以使用原保单加保或是再购买一份保险的方式。若是使用原保单加保,保险公司将会以当初所投保的投保年龄计算保费;若是重新购买一张保单,那么保险公司将会以购买当时的年龄计算保费。

2. 受益人与投保人资料

当客户的家庭成员发生变化,私人住所、通信方式等信息发生变化,或者家庭成员的关系发生了巨大变化时,则要考虑受益人与投保人的资料是否需要修改、受益人是否需要变更、受益人与投保人的住址与其他资料是否需要变更等。

3. 保险费

主要是考虑保险费是否需要增加或减少。有些人在投保时,会因为职业或是身体健康的危险性高于一般人而被保险公司提高保费,在保单中附上加费的批注。但是,当客户身体状况已经有所改善或是职业的危险性已经降低之后,当初保险公司加费的理由已经不复存在,此时可以向保险公司提出取消增加保险费的批注。一般来说,保险公司是不会主动提醒取消加费的批注的。在更换工作时,若是由于工作场所的变动,如由内勤文书人员转为外勤业务员,那么职业危险性将会增加,此时一定要向保险公司提出申请,增加意外险的费率,以免到时权益受损。

及时调整自己的保险规划有两个好处:一是能够使保险金额时时充足;二是能够使人们所承担的保险费比较恰当。

 >>> ①

【案例 1】

陈先生今年 30 岁，假设其 60 岁退休，退休前年平均收入是 10 万元，平均年收入一半自己花掉，一半用于家人，即给家人花掉 5 万元。按生命价值法则，陈先生的生命价值是(不考虑时间价值)：(60－30)×(10－5)＝150(万元)。

所计算出的生命价值，可以作为考虑现阶段该购买多少寿险的标准之一。

接下来，可再从家庭需求的角度考虑寿险保额。仍以陈先生为例，假设其家庭目前年平均收入 14 万元左右，每年最大支出就是大约 3 万元的房贷，加上其他开支，总支出 5.5 万元左右。

由于现有资产有限，陈先生在确定保额时可将资产暂且忽略，考虑到最大的开支——房贷要还 20 年，陈先生需要以保险补偿家庭未来 30 年的开支，家庭需求＝5.5×20＋2.5×10＝135(万元)。

上述保额计算只是粗略估算，更精确的计算应考虑利率因素，这样，生命价值可能会小于 150 万元，而家庭需求会高于 135 万元。

综合两种法则，陈先生适合的寿险保额在 135 万～150 万元。当然，随着生活条件和收入水平的改变，保额也应随之调整。

【案例 2】典型三口之家的保险需求

假设：(1)意外伤害保险保费为每万元 15 元；(2)配置的定期寿险假设为 20 年期，25～30 岁，保费为每万元 50 元；31～35 岁，保费为每万元 60 元；(3)配置的终身寿险中，31～35 岁，缴费期 20 年，保费为每万元 300 元。

刘凯和徐楚娜当年是同学，结为夫妻后有了一个可爱的孩子叫贝贝。2008 年，刘凯 35 岁，其妻徐楚娜 32 岁，贝贝已经 3 岁了，在某私立幼儿园上学。刘凯和徐楚娜都是办公室白领，在公司中是中层管理人员，事业正蒸蒸日上，两人都经常出差。刘凯和徐楚娜所在的单位都按照国家规定为他们缴纳了比较充足的社会保障。而且，刘凯和徐楚娜所在的单位也都为员工购买了团体医疗保险，保障部分门诊和住院费用；每年，单位还为每位员工购买意外伤害保险，保险金额为 20 万元。按照上海市的规定，孩子贝贝也享有社会保障，其门诊和住院费用可以由社会保障承担 50%；贝贝还参加了上海市儿童互助医疗，住院费用还可以减免一半。另外，贝贝所在的幼儿园已经为所有小朋友购买了幼儿意外伤害保险，保险金额 20 万元，并附加了医疗费用保险。刘凯目前年收入 20 万元，徐楚娜的年收入也为 20 万元。两人已经购买了住房并且还清了房贷，目前有一套价值 200 万元的自住商品房。现时，刘凯和徐楚娜的生活比较富足，平均每月养车及日常的生活费用大概为 1 万元，其中贝贝每月的生活费用平均为 2 000 元，小刘夫妇各为 4 000 元。这样，小刘夫妇每年的净收入为 26 万元左右。夫妇俩的工作压力都比较大，业余时间基本上没有运动。

1. 风险识别与风险分析。小刘一家是典型的三口之家。夫妻二人都比较年轻，身体相对而言比较健康，但是正处在事业和家庭的建设期，有了小孩的同时肩负着沉重的社会责

① 案例来自《理财规划师专业能力(第五版)》

任。另外:家庭的财力比较雄厚,有自住的住房,经济负担比较小。另一方面,小刘夫妇的社会保障都比较充足。更为重要的是,小刘夫妇两人的年收入相当,经济地位也相当,夫妻两人基本上每个人都能够自给自足。孩子贝贝是家中唯一的纯消费体。

2.风险评估。小刘和小徐的收入都比较高,每个人的经济都能够独立,所以他们主要的保障对象是孩子,要保障孩子能够健康、平安、幸福地成长。父母是孩子的大树,要保障孩子首先应该保障父母自己。

如果丈夫刘凯去世了,妻子徐楚娜仍然能够自给自足,但是生活的富足感会下降,而且孩子贝贝将来的教育费用可能存在缺口。同样,如果妻子死亡了,影响结果也基本上相似。长寿风险方面,刘凯和徐楚娜在退休之后要保持这样的富足感,仅仅凭借社会保障的养老金是无法实现的,因此也存在养老的风险。医疗方面,刘凯和徐楚娜有着充足的社会保障和企业福利,一般的门诊和住院费用都能保障,但是还是面临着重大疾病的风险。意外伤害方面,刘凯和徐楚娜经常出差,存在着意外伤害的风险。孩子贝贝面临的最大风险就是意外伤害和疾病,但是已经有了最为基本的保障。

3.保险规划。小刘夫妇每年的收入为40万元,而且没有了房贷的压力,理论上每年应该将4万元用于保险支出。

从近期来看,小刘夫妇比较年轻,社会责任比较大,经济比较富足,所以,小刘夫妇近期的保险规划应当以寿险为主。首先,保障孩子能幸福地成长。根据家庭需求法,以孩子贝贝的生活费用来计算保障金额(由于小刘夫妇各自都能自给自足,所以不考虑配偶的生活费用)。考虑在最坏的情况下,即小刘夫妇双双不幸身亡时,贝贝应当具有的生活费用缺口。假设小刘夫妇负担贝贝的教育支出和生活费用至大学毕业(22岁),贝贝每年的生活费用上涨5%,投资收益率为8%,按照目前我国的教育费用支出水准,则需要的费用为28万元;再考虑贝贝目前的生活费用,这方面的保障金额应该为34万元;因此,贝贝需要的总保额为62万元。这个保障金额对于小刘夫妇而言是可以承担的。建议小刘夫妇购买62万元左右保险金额的人寿保险。按照小刘夫妇现在的年龄,如果全部购买定期寿险,则保费支出大约每年总计为3 720元。在险种组合方面,建议还是采取定期寿险加终身寿险的组合,而且还可以购买部分投资连结保险或万能保险。因为定期寿险主要是保障型产品,而且保费比较低廉;而终身寿险可以用于遗产规划;投资连结保险或万能保险则兼具养老的功能。所以,只要小刘夫妇能够承受保费,就应当如此配置保险产品。

在意外伤害方面,小刘夫妇的风险也比较大。因为死亡风险发生后,我们主要考虑活着的亲人在生活方面的支出。而意外伤害发生之后,如果当事人没有死亡而残疾了,那么他的收入不但减少了,支出还要增加。所以,在考虑意外伤害保险的保障金额时,应当考虑整个家庭的生活费用和教育费用支出。仍然采用家庭需求法,假设小刘夫妇都还能生存50年,即小刘的预期寿命为85岁,而小徐的预期寿命为82岁。考虑小刘夫妇一生的生活费用,以及贝贝在22岁之前的生活和教育费用,同样假设小刘夫妇每年的生活费用上涨5%,投资收益率为8%,则小刘夫妇需要的意外伤害保险金额为247万元;再加上贝贝所需的生活及教育费保障62万元,则共需意外伤害保险金额309万元。当然,这个保险金额比较高,但是保障比较充分。如果再把小刘夫妇所具有的社会保障、企业福利和理财收入考虑进来,则可以建议小刘夫妇购买269万元左右的意外伤害保险。如果这样安排,则小刘夫妇每年为意外伤害保险而付出的保险费为4 035元左右。

医疗保险方面，小刘夫妇的门诊费用和住院费用基本上都有了保障，建议购买重大疾病保险，并附加考虑失能收入保险。建议小刘夫妇每年用于重大疾病保险方面的保费支出为20 000元左右。

即使如此规划，小刘夫妇的保费预算还有12 245元，建议小刘夫妇可以购买部分分红保险，补足将来的养老需求。

就孩子贝贝而言，尽管面临的最大风险是意外伤害和疾病，但是幼儿园已经提供了意外伤害保险，贝贝也参加社会保障及医疗互助等，基本医疗保障也比较全面了，所以可以不再购买保险，而主要是准备教育费用。从中期来看，随着小刘夫妇社会责任的逐渐减轻，他们应当逐步降低人寿保险、意外伤害保险和收入保障保险的保险金额，并增加医疗保险、养老保险的分量。小贝贝逐渐长大，也应该适时增加贝贝的意外伤害保险和医疗保险的保险金额。从长期来看，只要小刘夫妇按照这样的保险规划进行投保，即使小刘夫妇到了老年，他们的保障也是充分的。

本章小结>>>

保险是集合同类风险聚资建立基金，对特定风险的后果提供经济保障的一种财务转移机制。保险具有分散风险、补偿损失等基本职能，以及由此派生出的防灾防损、投资理财等功能，就家庭理财这一角度而言，保险主要具有风险保障、储蓄功能、资产保护功能、融通资金功能、避税功能以及规避通货膨胀及利率风险功能。

保险的原则包括保险利益原则、最大诚信原则、近因原则、损失补偿原则和由损失补偿原则派生出来的保险代位求偿原则、重复保险分摊原则。人身保险包括人寿保险、年金保险、健康保险和意外伤害保险。与家庭保险规划相关的财产保险包括火灾保险、货物运输保险、运输工具保险以及工程保险。

影响家庭保险规划的基本因素包括被保险人的生命周期、被保险人的家庭角色以及已有保障水平。保险规划实施包括保险公司的选择、缴费方式的选择以及投保时间的选择。保险规划调整包括保单退保成本和保险调整以及一些需要考虑的事项如保险金额、受益人和投保人资料以及保险费等。

思考与练习>>>

1. 什么是保险？可保风险有哪些要件？列举几种不能投保的情形。
2. 简述保险在家庭理财中有哪些功能。
3. 影响家庭保险规划的因素有哪些？
4. 如何估算家庭寿险需求的保障金额？
5. 生命周期的阶段不同，对保险的需求有何不同？
6. 简述保险规划的步骤。

第七章

子女教育
投资规划

子女教育投资规划

本章学习要点>>>

2014年5月30日，习近平总书记在北京市海淀区民族小学主持召开座谈会，引用“少年智则国智，少年富则国富，少年强则国强，少年进步则国进步”，指出少年儿童是祖国的未来，是中华民族的希望。新陈代谢是不可抗拒的历史规律，未来总是由今天的少年儿童开创的。实现我们的梦想，靠我们这一代，更靠下一代。而要实现这一目标，需要每个家庭对孩子的教育进行规划。

经济发展带来家庭教育支出的迅速增长。家庭的教育支出已明显快于家庭收入的增长，也快于国内生产总值的增长。三胎政策开放之后，这样的支出更是会增加二到三倍。子女的教育规划到底需要多少资金？这个资金怎么样筹集？缺口怎么样弥补？投资多少收益的产品比较合算？通过本章的学习，我们将了解到教育投资和教育投资规划的重要性；掌握教育投资策划的特点；掌握教育投资规划的原则、方法以及工具。

百年大计，教育为本。教育是立国之本，民族兴旺的标记，一个国家有没有发展潜力看的是教育，一个国家富不富强也是看教育。无论什么时代，什么社会，什么制度，教育都是不可忽视的。因为社会的进步都需要有文化的人、有知识的人、有能力的人。

孔子说过，不学诗，无以言；不学礼，无以立。也就是说，不学《诗经》，在社会交往中就不会说话；不学礼，在社会上做人做事，就不能立足。

孙中山先生曾说：“质有愚智，非学无以成其才；才有全偏，非学无以成其用。有学校以陶冶之，则智者进焉，愚者止焉，偏才者专焉，全才者普焉。”人的天资有高有低，不学习就难以区别他的才能，知识掌握或全面或片面，不学习也无法使知识派上用场；有了学校的教导，聪明者更上一层楼，愚笨者消除了愚昧，知识狭窄者有了全面的发展，全才者得以发扬光大。接受教育，即对人力资本进行投资，是促使劳动者素质提高的重要途径。

第一节　子女教育投资规划概述

所谓教育投资规划，是依照教育发展规律，遵循投资管理的相关原理和原则，对教育资源和机遇进行最佳整合，最大限度地提升受教育者的潜质和能力，使投资收益最大化的行为。

一、教育投资的重要性

早在 20 世纪 60 年代，就有经济学家把家庭对子女的培养看作一种经济行为，即在子女成长初期，家长将财富用在其成长培育上，使其能够获得良好的教育。这样当子女成年以后，可以获得的收益远大于当年家长投入的财富。事实上，一般情况下，受过良好教育的年轻人在开始职业生涯的时候，无论其在收入或是地位上，往往都高于那些没有受过良好教育的同龄人，从这个角度看，教育投资是个人财务规划中最富有回报价值的一种。

2014 年 3 月 3 日，美国皮尤研究中心（Pew Research Center）学者们的一项调查发现，民众收入与学历息息相关。大学文凭更有价值，而高中毕业生在劳动力市场上越来越不吃香。报告显示，从 1965 年到 2013 年，经通货膨胀因素调整后，普通高中毕业生的收入降幅超过了 10%。

报告的作者保罗·泰勒（Paul Taylor）说："主要原因是数字经济和劳动力市场全球化。这两者都抬高了知识型劳动力的溢价，并且导致了良好中等水平工作机会的枯竭，尤其影响了那些没有接受更高教育的人。"即使现有的中等技术水平工作的岗位，也越来越多地要求应聘者拥有大学学历，这要么是工作比以前需要更多的技能，要么是雇主们变得更挑剔了。

皮尤报告显示，大学学历的工资溢价达到了历史新高。大学毕业的年轻工作者的中位工资为每年 45 500 美元，相比之下，高中毕业生每年只有 28 000 美元，相差 17 500 美元。而在 1965 年这一差距要小得多，为 7 400 美元。此外，年轻大学毕业生对事业的满意度也更高。"事实上，无论是经济上，还是事业成就的每项测评指标，年轻大学毕业生都比受教育程度低的同龄人表现得更出色。"

二、教育投资规划的重要性

知识经济时代的到来，不仅让普通百姓的消费结构发生了巨大的变化，也让子女教育消费成为一个家庭培养孩子的必要支出项。"不能让孩子输在起跑线上"，表明了家长在子女教育支出上的一种消费态度。

《2017 年中国教育财政家庭调查》数据显示，全国家庭教育年支出为 8 143 元。但仅仅两年之后，前程无忧 2019 年发布的《2019 国内家庭子女教育投入调查》数据显示，家庭子女教育年支出消费额度已经主要集中在 12 000～24 000 元和 24 000～36 000 元两个范围内，占比分别为 22.4%和 21.7%。家庭年度教育支出从千元水平到突破万元关口，仅仅用了两年时间。另央视财经节目中心推出的一份《中国美好生活大调查》显示，在统计人数内有 31.3%的家长想要在 2021 年对"教育培训"方面增加消费，在总消费选项中排在第三。

规划子女教育金的科学性和必要性在于：

第一，平均来说，从幼儿教育到大学教育，子女接受教育的时间大约为 20 年。教育费用的多少呈现先降后升的趋势。对于幼儿教育，国家没有相应的补助政策，加之公办幼儿园数量较少，很多家庭不得不将子女送入民办幼儿园就读，学前教育费用相对较高。从小学到初中，家庭子女普遍接受的是九年义务教育，学费较之幼儿教育明显下降。然而，在完成了中等教育后，大部分家庭子女将接受高等教育，此时教育费用急剧上升，相当于前期平均教育费用的一倍甚至是几倍。此时，假设一个家庭的收入是平稳的，那么家庭收入增长速度将跟不上这种阶段性教育费用支出增长的速度。为了避免出现入不敷出的状况,家庭有必要提前规划好子女的教育金,争取在子女入读大学前准备好充足的资金。

第二,子女在达到相应的年龄就要接受对应阶段的教育,这是每个父母的共识。对每一个学生来说,教育费用都是相同的,不会因为家庭的经济条件而有所差异,教育费用具有不可协商性。子女的教育费用的缴纳不能分期分摊,不具有费用弹性,也就是说,家庭不能因为收入不足以支付子女该学年的教育费用而采取先交一部分,以后再双倍补上剩余部分的方法。教育费也不具有时间弹性,缴纳的时间不可能因为少数家庭收入出现短缺而延迟,也不可能因为当年家庭收入减少而延迟子女上学的时间。因此,父母只有事先规划好子女的教育金,为教育专门锁定一笔经费,才能有效避免由于教育费用不足而导致子女终止教育的情况。

第三,教育支出的增长率一般高于物价增长率。若干年后的教育支出费用可能会变为现在的若干倍,而现在的现金由于受到通货膨胀等因素的影响,以后也会贬值。只有合理、充分地规划好子女教育金,使其收益率的增长速度高于通货膨胀的速度,才能保证教育金收益的稳定性。教育金实现保值和增值,父母才能抵御通货膨胀和学费的高速增长给家庭经济带来的困扰。可见,对子女教育金提前做好规划是非常必要和重要的。

第四,子女在经济独立前所需要花费的教育金与子女的资质和学习能力密切相关。与资质较好且学习主动、自主的子女相比,资质一般且学习态度散漫的子女在求学期间父母所必须承担的补习、家教和生活费用等支出更大。对于具有文艺天赋的子女,父母希望发挥其特长并在这方面有所造诣的话,所需要投入的教育金更是惊人。然而,在子女年幼的时候,父母很难准确预算子女在经济独立前所需要的教育金。因此,父母应尽早多做准备,避免因为子女教育的问题而导致家庭财务出现困境。

教育理财规划,不仅包括子女教育的财务安排,也包括为了提高自身在职场的竞争力继续深造的各项费用(包括考证费用、研究生教育费用或其他“充电”的费用)。尤其是热门的考证学习和考试费用,专业研究生学习费用都是非常高昂的。各项教育费用的快速上升,一方面是因为城乡居民对教育投资日益重视,另一方面是因为持续的通货膨胀。面对如此巨大的费用支出,从个人理财的角度出发,如何进行合理的财务安排是非常重要的。

三、教育投资规划的特点

教育投资规划是指父母基于子女预期达到的教育水平目标而制订的家庭理财规划方案,该方案通过对各种投资理财工具的合理搭配,来实现教育投资规划的目标,从而确保子女今后在求学生涯中再无资金的后顾之忧。一般来讲,子女教育金具有以下几个特征:

(一)子女教育的时间安排没有弹性

按照《中华人民共和国义务教育法》第十一条规定,凡年满六周岁的儿童,其父母或者其他法定监护人应当送其入学接受并完成义务教育;条件不具备的地区的儿童,可以推迟到七周岁。个人或者家庭,只有履行国家规定的法律义务,没有权利违反这一法律。在接受了九年义务教育以后,接着就是高中、大学等阶段的学习。因此子女教育金的规划有较固定的时间限制,而住房理财规划则可以根据家庭负担和需求情况相应地延迟或提前;或者退休计划,若准备的养老金不足可以延后几年退休。

随着生产力、经济发展水平和社会整体教育水平的提升，学士学位已经成为年轻人步入社会和就业的基本要求，让子女接受系统的高等教育当然也成为父母教育子女的最为重要的阶段性目标。由于时间弹性为零，只有尽早准备教育金，才能保证子女在18岁的黄金年龄段有必要的资金上大学。

（二）子女教育费用的弹性不同

中国社会科学院社会学研究所成员刘保中于2020年3月刊发的研究论文《“扩大中的鸿沟”：中国家庭子女教育投资状况与群体差异比较》中提出，不同收入社会群体的家庭在子女教育支出上存在着差异。该研究将家庭收入从低到高按每20%进行了五等分组，分别为低收入、中等偏下收入、中等收入、中等偏上收入和高收入组。数据图表显示，随着收入的递增，在学前、小学和初中三个阶段，子女教育支出总体上也呈现逐渐增加的趋势。家庭收入越高，子女教育支出就越高。并且，不同家庭收入在子女教育支出的增长幅度存在差异性。相较于较低收入组，中等偏上，以及高收入家庭的教育支出增幅更为明显。

《2017年中国教育财政家庭调查》数据显示，全国学前和中小学教育阶段平均家庭教育支出为8 143元，其中农村3 936元，城镇1.01万元。家庭教育消费在农村和城镇区域之间有明显差距，城镇家庭教育支出平均比农村家庭教育支出多60%左右。

（三）教育费用无法事先预测

子女教育具体需要多少资金很难准确估算，除父母对子女的期望外，还在很大程度上取决于子女的资质、学习能力和兴趣爱好。而且父母不可能因为子女接受更好的教育需要花费更多钱而让子女放弃，因此父母在进行子女教育规划时需要留有余地。首先，充裕的经费是保证子女接受良好教育的财务基础；其次，教育投资规划与退休往往是同步进行的，当子女大学毕业，父母也就即将或已经迈入退休年龄了。因此，多余的子女教育经费完全可以划入退休账户，以备退休养老使用。

（四）没有专门针对子女教育的强制性储蓄账户

目前在政府或企业单位就职的人，有一些规定用途的强制性储蓄，例如用于退休规划的个人养老金账户和用于购房规划的住房公积金账户。然而，并没有专门为子女教育而强制储蓄的账户。因此，一般地，子女教育金要靠家庭自己主动储备。

（五）长期内面临通货膨胀影响

对比家庭的其他支出而言，子女教育经费占比并不算高。但是，子女的教育年限持续时间长，有15～20年。从长期来看，教育支出绝对是家庭负担当中较重的部分。因此教育规划资产必须有比较好的增值速度，这样才能跟上学费上涨的步伐，至少应该能够战胜通货膨胀率。

反观教育投资现状，父母或理财渠道狭窄或理财观念跟不上，更多地将目光聚焦到了教育金的储备和保值上，对增值明显考虑不足。其实，即便是教育理财，也可以做到在规避风险的同时，根据家庭的收入状况、个人的风险偏好及距离教育支出的时间长短进行合理规划。比如，可以根据时间长短做出理财规划。典型的教育周期为15年，在周期的起步阶段，父母受到年龄、收入及支出等因素的影响，风险承受能力较强，可充分利用自身生命周期时段优势，做出积极灵活的理财规划。这个时期可以以长期投资为主，以中短期投资为辅，较高风险及较高收益的积极类投资品种可占较高比例，保守类投资品种所占投资比重应较低。到了教育周期的中后期，则应相应地调整理财规划中积极类品种与保守类品种的比例，使其与所处阶段相适应，以获取稳定收益为主。

第二节 子女教育投资规划的方法

一、子女教育投资规划的原则

届时的教育费用与届时收入二者之间的比例叫作子女教育金负担比。考虑到学费增长率和收入增长率可能出现较大差异，一般情况下学费增长率超过收入增长率的概率更高，此时的收入负担比更高。因此如果不能合理安排和预先准备，突然出现的大额教育支出可能会严重影响一个工薪阶层家庭的整体生活水平。若还想让子女以后出国留学深造，则要花费更多，如果不提早规划的话根本不可能实现。因此进行子女教育投资规划一般应该遵循以下原则：

（一）尽早规划、未雨绸缪

子女教育金是必要支出，时间弹性基本为零，只有及早准备才能在利率的帮助下获得增值。提前规划的另外一大好处在于给家长们更充足的空间。另外，子女教育金亦可能会发生意外波动。比如子女的学习水平情况，选择的学校性质等。另外，国内外众多院校学费的涨幅一直保持在较高的水平。及早准备能够提供更充分的调整和规避风险的空间，以保证子女教育金不受社会环境变化而出现紧缺。

（二）专项积累、专款专用

子女教育金规划周期比较长，已经能够积累一定程度的可观金额，如果经不住诱惑而出现挪用情况，到真正需要高额教育支出时很可能会出现资金紧缺，导致基金失效。因此，以专门的账户来管理教育金，专款专用显得非常重要。

（三）选择合适的投资工具

选择合适的投资工具能够使子女教育金规划事半功倍，父母应当选择风险和收益水平适中的投资渠道，以保证基金具有一定的增长速度而又不会面临过高的风险。意在警诫父母在投资过程中不可过分保守，也不可过分激进。因此，一个详细而谨慎的子女教育金规划方案，需要紧扣家庭的自身需要和能力，在家庭合理的预期收入水平内，权衡收益和风险，构造一个既能稳步增值又能满足家庭需求的投资组合。

（四）宁松勿紧

父母的预期和安排有可能与子女的爱好、性格和能力存在差距，因此在中小学阶段，子女的爱好、性格和能力尚未完全明确，应当设置较为宽裕的教育金以应对子女选择方向的不确定性。如果父母想安排子女出国留学，那么应当与子女沟通，尊重子女意愿，选择合适的时机（高中或大学）。

（五）宁多勿少

宁可多准备，届时多余的部分可留做自己的退休准备金。父母一般以需要住宿的大学全额学费做准备。当然，不同情况下上大学的学费支出是有较大区别的，如学校离家庭的远近，学校的性质（公立或私立），是否能获得奖学金，子女是否有半工半读的意愿和能力等。父母最好准备多一点教育金，多余部分亦能转为退休基金，以降低将来对子女的依赖性。对一般工薪阶层的家庭来讲，很难同时储备教育基金和退休基金，因此及早培养子女具备一定的独立性能够适当降低自己的负担。在毕业前完全靠父母资助的子女也应当有感恩和回报父母之心。在步入社会之后，子女也应当在自己的收入中安排一部分作为父母退休基金的来源，以返还父母的教育金。

（六）合理利用教育年金或储蓄保险

教育年金或 10～20 年的储蓄保险是子女教育金的两个投资途径。储蓄保险的特点使给付的确定性和增值率较低，所以储蓄保险的额度可以按照大学学杂费的标准来购买，其余支出较高的部分（如出国留学）则可以选择报酬率较高的基金。这样至少能够保证子女在有能力上大学的时候，通过储蓄保险形式已经能够完全覆盖大学学杂费支出，不会因费用问题影响子女的学习。另外，如果基金投资部分的增值情况不如预期，不足部分亦可转嫁到子女身上，目前国外留学生中通过打工来赚取生活费的情况已经非常普遍。

（七）不能忽略自己的退休金

子女教育金和退休基金的储备阶段一般是重叠的，父母在规划子女教育金的时候应当避免退休基金准备不足的情况。以 30 岁至 35 岁生育为例，考虑到高等教育时间有 4～6 年，那么 48 岁至 59 岁是子女教育金的支出高峰期，当然也是退休基金的储蓄高峰期。有些家庭为了供子女出国留学，家庭支出负担更重，能够储备的退休基金更少。如果父母未在子女读小学时，就开始以 10 年以上的时间来准备这笔高等教育费用，届时可能会因为不忍看着有上进心的子女因经费问题而无法达成深造的意愿，不得不为筹学费而四处借贷，这时就可能动用到原来为自己准备的退休金。因此，父母可以以子女的名义，在其幼年尚未入学时即开设银行账户，每月定额地从父母账户中转入储蓄金，在子女 18 岁上大学时就准备好高等教育的费用，这样才不至于要动用父母的退休基金。

（八）把子女教育金作为保险规划的重要一环

在规划子女教育金前，应当计算出总需求金额、未来收入预期金额和距离的年限，这样就可以算出每月的储蓄目标金额和储蓄收入比。但是，如果出现重大疾病或其他意外情况导致收入中断，可能会造成家庭生活困难而无法继续承担教育金的储蓄。因此，在准备子女教育金的同时应当适当地进行保险投资，也可以在购买子女教育金储蓄保险的同时购买附加险，以排除父母发生意外导致教育金无以为继的情况。[①]

二、子女教育金投资规划的方法

（一）确立子女培养目标

教育投资规划是一件长期而且很复杂的事情，小学阶段还难以把握孩子的发展潜力，很难就此决定孩子未来发展的方向，孩子的教育最好还是因势利导。不管孩子未来学习什么专业、学历能达到多高，财务上的相应准备永远都是必要的。尤其是那些家长希望自己的孩子能够上比较好的学校，业余时间还能够学习一技之长，那么就需要考虑相关的费用。

（二）估算教育金需求规模

估算教育金需求规模即根据子女自身特点和家庭实际情况，首先确立子女的预期教育程度，本科毕业就参加工作还是继续攻读研究生；是选择在国内还是在国外接受高等教育等。并根据当前教育的费用水平，估算出目前所需要的费用。这也是制订教育金计划的基础。

概括来讲，中国子女的教育成本分为必要性支出和选择性支出两部分。必要性支出是指各个教育阶段的学杂费，选择性支出则是指必要性支出以外为子女教育而进行的其他投入，如子女上才艺班以及其他辅导班的支出等。各省市地区收费情况并不相同，因此可以根据自己所在区域的实际情况进行费用的测算。

1. 必要性支出

（1）九年义务教育免学费

1986 年，我国正式颁布《中华人民共和国义务教育法》，九年义务教育开始在全国全面推进。根据规定，小学 6 年和初中 3 年为义务教育阶段。在义务教育阶段，学生不需要缴纳学费，只用缴纳一些杂费。

（2）高中开始收学费

子女完成九年义务教育后，读高中时开始缴纳学费。

（3）大学本科

大学本科阶段的花费主要包括学费、住宿费和生活费。公办大学和私立大学的收费差距很大。

（4）研究生

目前，公费研究生不用交学费，国家一般还提供一定的补贴。但是，从 2014 年秋季开始，研究生教育全部改为自费。

2. 选择性支出

除了学杂费等必要性支出外，子女教育还存在一些选择性支出。

（1）学前教育支出

在我国，幼儿园并不属于义务教育，但是中国的家长们望子成龙、望女成凤心切，3 岁到

---

① 周华. 子女教育金理财规划[D]. 昆明：昆明理工大学，2013：18-20.

6岁的小孩多数要上幼儿园。公办和私立的幼儿园收费差距非常大。

(2)才艺班支出

才艺班包括音乐、美术、体育、儿童英语与计算机等课程。而有些特殊才能，比如学钢琴、芭蕾舞等，费用则更高。很多家长在孩子幼儿园阶段就开始培养孩子的才艺技能，一直到孩子成年为止，这是一笔不菲的花费。

(3)辅导班、补习班支出

在我国的中学阶段，有些学校会开设一些辅导班，帮助学生补习学得不好的课程。补习的课程越多，花费越高。如果是请大学生做家教辅导，则是按小时计费。如果是请老师做家教辅导，每小时的花费则会更高。因此，子女的学习能力也决定了家庭的教育支出。

如果家长选择让孩子出国接受教育的话，这需要更多的资金的支持，家长也更应该做好教育金规划。

根据子女目前的年龄，父母应该如何计算未来需要支付的子女教育金呢？这需要分两种情况来讨论，考虑资金的时间价值与不考虑资金的时间价值。接下来，以一个例子来说明这个问题。

案例：陈先生今年刚结婚，与妻子打算两年后生小孩。经过测算，目前各个教育阶段的年均支出与就学年数见表7-1。

表7-1　　子女教育支出

学习阶段	年支出现值(万元)	就学年数(年)	合计(万元)	累计(万元)
幼儿园	2	3	6	6
小学	1	6	6	12
初中	1	3	3	15
高中	1	3	3	18
大学	2	4	8	26

第一种情况，如果不考虑资金的时间价值，则只需要直接将各个学习阶段的目前年支出与就学年数相乘，再相加，就可以得到子女教育金的总支出现值。从表7-1中可以看到，各个教育阶段的支出费用现值加总为26万元。

第二种情况，考虑资金的时间价值，假定子女的学费增长率为每年5%，陈先生子女教育金的投资回报率为8%，那么现在应该准备多少钱呢？此时要以实质回报率为折现率。我们可以计算出折现率=(1+8%)/(1+5%)−1=2.86%。利用财务计算器的现金流量功能，最终算出各个教育阶段支出的费用现值总和为18.7万元。

在上面的例子中，由于学费的增长率5%小于教育金的投资回报率8%，在资金的时间价值的作用下，陈先生不需要准备26万元，而只需要准备18.7万元，对于刚结婚的夫妻来说，要拿出18.7万元来投资子女教育金有点不切实际。比较合理的投资计划是陈先生从现在起到子女上大学之前把所有的教育金备足。

(三)预测教育费用的增长率

要准确预测教育费用增长率并不容易，该数据每年都会有所变动。由于费用的增长往往与通货膨胀联系在一起，因此，可以把近年来的通货膨胀率进行平均，结合未来的经济发展趋势，对未来教育投资规划期间的通货膨胀率做出合理的预测。近年来，伴随着经济的发展，人们对教育的重视程度不断提高，教育费用也不断上升，涨幅往往超过通货膨胀率，因此，有必要结合实际情况，在通货膨胀率的基础上增加几个百分点，作为教育费用的预期增长率。

对教育费用增长率的预测越高，实现子女教育目标的资金保障程度就越高，但过高的预测也会增加家庭的负担。因此，对教育费用的增长率的预测尽可能力求准确，当无法确定时，建议进行保守估计，以避免未来出现不能支付教育费用的情况。

（四）计算出资金缺口

父母要考虑家庭当前的财富积累情况、将来收入情况和教育金需求情况，计算出教育金缺口。

（五）选择适合的投资产品

较早进行教育投资规划可以降低家庭财务负担和风险，因此，与其他规划相比，教育投资规划更重视长期投资工具的运用和选择。另外，教育投资事关子女的前途，教育投资工具的选择更要注重安全性，距离教育资金使用的时间越短，要求投资工具的安全性越高。根据父母自身的风险偏好和理财年限，选择合适的投资组合和投资渠道，并且严格按照计划进行投资。

每隔一段时间，父母应当对子女教育金的投资情况进行检查，并适当地调整投资计划。一方面家长们需要对投资产品的表现进行跟踪，并做出筛选和调整；另一方面，子女教育金的投资风格应当随着金额的增长和时间的临近逐步偏向保守，以降低风险。

第三节　子女教育投资规划的工具

子女教育金的性质决定了教育投资规划应该追求“稳”字当先，不可冒很大的风险。正因为如此，高风险的投资理财工具（如股票）基本上不适合用来进行教育金理财。目前，我国可以用来进行子女教育投资规划的工具主要包括教育储蓄、教育金保险、基金定投以及银行理财产品等。它们各具特色，有着自己的优势和劣势。家长可以在对自身需求进行理性分析的基础上，对这些理财规划工具加以挑选和组合，从而最大限度地优化子女教育投资规划，提高教育投资的收益率，并控制好风险。另外，对于经济困难的家庭，可以事先考虑国家的教育金补助以及国家助学金贷款等。

一、教育储蓄

教育储蓄是为了鼓励居民以储蓄存款方式为其子女接受非义务教育积蓄资金，促进教育事业发展而开办的人民币教育储蓄存款，按规定办理教育储蓄的存款人将来可以获得免利息税和相应的优惠存款利率。

教育储蓄是一种特殊的零存整取定期储蓄存款，享受优惠利率，更可获取额度内利息免税。本金逐月存储，每月存入固定金额，到期时客户凭存折及学校提供的正在接受非义务教育的学生证明（必须是当年有效证明，且一份证明只能享受一次利率优惠）一次支取本息。

以中国银行的教育储蓄为例，该产品适用于正在接受非义务教育的在校学生，包括就读全日制高中(中专)、大专和大学本科、硕士和博士研究生。三个学习阶段中，每个学习阶段可分别享受一次2万元教育储蓄的利息免税和利率优惠。该产品具有以下特点：

第一，存期灵活。教育储蓄是零存整取的存款方式与整存整取的存款利率相结合，专门针对子女教育的储蓄品种，可视子女的教育进程和现状，自己规划设定存款期限，来享受高利率的政策，免征利息所得税。存期分为一年、三年、六年。

第二，存额固定。开户时可根据目前自身的经济实力，与银行约定每次固定存入的金额。起存金额50元，本金合计最高限额为2万元人民币。

第三，利率优惠。存款到期，凭存款人接受非义务教育学校所在地省级国家税务局统一印制的所在学校开具的正在接受非义务教育的学生身份证明，可享受整存整取的利率。在存期内遇有利率调整，按开户日挂牌公告的相应定期存款利率计付利息，不分段计息。

第四，利息免税。2万元本金限额内，可免征利息税。

教育储蓄的最大优势在于能够享受到国家在利率层面的优惠政策。使用的是零存整取的储蓄形式，享受的却是定期储蓄的利率。但是，教育储蓄适用的投资人范围小，要在孩子上小学四年级以后方可购买，使用的时候也有着较为严格的规定。同时，其收益水平偏低，不能为教育金提供足够的增值功能。

二、教育金保险

所谓教育金保险，是一种能够为子女提供教育基金的保险，属于储蓄性质的保险产品，并具有一定的保障功能，以应对在不同阶段的教育费用。教育金保险为子女教育设立专门的账户，能够针对孩子在不同成长阶段的教育需求，提供相应数额的保险金。

(一)保险对象

0周岁(出生满28天且已健康出院的婴儿)～17周岁；有些保险公司的教育金保险针对的对象为出生满30天～14周岁的少儿。

(二)教育金保险的分类

目前市场上教育金保险主要分为三类：

一是纯粹的教育金保险，提供初中、高中和大学期间的教育费用，通常以附加险的形式出现。

二是可固定返还的保险，其返还的保险金不仅可以作为孩子上学期间的教育费用，在以后还可以持续提供生存金。

三是理财型保险，如万能保险、投资连结保险等，具有较强的投资理财功能，也可作为教育金的储备，在孩子初中、高中或者大学中的某个阶段领取作为其教育金。

(三)教育金保险的功能

1. 强制储蓄功能

父母可以根据自己的预期和孩子未来受教育水平的高低来为孩子选择险种和金额，一旦为孩子建立了教育保险计划，就必须每年存入约定的金额，从而保证这个储蓄计划一定能够完成。

2. 保障功能

可以为投保人和被保险人提供疾病和意外伤害以及高度残疾等方面的保障。所以一旦投保人发生疾病或意外身故及高残等风险，不能完成孩子的教育金储备计划，保险公司则会豁免投保人以后应交的保险费，相当于保险公司为投保人缴纳保费，而保单原应享有的权益不便，仍然能够给孩子提供以后受教育的费用。

3. 理财分红功能

能够在一定程度上抵御通货膨胀的影响。它一般分多次给付，回报期相对较长。

（四）购买教育金的建议

1. 先重保障后重教育

很多父母花大量资金为孩子购买教育金保险，却不购买或疏于购买意外保险和医疗保险，这将保险的功能本末倒置。

2. 应问清楚豁免条款范围

在购买主险时，应同时购买豁免保费附加险。这样一来，万一父母因某些原因无力继续缴纳保费时，对孩子的保障也继续有效。

3. 购买教育金保险须小心流动性风险

教育金保险的缺陷在于其流动性较差，而且保费通常比较高，资金一旦投入，需要按合同约定定期支付保费给保险公司，属于一项长期投资。

4. 购买教育金保险时应兼顾保障功能

用以应付小孩未来可能的疾病、伤残和死亡等风险。

5. 教育金越早买越合适

一方面享受的保险期间长，另一方面可以获得较好的收益，毕竟保险属于长期投资，另外需要注意的是一般晚于 12 岁就没有教育基金的产品了。

6. 为孩子购买教育金保险时应巧用组合

即在小学 4 年级前采用教育金保险来做教育规划，在小学 4 年级后可采用“教育保险＋教育储蓄”的组合方式。

7. 利用教育金保险的保障功能

可以为投保人和被保险人提供疾病和意外伤害以及高度残疾等方面的保障。

所谓教育保险，其实就是一种储蓄方式，从孩子一出生就可以购买。其最大的特点是专款专用、风险波动小，而且，早投入负担轻、收益高。同时，保险还可以抵御财务风险，转移人身风险，这点是其他理财工具都做不到的。但是其收益也偏低，适合投资保守型的家庭使用。

三、基金定投

家长在为子女筹备教育金时，还可以选择投资短期债券基金、货币市场基金以及平衡型基金等中低风险的理财产品。一般地，投资工具的报酬率应该高于学费增长率。依照过去的经验，每年的学费增长率在4%到6%。如果只依靠存款或短期债券基金、货币市场基金，通常难以达到4%以上的报酬率。可以采取定期定额购买基金的方式，将储蓄转化为投资。

基金定投有懒人理财之称，缘于华尔街流传的一句话："要在市场中准确地踩点入市，比在空中接住一把飞刀更难。"如果采取分批买入法，就克服了只选择一个时点进行买进和卖出的缺陷，可以均衡成本，使自己在投资中立于不败之地，即定投法。

基金定投是一种值得推荐的教育规划工具，它具有类似长期储蓄的特点，能积少成多，平摊投资成本，降低整体风险。还有自动逢低加码、逢高减码的功能，无论市场价格如何变化，总能获得一个比较低的平均成本，因此定期定额投资可抹平基金净值的高峰和低谷，消除市场的波动性。只要选择的基金有整体增长，投资人就会获得一个相对平稳的收益，不必再为入市的择时问题而苦恼。建议风险承受力较强的家庭重点关注。

四、子女教育信托

对于收入较高的家庭，可以将其财产所有权委托给受托人（如信托机构），使受托人按照信托协议的约定为受益人（如孩子）的利益或特定目的，管理或处分信托财产。子女教育创业信托就是由父母委托一家专业信托机构帮忙管理自己的财产，并通过合同约定这笔钱用于将来孩子的教育和生活。

五、政府债券

政府债券的发行主体是政府。它是指政府财政部门或其他代理机构为筹集资金，以政府名义发行的债券，主要包括国库券和公债两大类。一般国库券是由财政部发行，用以弥补财政收支不平衡；公债是指为筹集建设资金而发行的一种债券。有时也将两者统称为公债。中央政府发行的称中央政府债券（国家公债），地方政府发行的称地方政府债券。

政府债券不仅安全性高、流通性强、收益稳定，而且可享受免税待遇（利息收入免纳个人所得税），因此是子女教育规划的主要投资工具之一。

需要注意的是，子女教育规划并不鼓励家庭采用风险太高的投资工具，例如股票和公司债券等，但如果教育规划期较长，这些工具可以采用，可使用定投的方式适当规避风险，相对较高的收益率可以帮助家庭较早地完成教育规划的财务目标。

六、银行理财产品

简单来说，银行理财产品是商业银行为客户开发设计的一种资金投资和管理计划，属于一种集合理财方式。客户将资金委托给商业银行进行投资管理，投资的收益与风险则由客户自己或者银行与客户按照约定的方式承担。

根据商业银行是否对购买理财产品客户的本金与收益做出保证，我们通常将银行理财产品分为三大类：保本固定收益型理财产品、保本浮动收益型理财产品以及非保本浮动收益型理财产品。

在为子女准备教育金时，家长也可考虑银行提供的保本型结构性理财产品来进行投资，以积累教育金。这类银行保本型结构性理财产品，顾名思义，其最大的特点是可以保证本金的安全，另外还具有一定的投资回报率。但由于这类理财产品的投资期通常比较固定，家长需要根据子女未来对教育金的需求时点来合理选择与其期限相匹配的理财产品。

七、教育金补助

当前，在我国，仍然存在数量很多的贫困学生，因此在我国的大部分高等学校，为了帮助家境贫寒的贫困学子，基本上形成了以学生贷款、各类奖学金、特殊困难补助、勤工助学以及减免学费等政策为主的贫困生帮扶体系。为了避免贫困生因交不起学费而辍学，部分高校为贫困学生开辟了“绿色通道”，贫困生在入学报到时经有关部门审核确定其家庭经济状况后，可以暂缓缴纳学杂费。

这几年，高校招生计划开始向农村及贫困、边远地区生源倾斜。例如2015年8月底，中国科学大学、合肥工业大学、安徽大学等高校的统计数据表明，安徽省高校“寒门学子”比例在逐步上升，其中今年中科大农村生占新生总数近26%。2015年8月29日开学的安徽大学，农村贫困地区招生数也将有较大上升。对于即将入学的学生，学校已在邮寄录取通知书时，把学生资助政策小册子随邮件送到新生手中，没有学费的贫困生在入学时，可直接通过“绿色通道”入学，并获赠包含基本卧具在内的“爱心大礼包”。正式开学后，各班辅导员再进行贫困生鉴定，评定贫困等级，做出相应帮扶。

此外，少数民族的学生就读民族学院，公民就读军校、师范学校和公安学校等都可以享受学费减半或全免的优惠。

八、国家助学贷款

国家助学贷款是党中央、国务院在社会主义市场经济条件下，利用金融手段完善我国普通高校资助政策体系，加大对普通高校贫困家庭学生资助力度所采取的一项重大措施。国家助学贷款是由政府主导、财政贴息、财政和高校共同给予银行一定风险补偿金，银行、教育行政部门与高校共同操作的专门帮助高校贫困家庭学生的银行贷款。借款学生不需要办理贷款担保或抵押，但需要承诺按期还款，并承担相关法律责任。借款学生通过学校向银行申请贷款，用于弥补在校期间各项费用不足，毕业后分期偿还。

2015年7月13日，教育部等部门联合发布了《关于完善国家助学贷款政策的若干意见》(以下简称《意见》)。《意见》表示，为切实减轻借款学生的经济负担，将贷款最长期限从14年延长至20年，还本宽限期从2年延长至3年整，学生在读期间贷款利息由财政部门全额补贴。

低收入的父母为了能让子女有接受持续教育的机会，应该了解政府的相关补助和帮扶措施，充分利用好这些机会。

案例 >>>

王先生今年33岁，是一家外企的中层管理人员。其太太在国企就职，工作稳定。2013年，这个令人羡慕的家庭有了他们的第一个宝宝。大家对孩子的期望各不相同，有的希望孩子能随心所欲发展，也有的希望孩子能出国深造。但是大多数人并不清楚，如何从现在开始进行财务安排，针对孩子未来的教育和生活做出相应的规划。

王先生曾在国外留学，对美国的教育理念颇为认同。他希望孩子将来高中毕业后，可以去美国的大学进行深造，开阔视野；也希望能给孩子准备一笔基本的费用，让女儿未来不管工作如何,都不至于过得太辛苦。如何给孩子准备这一笔钱呢?

王先生通过朋友结识了一位资深财务顾问,两人对此进行了深入的探讨。财务顾问建议,先按照家庭的实际支付能力,逐步给孩子建立一个独立的账户。王先生和太太商量了一下,按照现在的美国的大学留学费用,大致需要60万元人民币,再算上通货膨胀和希望给孩子的基础生活保障,怎么也得建立一个100万元的账户。于是,王先生和太太对财务顾问提出了他们的担忧。

第一,如何保证一定能给孩子建立起100万元的资产账户。

第二,如何保证给孩子留下的资产一定安全。

第三,给孩子留下100万元,怎么避免她挥霍无度。

王先生认为以自己的资产,不可能一次性给孩子建立100万元的账户,势必要一步步逐渐建立。在这一过程中,如果发生意外导致收入中断,会不会影响到孩子的资金账户?

由于王先生目前正处于财富创造期,财务顾问建议他用10年时间,每年存10万元,在保险公司给孩子建立100万元的年金账户。同时,在年金中使用豁免功能,即如果投保人身体无恙,则由投保人给孩子每年存钱;而一旦投保人发生重疾、伤残、身故等风险,则由保险公司来存满剩下几年的储蓄。这样,不管投保人发生任何风险,都一定能给孩子建立起100万元的资产。

另外,财务顾问给王先生规划了200万元保额的终身寿险搭配,给太太规划了100万元保额的终身寿险搭配,以保证家庭发生任何风险时,都有一定的现金应付,不需要动用原本留给孩子的资产。按照规划,孩子终身可以享受的专用账户收益见表7-2。

表7-2　　孩子100万元保险年金规划

年龄	阶段	给孩子的规划
12～14岁	初中	
15～17岁	高中	6万元/年×3年
18～21岁	大学	10万元/年×4年
22～23岁	硕士	15万元/年×2年
24～28岁	婚嫁	50万元
29～60岁	家庭成长,品质生活	3.8万元/年×30年生活补充,或者不领取,累积至60岁,账户中有随时可以用的现金200万元
60～85岁	养老阶段	15万元/年×25年
85岁以后	身后阶段	至少105万元免税财产转移

同时,这个账户还拥有强制储蓄、不可随意动用的功能。每年拨出10万元进行强制储蓄,可以提前为家庭的一些长期基本支出做好准备,且采用年金方式给孩子留下的这笔钱,具有资产隔离的功能。这是属于个人专有的资产,与其他家庭、企业等资产完全隔离,无论未来子女碰到什么问题,都不会遭到追偿和分割。这笔钱能按照父母的心意保护子女一生。

财务顾问表示,此年金产品每年还会产生固定的利息并写进合同,孩子可以按照合同约定的数额来领取每年的利息。但年金产品的本金是储蓄在保险账户里的,不能随意动用。这样,就通过额度的限制,避免了子女一次性或者短时间内花光这笔资产的可能性。同时,由于每年年金都会产生一部分收益，所以又能保证不管在任何情况下，子女的正常生活都能得以维系，使得父母的爱而非溺爱伴随子女一生。

另外，财务顾问提到，年金账户还有另外一层不可忽略的用途，就是应急现金的来源。所谓天有不测风云，人有旦夕祸福，应急金作为家庭资产的重要分支，在危急时刻极可能成为扭转局面的契机。年金无疑是极好的变现工具，如果家庭发生风险，保单贷款功能可以贷出 100 万元中的 90 万元，到账迅速，期限不限。年金既可以在第一时间应对紧急情况，又可以保护家庭的既定投资不被打乱。

王先生和太太听了财务顾问的建议，决定当即开始着手，给女儿建立这个 100 万元的年金账户。

资料来源：北京为开企业管理咨询有限公司组编. 中国家庭 24 个理财样板间[M]. 北京：机械工业出版社，2014：98-101.

本章小结>>>

教育投资规划是依照教育发展规律，遵循投资管理的相关原理和原则，对教育资源和机遇进行最佳整合，创造性地设计教育事业的发展和使投资收益最大化的行为。教育投资规划需要综合考虑各种因素：首先要考虑教育的种类，是学历教育还是非学历教育；义务教育还是非义务教育等。其次要考虑教育经费的来源。教育投资规划的特点包括：子女教育的时间安排没有弹性；子女教育的费用弹性不大；子女的资质无法事先预测；子女教育费用支出持续的时间长、金额大等。

教育投资规划，首先要确立子女培养目标；其次要明确教育投资规划所要遵循的原则，这些原则包括在教育目标的选择方面给予较大空间，对教育经费的筹措留有充分余地，合理利用各种教育的投资融资渠道等。教育经费筹措可以按照如下步骤进行：首先考虑子女教育的种类，然后进行教育费用估算和筹措，最后做出投资规划。教育投资规划工具包括教育储蓄、教育保险、基金定投、子女教育信托、政府债券、银行理财产品、教育金补助以及国家助学贷款等。

思考与练习>>>

1. 什么是教育投资规划？
2. 请分析教育投资规划的重要性。
3. 教育投资规划有何特点？
4. 试估算你所在地区小学、中学(包括初中、高中)以及大学的费用。
5. 教育金投资规划的原则包括哪些？
6. 教育金投资规划的方法包括哪些？
7. 试比较各种教育费用筹措途径的优劣及差异性。
8. 教育投资规划工具中，你将选择哪几种工具，为什么？

第八章

退休养老
和遗产规划

退休养老和遗产规划

本章学习要点>>>

"老吾老以及吾人之老"，尊老敬老爱老是中华民族的优秀传统美德，更是新时代构建和谐社会的要求，也是每一位公民义不容辞的责任。但是未富先老，这也是中国老龄化社会的一个重要特征。退休是每位在岗老人的必经之路，退休之后生活质量水平如何保障，是每个人从现在就必须面对的问题。根据中国人力资源和社会保障部对于延迟退休的规划，延迟退休将会在"十四五"期间执行。"80后"和"90后"将是受影响最大的人群。对于这些人而言，究竟该如何进行理财规划，以保证自己有一个舒服安逸的退休生活呢？通过本章的学习，我们将了解退休养老规划的概念、时间、必要性和原则；掌握退休养老规划的步骤、工具以及程序。

老龄化社会是指老年人口占总人口达到或超过一定的比例的人口结构模型。按照联合国的传统标准是一个地区60岁以上老人达到总人口的10%，新标准是65岁老人及65岁以上的老人占总人口的7%，即该地区视为进入老龄化社会。2000年11月底，我国第五次人口普查显示，65岁以上老年人口已达8 811万人，占总人口的6.96%，60岁以上人口达1.3亿人，占总人口10.2%，也就是说，根据联合国老龄化社会的标准，我国从2000年开始就已进入了老年型社会①。

第七次全国人口普查数据显示，我国60岁及以上人口已达2.64亿。预计"十四五"时期这一数字突破3亿，我国将从轻度老龄化进入中度老龄化阶段。来自全国老龄办的数据显示，"十三五"时期，我国60岁及以上人口年均增加840万，预计"十四五"时期年均增加1 150万。老年人口增长第二个高峰即将到来。②

虽然说西方发达国家都经历了人口老龄化的过程，从某种角度说，人口老龄化是人类社会发展的自然规律和必然趋势。但从全球来看，发达国家老龄化进程长达几十年至1个世纪，如法国用了115年，瑞士用了85年，英国用了80年，美国用了60年，而我国只用了18

① 中国产经新闻报.中国老龄化速度惊人：十八年走完发达国家一百多年进程[EB/OL]. 2014-7-31

② 面对2.64亿人，中国守护最美"夕阳红"——"十三五"时期积极应对人口老龄化工作综述[EB/OL]. 2021-10-15

年(1981－1999年)就进入了老龄化社会,速度何其惊人。从发达国家的经济发展和人口结构变化来看,大部分国家都是在物质财富积累达到一定程度后,才开始进入到人口老龄化进程阶段,相应地,这些国家有足够的财力来解决老年人的养老问题,例如,瑞典、日本、英国、德国、法国等发达国家在进入老龄化时,人均GNP已经达到10 000至30 000美元,在全球72个人口老龄化国家中,人均GNP达10 000美元的占36%,3 000至10 000美元的占28%,而我国在2002年人均GNP只有980多美元,就提前进入了老龄化。

中国"未富先老"已经既成事实,"未备先老"的局面也成为一个不容忽视的重大社会问题①。因此,从个人的角度出发谋划未来的退休养老安排,无论对于中年人、青年人来说,都是非常必要的。

第一节　退休养老规划概述

人生不同阶段面临不同的理财需求和理财目标,而养老规划是人生理财规划中最重要的一部分。退休后能够过富裕、有尊严的生活,无忧无虑地享受晚年的金色时光,需要未雨绸缪,尽早开始养老规划。

一、退休养老规划的概念

退休是指根据国家有关规定,劳动者因年老或因工、因病致残,完全丧失劳动能力(或部分丧失劳动能力)而退出工作岗位。退休养老规划,就是对你在退休以后将要过怎样的生活做出规划,并且为未来的退休生活所需要的费用,预先谋划。

制定退休养老规划是整个理财规划中一个关键性的组成部分,缺少退休养老规划的理财规划程序,人生将面临极大的风险。其他理财计划出现失误,还有机会调整,甚至从头再来。退休养老规划一旦出现问题,将会严重影响晚年的生活。从这个意义上说,几乎没有一个财务目标比获得舒适的退休生活更加重要。

退休养老规划,其实不是退休以后才安排的事情,那时就来不及了。而且,随着人口预期寿命的不断延长、我们对未来生活的要求不断提高,以及长期、持续的通货膨胀等,退休养老规划需要大量资金的支持。对于步入中年的人们来说,退休生活已经越来越近。对于刚开始职业生涯的年轻人来说,虽然离退休养老尚早,但是退休养老的巨大财务压力也可以隐约感受到了。

二、我国关于退休时间的规定

退休年龄一直都是人们所关注的热点,所谓退休年龄,是指劳动者达到法律规定的年龄后就能退休,享受一定的社会保障制度。随着人口老龄化的趋势越来越严重,国家不得不调整退休养老制度。

我国现行的关于退休年龄的规定如下:

(1)国家法定的企业职工退休年龄是:男性年满60周岁,女工人年满50周岁,女干部年满55周岁。

---

① 中国产经新闻报.中国老龄化速度惊人:十八年走完发达国家一百多年进程[EB/OL].2014-7-31

(2)从事井下、高空、高温、特别繁重体力劳动或其他有害身体健康工作(以下称特殊工种)的，退休年龄为男性年满55周岁、女性年满45周岁；因病或非因工致残，由医院证明并经劳动鉴定委员会确认完全丧失劳动能力的，退休年龄为男性年满50周岁、女性年满45周岁。

事实上，人口老龄化使养老保险基金未来收支平衡面临巨大压力。我国从2013年开始，16岁到59岁劳动年龄人口已经开始下降。2020年第七次人口普查的数据显示，与10年前相比，15到59岁年龄段的人口占总人口的比例下降了6.79个百分点，而60岁以上人口所占比例上升了5.44个百分点，占总人口比重达到了18.7%。截至2020年年底，我国60岁以上老年人口达2.64亿，老龄化程度呈现加剧态势，今后每年老年人可能要增加1 000万人。[①]

为应对养老压力，根据中国人力资源和社会保障部对于延迟退休的规划，延迟退休将会在“十四五”期间执行。延长交费年限，相应缩短领取养老金年限，以此提高养老金给付门槛。

三、退休养老规划的必要性

(一)退休养老需要巨额储蓄

未来养老需要多少钱？曾经有理财专家认为，没有100万元，几乎免谈，更有甚者表示一个将在2027年之后退休的人，需要300万元～500万元才够养老，类似京沪广深这样的一线城市，预备1 000万元养老也未必够。这到底是耸人听闻还是确有道理？这个问题虽然目前还没有定论，但可以肯定的是，大多数中国人目前都在担心自己的晚年生活。

2012年6月25日，《重庆晨报》的一则报道中，理财师提出：“假设，退休后你每月的开支为2 000元，从60岁开始退休，按照平均寿命80岁计算，那么你退休后的20年需要2 000×12×20=48万元养老金。假如我们以3%的通货膨胀率计算，如果按每月支出等同于现在2 000元的购买力计算，你的寿命为80岁，你现在50岁，那么从60岁退休到80岁，你需要准备116万元，才能满足你现在每个月花费2 000元的生活水平。”而且，现在的年龄越小，面临的通货膨胀时间就越长，到时候需要准备的退休金将更多。如果你对生活水平要求更高的话，自然也要更多的钱。假设退休后，每个月想要过上和现在3 000元相同购买力的生活水平，如果你现在50岁，10年后退休，按照3%的通货膨胀计算，那么需要为20年退休生活准备174万元。如果你现在40岁，则需要为此准备234万。如果你是个80后，现在30岁的话，则需要准备314万退休金[②]。

安度余生，真要这么多钱吗？

上海复旦大学社会发展与公共政策学院教授于海说，这只是一种理论上的算法，一是以后通货膨胀率到底是多少，无人能给出明确答案。二是，以上推算都基于现在的社会变化，未来不确定性因素很多，“30年后的事情，我们都无法预测。”于海指出，一般来说，退休后的月收入能保证退休前月收入的70%就可以。当然这个前提是，健康和生活要维持原有的

---

① 中国60岁以上老人占总人口18.7%，今后每年或增加千万[EB/OL]. 2021-10-14

② 刘笑嫣.你50岁，退休前需备好养老金116万？[N].重庆晨报，2012-6-22，第017版:金融街B.

状态。

中央财经大学保险系主任郝演苏也认为，养老金储备的计算没有标准，养老需要多少钱，一方面取决于个人选择的养老生活方式，另一方面也取决于无法预计、选择的意外因素。但可以肯定的是，大多数中国人目前都在担心自己的晚年生活。2021年9月22日，中国养老金融50人论坛(CAFF50)在京正式发布《中国养老金融调查报告(2021)》，报告显示，我国国民养老财富储备意识逐步加强，但养老财富储备总量依然不足，九成的调查对象愿意在税收优惠激励下进行市场化的养老财富储备。从2017年开始，CAFF50将建设国民养老金融数据库作为一项长期的重点工作，并持续开展中国养老金融调查。2021年的调查结果显示，国民养老财富储备意识逐步增强，调查对象普遍通过金融市场上的多元化渠道进行养老财富储备。

具体来看，有50.81%的调查对象养老投资、理财的主要偏好是银行存款，其次是商业养老保险(27.98%)、银行理财(26.27%)、房产(21.69%)、基金(15.59%)。此外，有一些调查对象还参加了企业年金和职业年金，也有一些调查对象通过购买股票、信托产品、国债等进行了养老财富储备，但仍有15.92%的调查对象尚未进行任何养老财富储备。

调查结果还显示，大多数调查对象认识到应从较早年龄开始进行养老储备，且超过九成(96.69%)的调查对象愿意在税收优惠激励下进行市场化的养老财富储备，养老金融产品市场未来发展潜力巨大。

从养老财富储备量来看，有将近八成(77.79%)调查对象的储备金额在50万元以下，超过三成(31.91%)的调查对象养老财富储备在10万元以下，仅有22.17%的调查对象的储备金额超过了50万元。总体来看，目前调查对象的养老财富储备量还十分有限。

从养老财富储备规模的预期上来看，超过八成(81.58%)的调查对象认为整个养老期间的财富储备规模在100万元以内即可满足养老需求，同时，45.18%的调查对象认为整个养老期间所需的财富储备规模在50万元以内，14.71%的调查对象认为30万元以内的财富储备即可满足养老需求；只有不到20%的调查对象认为养老财富储备规模需要达到100万元以上。

从调查对象对整个养老期间养老资产储备规模的预期以及目前养老资产储备的实际情况来看，调查对象对于整个养老期间的养老资产储备预期的平均值为726 513元，而目前调查对象已经储备的养老资产的平均值为381 320元，目前的储备量还远不及预期。[①]

(二)我国养老保障制度不完善

各国都有自己的退休保障制度，其制度体系各不相同，但都不能保证所有人的退休生活能够获得完善的保障。由于中国目前实行的是“广覆盖、低保障”的社会养老保障制度，国家统一的养老政策只能给老年人提供最基本的生活保障，很难满足人们高品质的生活要求；而企业年金更大程度上是一种针对未来预期的承诺。事实上，企业的发展状况处在不断的变化之中，企业很可能在个人退休时倒闭或者入不敷出，那么之前的养老承诺就成为一句空话。因此，基本退休金远不能解决安度晚年的生活保障，迫切需要其他养老积蓄手段加以补充。

① 养老投资主要偏好是存款 八成人认为100万元足够了[EB/OL]. 2021-9-24

养老金替代率是指劳动者退休时的养老金领取水平与退休前工资收入水平之间的比率。2020 年 1 月 11 日,财政部原部长楼继伟在 2020 年全球财富管理首季峰会上表示,作为我国养老金第一支柱的基本养老保险的替代率逐步下降。全国平均已不足 50%,今后的趋势可能还会下降。

北京大学经济学院风险管理与保险学系副教授锁凌燕认为,“人们常说的养老金,是指由社保发放的养老金。目前我国社保养老金的定位是‘保基本、广覆盖、可持续’。可见,社保养老金的目标,是保证退休人员的基本生活,而不是维持退休后的生活水平不变。要维持退休后生活水平不下降,需要居民从年轻时就开始为退休做准备。”

(三)理财养老的理念更实际

在传统的自然经济环境下,大家庭作为社会的基本细胞,理所当然地担当起了赡养老人的义务,通过家庭代与代之间的承接实现养老保障。事实上,中国古老的“养儿防老”就是最原始的退休生活规划。然而,随着社会的发展,这种养老模式越来越显露出它的弊端。目前,我国 60 岁及以上人口已达 2.64 亿。第四次中国城乡老年人生活状况抽样调查显示,空巢老人人数突破 1 亿。所谓空巢家庭,是指子女长期在外,老人独自生活的家庭。来自民政部的数据显示,目前中国城乡空巢家庭超过 50%,部分大中城市达到 70%,其中农村留守老年人口约 4 000 万人,占农村老年人口的 37%。

特别是实施计划生育政策以后,20 世纪 70 年代末 80 年代初出生的第一代独生子女们已迅速长大成人,以每年数以百万计的数量步入生儿育女的生命周期。由四个老人、一对夫妻、一个孩子组成的“421”家庭模式越来越多,劳动人口对非劳动人口的赡养率不断提高。

老年人口抚养比用来表明每 100 名劳动年龄人口要负担多少名老年人。截至 2020 年,全国老年人口抚养比为 19.7%,比 2010 年提高 7.8 个百分点。截至 2020 年,全国 60 岁及以上老年人口 26 402 万人,占总人口的 18.7%;80 岁及以上老年人口 3 580 万人,占比为 13.56%。乡村老龄化水平明显高于城镇,乡村 60 岁及以上老年人口占乡村总人口的比重为 23.8%,比城镇 60 岁及以上老年人口占城镇总人口的比重高 7.99%。[①]

在这种情况下,继续延续代际转移的养老方法将给下一代带来沉重的赡养压力,导致整个社会生活水平下降,甚至引发一些深层次的社会问题。所以,为了让每个人的晚年生活更有保障、更有质量,“养儿防老”应转为“理财养老”。

(四)通货膨胀使财富贬值

中国近几年的通货膨胀率一般为 3%上下,在这样的社会环境中,退休人员因不再工作而失去了稳定的收入,仅仅依靠统筹的社会保障体系度过漫长的晚年是非常危险的。以美国为例,许多专家已经指出,如果不改革目前的“社会安全福利”制度,它将在不久的将来彻底崩溃。而所谓改革,又不过是大大削减“社会安全福利”的项目;或者提高享受者的年龄而已。即使在不久的将来,人们还有机会领取社会安全福利的退休金,这笔钱也很可能不够开销。

根据《中国社会保险发展年度报告 2016》统计的各项社保基金资产管理情况,2016 年,

---

① 截至 2020 年 全国老年人口抚养比 10 年前提高 7.8%[EB/OL]. 2021-10-16

我国基本养老保险(包括城镇职工和城乡居民基本养老保险)总资产为4.87万亿元,其中超过86%为银行储蓄存款,各项投资的总比例不到8%。也就是说,近5万亿元的养老金长期“沉睡”在银行储蓄账户,主要收益也来自银行的利率。2009年至2014年,企业养老保险基金收益率为2.2%、2.0%、2.5%、2.6%、2.4%、2.9%,低于同期一年期银行存款利率。社科院世界社会保障中心主任郑秉文在2015年进行过测算,若以居民消费价格指数(CPI)作为基准(CPI是衡量通货膨胀率的重要指标),我国养老金在过去的20年里,贬值了近千亿元。[①]

(五)领取城乡居民基础养老金人数快速增长

2018年城乡居民基本养老保险60岁以上参保人数约为16 557.7万人(根据《2017年度人力资源和社会保障事业发展统计公报》,2017年60岁以上实际参保人数为15 598万人)。由于人口老龄化趋势较快,尽管职工基本养老保险不断扩面,未来20年内领取城乡居保基础养老金人数仍将快速增长,到2036年达到32 345.4万人,年均增长约3.85%。2037年以后领取人数趋于稳定,到2050年缓步增至32 476.8万人,年增长约0.03%。

(六)老年人的医疗费用居高不下

无论年轻时多么身强力壮,人到老年时,身体的机能会自然衰退,体质减弱,抵抗力也大大降低,各种病痛接踵而至。按照粗略统计,老年人花费的医疗费用是年轻人的数倍以上。这个时期,儿女们都正在人生的战场上四面八方地拼搏,当然难免“久病床前无孝子”。如果老伴再一病不起,更是雪上加霜。在今天这个医疗费用非常昂贵的社会里,一个对自己、对后人负责任的人,不得不千方百计为退休做好最充分的准备。

四、退休养老规划的原则

在个人理财业务中,退休养老规划开始于职业生涯的中期,见效于金色晚年。因此,退休养老规划需要格外慎重。因为,当你发现退休养老规划出现错误,常常是在临近退休或者已退休的时候。总结起来,退休养老规划的主要原则有以下几点:

(一)及早规划原则

投资是一个漫长的旅途,应从投资的根本——基础知识的学习开始。许多人遇上退休养老的话题时,第一个反应就是“还早”,而正确的回答是“尽早”,因为越早开始规划退休生活,越有机会享有丰收的成果。理财并不是发大财,更多的是通过精打细算聚沙成塔。

及早规划原则,就是说退休养老规划启动的时间越早越好。在成家立业以后,开始考虑退休养老规划,或者在40岁以后开始考虑退休养老规划,两者相比较,前者运作的空间大,规划成功的概率高。对于大多数人而言,其工作收入成长率会随着工资薪金收入水平的提高而降低,投资理财收入的成长率则不会随着资产水平的提高而降低。退休养老规划准备得早,可以在一个较长的时期内,进行储蓄投资和其他方式的资金运作,具有比较高的成功率。而且,养老规划起步早,每期投入的资金也相对少一些。而且保险产品费率一般与年龄

---

① 养老金累计结余达5万亿,超80%在储蓄账户“沉睡” 数据解读养老金为何要“入市”[EB/OL]. 2018-08-09

成正比，越早投保，保费越少，同时也可以有足够的时间来完成退休资产的积累。在为自己养老规划时，最好考虑能够看到固定收益的品种，一则储蓄养老所需，二则抵御通货膨胀，使养老金购买力不缩水，以确保老年生活开支保障。

（二）弹性规划原则

弹性规划原则，是指退休规划要留有充足的余地，不要因为少考虑某一个因素，影响晚年退休生活质量。强调弹性规划的原因是退休养老规划至少受到两个因素的影响：一是规划的不完善。由于客观因素限制，退休养老规划不可能十全十美，肯定存在不少缺陷。二是未来经济发展变化的不确定性。20 年以后的经济变化到什么程度，我们很难在当前做出准确的预测。因此，在具体规划退休养老的时候，需要尽可能多地安排储蓄投资、保险，以便在退休的时候有更多的收入和一定的抗风险能力。养老规划对资金的流动性要求较低，但对安全性要求却非常高。因此，在具体规划退休养老的时候，只有采取多样化的退休金储备方式，才可以使退休金不断积累并升值，从而减轻养老负担。

（三）收益最大化原则

收益最大化原则，是指在投资风险保持不变的情况下，投资者总是追求收益最大化；在收益保持不变的情况下，投资者总是追求风险最小化。在进行退休养老规划时，就应该把握好这样的原则，提高投资收益。

在具体的投资操作过程中，如果在众多投资品种里面选择一个品种作为投资对象，最好的选择是收益率最高或风险最小的产品。一般情况下，收益率越高，风险越高。因此，可以以收益率较低但风险也低的养老保险或退休年金满足基本支出；以收益率较高的投资，如股票或股票型基金，来满足生活品质支出。

第二节 退休养老规划的步骤

一、确定退休目标

退休目标是个人退休规划所要实现的目标，它包括预期的退休年龄、退休养老金开始累积的时间和退休后的生活状态。

1. 退休年龄

期望的退休年龄是个人退休规划的起点，关于退休年龄的规定在第一节中已经详细叙述过了，在此不再赘述。

2. 退休养老金开始累积的时间

在个人预期寿命不变的情况下，积累退休收入的时间（退休前）与退休后生活时间此消彼长。对于希望提前退休的个人而言，较短的积累期和较长的消耗期需要较高的积累比例来维持。表 8-1 以 60 岁退休为例，计算了不同积累时间、不同年积累额以及不同收益率下，到 60 岁可以获得的养老金数额（按复利计算）。从表 8-1 可以看出，各个年龄阶段开始积累退休本金的结果相差很大，养老金的积累越早越好，只要运作得当，在复利作用下，到目标退休年龄将会获得充足的养老金。

表 8-1　　不同年龄阶段退休本金累积额

年积累额 / 年收益率 / 积累时间	每年积累 2 万元				每年积累 5 万元			
	4%	6%	8%	10%	4%	6%	8%	10%
10 年	249 727	279 433	312 910	350 623	624 318	698 582	782 274	876 558
20 年	619 384	779 855	988 458	1 260 050	1 548 460	1 949 636	2 471 146	3 150 125
30 年	1 166 567	1 676 034	2 446 917	3 618 868	2 916 417	4 190 084	6 117 293	9 047 171
35 年	1 531 966	2 362 417	3 722 043	5 962 536	3 829 916	5 906 043	9 305 107	14 906 340

资料来源：艾正家. 金融理财学[M]. 上海：复旦大学出版社，2010：210

3. 退休后的生活状态

虽然退休规划的目标是实现甚至提高个人退休后的生活质量，但个人期望的生活方式和生活质量不能脱离现实，仍然应当建立在对收入和支出进行合理规划的基础上，因为毕竟退休规划所能实现的额外收益是有限的。

应当注意，以上的期望退休年龄与退休后对生活质量的要求这两个目标并非是孤立存在的，它们之间互相关联，有时甚至此消彼长。例如，在其他条件不变的前提下，为了享受高质量的退休生活，个人必须推迟退休年龄，延长积累时间；反之，为了更早地享受退休生活，有时不得不降低退休后生活状态的高预期。

二、估算退休后的支出

退休后选择不同的生活状态必然对应着不同的资金需求。确定了退休目标之后，就应当进一步预测退休后的资金需求。进行这一预测的简单方法就是以当前的支出水平和支出结构为依据，将通货膨胀等各种因素考虑进来之后分析退休后的支出水平和支出结构变化，进行差额调整，就可以得到退休后大体上的资金需求。在预测资金需求时，因为许多不确定因素的存在，不可能规划得非常准确。

（一）退休后的支出分类

1. 经常性开支包括基本生活服务费开支、医疗费用开支。

2. 非经常性开支包括子女婚娶、旅游支出等。

（二）退休后支出的一般估算方法

退休后支出＝维持当前生活水平所需支出＋老年阶段增加的开销（医疗护理）－老年阶段减少的开销（如子女教育费用、房屋按揭费用、保险支出、交通费等）。

（三）估算支出的简便方法

以退休前支出的某一比例估算，如支出的 70%～80%；以退休前收入的某一比例估算，如收入的 60%～70%，见表 8-2。

表 8-2 估算退休后第一年的支出

支出项目	目前年支出	退休后年支出	费用上涨率(%)	复利终值系数($n=20$)	退休后第一年支出
饮食	12 000	8 000	3	1.806	14 448
服装美容	5 000	3 000	1	1.22	3 660
房租	0	0	3	1.806	0
房屋按揭贷款	30 000	0	0	1	0
水电气、电话	5 000	3 000	4	2.191	6 573
交通	6 000	5 000	4	2.191	10 955
子女大学教育	12 000	0	6	3.207	0
休闲娱乐	6 000	10 000	6	3.207	32 070
国外旅游	12 000	16 000	6	3.207	51 312
医疗保健	5 000	10 000	6	3.207	32 070
保险	5 000	0	0	1	0
其他	5 000	5 000	5	2.653	13 265
生活总支出	103 000	60 000	5.1	2.739	164 353

资料来源:李平,郭耘.个人理财规划与实务[M].北京:中国财政经济出版社,2014:224.

三、预测退休收入

每个人的退休生活最终都要以一定的收入来源为基础。个人退休收入主要包括社会基本保险、企业年金、商业保险、投资收益、退休时累积的生息资产、子女赡养费、遗产继承、兼职工作收入等,此外还有固定资产变现、受赠等其他收入来源。

在所有这些项目中,社会基本保险和企业年金应是最基本、也是最重要的两种退休收入来源。计算退休时所能领到的退休金以及现在手边的股票、基金、存款等,预计到退休时,共可累积多少可用资金。

四、估算退休资金缺口

对比预测的退休后收支差额,就可以知道退休资金的缺口,即个人需要弥补的部分。如果收支差额为正,意味着收入足以满足实现退休目标,那么注意资金的安全是首要的;如果收支差额为负,则要制订出相应的计划来赚取收入以弥补不足。需要注意的是,还要考虑利率变动和通货膨胀的影响。

案例[20]:张先生现年 35 岁,预计 60 岁退休,退休后再生活 20 年。假设张先生从今以后的税后投资报酬率是 10%,预计退休前一年支出为 16.4 万元。

1.不考虑退休后的通货膨胀,请计算张先生退休时需要储备多少养老金才能满足养老需要?

2.假设张先生退休后,平均通货膨胀率是 5%,请计算张先生需要准备多少养老金才能满足支出养老需要?

3.假设张先生退休后每月领取社会养老保险金 2 000 元,退休时保险金的缺口是多少?

4.从现在起 25 年内,每年应定期定额储蓄多少钱才能弥补上述退休金缺口?

做如下案例分析来说明:

(1)不考虑通货膨胀时,需要的退休储备金=16.4 万元×(P/A,15%,20)=134(万元)

(2)考虑通货膨胀时,退休后第 t 年需要退休金=16.4 万元×$(1+5\%)^t$,折现到退休时的现值=20 年共需退休储备金=164 000×(P/A,4.76%,20)=208.51(万元)

这意味着,退休后的年支出相当于一个每期支付 164 000 元,期限 20 期,折现率 4.76% 的年金。

使用的折现率=(1+10%)÷(1+5%)-1=4.76%

(3)退休后每月领取社会养老保险金的现值=2 000×12×(P/A,10%,20)=20.43(万元);退休时保险金的缺口=208.51-20.43=188.08(万元)

(4)从现在起 25 年内,为弥补退休金缺口,每年应定期定额储蓄=188.08÷57.275=3.284(万元)

五、弥补退休资金缺口

如何为估算的退休资金缺口寻找资金来源是退休规划的最后步骤,应该制订一个相应的计划来实现它。这个计划可以包括寻找额外收入、参加具有更大收益的保障计划、扩大投资额等。如果计划不成功,可能就不得不降低退休生活目标了。这一步实际上也是一个根据退休收支差额来调整退休目标,与退休目标进行反馈的过程。

第三节　退休养老规划的工具

从世界范围看,筹集养老金的制度安排经历了三个历史阶段,即家庭养老、国家养老和社会养老。社会养老的主要特征是多元化:资金来源多元化、资金增值多元化和养老方式多元化。

一、社会基本养老保险

(一)社会基本养老保险简介

社会基本养老保险是国家和社会根据一定的法律和法规,为解决劳动者在达到国家规定的解除劳动义务的劳动年龄界限,或因年老丧失劳动能力退出劳动岗位后的基本生活而建立的一种社会保险制度。社会基本养老保险是社会保障制度的重要组成部分,是社会保险五大险种中最重要的险种之一。养老保险的目的是为保障老年人的基本生活需求,为其提供稳定可靠的生活来源。

(二)基本养老保险制度的覆盖范围

《社会保险法》第十条规定:"职工应当参加基本养老保险,由用人单位和职工共同缴纳基本养老保险费。无雇工的个体工商户、未在用人单位参加基本养老保险的非全日制从业人员以及其他灵活就业人员可以参加基本养老保险,由个人缴纳基本养老保险费。"公务员和参照公务员法管理的工作人员养老保险办法按照国发〔2015〕2号文件规定执行。另外，《社会保险法》第九十五条规定："进城务工的农村居民依照本法规定参加社会保险。"第九十七条规定："外国人在中国境内就业的，参照本法规定参加社会保险。"

职工基本养老保险制度主要覆盖：一是城镇各类企业及其职工、实行企业化管理的事业单位及其职工、城镇个体工商户和灵活就业人员；二是依法在各级民政部门登记的社会团体、基金会、民办非企业单位、境外非政府组织驻华代表机构及其签订聘用合同或劳动合同的专职工作人员；三是按照公务员法管理的单位，参照公务员法管理的机关（单位）、事业单位及其编制内的工作人员；四是监狱企业工人；五是在尊重宗教教义教规基础上，宗教教职人员自愿参加养老等社会保险；六是在中国境内依法注册或登记的企业、事业单位、社会团体、民办非企业单位、基金会、律师事务所、会计师事务所等组织依法招用的外国人，应当依法参加职工基本养老保险。

（三）基本养老保险费的筹集

基本养老保险基金由政府根据支付费用的实际需要和企业、职工的承受能力，按照以支定收、略有结余、留有部分积累的原则统一筹集。基本养老保险费用由企业和个人共同负担，实行社会统筹与个人账户相结合。目前我国养老金缴费制度是，企业按本企业职工上年度月平均工资总额的20%缴纳（部分省市略有调整），职工个人按本人上年度月平均工资收入的8%缴纳。城镇个体工商户、灵活就业人员和国有企业下岗职工以个人身份参加基本养老保险的，以所在省上年度社会平均工资为缴费基数，按20%的比例缴纳基本养老保险费，全部由自己负担。

（四）计算方法

公式1：养老金＝基础养老金＋个人账户养老金

公式2：基础养老金

＝（全省上年度在岗职工月平均工资＋本人指数化月平均缴费工资）÷2×缴费年限×1%

＝全省上年度在岗职工月平均工资×（1＋本人平均缴费指数）÷2×缴费年限×1%

式中：本人指数化月平均缴费工资＝全省上年度在岗职工月平均工资×本人平均缴费指数。而本人平均缴费指数为每年的缴费基数与前年的全省职工（在岗职工）月平均工资的比值全部加权平均。在上述公式中可以看到，在缴费年限相同的情况下，基础养老金的高低取决于个人的平均缴费指数，个人的平均缴费指数就是自己实际的缴费基数与社会平均工资之比的历年平均值。低限为0.6，高限为3。

公式3：个人账户养老金＝个人账户储存额÷计发月数

计发月数根据退休年龄和当时的人口平均寿命来确定。

计发月数≈（人口平均寿命－退休年龄）×12

按规定，退休年龄50岁的计发月数是195，55岁的计发月数是170，60岁的计发月数是139。也就是说，退休年龄越大，计发月数就越小，个人账户养老金也就越多；同时，个人账户储存额越大，个人账户养老金也越多。

因此，在养老金的两项计算中，无论何种情况，缴费基数越高，缴费的年限越长，养老金就会越高。养老金的领取是无限期规定的，只要领取人生存，就可以享受按月领取养老金的待遇，即使个人账户养老金已经用完，仍然会继续按照原标准计发基础养老金，况且，个人养老金还要逐年根据社会在岗职工的月平均工资的增加而增长。因此，活得越久，就可以领取得越多，相对于交费来说，肯定更加划算。

例如：根据上述公式，假定男职工在 60 岁退休时，全省上年度在岗职工月平均工资为 4 000 元。

累计缴费年限为 15 年时：

个人平均缴费基数为 0.6 时，基础养老金＝(4 000 元＋4 000 元×0.6)÷2×15×1%＝480 元

个人平均缴费基数为 1.0 时，基础养老金＝(4 000 元＋4 000 元×1.0)÷2×15×1%＝600 元

个人平均缴费基数为 3.0 时，基础养老金＝(4 000 元＋4 000 元×3.0)÷2×15×1%＝1 200 元

累计缴费年限为 40 年时：

个人平均缴费基数为 0.6 时，基础养老金＝(4 000 元＋4 000 元×0.6)÷2×40×1%＝1 280 元

个人平均缴费基数为 1.0 时，基础养老金＝(4 000 元＋4 000 元×1.0)÷2×40×1%＝1 600 元

个人平均缴费基数为 3.0 时，基础养老金＝(4 000 元＋4 000 元×3.0)÷2×40×1%＝3 200 元

个人养老金＝基础养老金＋个人账户养老金＝基础养老金＋个人账户储存额÷139

下面就一个案例[①]大致了解一下养老金的各个组成部分。

李阿姨，1964 年 9 月出生，1986 年 10 月参加工作并参加了基本养老保险，2014 年 9 月达到规定的退休年龄，累计缴费年限(含视同缴费年限)28 年。

第一步，计算基础养老金

基础养老金＝(全省上年度在岗职工月平均工资＋本人指数化月平均缴费工资)÷2×缴费年限(含视同缴费年限)×1%

李阿姨的平均缴费指数为 0.62，2013 年全省在岗职工月平均工资为 4 468 元，可得指数化月平均缴费工资＝4 468×0.62＝2 770.16(元)。则李阿姨的基础养老金＝(4 468＋2 770.16)÷2×28(缴费年限)×1%＝1 013.34(元)。

第二步，计算个人账户养老金

个人账户养老金＝个人账户储存额÷计发月数

① 结合案例教您看懂养老金的构成. 韶关日报[EB/OL]. 2014-11-12.

李阿姨退休时的个人账户储存额为 21 678.64，50 岁退休的她，计发月数为 195，因此李阿姨的个人账户养老金＝21 678.64÷195＝111.17(元)。

第三步，计算养老金

养老金＝基础养老金＋个人账户养老金

综合各个组成部分，李阿姨可以领得养老金＝1 013.34＋111.17＝1 124.51(元)。

因此，李阿姨在办理退休的次月就可以领到 1 124.51 元的养老金了。

二、企业年金

(一)企业年金简介

企业年金又称企业退休金或雇主年金，是指在政府强制实施的公共养老金或国家养老金制度之外，企业在国家政策的指导下，根据自身经济实力和经济状况自愿建立的，为本企业职工提供一定程度退休收入保障的补充性养老金制度。

企业年金是对国家基本养老保险的重要补充，是我国正在完善的城镇职工养老保险体系(由基本养老保险、企业年金和个人储蓄性养老保险三个部分组成)的“第二支柱”。在实行现代社会保险制度的国家中，企业年金已经成为一种较为普遍实行的企业补充养老金计划，又称为“企业退休金计划”或“职业养老金计划”，并且成为所在国家养老保险制度的重要组成部分。

(二)企业年金的缴交方式

企业年金不同于基本养老保险，是一种自愿性的员工福利计划，因此企业年金方案较多地反映了企业与职工的需求及企业文化的特征，使得企业人力资源管理制度更好地配合企业的发展，提高企业竞争力。在确定企业年金缴费额度时应综合考虑员工的职务、职称、工龄、岗位、业绩等因素，体现企业年金的公平性和激励特征。企业可以根据自身的特点，选择不同缴费方式。

根据《企业年金试行办法》规定，企业年金所需费用由企业和职工个人共同缴纳。企业缴费的列支渠道按国家有关规定执行；职工个人缴费可以由企业从职工个人工资中代扣。企业缴费每年不超过本企业上年度职工工资总额的 1/12。企业和职工个人缴费合计一般不超过本企业上年度职工工资总额的 1/6。

依据相关税务规定，企业年金的个人缴费部分免税进入个人账户，而企业缴费部分当期应缴纳个人所得税，如员工缴费是个人薪酬总额的 4%，公司配款比例是 1∶1，如员工税后薪酬为 8 000 元，个人缴费进入专设账户金额为 320 元，公司缴费部分则为 8 000×4%×(1－5%)＝304(元)。因此，每月进入个人账户的资金总额为 320＋304＝624(元)。

(三)企业年金的增长

近年来，作为养老保险体系第二支柱重要组成部分的企业年金稳健发展，制度覆盖面逐步扩大，基金规模持续增长，投资收益稳步提升，在更好满足人民群众多样化需求方面发挥了重要作用。

人社部数据显示，截至2020年年末，全国企业年金积累资金规模22 496.83亿元，同比增加4 511.5亿元，增幅25.1%，较“十二五”期末增加12 971.3亿元，增幅136.2%。全国共有10.5万个企业建立企业年金计划，同比增加0.9万个，增幅9.4%，较“十二五”期末增加3万个，增幅39.5%；参加职工人数2 717.5万人，同比增加169.6万人，增幅6.7%，较“十二五”期末增加401.3万人，增幅17.3%。企业年金自2007年投资运营以来，年均加权平均收益率为7.3%。2020年加权平均收益率为10.31%，较上年增加2.01个百分点，创2008年以来新高，较好实现了基金保值增值目标。[①]

三、职业年金

（一）职业年金的由来

2015年4月6日，国务院办公厅印发《机关事业单位职业年金办法》(以下简称《办法》)。《办法》规定，从2014年10月1日起实施机关事业单位工作人员职业年金制度。这是机关事业单位养老保险制度改革的重要组成部分。

2015年1月15日，国家对机关事业单位的养老金制度进行了改革，即众所周知的企事业单位养老金“并轨”，出台了《关于机关事业单位工作人员养老保险制度改革的决定》。因为养老金“并轨”后有机关事业单位人员退休后收入大降的担心，因此为减少“并轨”阻力，2015年初的《关于机关事业单位工作人员养老保险制度改革的决定》规定，“机关事业单位在参加基本养老保险的基础上，应当为其工作人员建立职业年金。”

因此4月6日出台的《办法》实际是养老金“并轨”改革的配套制度安排，也为养老保险“并轨”减少改革阻力。人力资源和社会保障部社会保障研究所所长金维刚介绍，“职业年金是机关事业单位工作人员的补充养老保险。”

（二）缴费比例

简单来说，根据《办法》：职业年金＝单位缴纳＋个人缴费。其中缴纳比例为：本单位工资总额的8%；本人缴费工资的4%，由单位代扣。这两部分共同构成机关事业单位工作人员的职业年金，以补充养老保险。

同时，为保证在特定时期(如CPI超高)职业年金收益可能面临通货膨胀带来的缩水情况，办法还提到，可以“根据经济社会发展状况，国家适时调整单位和个人职业年金缴费的比例。”

对于财政全额供款单位：单位缴费部分由财政支出，采取记账方式，每年按照国家统一公布的记账利率计算利息，工作人员退休前，本人职业年金账户的累计储存额由同级财政拨

---

① 人社部：10.5万个企业建立企业年金计划，规模突破2.2万亿元[EB/OL]. 2021-03-30

付资金记实。

非全额供款单位:单位缴费由单位实际承担,采取实账积累。由此形成的职业年金基金实行市场化投资运营,按实际收益计息。

(三)缴费基数

单位和个人缴费基数与机关事业单位工作人员基本养老保险缴费基数一致。所以缴费基数为:个人工资超过当地上年度在岗职工平均工资300%以上的部分,不计入个人缴费工资基数;低于当地上年度在岗职工平均工资60%的,按当地在岗职工平均工资的60%计算个人缴费工资基数,即通俗所说的"300%封顶、60%托底"。

对于公务员和参公人员,人社部相关负责人还表示,缴费基数是上一年的基本工资、津贴补贴、奖金;对于事业单位人员,缴费基数是基本工资、绩效工资和津贴补贴,即:

公务员:基本工资+津贴补贴+奖金

事业单位:基本工资+绩效工资+津贴补贴

不过,"改革性的补贴、奖励性的补贴暂时不纳入缴费基数"。

(四)领取职业年金的条件

一是,工作人员在达到国家规定的退休条件并依法办理退休手续后,由本人选择按月领取职业年金待遇的方式。可一次性用于购买商业养老保险产品,依据保险契约领取待遇并享受相应的继承权;可选择按照本人退休时对应的计发月数计发职业年金月待遇标准,发完为止,同时职业年金个人账户余额享有继承权。本人选择任一领取方式后不得再更改。

二是,出国(境)定居人员的职业年金个人账户资金,可根据本人要求一次性支付给本人。

三是,工作人员在职期间死亡的,其职业年金个人账户余额可以继承。

举例:以一名月薪6 000元的基层公务员为例,其每月参加职业年金的缴费数为6 000×4%=240(元);而单位虽然是以工资总额的8%缴交,但具体到个人,实际上也为这名基层公务员缴交了6 000×8%=480(元)的职业年金。

再如,一名60岁退休的公务员,其对应的计发月份数为139月,其职业年金滚存总额为30万,那么其可以按月领取300 000/139=2 158.27(元)。除退休金外,该参保人的职业年金收入每月再增加2 000多元,连领139个月。

(五)职业年金的管理

职业年金采用个人账户方式管理,个人缴费实行实账积累,也就是"你缴的年金全部进入看得见摸得着的个人账户,我的是我的,单位交的退休后连本带息也是我的。"

财政全额供款的单位,单位缴费部分每年按照国家统一公布的记账利率计息。非财政全额供款的单位,单位缴费部分划入核定账户形成职业年金基金,按投资收益计息。

职业年金实行市场化投资运营,按实际收益计,保证安全性、收益性和流动性,具体投资管理办法另行制定。

委托具有资格的投资运营机构作为投资管理人，选择具有资格的商业银行作为托管人。同时必须与投资管理人和托管人的自有资产或其他资产分开管理，不得挪作他用。

（六）换单位可以转移个人账户

《办法》规定，个人账户资金随工作变动转移。新单位已经建立职业年金或企业年金制度的，职业年金个人账户资金可以转移。

升学、参军、失业或新单位没有实行职业年金或企业年金制度的，职业年金个人账户由原管理机构继续管理运营。

四、企业年金和职业年金的区别

简单来说，企业年金就是由企业自愿发起建立，企业和员工共同缴费形成资金池，再委托专业金融机构进行市场化的投资运营。和职业年金一样，均是为了使员工退休后获得补充养老金，来提高退休待遇。只是“职业年金”专用于机关事业单位，“企业年金”用于企业。

事实上，从施行时间看，企业年金还“领先”于职业年金。职业年金最早于中国试水是2012年。当年，山西、上海、浙江、广东、重庆五省市对事业单位人员的职业年金进行了试点；中国企业年金发展的起点是20世纪90年代初。1991年在《国务院关于企业职工养老保险制度改革的决定》中首次明确提出“企业补充养老保险”的概念，即后来的企业年金。2004年《企业年金试行办法》和《企业年金基金管理试行办法》出台，当年企业年金基金累计结存493亿元。根据《机关事业单位职业年金办法》，职业年金的投资运营模式还是参照企业年金。

五、个人储蓄性养老保险

个人储蓄性养老保险是我国多层次养老保险体系的一个组成部分，是由职工自愿参加、自愿选择经办机构的一种补充保险形式。由社会保险机构经办的职工个人储蓄性养老保险，由社会保险主管部门制定具体办法，职工个人根据自己的工资收入情况，按规定缴纳个人储蓄性养老保险费，记入当地社会保险机构在有关银行开设的养老保险个人账户，并应按不低于或高于同期城乡居民储蓄存款利率计息，以提倡和鼓励职工个人参加储蓄性养老保险，所得利息记入个人账户，本息一并归职工个人所有。

六、商业养老保险

商业养老保险是商业保险的一种，它以人的生命或身体为保险对象，在被保险人年老退休或保期届满时，由保险公司按合同规定支付养老金。目前商业保险中的年金保险、生死两全保险、定期保险、终身保险都可以达到养老的目的，都属于商业养老保险范畴。

第四节　遗产规划

遗产规划是个人理财规划中唯一的在人们生前谋划、安排，在身后实行的业务。对于有一些私人财产的个人而言，通过遗嘱早日对遗产做出安排，是非常明智的做法。遗嘱不仅可以使遗产按照财产所有人的心愿处理身后事，而且还免去了亲人之间为了遗产而产生纷争的麻烦。2020 年 5 月 28 日，十三届全国人大三次会议表决通过了《中华人民共和国民法典》，自 2021 年 1 月 1 日起施行。《中华人民共和国继承法》同时废止。

一、遗产和遗产制度

（一）遗产的概念

继承从被继承人死亡时开始。遗产是自然人死亡时遗留的个人合法财产。依照法律规定或者根据其性质不得继承的遗产，不得继承。继承开始后，按照法定继承办理；有遗嘱的，按照遗嘱继承或者遗赠办理；有遗赠扶养协议的，按照协议办理。继承开始后，继承人放弃继承的，应当在遗产处理前，以书面形式做出放弃继承的表示；没有表示的，视为接受继承。

（二）遗产税制度

遗产税是被继承人或财产所有人死亡时，对其遗留的财产即遗产课征的一种税。“死亡”是征收遗产税的前提条件。就继承人来说，被继承人所遗留的财产就是继承人分得的遗产。所以，对继承财产的课税也就等于对遗赠财产征税，因此遗产税和继承税的征税对象相同，只是纳税人不同。因此，许多国家的遗产税与继承税是互称的。

从遗产税的性质来看，其课征对象是继承人所继承的财产，也就是死亡人所遗留的财产，对遗产征税与对财产征税在性质上是相同的，所不同的只是方式和阶段上的不同。所以，世界上已开征遗产税的国家一般将其列入财产税，即遗产税是财产税的一种，是财产税制度中的一个有机组成部分，中国对遗产税的研究和政策思路也是从这一点出发的。

与遗产相伴随的一个问题是，如果逝者在生前将财产赠与受益人，而不是在身后将财产留给受益人，那么就出现了赠与税。一般地，在财产赠与环节也存在税收问题。赠与税就是以财产所有者在生前赠与的财产为征税对象而课征的一种税。

遗产税是个古老的税种。据考证，古埃及、古罗马时代就开始对遗产征税，当时对遗产征什一税，即按遗产总额的 1/10 征税。近代的遗产税制，始于 1598 年荷兰开征的遗产税。此后，英国于 1694 年、法国于 1703 年、德国于 1900 年开始征收遗产税。现在世界上大多数国家和地区都征收遗产税。到目前为止，我国并未开征遗产税。

二、遗产规划的工具

遗产规划是指当事人在其健在时提前做出合法、有效、全面的计划，将拥有或控制的各种资产或负债精心安排，从而实现身故后按照遗愿进行分配，确保在自己去世后资产能够以简单、迅速的方式及以税务上最有利的方式转移给继承人的一种合理财产安排。遗产规划是个人理财规划中不可缺少的部分，是家庭财产得以世代相传的切实保障。

遗产规划的主要工具包括遗嘱、遗产委任书、管理遗产信托、人寿保险和赠与等五种。

（一）遗嘱

遗嘱是指遗嘱人生前在法律允许的范围内，按照法律规定的方式对其遗产或其他事务所作的个人处分，并于遗嘱人死亡时发生效力的法律行为。根据《中华人民共和国民法典》规定，自然人可以依照法规定立遗嘱处分个人财产，并可以指定遗嘱执行人。自然人可以立遗嘱将个人财产指定由法定继承人中的一人或者数人继承。自然人可以立遗嘱将个人财产赠与国家、集体或者法定继承人以外的组织、个人。自然人可以依法设立遗嘱信托。

自书遗嘱由遗嘱人亲笔书写，签名，注明年、月、日。代书遗嘱应当有两个以上见证人在场见证，由其中一人代书，并由遗嘱人、代书人和其他见证人签名，注明年、月、日。打印遗嘱应当有两个以上见证人在场见证。遗嘱人和见证人应当在遗嘱每一页签名，注明年、月、日。以录音录像形式立的遗嘱，应当有两个以上见证人在场见证。遗嘱人和见证人应当在录音录像中记录其姓名或者肖像，以及年、月、日。遗嘱人在危急情况下，可以立口头遗嘱。口头遗嘱应当有两个以上见证人在场见证。危急情况消除后，遗嘱人能够以书面或者录音录像形式立遗嘱的，所立的口头遗嘱无效。公证遗嘱由遗嘱人经公证机构办理。

遗嘱人可以撤回、变更自己所立的遗嘱。立遗嘱后，遗嘱人实施与遗嘱内容相反的民事法律行为的，视为对遗嘱相关内容的撤回。立有数份遗嘱，内容相抵触的，以最后的遗嘱为准。遗嘱继承或者遗赠附有义务的，继承人或者受遗赠人应当履行义务。没有正当理由不履行义务的，经利害关系人或者有关组织请求，人民法院可以取消其接受附义务部分遗产的权利。

（二）遗产委任书

遗产委任书是遗产规划的另一种工具，它授权当事人指定的一方在一定条件下代表当事人指定其遗嘱的订立人，或直接对当事人遗产进行分配。客户通过遗产委任书，可以授权他人代表自己安排和分配其财产，从而不必亲自办理有关的遗产手续。被授予权利代表当事人处理其遗产的一方称为代理人。在遗产委任书中，当事人一般要明确代理人的权利范围，后者只能在此范围内行使其权利。

个人理财规划涉及的遗产委任书有两种：普通遗产委任书和永久遗产委任书。如果当事人去世或丧失了行为能力，普通遗产委任书就不再有效。所以必要时，当事人可以拟订永久遗产委任书，以防范突发意外事件对遗产委任书有效性的影响。永久遗产委任书的代理人，在当事人去世或丧失行为能力后，仍有权处理当事人的有关遗产事宜。所以，永久遗产委任书的法律效力要高于普通遗产委任书。在许多国家，对永久遗产委任书的制定有着严格的法律规定。

（三）管理遗产信托

遗产信托是一种法律上的契约，当事人通过它指定自己或他人来管理自己的部分或全部遗产，从而实现各种与遗产策划有关的目标。管理遗产信托可以作为遗嘱的补充来规定遗产的分配方式，或用于回避遗嘱验证程序，或增强遗产计划的可变性，或减少遗产税的支出。采用管理遗产信托来分配的遗产称为遗产信托基金，被指定为受益人管理遗产信托基金的个人或机构称为托管人。

（四）人寿保险

人寿保险是人身保险的一种。和所有保险业务一样，被保险人将风险转嫁给保险人，接受保险人的条款并支付保险费。与其他保险不同的是，人寿保险转嫁的是被保险人的生存或者死亡的风险。人寿保险产品在遗产规划中也起着很大的作用。购买了人寿保险，当被保险人的生命发生了保险事故时，由保险人支付保险金。这样，当事人投保人寿保险就可以为家庭提供一份保障。最初的人寿保险，是为了保障由于不可预测的死亡所可能造成的经济负担。后来，人寿保险中引进了储蓄的成分，所以对在保险期满时仍然生存的人，保险公司也会给付约定的保险金。这样，当发生意外时，家庭可得到生活保障，年老时可得到养老金，有病住院时可得到经济保障。由于上述优点，人寿保险在遗产策规中受到个人理财规划师和客户的重视，也就毫不奇怪了。

（五）赠与

赠与是指当事人为了实现某种目标将某项财产作为礼物赠送给受益人，而使该项财产不再出现在遗嘱条款中。客户采取这种方式处理遗产，一般目的是减少税收支出，因为在许多国家，对赠与财产的征税要远低于对遗产的征税。

根据《中华人民共和国民法典》的规定，受遗赠人应当在知道受遗赠后六十日内，做出接受或者放弃受遗赠的表示；到期没有表示的，视为放弃受遗赠。

受赠人有下列情形之一的，赠与人可以撤销赠与：

(1)严重侵害赠与人或者赠与人近亲属的合法权益；

(2)对赠与人有扶养义务而不履行；

(3)不履行赠与合同约定的义务。

赠与人的撤销权，自知道或者应当知道撤销事由之日起一年内行使。因受赠人的违法行为致使赠与人死亡或者丧失民事行为能力的，赠与人的继承人或者法定代理人可以撤销赠与。赠与人的继承人或者法定代理人的撤销权，自知道或者应当知道撤销事由之日起六个月内行使。撤销权人撤销赠与的，可以向受赠人请求返还赠与的财产。赠与人的经济状况显著恶化，严重影响其生产经营或者家庭生活的，可以不再履行赠与义务。

三、遗产规划的程序

（一）计算和评估遗产价值

计算和评估遗产价值的目的在于以下几方面：

①通过计算遗产价值，对资产的种类和价值有一个总体了解；

②了解与遗产有关的税收支出，避免因此支付过多的遗产税；

③遗产的种类和价值是选择遗产规划工具时需要考虑的重要因素。

在计算和评估遗产价值时，一方面要明确资产价值是其目前的市场价值或重置价值，而不是其购买时的价值；另一方面要关注某些容易被疏漏的资产和负债项目。

列出拥有的资产项目并确认其价值的最简单方法是查看个人资产负债表，资产负债表上列明了个人拥有的所有资产项目、各项资产的价值以及所有资产的净价值。

在个人资产负债表上，用资产的总价值减去负债的总价值就可以算出净资产数额是多少，即资产净价值＝资产的总价值—负债的总价值。

在遗产规划过程中，资产净价值的计算方式与上面的等式略有不同。这里，要记住在被继承人去世以后，其购买的人寿保险将要给付一笔保险金。在计算人寿保险金的数额时，必须使用死亡保险金的数额作为替代，而不能使用人寿保单的现金价值或退保金额作为计算的依据。

（二）确定遗产规划的目标

遗产规划的最终目标是被继承人去世后分配和安排其资产和债务，并通过适当的方式使遗产的纳税支出最小化。

（三）判断需要保持多高比例的流动资产

在知道了资产金额，选中了继承人之后，遗产分配给各位继承人之前，还必须先把尚未支付的医疗费用、丧葬费、所有的法律费用、个人尚未偿还的债务、遗产税和继承税全部付清才行。所以，必须持有充足的流动性资产——如国库券、股票或债券——用来支付这些费用，特别是遗产税（最主要的开支），或者还可以用人寿保险金来作为支付来源。

（四）选择最有助于实现个人目标的遗产规划工具

一般来说，需要同时使用多种遗产规划工具。绝大多数人使用的遗产规划工具包括遗嘱、遗产委任书、赠与、管理遗产信托和人寿保险（这些工具前面已介绍）。

在使用上述遗产规划工具时需要掌握一定的技巧，其实绝大多数遗产规划工具的使用都是建立在税收考量基础上的。

（五）定期检查、评估和调整

通常，财务状况和遗产规划目标处于变化之中，遗产规划必须能够满足其不同时期的需求，所以对遗产规划的定期检查是必需的，并且要根据新情况对遗产规划进行修订，这样才能保证遗产规划能与时俱进。

案例 >>>

年金保险

刘先生，30岁，在一家国企工作，现在生活条件尚可的他，已想到为自己和妻子的养老做筹谋。虽单位已有社保，但因通货膨胀及社保养老金现状，为有个安心踏实的老年生活，刘先生决定再购买一份养老产品作为补充，考虑到交费灵活度、领取年龄等方面，刘先生选中了某种保险产品，每月交500元，共15年，首个生存保险金领取年龄为58岁。

刘先生可以获得以下保险利益：

1. 生存保险金

刘先生于年满58周岁起，在每个月生效对应日都可领取500元生存保险金，直至身故；保证给付期为20年（58周岁至78周岁），相当于保证领取到78周岁，保证领取总额＝500×12×20＝12万元。如刘先生在95岁时身故，则刘先生可以累计领取95－58＝37年；如刘先生在70岁时身故，则刘先生在已经领取了12年（70－58）之后，保险公司还将支付等值于8年（78－70）养老金的金额作为刘先生的身故保险金。

2.身故保险金

如刘先生在年满58周岁之前身故,身故保险金为累计已交纳保险费。

3.红利

每年保险公司将根据分红保险业务的经营状况分派红利。

由此可以得出结论:

从某种意义上说,年金保险和人寿保险的作用正好相反。人寿保险为被保险人因过早死亡而丧失的收入提供经济保障,而年金保险则是预防被保险人因寿命过长而可能丧失收入来源或耗尽积蓄而进行的经济储备。如果一个人的寿命与他的预期寿命相同,那么他参加年金保险既未获益也未损失;如果他的寿命超过了预期寿命,那么他就获得了额外支付,其资金主要来自没有活到预期寿命的那些被保险人缴付的保险费。所以年金保险有利于长寿者。

购买年金保险注意事项:

首先,领取方式可"量身定制"。保险专家介绍,年金保险有定额、定时和一次性趸领三种领取方式。趸领是被保险人在约定领取时间,把所有的养老金一次性全部提走的方式。定额领取的方式则是在单位时间确定领取额度,直至被保险人将保险金全部领取完毕。定时则是被保险人在约定领取时间,根据保险金的总量确定领取额度。

其次,重养老应增加领取金额。年金保险是以被保险人生存为给付条件的一种保险,为避免被保险人寿命过短损失养老金的情况,不少养老险都承诺10年或者20年的保证领取期,未到领取年限就身故可将剩余未领取金额给予指定受益人。保险专家说,一些侧重于养老功能的年金保险产品,每年领取金额较多,也有保证领取年限。

再次,慎选即缴即领型年金保险产品。保险专家表示,年金保险的领取时间比较灵活,其起始领取时间一般集中在被保险人50周岁、55周岁、60周岁、65周岁四个年龄段。但是,即缴即领型年金保险因为缺乏资金积累时间,产品现金价值较低,通常很长时间才返本。

资料来源:年金的经典案例[EB/OL]. 2017-02-13

本章小结>>>

退休养老规划的财务规划,就是对在退休以后将要过怎样的生活做出规划,并且为未来的退休生活所需要的费用,做出预先的谋划。在进行退休养老规划的时候,需要考虑退休养老开始的时间、退休养老规划中的健康和预期寿命的因素、退休后的住所、退休以前所积累的经济基础、防范各种不确定因素等因素。

退休养老规划的步骤,主要包括:确定退休的目标,例如退休时间,何时开始规划退休养老,退休之后要过什么样的生活等;估算退休后的各项支出,预算退休收入,然后估算退休金的缺口,再弥补退休金的缺口。退休养老规划的工具,包括社会基本养老保险、企业年金、职业年金、个人储蓄型养老保险以及商业养老保险等。

遗产规划,是指当事人在世时通过选择遗产规划工具以及制订遗产传承和处分计划,将拥有或控制的各种资产或负债进行安排,从而保证在自己去世或丧失行为能力时尽可能实现个人为其家庭(也可能是他人)所确定目标的安排。遗产规划的目标有多种,包括确定继承人获得遗产份额、降低遗产转移的成本以及慈善赠与等目标。

思考与练习>>>

1. 什么是退休养老规划?
2. 试分析退休养老规划的具体要点。
3. 退休养老费用估算包括哪些内容?
4. 企业年金和职业年金有何异同?
5. 简述我国基本养老保险制度的基本内容以及计算方法。
6. 试分析退休养老规划工具中,不同退休养老保险的差异性。
7. 如何估算退休资金缺口?
8. 遗产继承的类型包括哪些?
9. 遗嘱有哪些特征?
10. 遗产规划的程序的具体内容是什么?

第九章

信托投资规划

信托投资规划

本章学习要点>>>

通过本章的学习，我们将掌握信托的概念、本质及构成要素。了解个人信托的类型，个人信托代理的业务，个人信托投资理财的特点，个人信托理财的内容及其理财优势所在。掌握个人信托理财风险以及如何规避其风险，树立遵守法规、严守秘密的职业操守。

第一节　信托理财基础

信托即受人之托，代人理财。在我国，随着中国高净值人群逐渐增多，财富管理的需求也日益旺盛。银行、保险、信托、券商、基金公司等机构在财富管理市场中扮演着重要的角色，信托理财也逐渐进入人们的视野。在国外，个人将自己的财产委托给信托投资公司进行管理是一种非常普遍的现象，而在我国却尚未被大多数人认识和使用①。

一、信托的概念

信托，按其词义解释，“信”即信任，“托”即委托，因此，就是信任委托。

信托起源于英国，从诞生至今已有数百年的历史，但人们仍没有对信托的定义达成共识。究其原因，一是由于信托的内容不断丰富，所以信托的概念也是不断发展的，很难用一个信托概念体现不同时期信托的全部特征；二是各种信托业务复杂多样，难以用同一个信托概念包容各种具体信托的特征。

2001 年中国颁布的《信托法》，对信托进行了如下定义：信托是指委托人基于对受托人的信任，将其财产权委托给受托人，由受托人按委托人的意愿并以自己的名义，为受益人的利益或者特定目的进行管理或者处分的行为。《信托法》中的这一定义，涉及了信托关系中的三方当事人。

（一）委托人

把财产权委托给他人管理和处分的人叫“委托人”，他是信托行为的起点。

---

① 江珂．个人理财[M]．北京：经济管理出版社，2014 年：190-207．

（二）受托人

受托人是接受委托人委托，根据委托人的意愿对所信托的财产进行管理或者处分的人，他是信托行为的关键。

（三）受益人

受益人是指在信托关系中享受信托财产收益的人，他是信托行为的终点。

二、信托的本质

信托的本质是“受人之托、代人理财”，这种本质具体表现为以下几个方面。

（一）信托是一种多边信用关系

委托人、受托人和受益人三方当事人共同形成了信托行为的多边信用关系。这种信托多边信用关系的建立，必须根据法定程序才能成立，并将各方关系人的条件、权利和义务通过信托契约或合同加以确定，以保证当事人的合法权益。

（二）财产权是信托行为成立的前提

委托人必须是信托财产的所有者，唯有确认了委托人对委托财产的所有权（包括占有、使用、收益、处置等四项权利），受托人才能接受这项财产的信托（转移信托财产的所有权）。当受托人取得了财产所有权在法律上的地位后，信托行为成立。据此，受托人行使权利。

（三）信任是信托的基础

信托活动实际上是一种社会信用活动，因而在信托业务中，“信任”贯穿始终。信托是建立在委托人对受托人充分信任的基础上，先由一方提出委托，经对方同意，接受委托的经济行为。受托人必须严格按照委托人的旨意实施信托行为，从而保证信托行为建立在信任的基础上。

三、信托的类型

信托的种类很多，不同的划分标准对应着不同的信托种类。

（一）信托类业务与代理类业务

按信托性质划分，可分为信托类业务与代理类业务。

1. 信托类业务

信托类业务是信托财产的所有者为实现其指定人或者自己的利益，将信托财产转交给受托人，要求其按信托目的代为管理或妥善处理。这种信托要求信托财产所有权发生转移，并要求受托人对信托财产进行独立管理，受托人取得的权限与承担的风险都较大。

2. 代理类业务

代理类业务是委托人按既定的信托目的，授权受托人代为办理一定的经济事项。委托人一般不向信托机构转移信托财产的所有权，对信托机构授予的权限较小。信托机构一般只办理有关代理手续，不负责纠纷处理，不承担责任，故风险也较小。在现代信托业务中，代理业务成为信托机构的重要业务。

（二）资金信托与财产信托

按信托财产的性质划分，可分为资金信托与财产信托。

1. 资金信托

资金信托是指在设立信托时，委托人转移给受托人的信托财产是货币，受托人给付受益人的也是货币，信托终了，受托人交还的信托财产仍是货币。在资金信托期间，受托人为了实现信托目的，可以变换信托财产的形式。目前，资金信托是各国信托业务中运用比较普遍的，也是最重要的一种信托业务。

2. 财产信托

财产信托是以非货币形态物质财产权的管理、处分为目的的信托业务，主要包括动产信托、不动产信托、财产信托管理及其他财产（如有价证券、经济事务管理与公司债券）信托。

（三）民生信托、商事信托与通用信托

按信托目的划分，可分为民事信托、商事信托以及介于两者之间的民事商事通用信托。

1. 民事信托

民事信托是指受托人不以营利为目的而承办的信托，也称为非营业信托。在这类信托业务中，受托人在承办期间会涉及人与人之间的财产关系，如财产管理、执行遗嘱、代理买卖、抵押、代为保管贵重物品等。

英国最早产生的便是民事信托，当时是基于社会生活的需要，为了安全而稳妥地转移和管理财产而设立的信托关系，目前民事信托在英国仍然得到广泛的运用。民事信托出于自发的需要，完全基于信用，承办者一般不收取报酬。

2. 商事信托

商事信托是指受托人以营利为目的而承办的信托，也称为营业信托。这类信托业务以商法为依据建立信托关系，受托人按商业的原则办理信托，通过经营信托业务以获得盈利。商事信托大多用于经济组织的各种经营业务，如公司债券信托、投资信托、代收代付款项信托等。

美国是世界上最早完成从民事信托向商事信托转变的国家，在19世纪便大量开展了以营利为目的的商事信托业务；而英国直到1925年颁布了《法人受托人条例》，才真正确立了商事信托制度。目前美国信托资产中90%以上都属于商事信托。

3. 通用信托

民事信托与商事信托之间也没有严格的界限，两者存在很多密切的联系，有些信托事项两者可以通用，既可以划分为商事信托类，也可以划分为民事信托类。例如，“担保公司债信托”业务便具有这样的特点。发行公司债券属于商法规范的范畴，而把抵押财产交给受托人又涉及民法中有关保证的内容，所以它可被称为民事商事通用信托。当然，在具体区分时，

可以根据设定信托的动机来区分它到底应归于哪一类：如果设立该信托的动机是为了保证债券的发行，可以看作是商事信托；如果设立信托的动机是偏重于抵押品的安全，则可以归为民事信托。

（四）自由信托与法定信托

按信托关系发生的基础划分，可分为自由信托与法定信托。

1. 自由信托

自由信托也称为任意信托，是指信托当事人依照信托法规，按自己的意愿通过自由协商设立的信托。自由信托不受外力干预，是信托业务中最为普遍的一种。

自由信托又分为契约信托和遗嘱信托。契约信托是通过委托人和受托人签订契约而设立的；遗嘱信托是按照个人遗嘱而设立的。

自由信托的事务范围、处理方针等均在信托契约或遗嘱中订立明确，因此，这种信托也被称为“明示信托”，被普遍使用。

2. 法定信托

法定信托是由司法机关依其权力指派而确定信托关系建立起来的信托。法定信托又分为鉴定信托和强制信托：鉴定信托是指信托关系的形成无明确的信托文件为依据，而由司法机关对信托财产或经济事务以及信托关系人鉴定认可的；强制信托则是不考虑信托关系人的意愿，由司法机关按照法律、法规和政策强制建立的信托。强制信托往往是某人因欺诈、错误等行为的发生而取得他人财产时，法院为保护原受益人的利益，强制取得受托权利，代原产权人掌管财产而为原受益人谋利。

（五）个人信托与法人信托

按信托服务对象划分，可分为个人信托与法人信托。

1. 个人信托

委托人为个人办理的信托称为个人信托。个人信托又分为生前信托和身后信托：生前信托是个人在世时就以委托人身份与受托人建立了信托关系，其信托契约限于委托人在世时有效；身后信托则是根据个人遗嘱办理身后的有关信托事项，如执行遗嘱、管理遗产等。它只限于委托人去世后生效。

2. 法人信托

法人信托，又称公司信托，即委托人不是个人，而是公司、社团等具备资格的法人，委托受托人办理的信托业务。受托人只能由法人机构承担，任何个人都没有受理法人信托的资格。现代的法人信托发展迅速，占整个信托的比重已超过发展较早的个人信托。

（六）私益信托与公益信托

按信托受益对象划分，可分为私益信托与公益信托。

1. 私益信托

这是指委托人为了特定人（自己或指定受益人）的利益而设立的信托，其受益人是具体指定的，一般为自己、亲属、朋友或者其他特定个人。例如，某人将财产转移给受托人，委托其代为管理，并在信托合同中指定将收益交付其子女做生活和上学之用，由于该信托的受益人只限于所指定的子女，故为私益信托。

2. 公益信托

这是指委托人为学校、慈善、宗教及其他社会公共利益设立的信托。公益信托设立的目的不是为特定受益人谋利，而是为社会公共的利益，故而受益人是社会公众中符合规定条件的人，而不是特定的人。例如某委托人将财产权转移给某信托机构代为管理，以其收益作为奖金，奖励那些对人类社会做出突出贡献的人，这种信托便属于公益信托，它以推进社会福利为目的。

（七）自益信托与他益信托

按信托委托人与受益人关系划分，可分为自益信托与他益信托。

1. 自益信托

自益信托是委托人为自己的利益而设立的信托。在这种信托业务中，委托人与受益人是同一个人，委托人以自己为唯一受益人。自益信托只能是私益信托。

2. 他益信托

他益信托是委托人为第三方的利益而设立的信托。在他益信托中，信托的相关利益都归属于第三方。这里的"第三方"是指委托人和受托人之外的其他人。被指定的第三方可以表示同意也可以拒绝接受，有时亦可采取默认方式。

某些信托同时兼有自益与他益性质。比如委托人把信托财产托付受托人经营，在信托文件中规定，若干年内运用信托财产所得的收益归委托人作为自身每年的生活费开支；在一定年限后，信托财产就归于第三方。这种信托就将自益信托和他益信托融于一体了。

（八）可撤销信托与不可撤销信托

按信托设立时是否保留委托人的撤销权利划分，可分为可撤销信托和不可撤销信托。

1. 可撤销信托

可撤销信托是指委托人在信托契约中保留了随时可以终止信托合同并取回信托财产的权利的信托。该类信托对委托人的财产权无影响，不能对财产起到风险隔离的作用。

2. 不可撤销信托

不可撤销信托是指除依照信托契约所记载的条款外，不得由委托人终止的信托。

一般而言，设立可撤销信托或者不可撤销信托由当事人自由决定。但是，除非委托人在信托合同中明确保留了撤销权，否则该信托为不可撤销信托。

（九）国内信托与国际信托

按信托是否跨国划分，可分为国内信托和国际信托。

1. 国内信托

国内信托即信托关系人同属一个国家及信托行为在国内进行。其业务主要有信托、代理、租赁、咨询及其他业务。

2. 国际信托

国际信托即信托关系人分属不同国家及信托行为跨国进行。其业务主要有国际信托投资、国际租赁、代理发行外币有价证券、对外担保见证及国际咨询业务。

四、信托构成要素

信托的设立必须具备信托行为与形式、信托目的、信托主体和信托客体四个基本要素。

(一)信托行为与形式

1. 信托行为

信托是依照一定的目的,将财产委托他人代为管理和处分的行为。信托行为是指以设立信托为目的而发生的一种法律行为,也就是信托当事人在约定信托时,为使信托具有法律效力而履行的一种手续。通过信托行为,各方当事人之间可以建立起信托关系,确定各方的权利与义务。从法律上看,信托行为包括两层含义:一是物权行为,即做出转让财产权或做其他处理的行为;二是债权行为,即让他人(受托人)按一定的目的与要求进行财产管理。

2. 信托行为的形式

信托行为的发生必须由委托人和受托人进行约定,要以一定的信托约定为依据,这种信托约定可以有以下几种形式:

(1)信托合同或信托契约

委托人和受托人之间签署书面信托合同作为信托关系的凭证,这是最常用的形式。在合同中双方约定信托目的、信托财产的范围与数量、信托关系各方的地位、各方的权限和责任、信托业务处理手续和方法、信托财产转交的方法、信托关系存续期间以及其他相关内容。

(2)个人遗嘱

个人遗嘱不同于其他信托合同,是由委托人个人单方面做出的,体现的是委托人的意思表达,适用于遗嘱信托。在遗嘱中确定遗嘱执行人、财产的具体处分及其他相关事项。如果遗嘱指定的受托人不同意接受,可由法院另行指定受托人。

(3)法院命令

在强制信托中,法院可以按法律的有关规定颁布命令确立信托关系。此种信托行为由法院裁决,并有赖于法律的权力强制建立。

(二)信托目的

信托目的是委托人通过信托行为所要达到的目的。信托目的由委托人提出并在信托契约中写明,受托人应按照委托人所明确的信托目的进行信托财产的管理运用及处分。

信托目的是委托人想要实现的某种信托利益,因此,信托利益是信托目的的表现形式。信托利益可以是自益,即委托人为了自己的利益而设立信托,这是自由信托;也可以是他人利益,即委托人为了受益人(不是委托人自身,也不是特定公众)的利益而设立的信托,这是他益信托;还可以是公益,即委托人为了某一特定社会公众(群体)的利益而设立的信托,这是公益信托。

信托目的多种多样，有的是为了保全财产，有的是为了财产生息增值，有的是为了分配财产，有的是为了使目标财产继续正常经营等。但总的来说，信托设立的目的是让受益人获得利益。

（三）信托主体

信托主体即信托行为主体，又称信托当事人或关系人。信托主体包括委托人、受托人和受益人。

1. 委托人

首先，委托人必须是信托财产的合法拥有者，因为信托是委托他人管理财产从而达到一定目的的财产管理形式，委托人在设立信托时，不仅决定谁来接受这些财产的利益，而且还要把财产转移给受托人，如果委托人不是信托财产的合法所有者，就无法决定财产的受益人并转移信托财产。例如破产人要成为委托人，就必须征得其债权人的同意。其次，委托人应当是具有完全民事行为能力的自然人、法人或者依法成立的其他组织，无民事行为能力的人不能成为委托人，例如未成年人或禁治产人。

2. 受托人

在信托关系中，受托人的地位十分重要，是关系到信托关系能否设立及信托利益是否得到保障的重要因素，这是因为：

首先，信托的前提是基于委托人对受托人的信托，委托人将信托财产转移给受托人，受托人以自己的名义去管理和处分信托财产，若受托人没有建立起足够的信任度，信托关系就不会设立。

其次，信托是受人之托、代人理财，受托人管理和处分信托财产时，就会有信托财产的保值、分割、增值等利益，这些利益的大小直接影响到受益人的利益，也可能影响到委托人的利益（如收益信托下的本金损失）。因此，受托人的经营管理能力是委托人选择受托人时的先决条件。

最后，受托人在信托行为中负有限责任，在受托人合法、合规并依照信托合同进行信托财产管理与处分时，所产生的经营和处分结果完全由受益人和委托人来承担，因此，对于委托人和受益人而言，信托风险的高低在很大程度上取决于受托人的信用、责任心、能力等综合因素。正因为受托人地位的重要性，因此对受托人的要求也十分严格，这就要求受托人必须具有民事行为能力，有良好的诚信度，有管理和处分信托财产的业务能力、专业技能和经验等。

3. 受益人

受益人由委托人指定，受益人可以是自然人、法人或者依法成立的其他组织。受益人可以是一人，也可以是数人。委托人既可以指明受益人，也可以只确定受益人的选择标准或范围，凡是符合标准或在范围之内的均可以成为受益人。受益人可以是委托人本人，也可以是委托人之外的第三方。受益人本身也可以是受托人，但受托人不得是同一信托的唯一受益人。

在信托关系人中，受益人的资格不受限制，凡是具有权利能力的人都可以成为受益人，而不需要具备民事行为能力。被委托人指定的受益人可以拒绝受益，全体受益人放弃信托受益权的，则信托终止；部分受益人放弃信托受益权的，被放弃的信托受益权按下列顺序确定归属：信托文件规定的人；其他受益人；委托人或者其继承人。受益人的信托受益权可以依法转让和继承。

（四）信托客体

信托客体是指信托关系的标的物，即信托财产。信托财产是委托人委托给受托人管理或处分的财产，也就是受托人承诺信托而取得的财产。同时，信托财产还包括信托设立后，经受托人管理或处分而获得的新增财产，如利息、红利和租金等。

信托财产具有以下特性：

1. 转让性

在信托关系中，信托财产从委托人手中转移到受托人手中，因此，信托财产的首要特性就是转让性，即信托财产是委托人独立支配的可以转让的财产。

2. 独立性

信托财产的独立性主要表现在三个方面：其一，信托财产独立于委托人的其他财产。其二，信托财产独立于受托人的固有财产。信托财产不属于受托人的固有财产，当受托人死亡或者依法解散、被依法撤销、被宣告破产等时，信托财产不属于其遗产或者清算财产；受托人管理或处分信托财产所产生的债权，不得与其固有财产产生的债务相抵消。其三，不同信托之间其财产相互独立。即不同委托人的信托财产或者同一委托人的不同信托财产相互独立；受托人管理或者处分不同委托人的信托财产所产生的债权债务，不得相互抵消。

3. 有限性

信托财产只能在一定的时空上有限：信托财产空间上的有限性，即信托财产范围受法律限制，如我国《信托法》规定，法律、行政法规禁止流通的财产，不得作为信托财产；信托财产在时间上的有限性，即信托财产一般都有时效性。

我国《信托法》规定下述四种情形之一的，信托财产可以强制执行，此外则不得强制执行：一是设立信托前债权人已对该信托财产享有优先受偿的权利，并依法行使该权利的；二是受托人处理信托事务所产生的债务，债权人要求清偿该债务的；三是信托财产本身应担负的税款；四是法律规定的其他情形。

（五）信托报酬与信托结束

除以上四个基本要素外，信托还存在约定要素，如信托报酬与信托结束等。

信托报酬是受托人管理和处分信托财产所取得的报酬。受托人承办信托事务有获得报酬的权利，信托报酬高低应在信托合同中约定，信托报酬可以向受益人收取，也可以从信托财产中提取，还可以由委托人另外单独支付，具体采用何种形式也应在信托合同中约定。目前资金信托的报酬主要是从信托收益中提取，提取方式主要有三种：一是固定金额；二是固定比率；三是浮动比率。受托人对信托财产所负担的捐税和费用，以及在处理信托事务中由于并非自己过失而造成的损失，可以在应得报酬之外向受益人或委托人索取。

信托结束是指信托行为的终止。信托不因委托人或者受托人的死亡、丧失民事行为能力、依法解散、被依法撤销或者被宣告破产而终止，也不因受托人的辞任而终止。对于信托终止问题，我国《信托法》有明确规定：设立信托后，委托人死亡或者依法解散、被依法撤销、被宣告破产时，委托人是唯一受益人的，信托终止，信托财产作为其遗产或者清算财产；委托人不是唯一受益人的，信托存续，信托财产不作为其遗产或者清算财产；但作为共同受益人的委托人死亡或者依法解散、被依法撤销、被宣告破产时，其信托受益权作为其遗产或者清算财产。

信托结束的事由有：信托文件规定的终止事由发生；信托的存续违反信托目的；信托目的已经实现或者不能实现；信托当事人协商同意；信托被撤销；信托被解除。

信托结束时，信托财产属于信托文件规定的人；信托文件未规定的，通常按下列顺序确定归属：受益人或者继承人；委托人或者继承人。

五、信托的特点及其理财优势

信托独特的制度设计所体现的特点，使其能很好地平衡财产安全性与理财效率两者间的关系，在为委托人提供充分保护的同时，方便了受托人管理财产，因而使其在个人理财中具有其他金融理财工具无法比拟的优势。

（一）信托财产的独立性

信托财产的独立性可以保护家庭财产。世界各国的信托法都规定，信托财产具有独立于委托人、受托人和受益人以外的法律地位。合法设立的信托，其名下的财产不受委托人、受托人和受益人的死亡、破产、法律诉讼的影响，这三方的债权人均不得主张以信托财产来偿债。这就为保护家庭财产、避免因各种原因受损而建立了一道法律屏障。

一些西方的富豪在自己事业顶峰时将财产通过信托的方式转移到独立的法律主体名下，其作用就在于防止因诉讼等意外发生而使自己和后人变得一无所有。

（二）信托财产的所有权、管理权和受益权相分离

信托财产把委托人、受托人和受益人的权利和义务、责任和风险进行了严格分离。

信托合同一经签订，就把收益权分离给受益人，而把运用、处分、管理权分离给了受托人。信托合同对信托财产的运用、管理、处分有着严格的规定，受托人只能按照信托合同确定的范围和方式进行运作。这种机制固定了当事人各方的责任和义务，确保了信托财产沿着特定的目的持续稳定经营，与公司制相比，是一种更为科学的制度安排。

（三）受托人可以多元化地分散投资

目前，信托投资公司是唯一被准许同时在证券市场和实业领域投资的金融机构，因此信托投资公司素有“金融百货公司”的称号，其经营灵活，投资领域非常广泛，可以从事证券投资，也可以从事实业投资。受托人通过信托协议可以规避法律对金融机构投资领域的限制。例如，国家法律规定商业银行不得持有公司股票，这样商业银行也就丧失了投资高收益股票的机会。但是信托则可以规避这种管制，既可以投资股票、债券等，也可以投资房地产，从而实现多元化投资。

（四）专业的财产管理与灵活的理财规划

与个人单独理财相比，专家理财，省时省心，风险低收益高。通过信托集中起来的个人资金，由专业人才进行操作，他们可以凭借专业知识和经验技能进行组合投资，从而避免个人投资的盲目性，以达到降低投资风险，提高投资收益的目的。同时，信托投资公司还可以根据客户的喜好和特性，量身定做非标准产品，通过专家理财最大限度地满足委托人的要求。这种投资方式和产品的灵活性是券商和基金公司所不及的。

（五）合法的节税功能

作为独立的法律主体，信托财产产生的收入和利润在时间和空间上区别于委托人和受益人自身的收入和利润，这就为合法节税创造了条件。另外，在信托关系中，会有各项税负的发生，不过比起单纯的赠与及遗产继承，虽然可能需缴纳赠与税，却有助于降低委托人的所得税，如遗产税、土地增值税等。这对于已经富裕起来的阶层如何通过遗产信托把财富一代代累积下去，保持家族荣耀特别有意义。因此，经由信托理财，可实现合法节省赠与税及遗产税。

第二节　个人信托概述

一、个人信托概要

个人信托发展至今，其不仅按照客户的需要，将各种个人财产进行规划与理财，而且还能保障未成年子女、身心存在障碍的家人的生活。随着中国经济的飞速发展，个人财富也急剧增多，个人信托对于已经富裕起来的人来说，已经成为对其个人财产进行规划与理财的一种有效方式。

（一）个人信托的含义

个人信托是以个人为服务对象的信托业务。个人信托设立的基础是个人拥有私有财产和与之相应的一系列权利（如使用权、受益权、分配权、处置权等）。从信托的历史来看，信托最早是从处理个人财产事务中产生出来的。

个人信托既然是以“个人”为中心的信托，其提供的服务必然包含着对个人财产的管理，换言之，个人信托是个人理财的一种有效工具。

个人理财是以个人或家庭为中心的综合财务管理活动，以生命周期为基础，涉及人生不同阶段的财务管理。一般而言，个人理财包括多方面的规划以及管理，必然会涉及各行业各领域，而信托可以对其发挥独有的作用。信托业是中国目前唯一能够横跨资本市场、货币市场和实业投资领域的金融业，能够跨行业投资的“金融百货公司”，一方面由于其受托财产种类繁多，另一方面因为其品种多及可投资范围非常广泛。

可以认为，个人信托的内涵远比信托投资更为广泛。因此，在个人信托以个人为服务对象的基础上，进一步将个人信托定义为：个人信托是以个人或家庭为服务对象，以实现个人或家庭不同周期阶段财产管理需求为目标而设立的信托。

个人信托是以各种财产为中心，将委托人个人名下的资金、有价证券、不动产等资产，交由受托人（信托投资公司）依照信托契约进行管理运用，以期达到预定的信托目的。

（二）个人信托的特点

个人信托是信托的一种，它除了信托本身的特点以外，还具有个人信托自身的特点。

1. 个人信托目的的多样性

个人信托目的的具体内容是丰富多样的，这与人们在社会经济生活中的多种需求是一致的。不同的人因所处的领域和背景不同、出于不同的愿望会形成不同的信托目的。对个人来说，由于每个人拥有的财产量不同、财产形式不同，要达到的目的也会不同。个人信托可以是为了保持原有财产的价值的信托，也可以是为了追求利润的信托，还可以是为了使自己或家人受益以及身后事务等的信托。

2. 受托人职责的多重性

受托人职责的多重性源于信托目的的多样性。受托人在接受信托财产后，不但要对财产进行管理运用，确保其保值或增值，还常常要担当起对受益人本身的责任，如对未成年人和丧失行为能力人进行监护，照顾他们的生活起居，承担养育责任。所以，在个人信托业务中，受托人承担的不仅仅是对信托财产的责任，还有对受益人的责任。

3. 财产妥善存续管理

人的生命再长，也有终止的时候。因此，如何让财产保持完整性，使财产权在其所有人生命终止后，仍然可依照所有人的意愿去执行，让财产权的效益得以持续，就成为个人理财的重心之一。我国《信托法》明确规定，信托关系并不因委托人或受托人死亡、破产或丧失行为能力而消灭。因此，个人信托在实际运作上极富想象空间，在符合国家法律法规的前提下，其目的、范围或存续期间等均可依委托人的需要而制定，进而达到保存财产、避免浪费、执行遗嘱、监护子女、照顾家人等多样化目的。

二、个人信托的种类

（一）婚姻家庭信托、子女监护信托、遗产管理信托与养老保障信托

以受益人及信托目的为对象，个人信托可分为婚姻家庭信托、子女监护信托、遗产管理信托与养老保障信托。

1. 婚姻家庭信托

由婚姻关系的一方或双方作为委托人与受托人签订信托合同，委托人将一定的财产委托于受托人，该财产独立于委托人的家庭财产，由受托人按照约定管理、处分信托财产，以保证家庭或一方在未来遭受风险时，家庭及个人生活能够得到正常存续。这种信托一般具有家庭破产时保障家庭基本生活、规避离异配偶或其再婚配偶恶意侵占财产等的作用。

婚姻家庭信托以防范的风险为对象又可分为以下几种：

（1）风险隔离信托

风险隔离信托是基于婚姻家庭面临的财务风险而设立的。例如，为防止合伙制带来的无限连带责任风险，事先将一部分家庭财产通过信托来实现与委托人其他财产的隔离，设立

风险隔离信托后，一旦发生经营风险，置于信托保护之下的财产可以免于被追索的危险。

(2)不可撤销人生保全信托

这种信托通常由婚姻的一方为配偶或子女设立，其目的在于当婚姻中的一方去世后仍能为配偶或子女提供生活保障，既可以保证在世配偶与子女的生活费用，又可以防止家庭财产被在世一方或其新配偶侵占或挪用。有一则网络段子，说的是一位司机以前给老板开车，后来老板去世了，老板娘还很年轻，就嫁给了司机，记者采访司机，司机说："以前我一直以为我给老板打工，现在才知道原来老板一直在为我打工。"这则段子的前提是老板没有设立"不可撤销人生保全信托"，或者根本就不知道这种个人信托。若是信托业发达的国家或地区，这则段子其实并不可笑。

(3)离婚赡养信托

离婚赡养信托是以离婚的配偶为受益人，将离婚赡养费用作为信托财产的婚姻家庭信托。通过离婚赡养信托的安排，既可以保证离婚赡养费用的支付，防止因赡养费而引起纠纷，也可以防止居心不良者利用婚姻骗取离婚财产。

2. 子女监护信托

由委托人(父母、长辈)和受托人签订信托合同，委托人将财产转入受托人信托账户，由受托人依约管理运用。通过受托人专业管理及信托规划的功能，定期或不定期给付信托财产于受益人(子女)，作为其养护、教育及创业之用，以明确其未来生活。这种信托广泛运用于海外留学费用的支付、离异一方抚养子女的养育费、子女未来教育及创业基金管理等。子女监护信托又可以分为：

(1)子女激励信托

子女激励信托是父母为子女设立，子女只有在取得特定的成绩后才可以获得父母交给受托人的财产。子女激励信托通过预先将奖励资金作为信托财产独立出来，使激励效果较普通的许诺式激励更为有效。

(2)离婚养育信托

离婚养育信托是由父母一方设立，以子女养育金为信托财产的个人信托品种。离婚养育信托通常与婚姻家庭信托同时使用，其核心意义在于将子女养育金置于安全稳妥的信托隔离状态。这一状态的好处在于，就委托人而言，可以消除其对资金安全性的担忧，就子女抚育方而言，可以消除其对委托人能否定期支付资金的担忧。

(3)子女教育信托

子女教育信托是由父母设立，以子女教育金为信托财产的个人信托品种。这一信托的主要意义在于将子女教育金处于信托保护状态，防止家庭财务危机对子女教育形成不利影响。除此之外，受托人对教育金的直接管理还可以防止受益人对资金的滥用。对于海外留学青少年而言，这一信托品种具有突出的作用。青少年往往还不具备足够自控能力，如果他们直接拥有大量资金将是一种巨大的风险，将教育资金置于信托之下则可以解决此类问题。

3. 遗产管理信托

委托人预先以立遗嘱或者订立遗嘱信托合同的方式，将财产的规划内容，包括交付信托后遗产的管理、支配、运用及给付等，以合同条款的方式确立下来，当遗嘱或合同生效时，再将信托财产委托给受托人，由受托人依据委托人意愿管理、处分信托财产。这种信托的作用包括：帮助没有能力管理遗产的遗孀或遗孤管理财产；按遗嘱人生前愿望管理信托财产；合理分配遗产，避免遗产纷争等。

4. 养老保障信托

由委托人和受托人签订信托合同，委托人将资金转入受托人的信托账户，由受托人依照约定的方式管理运用，同时信托合同已明确约定信托资金用于未来支付受益人（自己或其配偶）的退休生活费用，只要是信托合同存续期间，受托人就会依照信托合同执行受益分配，让信托财产完全依照委托人的意愿妥善处分，以实现退休后仍然维持原有生活品质的目标。这种信托是进行退休规划的有效工具，可以对中国当前的养老保障体制形成有效补充。

（二）消极信托与积极信托

以受托人的管理方式为对象，个人信托可分为消极信托与积极信托。

1. 消极信托

消极信托是指个人信托的受托人仅仅是信托财产的保管人，或者是名义上的持有人。消极信托中的受托人并没有义务去积极保持受益人和后续信托利益之间的平衡，也无须进行积极的财产增值管理，仅需进行信托财产的保管，并将其交付给成年的受益人。在这种情况下，受托人的权限也往往受到限制，例如，在英国，消极信托下的受托人虽然拥有一定的自由裁量权，但这种权利可以被受益人集体否决。消极信托适用于财产保护、财产转移等个人或家族财产事务处理，这也是个人信托的独有特点。这种消极的管理，使委托人可以更大范围地根据自己的具体需要设立信托，并灵活选择财产管理方式。

2. 积极信托

积极信托是相对于消极信托而言的。在这种信托关系中，受托人需要发挥积极作用，代委托人处理其交办的财产管理事项，如投资管理、财产累积分配等。

（三）占有收益信托、自由裁量信托、累积与维持信托

以受益人的受益方式为对象，个人信托可分为占有收益信托、自由裁量信托、累积与维持信托。

1. 占有收益信托

占有收益信托是指信托在扣除了相关的费用之后，受益人对剩余信托财产享有固定的回报。例如，设立一个赡养信托，信托契约中规定在受益人有生之年，每年固定享有 30 万元的信托收益。由于该信托中受托人可以固定享有信托收益，因此，属于占有收益信托。

2. 自由裁量信托

自由裁量信托具有比占有收益信托更大的灵活性，是个人信托中家族理财的重要工具。在自由裁量信托中，委托人将财产转让给受托人，由受托人在合适的时间对信托财产的收益在他认为合适的受益人中进行分配。在自由裁量信托中，受托人具有非常灵活的裁量权，主要包括：在受益人中选择何人享有信托收益，选择合适的时间进行信托收益的分配，以及向每个受益人分配多少信托财产。这种自由裁量的信托被灵活地应用在家族财产事务处理以及税收规划中。

3. 累积与维持信托

累积与维持信托是指设立的信托在规定的支付年限之前，并不支付任何信托收益，而仅是进行信托财产的积累与维持。在受益人达到信托契约规定的年龄后，受托人才进行信托财产的支付。累积与维持信托同样是在个人财产管理中通过与信托目的、税法的博弈而进行的创新。例如，累积与维持信托在英国主要被用于规避遗产税。

（四）生前信托与身后信托

以个人生命期为对象，个人信托可分为生前信托与身后信托。

1. 生前信托

生前信托是个人在世时就以委托人身份与受托人建立信托关系，其信托目的包括财产管理及处分、财产保全、财产增值及税收规划等，信托合同限于委托人在世时有效。

2. 身后信托

身后信托是根据个人遗嘱办理身后的有关信托事项，如遗嘱信托仅限于委托人去世后生效。信托机构开展的个人身后信托业务主要有遗嘱执行信托、遗产管理信托、监护信托、人寿保险信托等。

三、个人信托代理业务

广义的个人信托业务除个人信托业务外，还包括个人信托代理业务。前者完全转移信托财产的所有权，而后者则不转移信托财产的所有权。随着个人信托业务的不断创新发展，信托与代理的界限越来越模糊，故统称为广义的个人信托业务。

（一）个人信托代理业务的含义和特点

1. 个人信托代理业务的含义

个人信托代理业务，是个人授权代理人（信托机构为主）代为处理与财产有关事宜的业务。委托人（个人）与代理人之间的代理关系必须以书面合同形式确定。

2. 个人信托代理业务的特点

（1）在代理业务中，委托人不向信托机构转移财产所有权。

（2）信托机构是以代理人的身份出现，具有代客服务的性质，主要发挥财产事务的管理职能。

（3）信托机构在经营此类业务时，不引起自身资产负债的增减变化，既不是债权人，也不是债务人，而是受理和代理的中间人。

（二）个人信托代理业务的主体

1. 委托人——被代理人

委托人最主要的权利是向代理人授权。委托人可以采取分次授权的方式，非一次性授权，这样，代理人（信托机构）对于新出现的与财产相关的代理业务，只有等到委托人的进一步指示时才执行办理。委托人也可以采取特别授权的方式，特别授权是指委托人明确而具体地指示(授权)代理人(信托机构)只办理某种或某些事务。

大多数委托人采用特别授权方式,而后向代理人支付各种费用。

2. 受益人

代理个人业务的受益人通常都是委托人本人。

3. 受托人——代理人

代理个人业务的受托人就是代理人,代理人在代理关系中处于极为重要的地位,负有重要的职责,并享有相应的权利。

(1)代理人的职责

首先,代理人从事的业务必须符合有关法律法规的要求,按委托人的指令办事;其次,委托人的指示与代理人的意见不一致时,代理人也只能持保留意见,不能自行其是,否则,由此产生的风险和损失由代理人自己负责;最后,代理人必须具有丰富的专业理财和相关业务知识。

(2)代理人的权利

一是书面代理合同中明确规定的代理人享有的权利,这些权利是委托人明确授予的。二是从明确的权利中引申出来的权利,例如,老板给秘书 5 000 元钱,要秘书为其妻子买一份生日礼物。这就是一个代理的典型事例,其中,老板是委托人,秘书是代理人,秘书明确的权利是为老板的妻子买一份生日礼物,而其中隐含的权利是挑选物美价廉的好礼物。另外,代理人有向委托人收取手续费的权利。

(三)个人信托代理业务的客体

在个人信托代理业务中,不像狭义信托业务那样,必须将信托财产的所有权从委托人手中转移到受托人手中,而是将财产的所有权保留在委托人手中,甚至管理权也掌握在委托人手中,如仅需向代理人咨询(代理人向委托人提供有关财产的咨询服务)。因而,可以说个人代理业务中的客体是财产及与财产有关的事宜。

(四)个人信托代理业务的类别

信托机构为个人提供的代理业务,按其性质、范围不同,可分为保管代理、辅助代理和管理代理。

此外,代理个人业务还有账户代理、退休金账户代理等。

第三节　个人信托理财的内容

一、设立个人信托的适宜人群

(一)个人信托适宜人群及注意事项

个人信托是一种高级形态的理财业务,可根据委托人的信托财产及信托理财目的提供包含投资、保险、节税、退休计划、财富管理等全方位的信托理财计划,满足个人及其家庭不同阶段的需求,为委托人妥善管理财产。因此,它所适宜的群体,通常是有一定财富积累的人群。根据中国信托市场的情况,个人信托理财主要针对两类人群:一是针对富有阶层,主要体现为投资和财产转移,改变“人无三代富”的俗论。二是针对普通居民,主要是提供保障性理财产品,例如子女的教育信托、养老金信托、储蓄性信托等。

根据国内信托市场对个人信托理财需求的特点,以下人群是对个人信托理财有迫切需求的主流群体:

1. 在管理投资方面缺乏经验或想享有财务方面专业服务的人。

2. 将财富移转给子女而需要进行信托规划的人。如子女依赖心强或子女众多,欲避免遗产继承的纷争。

3. 为贯彻被继承人的旨意,设立遗嘱约定继承方式的人。

4. 因遗产、彩票中奖、退休等而收到大笔金钱的人。

5. 家财万贯者,欲隐匿财产,避免有心人的觊觎的人。

6. 其他,如家有身心障碍者、有钱却没闲的理财者、子女浪费挥霍者、年老膝下无子者。

上述人群均可借助个人信托保障自己或受益人的生活,实现特定信托目的。

(二)设立信托注意事项

个人设立信托时应注意如下事项:一是信托目的必须合法;二是必须有确定的信托财产,并且该信托财产必须是委托人合法所有的财产;三是应当采取书面形式。书面形式包括信托合同、遗嘱或者法律、行政法规规定的其他书面文件等。采取信托合同形式设立信托的,信托合同签订时,信托成立。采取其他书面形式设立信托的,受托人承诺信托时,信托成立。

二、个人信托产品及其风险

(一)认识个人认购的信托产品

信托公司可供个人认购的信托产品主要有集合资金信托计划和证券型信托产品。这两类信托产品都是在相应的信托公司通过签合同来认购的。信托产品包括的具体内容大家可去信托公司、路透财富相关网站查询。

1. 集合资金信托计划

目前集合资金信托是信托市场中的主导力量,资金投向以房地产贷款、基础设施建设贷款为主。集合资金信托计划是由信托公司根据特定单一信托目的设立的,向两个以上不特定投资人发行的信托产品。个人要参与集合资金信托计划,可与信托公司签署信托合同,按其产品规定到期兑付收益,以实现个人资产增值。

根据信托资金的运用方式不同,集合资金信托计划一般可以分为以下四种类型:

(1)贷款型

信托公司设立贷款型集合资金信托计划,其贷款审批和贷后管理制度按照《贷款通则》等国家有关贷款规定执行,比照银行贷款管理制度进行管理。该类信托产品的收益主要来源于贷款利率。

信托贷款受到信托目的特定化的约束,资金从委托人到受托人再到融资人手中,处于环形封闭运行状态,风险传递是线性的,不同信托项目之间风险互不交叉,利益互不渗透。如果一个信托贷款项目发生风险,其他信托项目不受影响,甚至只有在信托公司具有过错时,才能影响其固有资产。风险的结构是局部化的,而不会在系统中传播、扩散。

(2)股权投资型

信托公司运用信托资金投资于经委托人认可的目标公司股权,以信托股权转让或目标公司减资等方式实现到期退出兑付。该类信托产品的收益主要来源于股权分红、转让溢价或股权增值等。

股权投资型集合资金信托计划是信托公司较之其他金融机构的优势所在,也是信托公司发展的重要方向。对于其他运作方式的信托,股权投资型信托可能会实现较高收益,但同时要求信托公司本身具有较高的投资管理水平,能够有效控制风险。

(3)证券投资型

信托公司根据信托合同的约定,运用信托资金从事股票、债券、基金、外汇、期货等金融工具的投资,其投资收益为委托人的信托收益。该类产品对信托公司的投资管理能力要求较高。

证券投资型集合资金信托计划一般规模较小(几千万元和几亿元之间),在投资管理方面会更加灵活,只需定期向投资人和管理部门披露有关信息,而不必公开披露信息。

(4)融资租赁型

融资租赁是由出租人垫付资金,购买承租人所需设备或固定资产等,并以出租方式提供给承租人使用的一种租赁方式。由于是出租人垫付资金,因而形成了出租人对承租人提供一笔长期贷款,故又称金融租赁,它是融资与融物相结合的一种新的信用方式。

信托公司以融资租赁的方式运用信托资金的,委托人的信托收益通过租金收入实现。

2. 证券型信托产品

证券型信托产品是由信托公司根据特定信托目的而设立的,以证券型凭证向两个以上不特定投资人发行的信托产品。证券投资信托在整体信托市场上占据十分重要的地位,根据中国信托业协会统计数据,2019 年,投向证券市场的资金信托规模跌破 2 万亿元,创下 2015 年以来的新低,在五大投向领域(工商企业、基础产业、房地产业、证券市场、金融机构)中处于末位。2020 年,证券市场不再居五大投向领域末位。具体来看,2020 年资金信托规模为 16.31 万亿元。从资金信托在五大领域占比来看,2020 年四季度末排序是工商企业(30.41%)、基础产业(15.13%)、房地产业(13.97%)、证券市场(13.87%)、金融机构(12.17%)。

相关数据显示,在股票、基金、债券三大品种中,资金信托主要流向债券市场,2020 年四季度末为 1.49 万亿元,占 2.26 万亿元的 65.98%;投向股票的资金信托余额为 5 350.77 亿元,同比增长 6.24%,环比三季度末下降 11.74%;投向基金的资金信托余额为 2 343.51 亿元,同比增长 5.95%,环比三季度末下降 7.17%。比起其他类信托产品,证券投资信托产品受市场环境影响最为深重,“行情好一拥而上,行情差万夫所指”为普遍现象。

个人投资者以自有资金参与证券型信托产品,可通过认购证券型信托凭证达到资金信托管理的目的,并通过信托凭证转让溢价或信托收益到期兑付,实现个人资产的增值。

根据信托资金的投资方向和运用方式的不同,证券型信托产品目前一般可以分为以下两种类型:

(1)不动产投资信托

不动产投资信托基金(REITS,或称房地产投资信托)在中国已成为房地产金融的热点。从国外情况来看,自1960年以来,包括美国和澳大利亚等很多发达国家,房地产投资信托基金市场得到较大的发展,对房地产市场发展起到了积极作用。近十几年来,房地产投资信托基金产品已进入了日本、韩国、新加坡、马来西亚等国,以及中国香港和台湾地区。

不动产投资信托是"先有钱,再投资不动产"的形式,以公司或信托的组织形式经营,基于风险分散的原则,由具有专门知识经验的人,将不特定多数人的资金,运用于不动产买卖管理或抵押贷款投资,并将所获得的不动产管理的收益分配给股东或投资者。

(2)资产证券化

资产证券化可分为住房抵押贷款证券化(MBS)和资产支撑证券化(ABS)两大类。其区别在于:前者的基础资产是住房抵押贷款,后者的基础资产则是除住房抵押贷款以外的其他资产。

MBS是资产证券化发展史上最早出现的证券化类型。它是以住房抵押贷款这种信贷资产为基础,以借款人对贷款进行偿付所产生的现金流为支撑,通过金融市场发行证券(大多是债券)融资的过程。

ABS是以非住房抵押贷款资产为支撑的证券化融资方式,它实际上是MBS技术在其他资产上的推广和应用。由于证券化融资的基本条件之一是基础资产能够产生可预期的、稳定的现金流,除了住房抵押贷款外,还有很多资产也具有这种特征,因此它们也可以证券化。

(二)个人信托产品的风险

由于前两年信托业发展过快,当时发行的一些信托产品今年陆续到期,兑付较为集中,因此引发了市场对于信托兑付风险的关注。

认购个人信托产品的风险主要有以下几类:

1. 政策性风险

政策性风险主要指国家法规、政策变化给信托投资公司的经营管理带来的风险。国家的宏观经济政策调整,引起金融市场、投资市场经济变量发生变化,直接影响信托投资决策。产业政策的调整会引起信托投资的产业选择,尤其是房地产行业的政策调整,直接影响房地产信托计划的发行数量、规模、对象、收益、抵押品选择、信托资金运用方式等。信托监管政策变化,对信托公司影响最大。政策性因素的变化使信托投资的收益和信托资产价值充满了不确定性。

2. 市场风险

信托投资公司的信托业务活动是在金融市场和产业投资市场环境里进行的,金融市场要素价格变化及产业投资要素市场价格变化,均对信托投资的收益和信托产品的价值产生影响,从而导致信托投资的风险。

(1)利率风险

利率是货币资本的价格,当利率变化与预期相反时,对信托投资产品收益的影响各不相同,对固定收益类信托产品来讲,当利率上升时,信托收益减少,信托财产价值小于预期值;

对浮动类产品来讲，当利率上升所增加的费用可以转移给用资人承担时，信托产品的收益和价值可能不受损失。

（2）汇率风险

汇率变化对经营外汇业务的信托公司有较大影响。外汇升值（本币贬值），信托公司的外汇资本和外汇债权升值，委托人的外汇信托资产升值；外汇贬值（本币升值），信托公司的外汇资本和外汇债权贬值，委托人的外汇信托资产贬值。信托公司和委托人的外汇债务也会发生变化，由此引起外汇汇兑损益发生变化，最终影响信托公司的利润、委托人信托收益和信托财产的变化。

（3）有价证券的价格风险

有价证券的价格风险是指有价证券价格（或价格指数）的变化导致信托资产遭受损失的可能性。有价证券价格下跌时，使有价证券投资信托资产受损。

3. 投资风险

信托投资公司往往在投资中追求高回报，如果管理缺乏风险控制，就会造成由于投资项目和合作对象选择不当使投资的实际收益低于投资成本，或没有达到预期收益，以及由于资金运用不当而形成的风险。

4. 流动性风险

流动性风险主要表现为信托资产不能按约定的价格交易变为现金，依约如期返还给委托人或受益人。

信托公司固有业务流动性风险，主要指固有资产质量不高或损失、过度投资导致的无力满足现金流动的需求。

5. 信用风险

信托当事人不愿意或不能承担合同责任时，信用风险就会发生，如合同的守约方承受了违约方不能履约的风险。

从受托方来讲，信托公司违反信托合同、未能尽责管理或处理信托事务不当等，都会使信托财产蒙受损失；信托资金的使用人，对市场把握不准，经营不善，资金周转失灵，甚至恶意欺诈，不能还款或缺乏还款意愿等，同样会使信托财产受损。

6. 道德风险

道德风险主要是指受托人的不良行为给委托人或受益人带来损失的可能性。信托是以信任为基础的，信托投资公司作为受托人，应该忠实于委托人和受益人，在任何时候都不能以谋取私利为动机。道德风险的存在违背了信托存在的基础，令个人信托理财产生了风险，如挪用信托资金为受益人以外的他人牟利；没有按信托契约投资多样化，导致委托财产受到损失；超过授权限度投资，给委托人造成损失等。当然，从目前情况看来，大部分信托投资公司都能在主观上避免发生此类风险。

7. 隐伏风险

（1）信托条文中约定的赔偿责任暗藏着风险：按照中央银行发布的《信托投资公司资金信托管理暂行办法》，信托投资公司依据信托文件的约定管理、运用信托资金，导致信托资金受到损失的，其损失部分由信托财产承担；信托公司不得承诺信托资金不受损失，也不得承诺信托资金的最低收益。根据规定，只有当信托公司违背信托合同擅自操作时，投资者所受损失才由信托公司赔偿。也就是说，信托公司只负责赔偿因自己违背信托合同擅自操作而招致的损失，而运营过程中发生的风险完全要由投资人承担。

(2)项目本身和行业发展隐含的风险：虽然信托公司在推销信托产品时，都会提出一个炫目的收益率供投资者参考，但这只是“预期”，而不是承诺。信托投资的风险，主要体现在预期收益与实际收益的差异上。投资者可能获取丰厚收益，也可能血本无归。

三、如何规避个人信托理财的风险

1. 受托人的选择

(1)个人设立民事类信托在选择受托人(信托机构)时，应该考虑下面几个因素：

①高度信任。信托法律关系的成立，除订立合同外尚需移转委托人的财产至受托人的名下，故信赖程度就成为信托关系能否建立的前提。

②信用风险。信托合同成立后，信托财产已转移至受托人名下，而受托人的信用风险，不仅关系着信托财产的安全，也影响信托关系能不能继续执行。一般民事信托，以个人担任受托人，其风险考量就不仅仅局限于对其个人的信托度，甚至还要考量未来环境变化对受托人产生的影响。

③永续经营。信托合同的存续期间视委托人需求而定。个人管理的生命周期有限，比较而言，法人才是永续经营的生命体。

④管理能力。管理能力强弱，直接影响到信托财产运用的效果。较强的专业管理能力，不仅能保持信托财产的完整性，更能达到累积财富的效果。

(2)对于个人认购信托产品进行投资，在选择有一定市场信誉、有稳定经营业绩公司的前提下，重要的是考量“信托产品”是哪家公司(或企业)“出生”的。因为对投资人而言，信托产品的风险是“个案”，风险在信托产品间并不会“传染”。

2. 信托产品的选择及应把握的要点

(1)信托产品的选择

首先是看信托产品本身。目前信托公司推出的信托产品都是针对指定的信托项目，即信托资金的具体投向。具体的就要看投资项目所处的行业，要看项目运作过程中现金流是否稳定可靠，要看项目投产后是否有广阔的市场前景和销路等。这些都意味着项目成功率的高低。其次是看该信托产品的担保措施是否完备。万一项目出现问题，原先预设的担保措施是否能及时有效地补偿信托本息。很多公司为了以防万一，往往都是采取双重甚至三重担保措施，以提高信托产品的信用等级。最后是看信托产品的期限。信托产品的期限也是投资者应该考虑的问题。一般来说，产品期限越长，不确定因素就越多。而且信托产品的流动性较差，投资者不能提前结束信托计划。如果将其向银行进行抵押贷款，需要的手续也很复杂，成本较高。因此，投资者应尽量选择期限短或流动性好的信托产品。

(2)个人在选择不同的民事类信托设立时，应把握的要点

①对股权管理信托：个人作为委托人可以通过信托合同，在表决权和处分权方面对作为

信托人的信托公司进行不同程度的控制。

②对财产保管信托：信托公司作为受托人对该财产不拥有所有权，一般也无使用权。

③遗嘱信托可以合理避税，同时还应考虑：其一，遗嘱执行信托主要责任有清理遗产、收取债权、清偿债务和税款及其他支付等；其二，遗产管理信托是主要以管理遗产为目的而进行的信托业务，这种信托的内容虽与遗嘱执行的内容有交叉，但侧重在管理遗产方面。

④财产监护信托重在“人”而不在“物”，如未成年人的教育、培养等，当然，既然要养护人，管理其财产也是当然。

⑤保险金信托主要是信托公司代领保险金并交给受益者，或对保险金进行管理、运用，再定期支付给受益人。

⑥公益信托的特点是进行专人专项管理，以公开、公平、公正的原则按委托人的意愿管理信托财产并分配公益信托的利益。

案例 >>>

遗嘱信托为何受富人青睐

相较普通的遗嘱继承，富裕人群可通过“遗嘱信托”这种方法传承财富，在一定程度上可避免“富不过三代”的担忧。

“流行乐天王”迈克尔·杰克逊生前将名下全部财产交由一个信托基金统一管理，不做分割，并指定他的母亲凯瑟琳·杰克逊和三名子女为遗产受益人，且特意排除了前妻黛比·洛尔的继承权。

在子女监护权方面，迈克尔指定母亲凯瑟琳·杰克逊为三名未成年子女的监护人，并表示如果母亲去世或不愿承担监护权，则由戴安娜·罗斯担任子女监护人。

戴安娜王妃1993年首次立遗嘱，将财产设立信托基金，根据已故戴安娜王妃的遗嘱，年满25岁的威廉王子有资格完全支配他所继承的遗产信托基金带来的投资收益，即每年达25万至30万英镑的收入。

与迈克尔、戴安娜的选择相同，众多名人在去世前会选择遗嘱信托留下自己的资产。

2003年12月30日梅艳芳患癌症病逝，就在去世前27天，她订立了一份遗嘱，但并没有把财产留给其母亲覃美金，而是委托给受托人汇丰国际信托有限公司成立专项基金予以管理、投资。“肥肥”沈殿霞同样选择了遗嘱信托。她去世时留下的资产除了香港、加拿大等地的不动产，还有银行户口资产、投资资产和首饰等，金额十分庞大。在去世前，她已订立信托，将名下资产以信托基金方式运作，去世后郑欣宜面对任何资产运用的事宜、最后决定都要由信托人负责审批、协助，而首选信托人就是沈殿霞的前夫、郑欣宜的生父郑少秋。其他人选包括陈淑芬、沈殿霞的大姐和好友张彻太太。

正因为有了明星遗嘱信托的案例，这种遗产安排的方式渐渐走入人们的视野。英美国家一般把遗嘱信托分为遗嘱执行信托和遗产管理信托。前者是为了实现遗嘱人的意志而进行的信托业务，主要内容有清理遗产、收取债券、清偿债务、税款及其他支付、遗赠物的分配、遗产分割等。而后者则是以遗产管理为目的而进行的信托业务。设立的原因主要有几点：

一是因为没有遗嘱，对身后财产的管理、清理、处理比较困难，所花费的时间较长，故在此之前尚需信托机构代为管理；其二，虽有遗嘱，但继承人存在与否尚不清楚，也需在明确继承人之前代理遗产；再者，虽有遗嘱和明确的继承人，但继承人尚不能自理遗产时，也可以委托信托机构代为管理遗产。

通过遗嘱信托，由受托人确实依照遗嘱人的意愿分配遗产，并为照顾特定人而做财产规划，不但可以防止遗产纷争，还因结合了信托的规划方式，使得遗产和继承人更有保障。

遗嘱信托之所以受英美国家人士喜爱，还在于其具有避免巨额遗产税的功能。虽然我国尚未开征遗产税，但将来一旦启动，发生继承时就会产生高额的遗产税。而设立遗嘱信托，因信托财产的独立性，就可以合法规避该税款。

遗嘱信托可避免"富不过三代"，在西方，遗嘱信托经常被称为"从坟墓里伸出来的手"，这个略带恐怖的比喻暗指遗产委托人可以在身后继续按其意愿操控信托资产的安排。

正是基于这样的特点，遗嘱信托主要的潜在客户、需求对象可以分为三种。

一是对遗产管理及配置有专业需求的人。他们可能会由于受益人年幼、年长或其他原因无法亲自打理财产而规定遗产的运作方式。迈克尔·杰克逊的选择就是考虑到子女年幼无法理财，而母亲年事已高，需要依靠专业机构的帮助投资理财。把遗产交付给信托基金的做法，对于中国人来说也是比较新鲜的。中国人立遗嘱时一般倾向于把财产分割给几个继承人。而迈克尔·杰克逊却没有分割，而是作为一个整体，委托给自己信任的基金进行经营管理。他这样做，相当于我们把钱交给优秀的基金经理，让财产不断保值、增值。这是家族符合实际情况的做法，相当理性。

第二类是对受益人"不够放心"的人。梅艳芳生前知道年近 80 岁的母亲覃美金不善理财且喜挥霍，如果把财产一下子全给母亲，担忧母亲会一次性把遗产花尽，或被别有居心的人骗走。

另一类是出于避免家族争产目的的人。59 岁的相声演员侯耀文心脏病突发去世，他的存款，加上字画、房产，被媒体估价达 8 000 万元，而侯耀文却没写下遗嘱，数千万元遗产何去何从就成为一个麻烦的引子。由于侯耀文父母已不在人世，且不再拥有婚姻关系的配偶，这笔遗产的争夺实际上是在两个女儿之间展开，导致侯耀文去世四年后骨灰才下葬。

2015 年 6 月 25 日，山西著名的"焦炭大王"阎吉英因为脏器衰竭，在北京医治无效死亡。但他生前并未立下遗嘱。随后，两位"妻子"和各自的儿女对股权展开争夺，其生前拥有资产价值超百亿元的山西省三佳新能源科技集团有限公司已停工，员工纷纷上门讨薪，平静不再。

遗嘱信托是对遗产的安排，可以体现遗嘱人真实的意思表示。有了遗嘱信托合约，争遗产是不会得到法律保护的。

由此看来，我国富裕人群，尤其是企业界成功人士不妨将遗嘱信托作为遗产规划的方式，对家庭财富的传承和发扬光大或许能够发挥不小的作用。即便是继承人生活奢靡、一无是处，也不至于将遗产全数耗尽，在一定程度上可避免"富不过三代"的担忧。

资料来源：杨梅菊. 名人遗产纠纷[N]. 国际先驱导报. 2012-6-21.

本章小结>>>

信托理财是一种财产管理制度，它的核心内容是“得人之信，受人之托，履人之嘱，代人理财”。信托业务是一种以信用为基础的法律行为，一般涉及三方面当事人，即投入信用的委托人，受信于人的受托人，以及受益于人的受益人。具体是指委托人基于对受托人的信任，将其财产权委托给受托人，受托人按委托人的意愿以自己的名义为受益人的利益或者特定目的，进行管理或者处分的行为。在我国随着《信托法》的规范以及对信托公司的整顿，信托业发展迅速。信托理财逐渐进入人们的理财规划中，成为人们进行财富管理的一种工具。但由于信托业在我国起步较晚，行业在发展的过程中还存在信托项目本身的市场风险、投资风险、信托行为违法风险、受托人的道德风险。促进我国信托业发展，应加强核心竞争力，提升产品附加值和科技含量；建立多层风险控制体系，提高风险管理水平；加强信用建设，树立良好的企业形象；不断完善信托立法，加快与其他法律的衔接，避免由于错误理解《信托法》而产生风险。

思考与练习>>>

1. 信托的本质具体表现在哪些方面？
2. 简述信托的设立必须具备的四个基本要素。
3. 信托的理财优势主要体现在哪几个方面？
4. 个人信托、个人信托代理业务有哪些特点？
5. 个人信托代理业务的类别有哪些？
6. 哪些人群适宜进行个人信托理财？
7. 简述个人信托产品隐伏的风险。
8. 从哪几个方面着手规避个人信托理财的风险？

第十章

个人税收规划

个人税收规划

本章学习要点>>>

富强、民主、文明、和谐是国家层面的价值目标，自由、平等、公正、法治是社会层面的价值取向，爱国、敬业、诚信、友善是公民个人层面的价值准则，这 24 个字是社会主义核心价值观的基本内容。随着我国经济的快速发展，个人收入水平不断提高，收入来源和形式也日趋多样化。除了工资薪金收入以外，一些人还利用自己的业务水平和各种技能，在业余时间获取合法的劳务报酬。个人税收涵盖了法制以及诚信的要求。人们在取得收入的同时，依法纳税是每个公民应尽的义务。

通过本章的学习，我们将了解个人税收的概念、特点和征税对象；掌握个人所得税税率和确定应纳税所得额；了解减免税优惠；掌握应纳税额的计算方法。

第一节　个人所得税概述

一、个人所得税的概念

个人所得税是以个人(含个体工商户、个人独资企业、合伙企业中的个人投资者，承租承包者个人)取得的各项应税所得为征税对象所征收的一种税。

作为征税对象的个人所得，有狭义和广义之分。狭义的个人所得，仅限于每年经常、反复发生的所得。广义的个人所得，是指个人在一定期间内，通过各种方式所获得的一切利益，而不论这种利益是偶然的，还是经常的，是货币、有价证券，还是实物。目前，包括我国在内的世界各国所实行的个人所得税，大多以广义解释的个人所得概念为基础。基于这种理解，可以根据不同的标准，将个人的各种所得分为毛所得和净所得、劳动所得和非劳动所得、经常所得和偶然所得、自由支配所得和非自由支配所得、积极所得和消极所得等。

在改革开放前相当长的时期里，我国对个人所得不征税。党的十一届三中全会以后，我国实行对外开放政策，随着对外经济交往的不断扩大，来华工作、取得收入的外籍人员日益增多。为了维护国家的税收权益，第五届全国人民代表大会于 1980 年 9 月通过了《中华人民共和国个人所得税法》(以下简称《个人所得税法》),开征个人所得税,统一适用于中国公民和在我国取得收入的外籍人员。1986 年和 1987 年,国务院分别发布了《中华人民共和国城乡个体工商业户所得税暂行条例》和《中华人民共和国个人收入调节税暂行条例》。这样,我国对个人所得的征税制度就形成了个人所得税、城乡个体工商业户所得税和个人收入调节税三税并存的格局。

2018 年 8 月 31 日第十三届全国人民代表大会常务委员会第五次会议通过《关于修改〈中华人民共和国个人所得税法〉的决定》,对个人所得税法进行第七次修订,自 2019 年 1 月 1 日起施行。2018 年 12 月 18 日国务院令第 707 号第四次修订了《个人所得税法实施条例》,自 2019 年 1 月 1 日起与修订后的《个人所得税法》同步施行。

二、个人所得税的特点

个人所得税是世界各国普遍征收的一个税种,我国现行个人所得税主要有以下特点:

(一)实行混合征收

世界各国个人所得税的征收大体可分为三种类型:分类征收制、综合征收制和混合征收制。分类征收制,是将个人不同来源、性质的所得项目,分别规定不同的费用减除标准、税率和计税方法计算课征;综合征收制,是对个人全年的各项所得加以汇总,就其总额进行统一计算课征;混合征收制,是对个人不同来源、性质的所得进行分类,分别按照不同计税方法计算课征。三种征收模式各有所长,各国根据本国具体情况选择、运用。我国 2018 年 12 月 31 日之前的个人所得税,采用的是分类征收制,将个人取得的应税所得划分为 11 类,分别计算、分别课征。自 2019 年 1 月 1 日起,我国个人所得税采用混合征收制,将个人取得的应税所得划分为 9 类,个人的工资、薪金所得,劳务报酬所得,稿酬所得和特许权使用费所得采用综合征收,除这些之外的其他各项所得采用分类征收。

(二)超额累进税率与比例税率并用

分类征收制一般采用比例税率,综合征收制通常采用超额累进税率。比例税率计算简便,便于实行源泉扣缴;超额累进税率可以合理调节收入分配,体现公平。我国现行个人所得税根据各类个人所得的不同性质和特点,将这两种形式的税率综合运用于个人所得税制。其中,对综合所得(含工资、薪金所得,劳务报酬所得,稿酬所得,特许权使用费所得)、经营所得采用超额累进税率,实现量能负担。对其他各项应税所得采用比例税率。

(三)费用扣除额较宽

计算个人应纳税所得额,需要进行一定的费用扣除,各国个人所得税规定的扣除方法及额度不尽相同。我国本着费用扣除从宽、从简的原则,对费用扣除采用定额扣除,定率扣除和核算扣除等方法。如居民个人的综合所得,以每一纳税年度的收入额减除费用 60 000 元以及专项扣除、专项附加扣除和依法规定的其他扣除后的余额,为应纳税所得额;财产租赁所得,每次收入不超过 4 000 元的,定额扣除费用 800 元;每次收入超过 4 000 元以上的,定率减除 20%的费用。个体工商户的生产经营所得,以会计核算为基础的全年收入总额减除成本、费用以及损失后的余额,为应纳税所得额。

(四)计算较复杂

我国个人所得税自 2019 年 1 月 1 日起采用混合征收模式,对综合所得和经营所得的费用扣除既采取总额扣除法,又采取分类分项的多种扣除方法。如专项附加扣除在同一个家庭中需区分为不同的纳税主体分别扣除,在按月或按次预缴的基础上,年终还需要进行汇算清缴,增加了税款计算的复杂程度和税务机关征收管理的难度。

(五)采取源泉扣缴和自行申报纳税

我国个人所得税的纳税方法,有自行申报纳税和全员全额扣缴申报两种。对凡是可以在应税所得的支付环节扣缴个人所得税的,均由扣缴义务人履行代扣代缴义务;对于没有扣缴义务人的,以及取得综合所得(含工资、薪金所得,劳务报酬所得,稿酬所得和特许权使用费)需要办理汇算清缴的,由纳税人自行申报纳税和年终汇算清缴。此外,对其他不便于扣缴税款的,亦规定由纳税人自行申报纳税。

三、征税对象

(一)工资、薪金所得

工资、薪金所得,是指个人因任职或者受雇而取得的工资、薪金、奖金、年终加薪、劳动分红、津贴、补贴以及与任职或者受雇有关的其他所得。

(1)一般来说,工资、薪金所得属于非独立个人劳动所得。所谓非独立个人劳动,是指个人所从事的是由他人指定、安排并接受管理的劳动、工作,或服务于公司、工厂、行政、事业单位(私营企业主除外)。非独立劳动者从上述单位取得的劳动报酬,以工资、薪金的形式体现。在这类报酬中,工资和薪金的收入主体略有差异。通常情况下,把直接从事生产、经营或服务的劳动者(工人)的收入称为工资;而将从事社会公职或管理活动的劳动者(公职人员)的收入称为薪金。但实际立法过程中,各国都从简便易行的角度考虑,将工资、薪金合并为一个项目计征个人所得税。

除工资、薪金以外,奖金、年终加薪、劳动分红、津贴、补贴也被确定为"工资、薪金"的范畴。其中,奖金是指所有具有工资性质的奖金,免税奖金的范围在税法中另有规定;年终加薪、劳动分红不分种类和取得情况,一律按"工资、薪金所得"项目课税;津贴、补贴等则有例外。

(2)出租汽车经营单位对出租车驾驶员采取单车承包或承租方式运营,出租车驾驶员从事客货营运取得的收入,按"工资、薪金所得"项目计征个人所得税。

(3)自 2004 年 1 月 20 日起,对商品营销活动中,企业和单位对营销业绩突出的雇员以培训班、研讨会、工作考察等名义组织旅游活动,通过免收差旅费、旅游费对个人实行的营销业绩奖励(包括实物、有价证券等),应根据所发生费用的全额并入营销人员当期的工资、薪金所得，按照"工资、薪金所得"项目征收个人所得税。

(4)个人因公务用车和通信制度改革而取得的公务用车、通信补贴收入，扣除一定标准的公务费用后，按照"工资、薪金所得"项目计征个人所得税。按月发放的，并入当月"工资、薪金所得"计征个人所得税；不按月发放的，分解到所属月份并与该月"工资、薪金所得"合并后计征个人所得税。

公务费用的扣除标准，由省级税务局根据纳税人公务交通、通信费用的实际发生情况调查测算，报经省级人民政府批准后确定，并报国家税务总局备案。

(5)个人按照规定领取的税收递延型商业养老保险的养老金收入，其中25%部分予以免税，其余75%部分按照10%的比例税率计算缴纳个人所得税，税款计入"工资、薪金所得"项目，由保险机构代扣代缴后，在个人购买税延养老保险的机构所在地办理全员全额扣缴申报。

(6)根据我国目前个人收入的构成情况，税法规定对于一些不属于工资、薪金性质的补贴，津贴或者不属于纳税人本人工资、薪金所得项目的收入，不予征税。这些项目包括：

①独生子女补贴；

②执行公务员工资制度未纳入基本工资总额的补贴、津贴差额和家属成员的副食品补贴；

③托儿补助费；

④差旅费津贴、误餐补助。其中，误餐补助是指按照财政部门规定，个人因公在城区，郊区工作，不能在工作单位或返回就餐，根据实际误餐顿数，按规定的标准领取的误餐费。单位以误餐补助名义发给职工的补助、津贴不包括在内。

(二)劳务报酬所得

劳务报酬所得，是指个人独立从事劳务所取得的所得，具体包括个人从事设计、装潢、安装、制图、化验、测试、医疗、法律、会计、咨询、讲学、新闻、广播、翻译、审稿、书画、雕刻、影视、录音、录像、演出、表演、广告、展览、技术服务、介绍服务、经纪服务、代办服务以及其他劳务取得的所得。

在实际操作过程中，可能出现难以判定一项所得是属于工资、薪金所得，还是属于劳务报酬所得的情况。二者的区别在于：工资、薪金所得是个人从事非独立劳动，从所在单位领取的报酬，个人与单位之间存在雇用与被雇用的关系；而劳务报酬所得是个人独立从事某种技艺，独立提供某种劳务而取得的所得，个人与单位之间不存在雇用和被雇用关系。如果从事某项劳务活动取得的报酬是来自聘用、雇用单位的，如演员从剧团领取工资，教师从学校领取工资，就属于工资、薪金所得项目。如果从事某项劳务活动取得的报酬不是来自聘用、雇用单位的，如演员自己"走穴"或与他人组合"走穴"演出取得的报酬，教师受聘为校外的各类学习班、培训班授课取得的课酬收入，就属于劳务报酬所得项目。

在校学生因参与勤工俭学活动(包括参与学校组织的勤工俭学活动)而取得属于《个人所得税法》规定的应税所得项目的所得，按照"劳务报酬所得"征收个人所得税。

个人担任董事职务所取得的董事费收入分两种情形：个人担任公司董事、监事，且不在公司任职、受雇的情形，属于劳务报酬性质，按“劳务报酬所得”项目征收个人所得税；个人在公司（包括关联公司）任职、受雇，同时兼任董事、监事的，应将董事费、监事费与个人工资收入合并，统一按“工资、薪金所得”项目征收个人所得税。

自2004年1月20日起，对商品营销活动中，企业和单位对营销业绩突出的非雇员以培训班、研讨会、工作考察等名义组织旅游活动，通过免收差旅费、旅游费对个人实行的营销业绩奖励（包括实物、有价证券等），应根据所发生费用的全额作为该营销人员当期的劳务收入，按照“劳务报酬所得”项目征收个人所得税，并由提供上述费用的企业和单位代扣代缴。

个人兼职取得的收入，按照“劳务报酬所得”项目征收个人所得税。

（三）稿酬所得

稿酬所得，是指个人因其作品以图书、报刊等形式出版、发表而取得的所得。这里所说的作品，包括文学作品、书画作品、摄影作品，以及其他作品。作者去世后，财产继承人取得的遗作稿酬，亦按“稿酬所得”项目征收个人所得税。

根据《国家税务总局关于个人所得税若干业务问题的批复》（国税函〔2002〕146号），对报纸、杂志、出版等单位的职员在本单位的刊物上发表作品、出版图书取得所得征税的问题明确如下：

（1）任职、受雇于报纸、杂志等单位的记者、编辑等专业人员，因在本单位的报纸、杂志上发表作品取得的所得，属于因任职、受雇而取得的所得，应与其当月工资收入合并，按“工资、薪金所得”项目征收个人所得税。

除上述专业人员以外，其他人员在本单位的报纸、杂志上发表作品取得的所得，应按“稿酬所得”项目征收个人所得税。

（2）出版社的专业作者撰写、编写或翻译的作品，由本社以图书形式出版而取得的稿费收入，应按“稿酬所得”项目征收个人所得税。

（四）特许权使用费所得

特许权使用费所得，是指个人提供专利权、商标权、著作权、非专利技术以及其他特许权的使用权取得的所得。我国纳入课税范围的特许权主要涉及以下四种：

（1）专利权。专利权是指由国家专利主管机关依法授予专利申请人在一定的时期内对某项发明创造享有的专有利用的权利，它是工业产权的一部分，具有专有性（独占性）、地域性、时间性。

（2）商标权。商标权是指商标注册人依法律规定而取得的对其注册商标在核定商品上的独占使用权。商标权也是一种工业产权，可以依法取得、转让、许可使用、继承、丧失、请求排除侵害。

（3）著作权。著作权即版权，是指作者对其创作的文学、科学和艺术作品依法享有的某些特殊权利。著作权是公民的一项民事权利，既具有民法中的人身权性质，也具有民法中的财产权性质，主要包括发表权、署名权、修改权、保护权、使用权和获得报酬权。

（4）非专利技术。非专利技术即专利技术以外的专有技术。这类技术大多尚处于保密状态，仅为特定人知晓并占有。

上述四种权利及其他权利由个人提供或转让给他人使用时，会取得相应的收入。这类收入不同于一般所得，所以单独列为一类征税项目。对特许权使用费所得的征税办法，各国不尽一致。如有的国家对转让专利权所得征收资本利得税，而我国是将使用权和所有权的转让合在一起，一并列入个人所得税的征税范围。

根据《个人所得税法实施条例》规定，提供著作权的使用权取得的所得，不包括稿酬所得；作者将自己的文字作品手稿原件或复印件公开拍卖（竞价）取得的所得，属于提供著作权的使用所得，故应按"特许权使用费所得"项目征收个人所得税。

个人取得特许权的经济赔偿收入，应按"特许权使用费所得"项目计征个人所得税。从2002年5月1日起，编剧从电视剧的制作单位取得的剧本使用费，不再区分剧本的使用方是否为其任职单位，统按"特许权使用费所得"项目计征个人所得税。

（五）经营所得

依据《个人所得税法实施条例》规定，个体工商户业主、个人独资企业投资者、合伙企业个人合伙人、承包承租经营者个人以及其他从事生产、经营活动的个人取得经营所得，包括以下情形：

(1)个体工商户从事生产、经营活动取得的所得，个人独资企业投资人、合伙企业的个人合伙人来源于境内注册的个人独资企业、合伙企业生产、经营的所得。

(2)个人依法从事办学、医疗、咨询以及其他有偿服务活动取得的所得。

(3)个人对企业、事业单位承包经营、承租经营以及转包、转租取得的所得。

(4)个人从事其他生产、经营活动取得的所得。

个体工商户的生产、经营所得，具体包括：

(1)个体工商户从事工业、手工业、建筑业、交通运输业、商业、饮食业、服务业、修理业以及其他行业生产、经营取得的所得。

(2)个人经政府有关部门批准，取得执照，从事办学、医疗、咨询以及其他有偿服务活动取得的所得。

(3)个体工商户和个人取得的与生产、经营有关的各项应税所得。

(4)其他个人从事个体工商业生产、经营取得的所得。

此外，个人取得的下列收入或所得，比照"个体工商户的生产经营所得"项目计征个人所得税：

(1)从事个体出租车运营的出租车驾驶员取得的收入。

(2)出租车属个人所有，但挂靠出租汽车经营单位或企事业单位，驾驶员向挂靠单位缴纳管理费的，或出租汽车经营单位将出租车所有权转移给驾驶员的，出租车驾驶员从事客货运营取得的收入。

(3)个人从事彩票代销业务而取得的所得。

(4)个人独资企业、合伙企业的个人投资者以企业资金为本人、家庭成员及其相关人员支付与企业生产经营无关的消费性支出及购买汽车、住房等财产性支出，视为企业对个人投资者利润分配，并入投资者个人的生产经营所得，依照"个体工商户的生产经营所得"项目计征个人所得税。

个体工商户或个人专营种植业、养殖业、饲养业、捕捞业(如下简称"四业")，不征收个人所得税；不属于原农业税、牧业税征税范围的，应对其所得计征个人所得税；同时对进入各类市场销售自产农产品的农民取得的所得暂不征收个人所得税。兼营上述"四业"并且"四业"的所得单独核算的，比照上述原则办理。对属于征收个人所得税的，应与其他行业的生产、经营所得合并计征个人所得税；对于"四业"的所得不能单独核算的，应就其全部所得计征个人所得税。

个体工商户和从事生产、经营的个人，取得与生产、经营活动无关的其他各项应税所得，应分别按照有关规定计征个人所得税。如对外投资取得的股息所得，应按"利息、股息、红利所得"税目单独计征个人所得税。同样的，个人独资企业对外投资分回的利息或者股息、红利，不并入企业的收入，而应单独作为投资者个人取得的利息、股息、红利所得，按"利息、股息、红利所得"项目计征个人所得税。以合伙企业名义对外投资分回利息或者股息、红利的，应按比例确定各个投资者的利息、股息、红利所得，分别按"利息、股息、红利所得"项目计征个人所得税。

对企事业单位的承包经营、承租经营所得，是指个人承包经营、承租经营以及转包，转租取得的所得，还包括个人按月或者按次取得的工资、薪金性质的所得。个人对企事业单位的承包经营，承租经营形式不同，应税所得的确定项目也不尽相同。

(1)个人对企事业单位承包，承租经营后，工商登记改变为个体工商户的。这类承包、承租经营所得，实际上属于个体工商户的生产、经营所得，应按"个体工商户的生产、经营所得"项目计征个人所得税，不再征收企业所得税。

(2)个人对企事业单位承包、承租经营后，工商登记仍为企业的，不论其分配方式如何，均应先按照企业所得税的有关规定缴纳企业所得税，然后根据承包、承租经营者按合同(协议)规定取得的所得，依照《个人所得税法》的有关规定缴纳个人所得税。具体为：

①承包、承租人对企业经营成果不拥有所有权，仅按合同(协议)规定取得一定所得的，应按"工资、薪金所得"项目计征个人所得税。

②承包、承租人按合同(协议)规定只向发包方，出租人缴纳一定的费用，缴纳承包、承租费后的企业的经营成果归承包人、承租人所有的，其取得的所得，按"对企事业单位的承包经营、承租经营所得"项目计征个人所得税。

外商投资企业采取发包、出租经营且经营人为个人的，对经营人从外商投资企业分享的收益或取得的所得，亦按照个人"对企事业单位的承包经营、承租经营所得"项目计征个人所得税。

(六)利息、股息、红利所得

利息、股息、红利所得，是指个人拥有债权、股权而取得的利息、股息、红利所得。其中：利息一般是指存款、贷款和债券的利息；股息是指个人拥有股权取得的公司、企业派息分红，按照一定的比率派发的每股息金；红利是指根据公司、企业应分配的超过股息部分的利润，按股派发的红股。有关具体规定如下：

(1)在储蓄机构开设专门账户取得的利息。

个人在银行及其他储蓄机构开设的用于支付电话、水、电、煤气等有关费用，或者用于购买股票等方面的投资、生产经营业务往来结算以及其他用途的资金账户孳生的利息，属于储蓄存款利息性质所得，应依法缴纳个人所得税，税款由结付利息的储蓄机构代扣代缴。但自2008年10月9日起，对储蓄存款利息所得暂免征收个人所得税。

(2)职工个人取得的量化资产。

根据国家有关规定，允许集体所有制企业在改制为股份合作制企业时，可以将有关资产量化给职工个人。为了支持企业改组改制的顺利进行，对于企业在改革过程中个人取得量化资产的征税问题按以下规定处理：

①对职工个人以股份形式取得的仅作为分红依据、不拥有所有权的企业量化资产，不征收个人所得税。

②对职工个人以股份形式取得的企业量化资产参与企业分配而获得的股息、红利，应按“利息、股息、红利所得”项目计征个人所得税。

(3)个人股东获得企业购买且所有权办理在股东个人名下的车辆。

企业购买车辆并将车辆所有权办到股东个人名下，其实质为企业对股东进行了红利性质的实物分配，应按“利息、股息、红利所得”项目计征个人所得税。

(4)除个人独资企业、合伙企业以外的其他企业的个人投资者，以企业资金为本人、家庭成员及其相关人员支付与企业生产经营无关的消费性支出及购买汽车、住房等财产性支出，视为企业对个人投资者的红利分配，依照“利息、股息、红利所得”项目计征个人所得税。

(七)财产租赁所得

财产租赁所得，是指个人出租建筑物、土地使用权、机器设备、车船以及其他财产取得的所得。

个人取得的财产转租收入，属于“财产租赁所得”的征税范围。在确定纳税义务人时，应以产权凭证为依据，对无产权凭证的，由主管税务机关根据实际情况确定；产权所有人死亡，在未办理产权继承手续期间，该财产出租而有租金收入的，以领取租金的个人为纳税义务人。

房地产开发企业与商店购买者个人签订协议，以优惠价格出售其开发的商店给购买者个人，购买者个人在一定期限内必须将购买的商店无偿提供给房地产开发企业对外出租使用。该行为实质上是购买者个人以所购商店交由房地产开发企业出租而取得的房屋租赁收入支付了部分购房价款。对购买者个人少支出的购房价款，应视同个人财产租赁所得，按照“财产租赁所得”项目征收个人所得税。每次财产租赁所得的收入额，按照少支出的购房价款和协议规定的租赁月份数平均计算确定。

(八)财产转让所得

财产转让所得，是指个人转让有价证券、股权、建筑物、土地使用权、机器设备、车船以及其他财产取得的所得。

在现实生活中，个人进行的财产转让主要是个人财产所有权的转让。财产转让实际上是一种买卖行为，当事人双方通过签订、履行财产转让合同，形成财产买卖的法律关系，使出让财产的个人从对方取得价款（收入）或其他经济利益。财产转让所得因其性质的特殊性，需要单独列举项目征税。对个人取得的各项财产转让所得，除股票转让所得外，都要征收个人所得税。

1. 股票转让所得

根据《个人所得税法实施条例》的规定，对股票转让所得征收个人所得税的办法，由国务院另行制定，报全国人民代表大会常务委员会备案。

鉴于我国证券市场发育还不成熟，经国务院批准，对个人转让境内上市公司的股票转让所得暂不征收个人所得税。

此外，对内地个人投资者通过沪港通、深港通投资香港联交所上市股票取得的转让差价所得，自 2019 年 12 月 5 日至 2022 年 12 月 31 日，继续暂免征收个人所得税。

对香港市场投资者（包括企业和个人）投资上海证券交易所（简称上交所）上市 A 股取得的转让差价所得，暂免征收所得税。

2. 量化资产股份转让所得

根据国家有关规定，允许集体所有制企业在改制为股份合作制企业时可以将有关资产量化给职工个人。为了支持企业改组改制的顺利进行，集体所有制企业在改制为股份合作制企业时，对职工个人以股份形式取得的拥有所有权的企业量化资产，暂缓征收个人所得税；待个人将股份转让时，就其转让收入额，减除个人取得该股份时实际支付的费用支出和合理转让费用后的余额，按“财产转让所得”项目计征个人所得税。

3. 个人自有住房转让所得

（1）自 2010 年 10 月 1 日起，对出售自有住房并在 1 年内重新购房的纳税人不再减免个人所得税。

（2）对个人转让自用 5 年以上，并且是家庭唯一生活用房取得的所得，继续免征个人所得税。

（九）偶然所得

偶然所得，是指个人得奖、中奖、中彩以及其他偶然性质的所得。其中，得奖是指参加各种有奖竞赛活动，取得名次获得的奖金；中奖、中彩是指参加各种有奖活动，如有奖销售、有奖储蓄或购买彩票，经过规定程序，抽中、摇中号码而取得的奖金。

根据《财政部税务总局关于个人取得有关收入适用个人所得税应税所得项目的公告》（财政部　税务总局公告 2019 年第 74 号）规定，下列收入按“偶然所得”项目计征个人所得税。具体规定如下：

（1）个人为单位或他人提供担保获得收入，按照“偶然所得”项目计算缴纳个人所得税。

（2）房屋产权所有人将房屋产权无偿赠与他人的，受赠人因无偿受赠房屋取得的受赠收入，按照“偶然所得”项目计算缴纳个人所得税。按照《财政部国家税务总局关于个人无偿受赠房屋有关个人所得税问题的通知》（财税〔2009〕78 号）规定，符合以下情形的，对当事双方不征收个人所得税：

①房屋产权所有人将房屋产权无偿赠与配偶、父母、子女，祖父母、外祖父母、孙子女、外孙子女，兄弟姐妹。

②房屋产权所有人将房屋产权无偿赠与对其承担直接抚养或者赡养义务的抚养人或者赡养人。

③房屋产权所有人死亡，依法取得房屋产权的法定继承人、遗嘱继承人或者受遗赠人。

受赠收入的应纳税所得额按照财税〔2009〕78 号文件第四条规定计算，即对受赠人无偿受赠房屋计征个人所得税时，其应纳税所得额为房地产赠与合同上标明的赠与房屋价值减除赠与过程中受赠人支付的相关税费后的余额。赠与合同标明的房屋价值明显低于市场价格或房地产赠与合同未标明赠与房屋价值的，税务机关可依据受赠房屋的市场评估价格或采取其他合理方式确定受赠人的应纳税所得额。

（3）企业在业务宣传、广告等活动中，随机向本单位以外的个人赠送礼品（包括网络红包），以及企业在年会、座谈会、庆典以及其他活动中向本单位以外的个人赠送礼品，个人取得的礼品收入，按照“偶然所得”项目计算缴纳个人所得税，但企业赠送的具有价格折扣或折让性质的消费券、代金券，抵用券、优惠券等礼品除外。

礼品收入的应纳税所得额按照《财政部国家税务总局关于企业促销展业赠送礼品有关个人所得税问题的通知》（财税〔2011〕50 号）第三条规定计算，即企业赠送的礼品是自产产品（服务）的，按该产品（服务）的市场销售价格确定个人的应税所得；是外购商品（服务）的，按该商品（服务）的实际购置价格确定个人的应税所得。

个人取得的所得，难以界定应纳税所得项目的，由国务院税务主管部门确定。

居民个人取得工资、薪金所得，劳务报酬所得，稿酬所得，特许权使用费所得（综合所得），按纳税年度合并计算个人所得税；非居民个人取得综合所得，按月或者按次分项计算个人所得税。纳税人取得除综合所得外的其他所得，依照规定分别计算个人所得税。

四、纳税人

在中国境内有住所，或者无住所而一个纳税年度内在中国境内居住累计满 183 天的个人，为居民个人。在中国境内无住所又不居住，或者无住所而一个纳税年度内在中国境内居住累计不满 183 天的个人，为非居民个人。需要说明的是，中国现行税法关于“中国境内”，是指中国大陆地区，目前还不包括我国香港、澳门和台湾地区；一个纳税年度，是指自公历 1 月 1 日起至 12 月 31 日止。

1. 住所标准

个人所得税法所称在中国境内有住所，是指因户籍、家庭、经济利益关系而在中国境内习惯性居住。住所通常指公民长期生活和活动的主要场所。由于公民实际的生活和活动场所很多，因此，我国民事法律规定，公民以他的户籍所在地的居住地为住所。也就是以公民本人户口簿登记的住址为住所，我国的公民一人只有一个住所。一般情况下，公民的住所就是其户籍所在地的居住地。但由于种种原因,公民经常居住地可能与户籍所在地不一致。

住所分为永久性住所和习惯性住所。我国民事法律中规定的住所,通常是指永久性的住所,具有法律意义。经常性居住地则属于习惯性住所,它与永久性住所有时是一致的,有时又不一致。根据这种情况,我国税法将在中国境内有住所的个人界定为:因户籍、家庭、经济利益关系而在中国境内习惯性居住的个人。可见,我国目前采用的住所标准实际是习惯性住所标准。采用这一标准,就把中、外籍人员,以及港、澳、台同胞与在境内居住的中国公民区别开来。

习惯性居住或住所,是在税收上判断居民和非居民的一个法律意义上的标准,不是指实际居住或在某一特定时期内的居住地。例如,个人因学习、工作、探亲、旅游等而在中国境外居住的,当其在境外居住的原因消除之后,则必须回到中国境内居住。那么,即使该纳税人在个纳税年度内,甚至连续几个纳税年度内,都未曾在中国境内居住过 1 天,仍应将其判定为在中国习惯性居住,其自然是中国个人所得税的居民个人。所以,我国《个人所得税法》中所说的"住所",其概念与通常所说的住所是有区别的。

2. 居住时间标准

居住时间,是指个人在一国境内实际居住的日数。在实际生活中,有时个人在一国境内并无住所,又没有经常性居住地,但是却在该国内停留的时间较长,从该国取得了收入,应对其行使税收管辖权,甚至视为该国的居民征税。各国在对个人所得征税的实践中,逐渐形成以个人居住时间长短作为衡量居民与非居民的居住时间标准。我国《个人所得税法》也采用了这一标准。

个人所得税法所称在中国境内居住满 183 天,是指在一个纳税年度内,在中国境内累计居住满 183 天。在计算居住天数时,按其一个纳税年度内在境内实际居住的天数确定,取消了原来的临时离境规定。即在中国境内无住所的个人,在一个纳税年度内无论出境多少次,只要在我国境内累计住满 183 天,就可以判定为我国的居民个人。

自 2019 年 1 月 1 日起,在中国境内无住所的个人一个纳税年度内在中国境内累计居住天数,按照个人在中国境内累计停留的天数计算。在中国境内停留的当天满 24 小时的,计入中国境内居住天数;在中国境内停留的当天不足 24 小时的,不计入中国境内居住天数。

我国税法规定的住所标准和居住时间标准,是判定居民身份的两个并列性标准,个人只要符合或达到其中任何一个标准,就可以被认定为居民个人。

纳税人有中国居民身份号码的,以中国居民身份号码为纳税人识别号;纳税人没有中国居民身份号码的,由税务机关赋予其纳税人识别号。扣缴义务人扣缴税款时,纳税人应当向扣缴义务人提供纳税人识别号。

第二节 个人所得税税率和应纳所得额的确定

一、个人所得税税率

个人所得税区分不同个人所得项目,规定了超额累进税率和比例税率两种形式。

1. 居民个人综合所得适用税率

居民个人每一纳税年度的综合所得，包括工资、薪金所得，劳务报酬所得，稿酬所得，特许权使用费所得，适用3%～45%的七级超额累进税率，见表10-1。

表10-1　　个人所得税税率表（一）

（综合所得适用）

级数	全年应纳税所得额	税率(%)	速算扣除数
1	不超过36 000元的	3	0
2	超过36 000元至144 000元的部分	10	2 520
3	超过144 000元至300 000元的部分	20	16 920
4	超过300 000元至420 000元的部分	25	31 920
5	超过420 000元至660 000元的部分	30	52 920
6	超过660 000元至960 000元的部分	35	85 920
7	超过960 000元的部分	45	181 920

注：①本表所称全年应纳税所得额是指依照《个人所得税法》第六条的规定，居民个人取得综合所得以每一纳税年度收入额减除费用60 000元以及专项扣除、专项附加扣除和依法确定的其他扣除后的余额。

②非居民个人取得工资、薪金所得，劳务报酬所得，稿酬所得和特许权使用费所得，依照本表按月换算后的税率表（表11-5）计算应纳税额。

2. 经营所得适用税率

经营所得，包括个体工商户的生产、经营所得，对企事业单位的承包经营、承租经营所得，个人独资企业和合伙企业的生产经营所得，适用5%～35%的五级超额累进税率，见表10-2。

表10-2　　个人所得税税率表（二）

（经营所得适用）

级数	全年应纳税所得额	税率(%)	速算扣除数
1	不超过30 000元的	5	0
2	超过30 000元至90 000元的部分	10	1 500
3	超过90 000元至300 000元的部分	20	10 500
4	超过300 000元至500 000元的部分	30	40 500
5	超过500 000元的部分	35	65 500

注：本表所称全年应纳税所得额是指依照《个人所得税法》第六条的规定，以每一纳税年度的收入总额减除成本，费用以及损失后的余额。

3. 其他

财产租赁所得，财产转让所得，利息、股息、红利所得，偶然所得，适用20%的比例税率。

居民个人分月或分次取得工资、薪金所得，劳务报酬所得，稿酬所得，特许权使用费所得时，支付单位预扣预缴个人所得税的预扣率。其中，工资、薪金所得适用3%～45%的七级超额累进预扣率，见表10-3；劳务报酬所得适用20%～40%的三级超额累进预扣率，见表

10-4；稿酬所得、特许权使用费所得适用20%的比例预扣率。

表 10-3 个人所得税税率表(三)

（居民个人工资、薪金所得预扣预缴适用）

级数	累计预扣预缴应纳税所得额	预扣率(%)	速算扣除数
1	不超过36 000元的	3	0
2	超过36 000元至144 000元的部分	10	2 520
3	超过144 000元至300 000元的部分	20	16 920
4	超过300 000元至420 000元的部分	25	31 920
5	超过420 000元至660 000元的部分	30	52 920
6	超过660 000元至960 000元的部分	35	85 920
7	超过960 000元的部分	45	181 920

表 10-4 个人所得税税率表(四)

（居民个人劳务报酬所得预扣预缴适用）

级数	预扣预缴应纳税所得额	预扣率(%)	速算扣除数
1	不超过20 000元的	20	0
2	超过20 000元至50 000元的部分	30	2 000
3	超过50 000元的部分	40	7 000

非居民个人取得工资，薪金所得，劳务报酬所得，稿酬所得，特许权使用费所得，分所得项目按月或按次计算个人所得税，统一适用3%～45%的七级超额累进税率，见表10-5。

表 10-5 个人所得税税率表(五)

（非居民个人工资、薪金所得，劳务报酬所得、稿酬所得、特许权使用费所得适用）

级数	应纳税所得额	税率(%)	速算扣除数
1	不超过3 000元的	3	0
2	超过3 000元至12 000元的部分	10	210
3	超过12 000元至25 000元的部分	20	1 410
4	超过25 000元至35 000元的部分	25	2 660
5	超过35 000元至55 000元的部分	30	4 410
6	超过55 000元至80 000元的部分	35	7 160
7	超过80 000元的部分	45	15 160

二、应纳税所得额的确定

（一）应纳税所得额的一般规定

正确计算应纳税所得额，是依法征收个人所得税的基础和前提。我国现行个人所得税采取混合征收方法，不同的应税项目对应着不同的应纳税所得额确定方法。其中，居民个人取得工资、薪金所得，劳务报酬所得，稿酬所得和特许权使用费所得等四项所得（简称综合所得），按纳税年度合并汇算个人所得税；非居民个人取得上述四项所得，按月或者按次分项计算个人所得税。纳税人取得的其他五项所得,按年或者按次分项计算个人所得税。因此,计算个人所得税,需按不同应税所得项目分别计算应纳税所得额。以某项应税项目的收入额减去税法规定的该项费用减除标准后的余额,为该项所得的应纳税所得额。

1. 所得的计量单位

各项所得的计量,以人民币为单位。所得为人民币以外的货币的,按照办理纳税申报或者扣缴申报的上一月最后一日人民币汇率中间价,折合成人民币计算应纳税所得额。年度终了后办理汇算清缴的,对已经按月,按季或者按次预缴税款的人民币以外货币所得,不再重新折算;对应当补缴税款的所得部分,按照上一纳税年度最后一日人民币汇率中间价,折合成人民币计算应纳税所得额。

2. 收入金额的确定

个人取得收入的形式,包括现金、实物、有价证券和其他形式的经济利益。纳税人的所得为实物的,应当按照所取得的凭证上注明的价格计算应纳税所得额;无凭证的实物或者凭证上所注明的价格明显偏低的,参照市场价格核定应纳税所得额;纳税人的所得为有价证券的,根据票面价格和市场价格核定应纳税所得额;所得为其他形式的经济利益的,参照市场价格核定应纳税所得额。

3. 纳税期限的确定

根据《个人所得税法》第六条的规定,个人所得税分项目规定了三种纳税期:一是按年计税,如居民个人的综合所得,经营所得;二是按月计税,如非居民个人的工资、薪金所得;三是按次计税,如利息、股息、红利所得、财产租赁所得,偶然所得和非居民个人取得的劳务报酬所得、稿酬所得、特许权使用费所得等。如何准确界定"次",对费用扣除多少和应纳税所得额的确定十分重要,故《个人所得税法实施条例》对此进行了明确规定。具体为:

(1)劳务报酬所得、稿酬所得、特许权使用费所得,属于一次性收入的,以取得该项收入为一次;属于同项目连续性收入的,以一个月内取得的收入为一次。

(2)财产租赁所得,以一个月内取得的收入为一次。

(3)利息、股息、红利所得,以支付利息、股息、红利时取得的收入为一次。

(4)偶然所得,以每次取得该项收入为一次。

4. 应纳税所得额的基本规定和费用扣除标准

(1)居民个人的综合所得,以每一纳税年度的收入额减除费用 60 000 元以及专项扣除、专项附加扣除和依法确定的其他扣除后的余额,为年应纳税所得额。其中:

劳务报酬所得、稿酬所得、特许权使用费所得,以收入减除 20%的费用后的余额为收入额。稿酬所得的收入额减按 70%计算。

专项扣除,包括居民个人按照国家规定的范围和标准缴纳的基本养老保险、基本医疗保险、失业保险等社会保险费和住房公积金等。

专项附加扣除,包括个人的子女教育、继续教育、大病医疗、住房贷款利息或者住房租金、赡养老人等支出。

依法确定的其他扣除,包括个人缴付符合国家规定的企业年金、职业年金,个人购买符合国家规定的商业健康保险、税收递延型商业养老保险的支出,以及国务院规定可以扣除的其他项目。

(2)非居民个人的工资、薪金所得,以每月收入额减除费用5 000元后的余额为应纳税所得额;非居民个人的劳务报酬所得、稿酬所得、特许权使用费所得,以每次收入额为应纳税所得额。劳务报酬所得、稿酬所得、特许权使用费所得以收入减除20%的费用后的余额为收入额。稿酬所得的收入额减按70%计算。

(3)经营所得,以每一纳税年度的收入总额减除成本、费用以及损失后的余额,为应纳税所得额。其中:

成本、费用是指生产、经营活动中发生的各项直接支出和分配计入成本的间接费用以及销售费用、管理费用、财务费用;损失是指生产、经营活动中发生的固定资产和存货的盘亏、毁损、报废损失、转让财产损失、坏账损失、自然灾害等不可抗力因素造成的损失以及其他损失。

取得经营所得的个人,没有综合所得的,计算其每一纳税年度的应纳税所得额时,应当减除费用60 000元、专项扣除、专项附加扣除以及依法确定的其他扣除。专项附加扣除在办理汇算清缴时减除。

从事生产、经营活动,未提供完整、准确的纳税资料,不能正确计算应纳税所得额的,由主管税务机关核定应纳税所得额或者应纳税额。

(4)财产租赁所得,每次收入不超过4 000元的,减除费用800元;每次收入在4 000元以上的,减除20%的费用,其余额为应纳税所得额。

(5)财产转让所得,以转让财产的收入额减除财产原值和合理费用后的余额,为应纳税所得额。

其中,财产原值,按照下列方法确定:

有价证券,为买入价以及买入时按照规定交纳的有关费用;建筑物,为建造费或者购进价格以及其他有关费用;土地使用权,为取得土地使用权所支付的金额、开发土地的费用以及其他有关费用;机器设备、车船,为购进价格、运输费、安装费以及其他有关费用。

其他财产,参照上述规定的方法确定财产原值。

纳税人未提供完整,准确的财产原值凭证,不能按照上述规定的方法确定财产原值的,由主管税务机关核定财产原值。

合理费用,是指卖出财产时按照规定支付的有关税费。

(6)利息,股息、红利所得和偶然所得,以每次收入额为应纳税所得额。

(二)应纳税所得额的特殊规定

(1)两个以上的个人共同取得同一项目收入的,应当对每个人取得的收入分别按照个人所得税法的规定计算纳税。

(2)个人将其所得对教育、扶贫、济困等公益慈善事业进行捐赠,捐赠额未超过纳税人申报的应纳税所得额30%的部分,可以从其应纳税所得额中扣除;国务院规定对公益慈善事业捐赠实行全额税前扣除的,从其规定。其中:个人将其所得对教育、扶贫、济困等公益慈善事业进行捐赠,是指个人将其所得通过中国境内的公益性社会组织、国家机关向教育、扶贫、济困等公益慈善事业的捐赠;应纳税所得额,是指计算扣除捐赠额之前的应纳税所得额。

个人捐赠住房作为公共租赁住房,符合税收法律、法规规定的,对其公益性捐赠支出未超过其申报的应纳税所得额30%的部分，准予从其应纳税所得额中扣除。

(3)从2000年开始，财政部、国家税务总局陆续放宽公益救济性捐赠限额，出台了全额税前扣除的规定，允许个人通过非营利性的社会团体和政府部门，对下列机构的捐赠准予在个人所得税税前100%(全额)扣除：

①对公益性青少年活动场所(其中包括新建)的捐赠(财税〔2000〕21号文件)：对个人通过非营利性的社会团体和政府部门对公益性青少年活动场所(其中包括新建)的捐赠，在计算个人所得税时准予全额扣除。公益性青少年活动场所，是指专门为青少年学生提供科技、文化、德育、爱国主义教育，体育活动的青少年宫，青少年活动中心等校外活动的公益性场所。

②对红十字事业的捐赠(财税〔2000〕30号文件)：个人通过非营利性的社会团体和国家机关(包括中国红十字会)向红十字事业的捐赠，在计算个人所得税时准予全额扣除。

③对福利性、非营利性老年服务机构的捐赠(财税〔2000〕97号文件)：对个人通过非营利性的社会团体和政府部门向福利性、非营利性的老年服务机构的捐赠，在计算个人所得税时准予全额扣除。老年服务机构是指专门为老年人提供生活照料、文化、护理、健身等多方面服务的福利性、非营利性的机构，主要包括：老年社会福利院、敬老院(养老院)、老年服务中心、老年公寓(含老年护理院、康复中心、托老所)等。

④对农村义务教育的捐赠(财税〔2001〕103号文件)：对个人通过非营利的社会团体和国家机关向农村义务教育的捐赠，准予在计算个人所得税时全额扣除。农村义务教育范围是指政府和社会力量举办的农村乡镇(不含县和县级市政府所在地的镇)、村的小学和初中以及属于这一阶段的特殊教育学校。纳税人对农村义务教育与高中在一起的学校的捐赠，也享受所得税前全额扣除政策。

⑤对中华健康快车基金会等5家单位的捐赠(财税〔2003〕204号文件)：自2003年1月1日起，个人向中华健康快车基金会和孙冶方经济科学基金会、中华慈善总会、中国法律援助基金会和中华见义勇为基金会的捐赠(也可以直接)，准予在缴纳个人所得税前全额扣除。

⑥对教育事业的捐赠(财税〔2004〕39号文件)：纳税人通过中国境内非营利的社会团体，国家机关向教育事业的捐赠，准予在个人所得税前全额扣除。

⑦对宋庆龄基金会等6家单位的捐赠(财税〔2004〕172号文件)：对个人通过宋庆龄基金会、中国福利会，中国残疾人福利基金会、中国扶贫基金会、中国煤矿尘肺病治疗基金会、中华环境保护基金会用于公益救助性的捐赠，准予在缴纳个人所得税前全额扣除。

⑧对中国老龄事业发展基金会等8家单位的捐赠(财税〔2006〕66号文件)：对个人通过中国老龄事业发展基金会、中国华文教育基金会、中国绿化基金会、中国妇女发展基金会、中国关心下代健康体育基金会、中国生物多样性保护基金会、中国儿童少年基金会和中国光彩事业基金会用于公益救济性的捐赠，准予在缴纳个人所得税前全额扣除。

⑨对中国医药卫生事业发展基金会的捐赠(财税〔2006〕67号文件)：个人通过中国医药卫生事业发展基金会用于公益救济性的捐赠，准予在缴纳个人所得税前全额扣除。

⑩对中国教育发展基金会的捐赠(财税〔2006〕68号文件)：个人通过中国教育发展基金会用于公益救济性的捐赠，准予在缴纳个人所得税前全额扣除。

⑪对地震灾区的捐赠(国税发〔2008〕55号文件)：个人通过扣缴单位统一向灾区的捐赠，由扣缴单位凭政府机关或非营利组织开具的汇总捐赠凭据、扣缴单位记载的个人捐赠明

细表等，由扣缴单位在代扣代缴税款时，依法据实扣除。个人直接通过政府机关、非营利组织向灾区的捐赠，采取扣缴方式纳税的，捐赠人应及时向扣缴单位出示政府机关、非营利组织开具的捐赠凭证，由扣缴单位在代扣代缴税款时，依法据实扣除；个人自行申报纳税的，税务机关凭政府机关、非营利组织开具的接受捐赠凭据，依法据实扣除。

⑫对新型冠状病毒感染的肺炎疫情防控工作的捐赠（财政部、税务总局 2020 年第 9 号公告）：自 2020 年 1 月 1 日起，个人的下列捐赠允许在计算应纳税所得额时全额扣除：个人通过公益性社会组织或者县级以上人民政府及其部门等国家机关，捐赠用于应对新型冠状病毒感染的肺炎疫情的现金和物品；个人直接向承担疫情防治任务的医院捐赠用于应对新型冠状病毒感染的肺炎疫情的物品。捐赠人凭承担疫情防治任务的医院开具的捐赠接收函办理税前扣除事宜。

（4）居民个人从中国境内和境外取得的综合所得、经营所得，应当分别合并计算应纳税额；从中国境内和境外取得的其他所得，应当分别单独计算应纳税额。

（5）居民个人从中国境外取得的所得，可以从其应纳税额中抵免已在境外缴纳的个人所得税税额，但抵免额不得超过该纳税人境外所得依照《个人所得税法》相关规定计算的应纳税额。其中：已在境外缴纳的个人所得税税额，是指居民个人来源于中国境外的所得，依照该所得来源国家（地区）的法律应当缴纳并且实际已经缴纳的所得税税额。纳税人境外所得依照《个人所得税法》规定计算的应纳税额，是居民个人抵免已在境外缴纳的综合所得、经营所得以及其他所得的所得税税额的限额（以下简称抵免限额）。除国务院财政，税务主管部门另有规定外，来源于中国境外一个国家（地区）的综合所得抵免限额、经营所得抵免限额以及其他所得抵免限额之和，为来源于该国家（地区）所得的抵免限额。

居民个人在中国境外一个国家（地区）实际已经缴纳的个人所得税税额，低于依照规定计算出的来源于该国家（地区）所得的抵免限额的，应当在中国缴纳差额部分的税款；超过来源于该国家（地区）所得的抵免限额的，其超过部分不得在本纳税年度的应纳税额中抵免，但是可以在以后纳税年度来源于该国家（地区）所得的抵免限额的余额中补扣。补扣期限最长不得超过 5 年。

居民个人申请抵免已在境外缴纳的个人所得税税额，应当提供境外税务机关出具的税款所属年度的有关纳税凭证。

第三节　减免税优惠

《个人所得税法》及其实施条例以及财政部、国家税务总局等部门的若干规定，对有关个人所得项目，给予了免税、减税的优惠。

一、法定免税项目

根据《个人所得税法》及其实施条例相关规定，对个人下列所得项目，免征个人所得税：

（1）省级人民政府、国务院部委和中国人民解放军军以上单位，以及外国组织、国际组织颁发的科学、教育技术、文化、卫生、体育，环境保护等方面的奖金。

（2）国债和国家发行的金融债券利息。其中，国债利息，是指个人持有中华人民共和国财政部发行的债券而取得的利息；国家发行的金融债券利息，是指个人持有经国务院批准发行的金融债券而取得的利息所得。

(3)按照国家统一规定发给的补贴、津贴。这是指按照国务院规定发给的政府特殊津贴、院士津贴,以及国务院规定免予缴纳个人所得税的其他补贴、津贴。

(4)福利费、抚恤金、救济金。其中,福利费是指根据国家有关规定,从企业、事业单位、国家机关,社会团体提留的福利费或者从工会经费中支付给个人的生活补助费;救济金是指各级人民政府民政部门支付给个人的生活困难补助费。

(5)保险赔款。

(6)军人的转业费.复员费、退役金。

(7)按照国家统一规定发给干部、职工的安家费,退职费、基本养老金或者退休费、离休费、离休生活补助费。其中,退职费是指符合《国务院关于工人退休、退职的暂行办法》规定的退职条件,并按该办法规定的退职费标准所领取的退职费。

(8)依照我国有关法律规定应予免税的各国驻华使馆、领事馆的外交代表、领事官员和其他人员的所得。依照有关法律规定应予免税的各国驻华使馆、领事馆的外交代表、领事官员和其他人员的所得,是指依照《中华人民共和国外交特权与豁免条例》和《中华人民共和国领事特权与豁免条例》规定免税的所得。

(9)中国政府参加的国际公约、签订的协议中规定免税的所得。

(10)经国务院财政部门批准免税的所得。该类免税规定,由国务院报全国人民代表大会常务委员会备案。

二、法定减税项目

根据《个人所得税法》规定,有下列情形之一的,可以减征个人所得税,具体幅度和期限,由省、自治区、直辖市人民政府规定,并报同级人民代表大会常务委员会备案:

(1)残疾、孤老人员和烈属的所得;

(2)因严重自然灾害造成重大损失的。

国务院可以规定其他减税情形,报全国人民代表大会常务委员会备案。

三、其他减免税项目

根据财政部,国家税务总局的若干规定,对个人下列所得免征或暂免征收个人所得税:

(1)外籍个人以非现金形式或实报实销形式取得的住房补贴、伙食补贴、搬迁费、洗衣费。

(2)外籍个人按合理标准取得的境内、境外出差补贴。

(3)外籍个人取得的探亲费、语言训练费、子女教育费等,经当地税务机关审核批准为合理的部分。

(4)凡符合下列条件之一的外籍专家取得的工资、薪金所得,可免征个人所得税:

①根据世界银行专项贷款协议,由世界银行直接派往我国工作的外国专家。

②联合国组织直接派往我国工作的专家。

③为联合国援助项目来华工作的专家。

④援助国派往我国专为该国援助项目工作的专家,其取得的无论我方或外国支付的工资、薪金和生活补贴。

⑤根据两国政府签订的文化交流项目来华工作2年以内的文教专家，其工资、薪金所得由该国负担的。

⑥根据我国大专院校国际交流项目来华工作2年以内的文教专家，其工资、薪金所得由该国负担的。

⑦通过民间科研协定来华工作的专家，其工资、薪金所得由该国政府机构负担的。

(5)个人举报、协查各种违法、犯罪行为而获得的奖金。

(6)个人办理代扣代缴税款手续，按规定取得的扣缴手续费。

(7)个人转让自用达5年以上，并且是唯一的家庭生活用房取得的所得。

(8)对个人购买社会福利有奖募捐奖券、体育彩票，一次中奖收入在1万元以下(含)的暂免征收个人所得税，超过1万元的，全额征收个人所得税。

(9)达到离休、退休年龄，但确因工作需要，适当延长离休、退休年龄的高级专家(指享受国家发放的政府特殊津贴的专家、学者)，其在延长离休、退休期间的工资、薪金所得，视同离休费、退休费免征个人所得税。

(10)对个人取得的教育储蓄存款利息所得以及国务院财政部门确定的其他专项储蓄存款或储蓄型专项基金存款的利息所得，免征个人所得税。自2008年10月9日起，对居民个人储蓄存款利息和证券市场个人投资者取得的证券交易结算资金利息所得，暂免征收个人所得税。

(11)居民个人按照国家规定的范围和标准缴纳的基本养老保险、基本医疗保险、失业保险等社会保险费和住房公积金，允许在个人应纳税所得额中扣除，免于征收个人所得税。

(12)个人实际领(支)取原提存的基本养老保险金、基本医疗保险金、失业保险金和住房公积金时，免征个人所得税。

(13)生育妇女按照县级以上人民政府根据国家有关规定制定的生育保险办法，取得的生育津贴、生育医疗费或其他属于生育保险性质的津贴、补贴，免征个人所得税。

(14)对工伤职工及其近亲属按照《中华人民共和国工伤保险条例》规定取得的一次性伤残保险待遇，免征个人所得税。

(15)对退役士兵按照《退役士兵安置条例》(国务院、中央军委令第608号)规定，取得的一次性退役金以及地方政府发放的一次性经济补助，免征个人所得税。

(16)对个人取得的2012年及以后年度发行的地方政府债券利息收入，免征个人所得税。

地方政府债券，是指经国务院批准同意，以省、自治区、直辖市、计划单列市政府为发行和偿还主体的债券。

(17)对个人投资者持有2019—2023年发行的铁路债券取得的利息收入，减按50%计入应纳税所得额计算征收个人所得税。税款由兑付机构在向个人投资者兑付利息时代扣代缴。

铁路债券，是指以中国铁路总公司为发行和偿还主体的债券，包括中国铁路建设债券、中期票据、短期融资券等债务融资工具。

(18)职工从依照国家有关法律规定宣告破产的企业取得的一次性安置费收入，免征个人所得税。

(19)沪港、深港股票市场交易互联互通和内地与香港基金互认的税收优惠。

①对内地个人投资者通过沪港通、深港通投资香港联交所上市股票取得的转让差价所得和通过基金互认买卖香港基金份额取得的转让差价所得，自2019年12月5日起至2022年12月31日止，继续暂免征收个人所得税。

②对香港市场投资者（包括企业和个人）投资上海证券交易所（简称上交所）上市A股取得的转让差价所得，暂免征收所得税。

(20)个人转让全国中小企业股份转让系统挂牌公司股票的税收优惠。

自2018年11月1日（含）起，对个人转让全国中小企业股份转让系统（以下简称“新三板”）挂牌公司非原始股取得的所得，暂免征收个人所得税。

非原始股，是指个人在“新三板”挂牌公司挂牌后取得的股票，以及由上述股票孳生的送、转股。

(21)创新企业境内发行存托凭证试点阶段的税收优惠。

为支持实施创新驱动发展战略，自2019年4月3日起，创新企业境内发行存托凭证（创新企业CDR）试点阶段，实施如下个人所得税优惠政策：

①自试点开始之日起，对个人投资者转让创新企业CDR取得的差价所得，三年（36个月）内暂免征收个人所得税。

②自试点开始之日起，对个人投资者持有创新企业CDR取得的股息红利所得，三年内实施股息红利差别化个人所得税政策，具体参照《财政部、国家税务总局、证监会关于实施上市公司股息红利差别化个人所得税政策有关问题的通知》（财税〔2012〕85号）、《财政部、国家税务总局、证监会关于上市公司股息红利差别化个人所得税政策有关问题的通知》（财税〔2015〕101号）的相关规定执行，由创新企业在其境内的存托机构代扣代缴税款，并向存托机构所在地税务机关办理全员全额明细申报。对于个人投资者取得的股息红利在境外已缴纳的税款，可按照个人所得税法以及双边税收协定（安排）的相关规定予以抵免。

创新企业CDR，是指符合《国务院办公厅转发证监会关于开展创新企业境内发行股票或存托凭证试点若干意见的通知》规定的试点企业，以境外股票为基础证券，由存托人签发并在中国境内发行，代表境外基础证券权益的证券。

试点开始之日，是指首只创新企业CDR取得国务院证券监督管理机构的发行批文之日。

(22)公共租赁住房的税收优惠。

个人捐赠住房作为公租房，符合税收法律法规规定的，对其公益性捐赠支出未超过其申报的应纳税所得额30%的部分，准予从其应纳税所得额中扣除；对符合地方政府规定条件的城镇住房保障家庭从地方政府领取的住房租赁补贴，免征个人所得税。

享受上述税收优惠政策的公租房是指纳入省、自治区、直辖市、计划单列市人民政府及新疆生产建设兵团批准的公租房发展规划和年度计划，或者市、县人民政府批准建设（筹集），并按照《关于加快发展公共租赁住房的指导意见》（建保〔2010〕87号）和市、县人民政府制定的具体管理办法进行管理的公租房。

纳税人享受本优惠政策，应按规定进行免税申报，并将不动产权属证明、载有房产原值的相关材料、纳入公租房及用地管理的相关材料、配套建设管理公租房相关材料、购买住房作为公租房相关材料、公租房租赁协议等留存备查。

该优惠政策的执行期限为2019年1月1日至2020年12月31日。

(23)对国际奥委会及其相关实体的外籍雇员、官员、教练员、训练员以及其他代表在2019年6月1日至2022年12月31日期间临时来华,从事与北京冬奥会相关的工作,取得由北京冬奥组委支付或认定的收入,免征增值税和个人所得税。该类人员的身份及收入由北京冬奥组委出具证明文件,北京冬奥组委定期将该类人员名单及免税收入相关信息报送税务部门。

(24)支持新型冠状病毒感染的肺炎疫情防控的税收优惠。

为支持新型冠状病毒感染的肺炎疫情防控工作,自2020年1月1日起,下列所得免征个人所得税:

①对参加疫情防治工作的医务人员和防疫工作者按照政府规定标准取得的临时性工作补助和奖金,免征个人所得税。政府规定标准包括各级政府规定的补助和奖金标准。

对省级及省级以上人民政府规定的对参与疫情防控人员的临时性工作补助和奖金,比照执行。

②单位发给个人用于预防新型冠状病毒感染的肺炎的药品、医疗用品和防护用品等实物(不包括现金),不计入工资、薪金收入,免征个人所得税。

第四节 应纳税额的计算

由于个人所得税采取分项计税的办法,每项个人收入的扣除范围和扣除标准不尽相同,应纳所得税额的计算方法存在差异,下面分别介绍应纳税所得额的确定和应纳所得税额的计算方法。

一、居民个人综合所得的计税方法

居民个人综合所得,是指居民个人取得的工资、薪金所得,劳务报酬所得,稿酬所得,特许权使用费所得。按现行税法规定,扣缴义务人在向居民个人支付工资、薪金所得,劳务报酬所得,稿酬所得,特许权使用费所得时,应按规定分月或分次预扣预缴个人所得税;居民个人需要办理综合所得汇算清缴的,应当在取得所得的次年3月1日至6月30日内办理汇算清缴。因此,居民个人综合所得个人所得税的计算方法包括预扣预缴税款的计算方法和综合所得汇算清缴的计算方法。

鉴于居民个人综合所得预扣预缴税款和汇算清缴的计算均涉及专项附加扣除,因此,本部分首先介绍专项附加扣除范围和标准,然后再介绍预扣预缴税款和汇算清缴的计算方法。

(一)专项附加扣除范围及标准

专项附加扣除,是指个人所得税法规定的子女教育、继续教育、大病医疗、住房贷款利息或者住房租金、赡养老人6项专项附加扣除。现行税法依据遵循公平合理、利于民生,简便易行的原则,并根据教育、医疗、住房养老等民生支出变化情况,制定了现行的专项附加扣除范围和标准。

1.子女教育专项附加扣除

(1)纳税人的子女接受全日制学历教育的相关支出,按照每个子女每月1 000元的标准定额扣除。

学历教育包括义务教育(小学、初中教育)、高中阶段教育(普通高中、中等职业、技工教育),高等教育(大学专科、大学本科、硕士研究生、博士研究生教育)。

年满 3 岁至小学入学前处于学前教育阶段的子女,按上述的规定执行。

(2)父母可以选择由其中一方按扣除标准的 100%扣除,也可以选择由双方分别按扣除标准的 50%扣除,具体扣除方式在一个纳税年度内不能变更。

(3)纳税人子女在中国境外接受教育的,纳税人应当留存境外学校录取通知书、留学签证等相关教育的证明资料备查。

2. 继续教育专项附加扣除

(1)纳税人在中国境内接受学历(学位)继续教育的支出,在学历(学位)教育期间按照每月 400 元定额扣除。同一学历(学位)继续教育的扣除期限不能超过 48 个月。纳税人接受技能人员职业资格继续教育、专业技术人员职业资格继续教育的支出,在取得相关证书的当年,按照 3 600 元定额扣除。

(2)个人接受本科及以下学历(学位)继续教育,符合规定扣除条件的,可以选择由其父母扣除,也可以选择由本人扣除。

(3)纳税人接受技能人员职业资格继续教育、专业技术人员职业资格继续教育的,应当留存相关证书等资料备查。

3. 大病医疗专项附加扣除

(1)在一个纳税年度内,纳税人发生的与基本医保相关的医药费用支出,扣除医保报销后个人负担(指医保目录范围内的自付部分)累计超过 15 000 元的部分,由纳税人在办理年度汇算清缴时,在 80 000 元限额内据实扣除。

(2)纳税人发生的医药费用支出可以选择由本人或者其配偶扣除;未成年子女发生的医药费用支出可以选择由其父母一方扣除。

纳税人及其配偶、未成年子女发生的医药费用支出,按规定分别计算扣除额。

(3)纳税人应当留存医药服务收费及医保报销相关票据原件(或者复印件)等资料备查。医疗保障部门应当向患者提供在医疗保障信息系统记录的本人年度医药费用信息查询服务。

4. 住房贷款利息专项附加扣除

(1)纳税人本人或者配偶单独或者共同使用商业银行或者住房公积金个人住房贷款为本人或者其配偶购买中国境内住房,发生的首套住房贷款利息支出,在实际发生贷款利息的年度,按照每月 1 000 元的标准定额扣除,扣除期限最长不超过 240 个月。纳税人只能享受一次首套住房贷款的利息扣除。

首套住房贷款是指购买住房享受首套住房贷款利率的住房贷款。

(2)经夫妻双方约定,可以选择由其中一方扣除,具体扣除方式在一个纳税年度内不能变更。

夫妻双方婚前分别购买住房发生的首套住房贷款,其贷款利息支出,婚后可以选择其中一套购买的住房,由购买方按扣除标准的 100%扣除,也可以由夫妻双方对各自购买的住房分别按扣除标准的 50%扣除,具体扣除方式在一个纳税年度内不能变更。

(3)纳税人应当留存住房贷款合同、贷款还款支出凭证备查。

5. 住房租金专项附加扣除

(1)纳税人在主要工作城市没有自有住房而发生的住房租金支出,可以按照以下标准定额扣除:

①直辖市、省会(首府)城市、计划单列市以及国务院确定的其他城市,扣除标准为每月 1 500 元。

②除上述①所列城市以外,市辖区户籍人口超过 100 万的城市,扣除标准为每月 1 100 元;市辖区户籍人口不超过 100 万的城市,扣除标准为每月 800 元。

纳税人的配偶在纳税人的主要工作城市有自有住房的,视同纳税人在主要工作城市有自有住房。

市辖区户籍人口,以国家统计局公布的数据为准。

(2)主要工作城市,是指纳税人任职受雇的直辖市、计划单列市,副省级城市、地级市(地区、州、盟)全部行政区域范围;纳税人无任职受雇单位的,为受理其综合所得汇算清缴的税务机关所在城市。

夫妻双方主要工作城市相同的,只能由一方扣除住房租金支出。

(3)住房租金支出由签订租赁住房合同的承租人扣除。

(4)纳税人及其配偶在一个纳税年度内不能同时分别享受住房贷款利息和住房租金专项附加扣除。

(5)纳税人应当留存住房租赁合同、协议等有关资料备查。

6. 赡养老人专项附加扣除

(1)纳税人赡养一位及以上被赡养人的赡养支出,统一按照以下标准定额扣除:

①纳税人为独生子女的,按照每月 2 000 元的标准定额扣除。

②纳税人为非独生子女的,由其与兄弟姐妹分摊每月 2 000 元的扣除额度,每人分摊的额度不能超过每月 1 000 元。可以由赡养人均摊或者约定分摊,也可以由被赡养人指定分摊。约定或者指定分摊的须签订书面分摊协议,指定分摊优先于约定分摊。具体分摊方式和额度在一个纳税年度内不能变更。

(2)被赡养人是指年满 60 岁的父母,以及子女均已去世的年满 60 岁的祖父母,外祖父母。

个人所得税专项附加扣除额一个纳税年度扣除不完的,不能结转以后年度扣除。

(二)居民个人综合所得预扣预缴税款的计算方法

扣缴义务人向居民个人支付工资、薪金所得,劳务报酬所得,稿酬所得,特许权使用费所得时,按以下方法预扣预缴个人所得税,并向主管税务机关报送《个人所得税扣缴申报表》。

1. 居民个人工资、薪金所得预扣预缴税款计算方法

扣缴义务人向居民个人支付工资、薪金所得时,应当按照累计预扣法计算预扣税款,并按月办理全员全额扣缴申报。

累计预扣法,是指扣缴义务人在一个纳税年度内预扣预缴税款时,以纳税人在本单位截至当前月份工资、薪金所得累计收入减除累计免税收入、累计减除费用、累计专项扣除、累计专项附加扣除和累计依法确定的其他扣除后的余额为累计预扣预缴应纳税所得额，适用个人所得税预扣率表，计算累计应预扣预缴税额，再减除累计减免税额和累计已预扣预缴税额，其余额为本期应预扣预缴税额。余额为负值时，暂不退税。纳税年度终了后余额仍为负值时，由纳税人通过办理综合所得年度汇算清缴，税款多退少补。

具体计算公式如下：

本期应预扣预缴税额＝(累计预扣预缴应纳税所得额×预扣率－速算扣除数)
－累计减免税额－累计已预扣预缴税额

累计预扣预缴应纳税所得额＝累计收入－累计免税收入－累计减除费用－累计专项扣除
－累计专项附加扣除－累计依法确定的其他扣除

上述公式中：

累计减除费用，按照 5 000 元/月乘以纳税人当年截至本月在本单位的任职受雇月份数计算。

六项专项附加扣除中，除大病医疗之外，其他专项附加扣除可由纳税人选择在预扣预缴税款时进行扣除。纳税人在预扣预缴税款阶段享受专项附加扣除，以居民个人在取得工资、薪金所得时，向扣缴义务人提供的专项附加扣除信息为前提。居民个人向扣缴义务人提供有关信息并依法要求办理专项附加扣除的，扣缴义务人应当按照规定在工资、薪金所得按月预扣预缴税款时予以扣除，不得拒绝。纳税人同时从两处以上取得工资、薪金所得，并由扣缴义务人减除专项附加扣除的，对同一专项附加扣除项目，在一个纳税年度内只能选择从一处取得的所得中减除。

计算居民个人工资、薪金所得预扣预缴税额适用的预扣率、速算扣除数，按七级超额累进预扣率(表 10-3)执行。

【例 1】 中国居民赵某为某公司职员，2020 年 1—3 月公司每月应发工资 10 000 元，每月公司按规定标准为其代扣代缴“三险一金”1 500 元，从 1 月起享受子女教育支出专项附加扣除 1 000 元，没有减免收入及减免税额等情况。请依照现行税法规定，分别计算赵某 1－3 月应预扣预缴税额。

1 月：(10 000－5 000－1 500－1 000)×3％＝75(元)

2 月：(10 000×2－5 000×2－1 500×2－1 000×2)×3％－75＝75(元)

3 月：(10 000×3－5 000×3－1 500×3－1 000×3)×3％－75－75＝75(元)

其中，由于赵某 1－3 月累计预扣预缴应纳税所得额都低于 36 000 元，全部适用 3％的税率，因此各月应预扣预缴的税款相同。

【例 2】 中国居民陈某为某公司职员，2020 年 1—3 月公司每月应发工资为 30 000 元，每月公司按规定标准为其代扣代缴“三险一金”4 500 元，从 1 月起享受子女教育、赡养老人两项专项附加扣除共计 2 000 元，没有减免收入及减免税额等情况。请依照现行税法规定，分别计算陈某 1—3 月应预扣预缴税额。

1 月：(30 000－5 000－4 500－2 000)×3％＝555(元)

2 月：(30 000×2－5 000×2－4 500×2－2 000×2)×10％－2 520－555＝625(元)

3 月：(30 000×3－5 000×3－4 500×3－2 000×3)×10％－2 520－555－625＝1 850(元)

其中，由于陈某 2 月累计预扣预缴的应纳税所得额为 37 000 元，适用 10％的税率，因此相比 1 月，2 月应预扣预缴税金有所增加。

2. 居民个人劳务报酬所得、稿酬所得、特许权使用费所得预扣预缴税款计算方法

扣缴义务人向居民个人支付劳务报酬所得、稿酬所得、特许权使用费所得，以每次或每月收入额为预扣预缴应纳税所得额，分别适用三级超额累进预扣率(表 10-4)和 20%的比例预扣率，按次或按月计算每项所得应预扣预缴的个人所得税。

劳务报酬所得应预扣预缴税额＝预扣预缴应纳税所得额(收入额)×预扣率－速算扣除数

稿酬所得、特许权使用费所得应预扣预缴税额＝预扣预缴应纳税所得额(收入额)×20%

(1)收入额：劳务报酬所得、稿酬所得、特许权使用费所得以收入减除费用后的余额为收入额。其中，稿酬所得的收入额减按 70%计算。

(2)减除费用：劳务报酬所得、稿酬所得、特许权使用费所得每次收入不超过 4 000 元的，减除费用按 800 元计算；每次收入 4 000 元以上的，减除费用按 20%计算。

(3)预扣率：劳务报酬所得适用 20%～40%的三级超额累进预扣率(表 10-4)，稿酬所得、特许权使用费所得适用 20%的比例预扣率。

【例 3】 假设中国某居民个人一次性取得劳务报酬收入 2 000 元(不含增值税)，请依照现行税法规定，计算该所得应预扣预缴税额。

(1)应纳税所得额(收入额)＝2 000－800＝1 200(元)

(2)应预扣预缴税额＝1 200×20%＝240(元)

【例 4】 假设中国某居民个人一次性取得稿酬收入 40 000 元(不含增值税)，请依照现行税法规定，计算该所得应预扣预缴税额。

(1)应纳税所得额(收入额)＝40 000×(1－20%)×70%＝22 400(元)

(2)应预扣预缴税额＝22 400×20%＝4 480(元)

(三)居民个人综合所得汇算清缴的计算方法

居民个人办理年度综合所得汇算清缴时，应当依法计算劳务报酬所得、稿酬所得、特许权使用费所得的收入额，并入年度综合所得计算应纳税款，税款多退少补。具体而言，2019 年度个人所得税综合所得汇算清缴的计税方法如下：

2019 年综合所得汇算清缴计算公式：

2019 年度汇算应退或应补税额＝[(综合所得收入额－60 000 元－“三险一金”等专项扣除－子女教育等专项附加扣除－依法确定的其他扣除－捐赠)×适用税率－速算扣除数]－2019 年已预缴税额

(1)综合所得收入额的确定。

综合所得收入额的确定：①工资、薪金所得，以年度工资、薪金收入减去不征税收入。免税收入的余额为收入额。②劳务报酬所得、稿酬所得、特许权使用费所得，以各自的收入减去 20%的费用后的余额为收入额。其中，稿酬所得的收入额按 70%计算。个人兼有不同的劳务报酬所得，应分别扣除费用，计算缴纳个人所得税。

(2)专项扣除、专项附加扣除、依法确定的其他扣除按前述规定处理。

需要注意的是：①专项扣除、专项附加扣除和依法规定的其他扣除，以居民个人一个纳税年度的应纳税所得额为限额。一个纳税年度抵扣不完的，不得结转抵扣。②居民个人取得劳务报酬所得、稿酬所得、特许权使用费所得，应当在汇算清缴时向税务机关提供有关信息，减除专项附加扣除。③居民个人填报专项附加扣除信息存在明显错误，经税务机关通知，居民个人拒不更正或者不说明情况的，税务机关可暂停纳税人享受专项附加扣除。居民个人按规定更正相关信息或者说明情况后，经税务机关确认，居民个人可继续享受专项附加扣除，以前月份未享受扣除的，可按规定追补扣除。④汇算清缴时，可依法扣除的捐赠，是当年符合条件的公益慈善事业捐赠。

(3)适用税率和速算扣除数，根据年度应纳税所得额查找综合所得七级超额累进税率表(表 10-1)确定。

此外，纳税人计算并结清 2019 年综合所得的应退或应补税款，不涉及以前或以后年度，也不涉及财产租赁等分类所得，以及纳税人按规定选择不并入综合所得计算纳税的全年一次性奖金等所得。

残疾、孤老人员和烈属取得综合所得办理汇算清缴时，汇算清缴地与预扣预缴地规定不一致的，用预扣预缴地规定计算的减免税额与用汇算清缴地规定计算的减免税额相比较，按照孰高值确定减免税额。该项政策适用于 2019 年度及以后年度的综合所得年度汇算清缴。

【例 5】 假设中国居民李某 2019 年每月应取得工资收入为 30 000 元，缴纳“三险一金”4 500 元、享受子女教育和赡养老人两项专项附加扣除 2 000 元。2019 年度李某只在本单位一处拿工资，没有其他收入，没有大病医疗和减免收入及减免税额等情况。请依照现行税法规定，计算李某每月应预扣预缴税额和年终综合所得应纳税额。

每月应预扣预缴税额：

1 月：(30 000－5 000－4 500－2 000)×3％＝555(元)

2 月：(30 000×2－5 000×2－4 500×2－2 000×2)×10％－2 520－555＝625(元)

3 月：(30 000×3－5 000×3－4 500×3－2 000×3)×10％－2 520－1 180＝1 850(元)

4 月：(30 000×4－5 000×4－4 500×4－2 000×4)×10％－2 520－3 030＝1 850(元)

5 月：(30 000×5－5 000×5－4 500×5－2 000×5)×10％－2 520－4 880＝1 850(元)

6 月：(30 000×6－5 000×6－4 500×6－2 000×6)×10％－2 520－6 730＝1 850(元)

7 月：(30 000×7－5 000×7－4 500×7－2 000×7)×10％－2 520－8 580＝1 850(元)

8 月：(30 000×8－5 000×8－4 500×8－2 000×8)×20％－16 920－10 430＝2 250(元)

9 月：(30 000×9－5 000×9－4 500×9－2 000×9)×20％－16 920－12 680＝3 700(元)

10 月：(30 000×10－5 000×10－4 500×10－2 000×10)×20％－16 920－16 380＝3 700(元)

11 月：(30 000×11－5 000×11－4 500×11－2 000×11)×20％－16 920－20 080＝3 700(元)

12 月：(30 000×12－5 000×12－4 500×12－2 000×12)×20％－16 920－23 780＝3 700(元)

1—12 月所在单位共计预扣预缴税额为 27 480 元。年终综合所得应纳税额：

2019 年度综合所得应缴纳个人所得税＝(30 000×12－60 000－4 500×12－2 000×12)
×20％－16 920＝27 480(元)

由于李某只在一处取得工资、薪金，且足额享受专项附加扣除，单位已全额预扣预缴税款，故年终不需进行综合所得汇算清缴。

【例 6】 假设中国居民刘某在境内某企业任职，2019 年 1－12 月每月应从任职企业取得工资、薪金收入 16 000 元，无免税收入；任职企业每月按有关规定标准为其代缴“三险一金”2 500 元，从 1 月开始享受子女教育和赡养老人专项附加扣除合计 3 000 元。另外，刘某 2019 年 3 月从甲公司取得劳务报酬收入 3 000 元，从乙公司取得稿酬收入 2 000 元；6 月从丙公司取得劳务报酬收入 30 000 元，从丁公司特许权使用费收入 2 000 元。已知当年取得四项所得时已被支付方足额预扣预缴税款合计 10 128 元，没有大病医疗和减免收入及减免税额等情况，请依照现行税法规定，为刘某进行综合所得个人所得税的汇算清缴。（假设上述劳务报酬、稿酬、特许权使用费收入均为不含税收入）

（1）刘某综合所得年收入额

综合所得年收入额＝工资、薪金收入额＋劳务报酬收入额＋稿酬收入额＋特许权使用费收入额

＝16 000×12＋(3 000＋30 000)×(1－20％)＋2 000×(1－20％)×70％ ＋2 000×(1－20％)

＝221 120(元)

（2）刘某综合所得年应纳税所得额

年应纳税所得额＝年收入额－60 000－专项扣除－专项附加扣除－依法确定的其他扣除

＝221 120－60 000－(2 500×12)－(3 000×12)

＝95 120(元)

（3）刘某年综合所得应纳税额

应纳税额＝年应纳税所得额×适用税率－速算扣除数

＝95 120×10％－ 2 520

＝6 992(元)

（4）刘某年终汇算清缴应补(退)税额

年终汇算清缴应补(退)税额＝应纳税额－预扣预缴税额

＝6 992－10 128

＝－3 136(元)

所以，年终汇算清缴刘某应获退税款 3 136 元。

（四）无住所居民个人综合所得计税方法的特殊规定

根据《财政部、税务总局关于非居民个人和无住所居民个人有关个人所得税政策的公告》(财政部、税务总局公告 2019 年第 35 号)的规定，无住所居民个人取得综合所得，年度终了后，应将年度工资、薪金收入额，劳务报酬收入额，稿酬收入额，特许权使用费收入额汇总，计算缴纳个人所得税。需要办理汇算清缴的，依法办理汇算清缴。

年度综合所得应纳税额＝(年度工资、薪金收入额＋年度劳务报酬收入额＋年度稿酬收入额

＋年度特许权使用费收入额－减除费用－专项扣除－专项附加扣除

－依法确定的其他扣除)×适用税率－速算扣除数

公式中的年度工资、薪金收入额，年度劳务报酬收入额，年度稿酬收入额，年度特许权使用费收入额，分别按年度内每月工资、薪金以及每次劳务报酬、稿酬、特许权使用费收入额合计数额计算。

1. 工资、薪金收入额的确定

工资、薪金收入额的确定与纳税人的身份和居住时间密切相关。

（1）无住所居民个人（非高管）在境内居住累计满 183 天的年度连续不满六年的情形。在境内居住累计满 183 天的年度连续不满六年的无住所居民个人，符合《个人所得税法实施条例》第四条优惠条件的，其取得的全部工资，薪金所得，除归属于境外工作期间且由境外单

位或者个人支付的工资、薪金所得部分外，均应计算缴纳个人所得税。工资、薪金所得收入额的计算公式如下：

当月工资、薪金收入额＝当月境内外工资、薪金总额×[1－当月境外支付的工资、薪金数额÷当月境内外工资、薪金总额×当月工资、薪金所属工作期间境外工作天数÷当月工资、薪金所属工作期间公历天数]

(2)无住所居民个人(非高管)在境内居住累计满183天的年度连续满六年的情形。在境内居住累计满183天的年度连续满六年后，不符合《个人所得税法实施条例》第四条优惠条件的无住所居民个人，其从境内、境外取得的全部工资、薪金所得均应并入收入额计算缴纳个人所得税。

(3)无住所居民个人为高管的情形。

高管是指在企业担任董事、监事、高层管理职务的人员。这里的高层管理职务包括企业正，副(总)经理，各职能总师、总监及其他类似公司管理层的职务。

上述个人工资、薪金所得收入额，按照财政部、税务总局2019年第35号公告第二条规定计算纳税。即高管人员为居民个人的，其工资、薪金在境内应计税的收入额的计算方法与其他无住所居民个人一致。

2. 专项附加扣除政策的享受

无住所居民个人在计算综合所得收入额时，可以享受专项附加扣除。其中，无住所居民个人为外籍个人的，2022年1月1日前计算工资、薪金收入额时，可以选择享受住房补贴、子女教育费、语言训练费等八项津补贴优惠政策，也可以选择享受专项附加扣除政策，但二者不可同时享受。

二、经营所得的计税方法

(一)个体工商户生产经营所得的计税办法

经营所得，以每一纳税年度的收入总额减除成本、费用以及损失后的余额，为应纳税所得额。个体工商户生产经营应纳税所得额的计算，以权责发生制为原则，属于当期的收入和费用，不论款项是否收付，均作为当期的收入和费用；不属于当期的收入和费用，即使款项已经在当期收付，均不作为当期收入和费用。财政部、国家税务总局另有规定的除外。

在计算应纳税所得额时，个体工商户会计处理办法与以下规定和财政部、国家税务总局相关规定不一致的，应当依照以下规定和财政部、国家税务总局的相关规定计算。

(1)计税基本规定

个体工商户的生产、经营所得，以每一纳税年度的收入总额，减除成本、费用，税金、损失、其他支出以及允许弥补的以前年度亏损后的余额，为应纳税所得额。计算公式为：

应纳税所得额＝收入总额－成本－费用－税.金－损失－其他支出－允许弥补的以前年度亏损

①个体工商户从事生产经营以及与生产经营有关的活动(以下简称生产经营)取得的货币形式和非货币形式的各项收入，为收入总额，包括销售货物收入、提供劳务收入、转让财产

收入、利息收入、租金收入、接受捐赠收入、其他收入。

其他收入包括个体工商户资产溢余收入、逾期一年以上的未退包装物押金收入、确实无法偿付的应付款项、已做坏账损失处理后又收回的应收款项、债务重组收入、补贴收入、违约金收入、汇兑收益等。

②成本，是指个体工商户在生产经营活动中发生的各种直接支出和分配计入成本的间接费用，具体包括销售成本、销货成本、业务支出以及其他耗费。

③费用，是指个体工商户在生产经营活动中发生的销售费用、管理费用和财务费用，已经计入成本的有关费用除外。

④税金，是指个体工商户在生产经营活动中发生的除个人所得税和允许抵扣的增值税以外的各项税金及其附加。

⑤损失，是指个体工商户在生产经营活动中发生的固定资产和存货的盘亏、毁损、报废损失、转让财产损失、坏账损失、自然灾害等不可抗力因素造成的损失以及其他损失。

个体工商户发生的损失，减除责任人赔偿和保险赔款后的余额，参照财政部、国家税务总局有关企业资产损失税前扣除的规定扣除。

个体工商户已经作为损失处理的资产，在以后纳税年度又全部收回或者部分收回时，应当计入收回当期的收入。

⑥其他支出，是指除成本、费用、税金、损失外，个体工商户在生产经营活动中发生的与生产经营活动有关的、合理的支出。

⑦个体工商户发生的支出应当区分收益性支出和资本性支出。收益性支出在发生当期直接扣除；资本性支出应当分期扣除或者计入有关资产成本，不得在发生当期直接扣除。

支出，是指与取得收入直接相关的支出。除税收法律法规另有规定外，个体工商户实际发生的成本、费用、税金、损失和其他支出，不得重复扣除。

⑧亏损，是指个体工商户依照规定计算的应纳税所得额小于零的数额。

(2)个体工商户不得税前扣除的支出：

①个人所得税税款；

②税收滞纳金；

③罚金、罚款和被没收财物的损失；

④不符合扣除规定的捐赠支出；

⑤赞助支出，是指个体工商户发生的与生产经营活动无关的各种非广告性质支出；

⑥用于个人和家庭的支出；

⑦与取得生产经营收入无关的其他支出；

⑧国家税务总局规定不准扣除的支出。

(3)个体工商户生产经营活动中，应当分别核算生产经营费用和个人、家庭费用。对于生产经营与个人，家庭生活混用难以分清的费用，其40%视为与生产经营有关费用，准予扣除。

(4)个体工商户纳税年度发生的亏损，准予向以后年度结转，用以后年度的生产经营所得弥补,但结转年限最长不得超过 5 年。

(5)个体工商户使用或者销售存货,按照规定计算的存货成本,准予在计算应纳税所得额时扣除。

(6)个体工商户转让资产,该项资产的净值,准予在计算应纳税所得额时扣除。

(7)扣除项目及标准。

①个体工商户实际支付给从业人员的、合理的工资、薪金支出,准予扣除。

②个体工商户业主费用的扣除。个体工商户业主的工资、薪金支出不得税前扣除。根据《个人所得税法实施条例》规定,取得经营所得的个人,没有综合所得的,计算其每一纳税年度的应纳税所得额时,应当减除费用 60 000 元,专项扣除、专项附加扣除以及依法确定的其他扣除。其中,专项附加扣除在办理汇算清缴时减除。

个体工商户因在纳税年度中间开业、合并、注销及其他原因导致该纳税年度的实际经营期不足 1 年的,其生产经营所得计算个人所得税时,以其实际经营期为 1 个纳税年度。投资者本人的费用扣除标准,应按照其实际经营月份数,以每月 5 000 元的减除标准确定。计算公式如下:

应纳税所得额=该年度收入总额-成本、费用及损失-当年投资者本人的费用扣除额

当年投资者本人的费用扣除额=月减除费用(5 000 元/月)×当年实际经营月份数

应纳税额=应纳税所得额×税率-速算扣除数

③个体工商户按照国务院有关主管部门或者省级人民政府规定的范围和标准为其业主和从业人员缴纳的基本养老保险费、基本医疗保险费、失业保险费、生育保险费、工伤保险费和住房公积金,准予扣除。

个体工商户为从业人员缴纳的补充养老保险费、补充医疗保险费,分别在不超过从业人员工资总额 5%标准内的部分据实扣除;超过部分,不得扣除。

个体工商户业主本人缴纳的补充养老保险费,补充医疗保险费,以当地(地级市)上年度社会平均工资的 3 倍为计算基数,分别在不超过该计算基数 5%标准内的部分据实扣除;超过部分,不得扣除。

④除个体工商户依照国家有关规定为特殊工种从业人员支付的人身安全保险费和财政部、国家税务总局规定可以扣除的其他商业保险费外,个体工商户业主本人或者为从业人员支付的商业保险费,不得扣除。

⑤个体工商户在生产经营活动中发生的合理的不需要资本化的借款费用,准予扣除。个体工商户为购置、建造固定资产、无形资产和经过 12 个月以上的建造才能达到预定可销售状态的存货发生借款的,在有关资产购置、建造期间发生的合理的借款费用,应当作为资本性支出计入有关资产的成本,并依照规定扣除。

⑥个体工商户在生产经营活动中发生的下列利息支出,准予扣除:

向金融企业借款的利息支出;

向非金融企业和个人借款的利息支出,不超过按照金融企业同期同类贷款利率计算的数额的部分。

⑦个体工商户在货币交易中，以及纳税年度终了时将人民币以外的货币性资产，负债按照期末即期人民币汇率中间价折算为人民币时产生的汇兑损失，除已经计入有关资产成本部分外，准予扣除。

⑧个体工商户向当地工会组织拨缴的工会经费、实际发生的职工福利费支出、职工教育经费支出分别在工资、薪金总额的2%、14%和2.5%的标准内据实扣除。

工资、薪金总额是指允许在当期税前扣除的工资、薪金支出数额。

职工教育经费的实际发生数额超出规定比例当期不能扣除的数额，准予在以后纳税年度结转扣除。

个体工商户业主本人向当地工会组织缴纳的工会经费、实际发生的职工福利费支出、职工教育经费支出，以当地(地级市)上年度社会平均工资的3倍为计算基数，在上述规定比例内据实扣除。

⑨个体工商户发生的与生产经营活动有关的业务招待费，按照实际发生额的60%扣除，但最高不得超过当年销售(营业)收入的5‰。

业主自申请营业执照之日起至开始生产经营之日止所发生的业务招待费，按照实际发生额的60%计入个体工商户的开办费。

⑩个体工商户每一纳税年度发生的与其生产经营活动直接相关的广告费和业务宣传费不超过当年销售(营业)收入15%的部分，可以据实扣除；超过部分，准予在以后纳税年度结转扣除。

⑪个体工商户代其从业人员或者他人负担的税款，不得税前扣除。

⑫个体工商户按照规定缴纳的摊位费、行政性收费、协会会费等，按实际发生数额扣除。

⑬个体工商户根据生产经营活动的需要租入固定资产支付的租赁费，按照以下方法扣除：

以经营租赁方式租入固定资产发生的租赁费支出，按照租赁期限均匀扣除；

以融资租赁方式租入固定资产发生的租赁费支出，按照规定构成融资租入固定资产价值的部分应当提取折旧费用，分期扣除。

⑭个体工商户参加财产保险，按照规定缴纳的保险费，准予扣除。

⑮个体工商户发生的合理的劳动保护支出，准予扣除。

⑯个体工商户自申请营业执照之日起至开始生产经营之日止所发生符合规定的费用，除为取得固定资产、无形资产的支出，以及应计入资产价值的汇兑损益、利息支出外，作为开办费，个体工商户可以选择在开始生产经营的当年一次性扣除，也可自生产经营月份起在不短于3年期限内摊销扣除，但一经选定，不得改变。

开始生产经营之日为个体工商户取得第一笔销售(营业)收入的日期。

⑰个体工商户通过公益性社会团体或者县级以上人民政府及其部门，用于《中华人民共和国公益事业捐赠法》规定的公益事业的捐赠，捐赠额不超过其应纳税所得额30%的部分可以据实扣除。

财政部、国家税务总局规定可以全额在税前扣除的捐赠支出项目，按有关规定执行。

个体工商户直接对受益人的捐赠不得扣除。公益性社会团体的认定,按照财政部、国家税务总局、民政部有关规定执行。

⑱个体工商户研究开发新产品、新技术、新工艺所发生的开发费用,以及研究开发新产品、新技术而购置单台价值在10万元以下的测试仪器和试验性装置的购置费准予直接扣除;单台价值在10万元以上(含)的测试仪器和试验性装置,按固定资产管理,不得在当期直接扣除。

(8)个体工商户资产的税务处理,参照企业所得税相关法律、法规和政策规定执行。

(9)个体工商户有两处或两处以上经营机构的,选择并固定向其中一处经营机构所在地主管税务机关申报缴纳个人所得税。

(10)个体工商户终止生产经营的,应当在注销工商登记或者向政府有关部门办理注销前向主管税务机关结清有关纳税事宜。

(11)各省、自治区、直辖市和计划单列市税务局可以结合本地实际,制定具体实施办法。

(12)应纳税额的计算方法。

个体工商户取得经营所得应纳税额的计算,适用五级超额累进税率(表10-2),采取按月或按季度预缴税款,按年汇算清缴的纳税方式。具体而言,由纳税人在月度或者季度终了后15日内向税务机关报送纳税申报表预缴税款,在取得所得的次年3月31日前办理年度个人所得税汇算清缴。其计算公式为:

全年应纳税额=全年应纳税所得额×适用税率-速算扣除数

汇算清缴税额=全年应纳税额-全年累计已预缴税额

从事生产、经营活动,未提供完整、准确的纳税资料,不能正确计算应纳税所得额的,由主管税务机关核定应纳税所得额或者应纳税额。

【例7】 中国某市A酒店系个体工商户,账证比较健全。2019年1—12月累计应纳税所得额为132 000(未扣除投资者费用),1—12月累计已预缴个人所得税为15 900元。除经营所得外,投资者本人没有其他应税收入,2019年全年享受一名子女教育和赡养老人的专项附加扣除金额合计24 000元。请依照现行税法规定,分析计算该个体工商户2019年度经营所得个人所得税的汇算清缴情况。

(1)全年应纳税所得额=132 000-60 000-24 000=48 000(元)

(2)全年应缴纳个人所得税=48 000×10%-1 500=3 300(元)

(3)2019年汇算清缴应申请退税额=15 900-3 300=12 600(元)

(二)个人独资企业和合伙企业投资者的计税方法

1.个人独资企业、合伙企业及纳税人

按照《财政部国家税务总局关于印发〈关于个人独资企业和合伙企业投资者征收个人所得税的法规〉的通知》(财税〔2000〕91号)的规定,个人独资企业和合伙企业为:

(1)依照《中华人民共和国个人独资企业法》和《中华人民共和国合伙企业法》登记成立的个人独资企业、合伙企业;

(2)依照《中华人民共和国私营企业暂行条例》登记成立的独资、合伙性质的私营企业；

(3)依照《中华人民共和国律师法》登记成立的合伙制律师事务所；

(4)经政府有关部门依照法律、法规批准成立的负无限责任和无限连带责任的其他个人独资、个人合伙性质的机构或组织。

个人独资企业以投资者为纳税义务人，合伙企业以每个合伙人为纳税义务人。

2. 税率

凡实行查账征税办法的，其税率适用“经营所得”5%～35%的五级超额累进税率，计算征收个人所得税；实行核定应税所得率征收方式的，按照应税所得率计算其应纳税所得额，再按其应纳税所得额的大小，适用5%～35%的五级超额累进税率计算征收个人所得税。

投资者兴办两个或两个以上企业的(包括参与兴办)，年度终了时，应汇总从所有企业取得的应纳税所得额，据此确定适用税率并计算缴纳个人所得税。

3. 应纳税所得额的确定原则

个人独资企业和合伙企业的应纳税所得额，等于每一纳税年度的收入总额减除成本、费用以及损失后的余额。收入总额是指企业从事生产经营以及与生产经营有关的活动所取得的各项收入，包括商品(产品)销售收入、营运收入、劳务服务收入、工程价款收入、财产出租或转让收入、利息收入、其他业务收入和营业外收入。

自2008年1月1日起，合伙企业的合伙人应纳税所得额的确认原则如下：

(1)合伙企业的合伙人以合伙企业的生产经营所得和其他所得，按照合伙协议约定的分配比例确定应纳税所得额。

(2)合伙协议未约定或者约定不明确的，以全部生产经营所得和其他所得，按照合伙人协商决定的分配比例确定应纳税所得额。

(3)协商不成的，以全部生产经营所得和其他所得，按照合伙人实缴出资比例确定应纳税所得额。

(4)无法确定出资比例的，以全部生产经营所得和其他所得，按照合伙人数量平均计算每个合伙人的应纳税所得额。

(5)合伙协议不得约定将全部利润分配给部分合伙人。

合伙人是法人和其他组织的，缴纳企业所得税。合伙企业的合伙人是法人和其他组织的，合伙人在计算其缴纳企业所得税时，不得用合伙企业的亏损抵减其盈利。

4. 扣除项目

凡实行查账征税办法的，计算生产经营所得时，扣除项目比照个体工商户相关规定执行。但下列项目扣除遵循如下规定：

(1)投资者的费用扣除标准。投资者的工资不得在税前直接扣除，但可按规定的标准扣除费用。自2019年1月1日起，投资者本人的费用扣除标准统一确定为60 000元/年(5 000元/月)。

需要注意的是，投资者兴办两个或两个以上企业的，其费用扣除标准由投资者选择在其中一个企业的生产经营所得中扣除。

(2)投资者及其家庭发生的生活费用不允许在税前扣除。投资者及其家庭发生的生活费用与企业生产经营费用混合在一起,并且难以划分的,全部视为投资者个人及其家庭发生的生活费用,不允许在税前扣除。

(3)企业生产经营和投资者及其家庭生活共用的固定资产,难以划分的,由主管税务机关根据企业的生产经营类型、规模等具体情况,核定准予在税前扣除的折旧费用的数额或比例。

(4)企业向其从业人员实际支付的合理的工资、薪金支出,允许在税前据实扣除。

(5)企业缴拨的工会经费,发生的职工福利费、职工教育经费支出,分别在工资、薪金总额2%、14%、2.5%的标准内据实扣除。

(6)每一纳税年度发生的与其生产经营业务直接相关的业务招待费支出,按照实际发生额的60%扣除,但最高不得超过当年销售(营业)收入5‰。

(7)每一纳税年度发生的与其生产经营活动直接相关的广告费和业务宣传费不超过当年销售(营业)收入15%的部分,可以据实扣除;超过部分,准予在以后纳税年度结转扣除。

(8)计提的各种准备金不得扣除。

5.应纳税额的计算方法

(1)查账征收

实行查账征收的个人投资者,兴办一个企业的,比照个体工商户经营所得应纳税额的计算方法。

投资者兴办两个或两个以上企业的,其应纳税额的具体计算方法为:汇总其投资兴办的所有企业的经营所得作为应纳税所得额,以此确定适用税率,计算出全年经营所得的应纳税额,再根据每个企业的经营所得占所有企业经营所得的比例,分别计算出每个企业的应纳税额和应补缴税额。计算公式如下:

$$应纳税所得额=\sum 各个企业的经营所得$$

$$应纳税额=应纳税所得额\times 税率-速算扣除数$$

$$本企业应纳税额=应纳税额\times 本企业的经营所得\div\sum 各个企业的经营所得$$

$$本企业应补缴的税额=本企业应纳税额-本企业预缴的税额$$

(2)核定征收

①核定征收的范围

有下列情形之一的,主管税务机关应采取核定征收方式征收个人所得税:

A.企业依照国家有关规定应当设置但未设置账簿的。

B.企业虽设置账簿,但账目混乱或者成本资料,收入凭证、费用凭证残缺不全,难以查账的。

C.纳税人发生纳税义务,未按照规定的期限办理纳税申报,经税务机关责令限期申报,逾期仍不申报的。

②核定征收方式

核定征收方式,包括定额征收、核定应税所得率征收以及其他合理的征收方式。

实行核定应税所得率征收方式的,应纳所得税额的计算公式如下:

应纳所得税额=应纳税所得额×适用税率

应纳税所得额=收入总额×应税所得率

或　　=成本费用支出额÷(1-应税所得率)×应税所得率

各行业的应税所得率见表10-6。

表10-6　各个行业应税所得率

行业	应税所得率
工业、商业、交通运输业	5%~20%
建筑业、房地产开发业	7%~20%
饮食服务业	7%~25%
娱乐业	20%~40%
其他行业	10%~30%

企业经营多业的,无论其经营项目是否单独核算,均应根据其主营项目确定其适用的应税所得率。

实行核定征税的投资者不能享受个人所得税的优惠政策。

(3)个人独资企业和合伙企业的亏损弥补

①企业的年度亏损,允许用本企业下一年度的生产经营所得弥补,下一年度所得不足弥补的,允许逐年延续弥补,但最长不得超过5年。

②投资者兴办两个或两个以上企业的,企业的年度经营亏损不能跨企业弥补。

③实行查账征税方式的个人独资企业和合伙企业改为核定征税方式后,在查账征税方式下认定的年度经营亏损未弥补完的部分,不得再继续弥补。

6. 对外投资分回的利息或者股息、红利的税务处理

个人独资企业对外投资分回的利息或者股息、红利,不并入企业的收入,而应单独作为投资者个人取得的利息、股息、红利所得,按"利息、股息、红利所得"应税项目计算缴纳个人所得税。以合伙企业名义对外投资分回利息或者股息、红利的,应按比例确定各个投资者的利息、股息、红利所得,分别按"利息、股息,红利所得"应税项目计算缴纳个人所得税。

7. 税收优惠

残疾人员投资兴办或参与投资兴办个人独资企业和合伙企业的,残疾人员取得的生产经营所得,符合各省、自治区、直辖市人民政府规定的减征个人所得税条件的,经本人申请、主管税务机关审核批准,可按各省、自治区,直辖市人民政府规定减征的范围和幅度,减征个人所得税。实行核定征收的个人投资者除外。

8. 实际经营期不足1年的税务处理

个人独资企业和合伙企业因在纳税年度中间开业、合并、注销及其他原因,导致该纳税年度的实际经营期不足1年的,对个人独资企业投资者和合伙企业自然人合伙人的生产经营所得计算个人所得税时,以其实际经营期为1个纳税年度。投资者本人的费用扣除标准,应按照其实际经营月份数，以每月 5 000 元的减除标准确定。计算公式如下：

应纳税所得额＝该年度收入总额－成本、费用及损失－当年投资者本人的费用扣除额

当年投资者本人的费用扣除额＝月减除费用(5 000 元/月)×当年实际经营月份数

应纳税额＝应纳税所得额×税率－速算扣除数

9. 关联交易管理

企业与其关联企业之间的业务往来，应当按照独立企业之间的业务往来收取或者支付价款、费用。不按照独立企业之间的业务往来收取或者支付价款、费用，而减少其应纳税所得额的，主管税务机关有权进行合理调整。

关联企业认定条件及税务机关调整其价款、费用的方法，按照《中华人民共和国税收征收管理法》(以下简称《税收征管法》)及其实施细则的有关规定执行。

【例 8】 中国居民李先生与另一居民个人共同设立合伙企业甲，出资比例为 5:5，约定按出资比例确定各自应纳税所得额。2019 年甲企业的会计报表显示：全年业务收入 70 万元，投资收益 10 万元，营业成本 41 万元，税金及附加 4 万元，销售费用 15.5 万元，管理费用 8.5 万元，营业外支出 5 万元，会计利润总额 6 万元。经某税务所税务师审核，发现以下事项：

(1)投资收益是以合伙企业对境内居民企业的投资分红，对外投资的出资比例与合伙企业的出资比例相同；

(2)营业成本账户列支向每位合伙人支付的年度工资 11.5 万元；

(3)销售费用账户列支广告费和业务宣传费 3 万元；

(4)管理费用账户中列支业务招待费 1.35 万元；

(5)营业外支出账户列支工商管理罚款 2 万元；

(6)李先生 2019 年度来自本地另一合伙企业乙的经营利润为 6.5 万元。

已知 2019 年除经营所得外，两位合伙人没有其他应税收入，根据以上资料，请依照现行税法规定，计算并回答如下问题：

(1)合伙企业甲广告费和业务宣传费及业务招待费的纳税调整额；

(2)假设投资者均选择从甲企业中扣除基本费用，计算合伙企业甲的应纳税所得额；

(3)2019 年李先生全部生产经营所得应纳个人所得税额。

根据上述资料，分析如下：

(1)广告费和业务宣传费扣除限额＝700 000×15%＝105 000(元)，高于实际发生额 30 000 元，不需进行纳税调整；业务招待费扣除限额＝700 000×0.5%＝3 500(元)，实际支出额为 13 500 元，应调增应纳税所得额 10 000 元。

甲企业广告费和业务宣传费、业务招待费合计的纳税调增额为 10 000 元。

(2)甲企业应纳税所得额＝60 000－100 000＋115 000×2＋20 000＋10 000－60 000×2
＝100 000(元)

其中，对外投资分红应单独按照“利息、股息、红利所得”计算个人所得税；合伙企业支付给投资者的工资和罚款不得在合伙企业的税前扣除，但投资者基本费用可以在税前扣除。

(3)李先生 2019 年全部生产经营所得应纳个人所得税额＝(100 000 ÷ 2＋65 000)×20%－10 500＝12 500(元)

(三)对企事业单位承包、承租经营所得的计税方法

1. 应纳税所得额的确定

对企事业单位承包经营、承租经营所得是以每一纳税年度的收入总额，减除必要费用后的余额，为应纳税所得额。其中，收入总额是指纳税人按照承包经营，承租经营合同规定分得的经营利润和工资、薪金性质的所得。个人的承包、承租经营所得，既有工资、薪金性质，又含生产、经营性质，但考虑到个人按承包，承租经营合同规定分到的是经营利润，涉及的生产、经营成本费用已经扣除，所以，税法规定，“减除必要费用”是指按月减除 5 000 元，实际减除的是相当于个人的生计及其他费用。其计算公式为：

应纳税所得额＝个人承包、承租经营收入总额－每月费用扣除标准×实际承包或承租月数

个人在承租、承包经营期间，如果工商登记仍为企业的，不管其分配方式如何，均应先按照企业所得税的有关规定缴纳企业所得税。承包经营、承租经营者按照承包、承租经营合同(协议)规定取得的所得，依照个人所得税法的有关规定缴纳个人所得税。

2. 应纳税额的计算方法

对企事业单位承包经营、承租经营所得适用五级超额累进税率(表 10-2)，以其应纳税所得额按适用税率计算应纳税额。计算公式为：

应纳税额＝应纳税所得额×适用税率－速算扣除数

【例 9】 中国居民范某 2019 年 1 月至 12 月承包某商店，承包期限为 1 年，取得承包经营所得 200 000 元。此外，范某每月从商店领取工资 8 000 元。已知 2019 年除经营所得外，范某没有其他应税收入，无专项附加扣除和其他减免税优惠，请依照现行税法规定，计算范某 2019 年应缴纳的个人所得税。

(1)2019 年承包经营应纳税所得额＝(200 000＋12×8 000)－12×5 000＝236 000(元)

(2)2019 年承包经营所得应缴纳个人所得税＝236 000×20%－10 500＝36 700(元)

实行承包，承租经营的纳税人，应以每一纳税年度的承包、承租经营所得计算纳税。纳税人在一个年度内分次取得承包、承租经营所得的，应在每次取得承包、承租经营所得后预缴税款，年终汇算清缴，多退少补。如果纳税人的承包，承租期在一个纳税年度内经营不足 12 个月，应以其实际承包、承租经营的期限为一个纳税年度计算纳税。计算公式为：

应纳税所得额＝该年度承包、承租经营收入额－每月费用扣除标准×该年度实际承包、承租经营月份数

应纳税额＝应纳税所得额×适用税率－速算扣除数

【例 10】 中国居民张某于 2019 年 3 月 1 日至 12 月 31 日，承包某单位门市部，经营期限 10 个月。取得不含税经营收入总额 250 000 元，准许税前扣除的与经营收入相关的支出总额 102 000 元。已知张某当年没有综合所得，无专项附加扣除和其他减免税优惠，请依照现行税法规定，计算张某 2019 年承包经营所得应缴纳的个人所得税。

(1)2019 年承包经营所得＝250 000－102 000＝148 000(元)

(2)2019 年承包经营的应纳税所得额＝148 000－5 000×10＝98 000(元)

(3)2019 年承包经营所得应缴纳个人所得税＝98 000×20％－10 500＝9 100(元)

三、分类所得的计税方法

分类所得在指个人取得的利息、股息、红利所得，财产租赁所得，财产转让所得和偶然所得。其计税方法各有特点，下面逐一介绍。

(一)利息、股息、红利所得的计税方法

1. 应纳税所得额的确定

利息、股息、红利所得以个人每次取得的收入额为应纳税所得额，不得从收入额中扣除任何费用。其中，每次收入额是指支付单位或个人每次支付利息、股息、红利时，个人所取得的收入。对于股份制企业在分配股息、红利时，以股票形式向股东个人支付应得的股息、红利(派发红股)，应以派发红股的股票票面金额为收入额，计算征收个人所得税。

根据《国家税务总局关于企业为股东个人购买汽车征收个人所得税的批复》(国税函〔2005〕364 号)规定，企业购买车辆并将车辆所有权办到股东个人名下，其实质为企业对股东进行了红利性质的实物分配，应按照“利息、股息、红利所得”项目征收个人所得税。考虑到该股东个人名下的车辆同时也为企业经营使用的实际情况，在计算收入额时，允许合理减除部分所得；减除的具体数额由主管税务机关根据车辆的实际使用情况合理确定。

2. 应纳税额的计算

利息、股息、红利所得适用 20％的比例税率。其应纳税额的计算公式为：

应纳税额＝应纳税所得额(每次收入额)×适用税率

(二)财产租赁所得的计税方法

1. 应纳税所得额的确定

财产租赁所得一般以个人每次取得的收入，定额或定率减除规定费用后的余额为应纳税所得额。每次收入不超过 4 000 元，定额减除费用 800 元；每次收入在 4 000 元以上，定率减除 20％的费用。财产租赁所得以一个月内取得的收入为一次。

在确定财产租赁的应纳税所得额时，纳税人在出租财产过程中缴纳的税费，可持完税(缴款)凭证，从其财产租赁收入中扣除。准予扣除的项目除了规定费用和有关税、费外，还准予扣除能够提供有效、准确凭证，证明由纳税人负担的该出租财产实际开支的修缮费用。允许扣除的修缮费用，以每次 800 元为限。一次扣除不完的，准予在下一次继续扣除，直到扣完为止。

个人将承租房屋转租取得的租金收入，属于个人所得税应税所得，应按“财产租赁所得”项目计算缴纳个人所得税。取得转租收入的个人向房屋出租方支付的租金，凭房屋租赁合

同和合法支付凭据允许从该项转租收入中税前扣除。

个人出租财产取得的财产租赁收入，在计算缴纳个人所得税时，应依次扣除以下费用：

(1)财产租赁过程中缴纳的税费。

(2)向出租方支付的租金。

(3)由纳税人负担的该出租财产实际开支的修缮费用。

(4)税法规定的费用扣除标准。

应纳税所得额的计算公式为：

每次(月)收入不超过 4 000 元：

应纳税所得额＝每次(月)收入额－准予扣除项目－修缮费用(800 元为限)－800 元

每次(月)收入超过 4 000 元：

应纳税所得额＝[每次(月)收入额－准予扣除项目－修缮费用(800 元为限)]×(1－20%)

2. 应纳税额的计算

财产租赁所得适用 20%的比例税率。但对个人按市场价格出租的居民住房取得的所得，自 2001 年 1 月 1 日起暂减按 10%的税率征收个人所得税。其应纳税额的计算公式为：

应纳税额＝应纳税所得额×适用税率

【例 11】 假定中国居民郑某于 2020 年 1 月将其自有的 4 间面积为 150 平方米的房屋出租给张某居住，租期 1 年。郑某每月取得租金收入 6 000 元，全年租金收入 72 000 元。请依照现行税法规定，计算郑某全年租金收入应缴纳的个人所得税(不考虑其他税费)。

(1)每月应纳税额＝6 000×(1－20%)×10%＝480(元)

(2)全年应纳税额＝480×12＝5 760(元)

另外，【例 11】在计算个人所得税时未考虑其他税、费。如果对租金收入计征增值税、城市维护建设税、房产税和教育费附加等，还应将这些税费从税前的收入中先扣除后再计算应缴纳的个人所得税。

假定【例 11】中，当年 2 月因下水道堵塞找人修理，修理费用为 500 元，有维修部门的正式收据，请依照现行税法规定，计算 2 月和全年分别应纳税额。

(1)2 月应纳税额＝(6 000－500)×(1－20%)×10%＝440(元)

(2)全年应纳税额＝480×11＋440＝5 720(元)

在实际征税过程中，有时会出现财产租赁所得的纳税人不明确的情况。对此，在确定财产租赁所得纳税人时，应以产权凭证为依据。无产权凭证的，由主管税务机关根据实际情况确定纳税人。如果产权所有人死亡，在未办理产权继承手续期间，该财产出租且有租金收入的，以领取租金的个人为纳税人。

(三)财产转让所得的计税方法

财产转让所得，是指个人转让有价证券、股权、合伙企业中的财产份额、不动产、机器设备、车船以及其他财产取得的所得。个人转让财产，按照一次转让财产的收入额减除财产原值和合理费用后的余额，为应纳税所得额计算纳税。

财产转让所得应纳税所得额的计算公式为：

应纳税所得额＝每次收入额－财产原值－合理费用

（四）偶然所得的计税方法

1. 应纳税所得额的确定

偶然所得以个人每次取得的收入额为应纳税所得额，不扣除任何费用。除有特殊规定外，每次收入额就是应纳税所得额，以每次取得该项收入为一次。

2. 应纳税额的计算

偶然所得适用 20％的比例税率，其应纳税额的计算公式为：

应纳税额＝应纳税所得额（每次收入额）×适用税率

案例>>>

税务部门依法查处范冰冰“阴阳合同”等偷逃税问题

2018 年 6 月初，群众举报范冰冰“阴阳合同”涉税问题后，国家税务总局高度重视，即责成江苏等地税务机关依法开展调查核实，目前案件事实已经查清。

从调查核实情况看，范冰冰在电影《大轰炸》剧组拍摄过程中实际取得片酬 3 000 万元，其中 1 000 万元已经申报纳税，其余 2 000 万元以拆分合同方式偷逃个人所得税 618 万元，少缴税金及附加 112 万元，合计 730 万元。此外，还查出范冰冰及其担任法定代表人的企业少缴税款 2.48 亿元，其中偷逃税款 1.34 亿元。

对于上述违法行为，根据国家税务总局指定管辖，江苏省税务局依据《中华人民共和国税收征管法》第三十二、五十二条的规定，对范冰冰及其担任法定代表人的企业追缴税款 2.55 亿元，加收滞纳金 0.33 亿元；依据《中华人民共和国税收征管法》第六十三条的规定，对范冰冰采取拆分合同手段隐瞒真实收入偷逃税款处 4 倍罚款计 2.4 亿元，对其利用工作室账户隐匿个人报酬的真实性质偷逃税款处 3 倍罚款计 2.39 亿元；对其担任法定代表人的企业少计收入偷逃税款处 1 倍罚款计 94.6 万元；依据《中华人民共和国税收征管法》第六十九条和《中华人民共和国税收征管法实施细则》第九十三条的规定，对其担任法定代表人的两户企业未代扣代缴个人所得税和非法提供便利协助少缴税款各处 0.5 倍罚款，分别计 0.51 亿元、0.65 亿元。

依据《中华人民共和国行政处罚法》第四十二条以及《江苏省行政处罚听证程序规则》相关规定，9 月 26 日，江苏省税务局依法先向范冰冰下达《税务行政处罚事项告知书》，对此范冰冰未提出听证申请。9 月 30 日，江苏省税务局依法已向范冰冰正式下达《税务处理决定书》和《税务行政处罚决定书》，要求其将追缴的税款、滞纳金、罚款在收到上述处理处罚决定后在规定期限内缴清。

依据《中华人民共和国刑法》第二百〇一条的规定，由于范冰冰属于首次被税务机关按偷税予以行政处罚且此前未因逃避缴纳税款受过刑事处罚，上述定性为偷税的税款、滞纳金、罚款在税务机关下达追缴通知后在规定期限内缴纳的，依法不予追究刑事责任。超过规定期限不缴纳税款和滞纳金、不接受行政处罚的，税务机关将依法移送公安机关处理。

经查，2018年6月，在税务机关对范冰冰及其经纪人牟某广所控制的相关公司展开调查期间，牟某广指使公司员工隐匿、故意销毁涉案公司会计凭证、会计账簿，阻挠税务机关依法调查，涉嫌犯罪。现牟某广等人已被公安机关依法采取强制措施，案件正在进一步侦查中。

国家税务总局已责成江苏省税务局对原无锡市地方税务局、原无锡市地方税务局第六分局等主管税务机关的有关负责人和相关责任人员依法依规进行问责。同时，国家税务总局已部署开展规范影视行业税收秩序工作。对在2018年12月31日前自查自纠并到主管税务机关补缴税款的影视企业及相关从业人员，免予行政处罚，不予罚款；对个别拒不纠正的依法严肃处理；对出现严重偷逃税行为且未依法履职的地区税务机关负责人及相关人员，将根据不同情形依法依规严肃问责或追究法律责任。

资料来源：税务部门依法查处范冰冰“阴阳合同”等偷逃税问题[EB/OL]. 2018-10-03

本章小结>>>

社会主义国家是人民当家做主的国家，代表着最广大人民的利益；社会主义税收是“取之于民，用之于民”。所以每个公民都应该依法纳税。个人所得税是对个人(自然人)取得的各项应税所得征收的一种税。征收个人所得税不仅是国家财政收入的来源，也是调节社会成员收入分配的手段。个人所得税以个人“应纳税所得额”为依据。其应纳税所得额是以某项应税项目的收入额减去税法规定的该项费用减除标准后的余额。

思考与练习>>>

1. 个人所得税的概念和特点。
2. 我国个人所得税的征税对象有哪些?
3. 居民个人综合所得适用税率是多少?
4. 法定减税项目有哪些?
5. 应纳税所得额的基本规定和费用扣除标准有哪些?
6. 如何确定利息、股息、红利所得的应纳税所得额?

参考文献

[1] Consumers Turning to the Internet to Decide on Personal Finance Products [J]. CreditControl,2010(31)

[2] International Monetary Fund. Global Financial Stability Report, Market Developments and Issues[N]. New York:Oxford University Press,2006

[3] Haisley,Emily. It's Not What You Get but When You Get It: The Effect of Gift Sequence on Deposit Balances And Customer Sentiment in a Commercial Bank [J]. Journal of Marketing Research(JMR),2011(48)

[4] Lavoie,Mare. Changes in Central Bank Procedures During the Subprime Crisis and Their Repercussions on Monetary Theory [J]. International Journal of Political Economy,2010(39)

[5] McKnight,A. The Law of International Finance[N]. New York: Oxford University Press,2008

[6] Tobias Johansson. Regulating credit rating agencies: The issue of conflicts of interest in the rating of structured finance Products [J]. Journal of Banking Regulation,2010(12)

[7] Tallon,Paul P. A Service Science Perspective on Strategic Choice, IT, and Performance in U.S. Banking [J]. Journal of Management Information Systems, 2010(26)

[8] 罗宇.受益一生的理财计划[M].北京:经济管理出版社,2013

[9] 王桂堂.家庭金融理财[M].北京:中国金融出版社,2013

[10] 李平,郭耘.个人理财规划与实务[M].北京:中国财政经济出版社,2014

[11] 中国银行业从业人员资格认证办公室.个人理财[M].北京:中国金融出版社,2013

[12] 彭见琼.我国城镇居民个人理财业务需求影响因素研究[D].西北农林科技大学,2012

[13] 周安榆.浅析我国居民个人应如何进行投资理财规划[J].现代经济信息,2013

[14] 姚红娥.浅析个人投资理财方式[J].现代商业,2012

[15] 马榛.试论个人投资理财的方式和技巧研究[J].财经界,2012

[16] 个人投资理财.刘宇红[M].北京:经济管理出版社,2014

[17] 江珂.个人理财[M].北京:经济管理出版社,2014

[18] 陈正罡.个人理财:理论、实务与案例[M].北京:北京大学出版社,2012

[19] 祝小兵.黄金投资与理财[M].上海:学林出版社,2010

[20] 欧立奇.黄金白银投资宝典[M].北京:电子工业出版社,2015

[21] 刘双舟.艺术品金融与投资[M].北京:经济管理出版社,2016

[22] 李春华.房地产蓝皮书:中国房地产发展报告[M].北京:社会科学文献出版社,2016

[23] 银行业专业人员职业资格考试办公室.银行业专业人员职业资格初级考试辅导教材《个人理财》[M]. 北京:中国金融出版社,2015
[24] 中国证券投资基金业协会. 证券投资基金(上册)[M]. 北京:高等教育出版社,2015
[25] 中国证券投资基金业协会. 证券投资基金(下册)[M]. 北京:高等教育出版社,2015
[26] 证券考试命题研究组. 金融市场基础知识[M]. 成都:西南财经大学出版社,2015
[27] 安东尼. 克里森兹. 债券投资策略. 2 版. [M]. 北京:机械工业出版社,2016
[28] 弗兰克. J. 法博奇. 债券市场:分析与策略. 7 版. [M]. 北京:中国人民大学出版社,2011
[29] 约翰. 赫尔. 期权、期货及其他衍生产品. 9 版. [M]. 北京:机械工业出版社,2014
[30] 兹维. 博迪. 金融学. 2 版. [M]. 北京:中国人民大学出版社,2010
[31] 中国期货业协会. 外汇期货[M]. 北京:中国财政经济出版社,2013
[32] 劳伦斯 G. 麦克米伦. 期权投资策略. 5 版. [M]. 北京:机械工业出版社,2015
[33] 黄红元. 期权交易:入门与进阶[M]. 上海:上海远东出版社,2014
[34] 克罗. 期货交易策略[M]. 太原:山西人民出版社,2013
[35] 亚力克斯. 道格拉斯. 外汇交易:从入门到精通. 2 版. [M]. 北京:机械工业出版社,2013
[36] 李耀东. 互联网金融框架与实践[M]. 北京:电子工业出版社,2014
[37] 陈勇. 中国互联网金融研究报告 2015[M]. 北京:中国经济出版社,2015
[38] 谢平,邹传伟,刘海二. 互联网金融手册[M]. 北京:中国人民大学出版社,2014
[39] 黄震,邓建鹏. P2P 网贷风云:趋势,监管,案例[M]. 北京:中国经济出版社,2015
[40] 盛佳,柯斌,杨倩. 众筹:传统融资模式颠覆与创新[M]. 北京:机械工业出版社,2015
[41] 孙祁祥. 保险学[M]. 北京:北京大学出版社,2013
[42] 魏华林. 林宝清. 保险学[M]. 北京:高等教育出版社,2013
[43] 高得诚. 30 年后,你拿什么养活自己[M]. 南宁:广西科学技术出版社,2014
[44] 朱勇. 中国智能养老产业发展报告(2015)[M]. 北京:社会科学文献出版社,2015
[45] 许宝健. 今天我们如何养老[M]. 北京:中国发展出版社,2014
[46] 王巍. 金融信托投融资实务与案例[M]. 北京:经济管理出版社,2013
[47] 远志投资. 我的第一本信托业入门书[M]. 北京:人民邮电出版社,2015
[48] 吴世亮. 中国信托业与信托市场[M]. 北京:首都经济贸易大学出版社,2013
[49] 王静,裘晓飞. 个人理财[M]. 北京:科学出版社,2015
[50] 田文锦. 个人理财规则[M]. 北京:中国财政经济出版社,2008
[51] 李玉周. 个人理财[M]. 成都:西南财经大学出版社,2006
[52] 苑德军,张颖. 个人理财[M]. 北京:中央广播电视大学出版社,2007
[53] 刘伟. 个人理财[M]. 上海:上海财经大学出版社,2014
[54] 秦春荣. 艺术品投资[M]. 上海:上海大学出版社,2005